Kaifang Jingji yu Zhongguo Fazhan

经／邦／济／世／

励／商／弘／文／

京师经管文库

北京师范大学

仲鑫文集

仲鑫 ／ 著

开放经济与中国发展

中国财经出版传媒集团

经济科学出版社
Economic Science Press

京师经管文库
编　委　会

总　序

　　北京师范大学是教育部直属重点大学，其前身是 1902 年创立的京师大学堂师范馆，1908 年改称京师优级师范学堂，独立设校，1912 年改名为北京高等师范学校。1923 年学校更名为北京师范大学，成为中国历史上第一所师范大学。1931 年、1952 年北平女子师范大学、辅仁大学先后并入北京师范大学。师大始终同中华民族争取独立、自由、民主、富强的进步事业同呼吸、共命运，经过百余年的发展，秉承"爱国进步、诚信质朴、求真创新、为人师表"的优良传统和"学为人师，行为世范"的校训精神，形成了"治学修身，兼济天下"的育人理念，现正致力于建设成为具有"中国特色、京师风范"的世界一流大学。

　　经济与工商管理学院是北师大这棵百年大树长出的新枝嫩叶，其前身是北京师范大学政治经济学系，始建于 1979 年 9 月，由著名经济学家陶大镛教授担任第一届系主任。1985 年更名为经济系，1996 年 6 月组建为北京师范大学经济学院，2004 年 3 月更名为经济与工商管理学院。作为改革开放的产物，北师大经管学院一直坚守"经邦济世、励商弘文"的使命，见证了中国近四十年来所取得的伟大成就，并为之做出了自己的贡献，在这一过程中，自身不断壮大，成为中国经济学和工商管理的重要人才培养和科学研究基地。

北师大经管学院现在涵盖了理论经济学、应用经济学和工商管理三个一级学科，在世界经济、政治经济学、西方经济学、劳动经济、收入分配、教育经济、金融、国际贸易、公司治理、人力资源管理、创新创业、会计、市场营销等领域形成了稳定的研究方向，产生了一批有影响的研究成果。比如世界经济，它是国家重点培育学科，其最早的带头人陶大镛先生是我国世界经济学科的创始人之一。学院在此基础上，还衍生出了国际贸易和国际金融两大研究领域，现在都有很强的实力。还比如教育经济，它是国家重点学科，作为新兴学科和交叉学科，它也是经管学院的特色学科，其带头人王善迈教授是我国教育经济学科的创始人之一，他在 20 世纪 80 年代初参与了"六五"国家社会科学重点项目"教育经费在国民收入中的合理比重"的研究，其研究成果为国家财政性教育经费占 GDP 4% 的目标提供了依据。再比如劳动经济和收入分配，已具有广泛的学术影响和社会影响，其带头人李实教授更被国际同行誉为"收入分配先生"（Mr. Distribution），他所主持的 CHIPs 数据库，被誉为迄今中国居民收入分配与劳动力市场研究领域中最具权威性的数据库之一。近些年来，学院通过队伍建设、国际化、体制机制改革等措施，因应国家重大理论和现实问题的能力进一步提升，学术成果的影响力进一步增强。比如在"十二五"期间，学院共承担国家社科基金重大项目、教育部人文社科重大攻关项目、国家社科基金重点项目、国家自科基金重点项目 15 项；在第七届高等学校科学研究优秀成果奖（人文社会科学）评选中，学院 7 项成果榜上有名，其中一等奖 1 项，二等奖 2 项，三等奖 4 项；此外，学院还有多项成果获北京市哲学社会科学优秀成果奖一等奖、孙冶方经济科学奖、安子介国际贸易研究奖、张培刚发展经济学奖、蒋一苇企业改革与发展学术基金优秀专著奖等，并有

3 项成果入选国家哲学社会科学成果文库。

北师大经管学院一直很重视将教师的学术成果集中呈现给社会。早在 1980 年 5 月，就主办了《经济学集刊》，在中国社会科学出版社出版，其宗旨是"促进我国经济科学的繁荣和发展，积极开展经济理论的研究，提高经济科学的水平，更好地为我国社会主义革命和建设服务"。《经济学集刊》收集有胡寄窗、朱绍文、田光等著名经济学家的大作，但更多的是本院教师的作品，如陶大镛教授的《论现代资本主义的基本特征》、詹君仲教授的《劳动价值学说的由来与发展》、杨国昌教授的《〈资本论〉创作发展阶段问题的探讨》、王同勋教授的《墨子经济思想初探》、程树礼教授的《简论人口规律和生产方式的关系》等，出版后产生了很好的影响。后来又陆续出版了多本。现在我国正处于全面建成小康社会的决胜阶段，未来一个时期，仍是经管学科发展的重要战略机遇期。北京师范大学经济与工商管理学院的愿景是成为具有人文底蕴和国际影响力的一流经管学院，要为"两个一百年"中国梦的实现做出更大的贡献。今天，学院与经济科学出版社合作推出《京师经管文库》，目的是要集中展示学院教师取得的成果，发出师大经管人关于中国社会经济改革和发展的声音，并推动各位学者再接再厉，再攀新高。

《京师经管文库》的汇集出版，得到了北京师范大学"985"工程建设项目和一级学科建设项目的慷慨资助，得到了北京师范大学学科建设与规划处、社会科学处、财经处等的具体指导，得到了经济科学出版社的大力支持。此外，学院学术委员会就文库编辑出版事宜多次开会讨论，许多教职员工为之付出了大量心血。在此一并表示感谢。

《京师经管文库》编委会
2016 年 2 月 14 日

C 目 录
ONTENTS

自 序

春风化雨，秋来蕴实。我国改革开放已走过四十多年的历程，取得了举世瞩目的成就。改革开放为我国经济增长提供了源源不断的动力，2010 年我国 GDP 总量跃居世界第二，经济正在由高速发展积极向高质量发展转型，面对新冠疫情带来的冲击依然保持良好的增长态势；改革开放为我国对外贸易与投资创造了持续增长的空间，2017 年我国进出口总额重回世界第一，2016 年对外直接投资总额跃居世界第二，对外贸易与投资的自由化、便利化程度不断提高，对外贸易与投资结构不断优化，产品附加值、技术水平不断提高；改革开放为我国与全球各国的经贸合作建立了互联互通的纽带，2013 年我国提出共建"一带一路"的倡议，2014 年发起成立亚洲基础设施投资银行，2013 ~ 2019 年在国内分五批建设 18 个自由贸易试验区，在促进自身高质量发展的同时倡导构建人类命运共同体。作为一名国际经济与贸易专业的高校教师，我在人才培养与科学研究的工作中倍感自豪。

教坛耕耘，一生理想。我从事国际经济与贸易专业教学已有三十余年。回想当年，正值青春岁月，大学毕业的我满怀着对教育事业的理想和热忱，走上三尺讲台，面对一众渴求知识的目光，更加坚定了自己的选择。自此，人生最美好的时光都献给了我最钟爱的教育事业。从教三十多年来，梦想与现实交织，辛劳与喜悦同行，我一直躬身于教学科研第一线，以传道、授业、解惑为本，以教书育人为荣。新时期，为建设社会主义现代化强国，教育工作面对的外部环境和内部需求都发生了深刻变化，对教师队伍建设也提出了更高要求。我深深体会到为人师表责任之重大，因此时时以职业道德规范要求自己，乐于奉献，甘为人梯，不为功利而奔忙，不因平凡而沮丧。"芷兰于深林者，非以无人而不芳"，所有的崇高，都源于我内心的那份追求，时至今日，初心不改！

科教之路，治学修身。读大学时，经济学的学习似乎就是读几本书，听几堂课，记几本笔记，然后再在自我理解的基础上用文章阐明一些理论性的观点。从教之后，我逐渐认识到经济学需要从理论与事实的关系中，通过观测验证来证明理论形成的科学性和真理性。带着对经济学的学以致用之心，我努力将可以被实践验证的经济学理论真谛，同我所从事的国际贸易学科的教学联系起来，由理论分析转化形成推进改革的动力，并且用实证经济学的基本方法，促进实践验证与学术理论的相互融通。我深知科研不是眼前的苟且，治学不是一时的喧嚣，需要持之以恒的坚守，需要耐得住寂寞、禁得住诱惑。如今来看，虽无著作等身，但也对几个方面的问题有了些许认识。第一，贸易保护方面的问题，重点关注非关税壁垒，尤其是技术、环境、检验检疫等新型贸易壁垒，并特别关注到美国对我国的贸易保护政策及我国的对策，如磋商、反制、运用 WTO 规则、促进产业转型升级、加强自主创新等。第二，我国贸易政策方面的问题，主要关注完善贸易政策，如建立科学的进出口管理制度、实施出口市场多元化战略、品牌战略、正确处理开放与保护的关系、科技兴贸等，从而合理利用外需拉动经济增长。第三，"入世"问题，多角度分析了"入世"的影响及我国的对策、态度等，作为发展中成员，中国应认真研究、有效利用 WTO 规则，调整产业结构，加强创新，在 WTO 框架下促进中国对外贸易的发展。第四，国际投资方面的问题，采用理论研究与实证研究相结合的方式详细分析了我国对外直接投资的特点、趋势、影响因素、区位特征以及与对外贸易的相互影响，得出结论，如我国吸收外资能够显著促进出口，我国可以通过加强对外直接投资缩小贸易不平衡，我国对外直接投资具有显著的空间效应等。第五，综合问题，主要涉及跨国公司全球经营策略、欧盟成员国的国际竞争力及与美日的比较、"一带一路"倡议下的多元融资机制、开放创新与跨国公司技术进步的关系、物理经济学的发展动态、消费者的公平感和对服务失败的道德判断如何影响服务的恢复等方面的研究。我将自己这些年来对这几个方面问题的一些想法、一些心得整理、汇编于此，与诸君分享，亦用来勉励自己，如有不妥之处，欢迎指正。

薪火相传，黉门栽李。在教学过程中收获幸福快乐并传递给学生们，是我作为教师重要的奋斗目标。从教三十多年来，我都在践行这一目标，从心底里爱学生，用赏识的眼光看学生，发现学生的闪光点，当好学生的伯乐，把教学中的每一个困难都当作锻炼自己的一次机会，每一次挫折都当作成长中的宝贵财富，每一份学生反馈都当作自我审视的一面镜子。教化从容，锲而不舍，默默耕耘，诲人不倦，虽不敢说桃李满天下，但总归也为国家培养了不少有用之才。每每听到学生们的成长喜讯，作为老师的我由衷地为他们感到骄傲。而逢年过节学生们送上的问候，也使我深感幸福。

岁月如梭，耕耘不辍。我曾经感叹，时间都去哪了？现在我慢慢明白了，它刻在了我们平凡的日子里，刻在了我们奋斗的历程中，刻在了我们开始年轻后来渐渐凸显皱纹老去的脸上。时间的流逝不会阻挡我前进的步伐，我愿在教学与科研的路上继续踏实前行，为从教理想，为修身治学，也为桃李芬芳。吾生有涯而知无涯，未来的日子里，我愿与各位同人继续肩负起传播知识、传播思想、传播真理、塑造灵魂、塑造生命、塑造新人的时代重任，努力实现个人与社会的统一，理想与实践的统一，知与行的统一。

仲 鑫

2021 年 11 月于北京师范大学

第一篇
贸易保护问题研究

- 绿色贸易壁垒及我们的对策
- 贸易自由化的渐进性与贸易保护
- 适度贸易保护与培育企业及产品的竞争优势
- 环境壁垒对我国商品出口的影响及对策
- 技术法规与标准对我国出口贸易的影响及对策
- 主要非关税壁垒措施的效应及对策研究
- 西方国家实施 TBT 对我国商品出口的影响
- 商品检疫和检验对我国商品出口的影响及对策
- 世贸组织框架中的创新非关税措施及其影响
- 从四方面入手解决纺织品贸易摩擦
- 论贸易技术壁垒的性质及其经济效应
- "新技术民族主义"还是"技术霸权主义"
- 对中国贸易顺差是否虚高的认识
- 中国"入世"后美国贸易保护政策的演变及对策

绿色贸易壁垒及我们的对策[*]

绿色贸易壁垒是指以保护自然环境、生态资源、人类和动植物健康为由的限制进口措施。绿色贸易壁垒是新贸易保护主义与环境保护运动相结合的产物，对国际贸易秩序产生极为重大的影响。作为发展中国家的中国，应对其进行深入分析，并找出对策，以便保持出口贸易的持续增长。

一、绿色贸易壁垒的形式

尽管绿色贸易壁垒形式多样，但都有一个共同的特点，那就是以保护环境为名，以达到限制国外产品进口的目的。

1. 绿色关税和市场准入

这是绿色贸易壁垒的初期表现形式，是指发达国家以保护环境为名对入境后可能造成环境污染的产品、设备征收进口附加税或限制进口。如1994年美国环保署规定9个城市出售的汽油中含有硫、苯等有害物质的量，并对原油及一些石油化学品征收环境进口附加税，其税率比国内同类产品高出3.5美分/桶。

2. 绿色环境和技术标准

基于保护环境和生态资源，确保人类和动植物免受污染物、毒素、微生

---

[*] 本文原载于《中国财政》2000年第1期。

物、添加剂等的影响，许多国家特别是发达国家制定了严格的环境与技术标准。近年来绿色技术标准都是根据发达国家的技术和生产水平制定的，发达国家易于达到，但发展中国家却很难达到，貌似公平，实则不公平，使发展中国家产品进入发达国家十分困难。1995 年发达国家国际标准化组织实施国际环境监察标准制度，即 ISO9000。欧洲联盟后又启动 ISO14000 环境体系认证制度规定，只有达到该体系所要求的环保标准的产品，才被允许进入欧盟市场。

3. 绿色环境标志

绿色标志、再生标志又被称为"绿色通行证"，是指对于那些从生产到消费直至回收处理的一系列过程中不会对生态环境和人身健康造成危害的产品，经有关政府主管部门审查批准，可在其商品和包装上使用表明其已达到环保要求或可回收再用的特定标志。企业若要取得绿色标志，必须向有关部门申请，经评审并符合环境标准后才能被授予绿色标志。取得绿色标志的企业可以将标志印刷在商品或其包装上，也可以通过广告加以宣传，有助于树立企业商品的绿色形象。发展中国家产品要想进入发达国家，必须向他们提出申请，检验后方可发给此"通行证"，并将此作为进入市场的前提。

4. 绿色包装制度

要求包装材料达到节约资源，减少废弃物，减少环境污染。现在这一制度成了贸易歧视的手段。

5. 绿色卫生检验（疫）制

许多国家在其海关实行严格的卫生检疫制度，以"对人、动物和植物保护"或"对自然资源的保护"为由，规定复杂烦琐的检验程序和要求苛刻的检验标准以限制有关商品的进口。

二、绿色贸易壁垒与贸易保护主义

绿色贸易壁垒是一种新型的非关税壁垒，它的出现是新贸易保护主义抬头的表现。自 18 世纪以来，贸易保护主义就一直以不断变化的形式活跃于国际贸易领域。进入 20 世纪 90 年代，贸易与环境的关系问题成为世界范围内最热门的话题之一。显而易见的事实是，世界经济的全球化与环境问题的全球化并存，自由贸易与环境保护之间似乎存在着难以协调的矛盾。将环境与贸易挂钩，用经济手段解决环境问题，符合当代环境问题发展趋向，各国为保护本国环境，有权将对环境有害的产品拒于国门之外。因此，在国际贸易中更多地考虑环境因素是一种历史的必然，是环境问题发展到一定阶段的必然结果。绿色贸易壁垒这种新型非关税壁垒的使用，符合现代人的消费时尚——绿色消费，所以得到许多国家的大多数消费者的赞同，也为它打上了合理合法的印记。绿色贸易壁垒的保护内容具有广泛性，涉及绝大部分商品的生产和销售，而且，它的保护方式具有很大的隐蔽性。其他的非关税壁垒有表面上的不公平性，但绿色贸易壁垒以保护人民健康为表面现象，实际上是限制进口，同时它使用的都是高科技水平上的标准，合理与否还难以定论。所以，有些国家正是利用这一趋向，以保护环境为名，行贸易保护之实。

三、绿色贸易壁垒与贸易自由化

目前各国普遍采用的各种绿色贸易壁垒的措施多是以牺牲贸易自由化为代价的。从表面上看，一方面，环境保护与自由贸易二者似乎是矛盾的，相互排斥的。贸易自由化的政策会促进矿业、渔牧业、冶金业、制造业、化学工业的发展，带来诸多环境问题；某些珍稀动植物的进出口会诱使滥捕滥杀、乱砍滥伐，造成某些动植物种濒临灭绝等。另一方面，采取环保措施必然会限制某些产品（如象牙、兽皮）的进出口，严格的环保技术标准会使某些外国产品无法获得市场准入，这些都是自由贸易与环境保护相互矛盾的一面。但是，从本质和长远观点看，自由贸易与环境保护二者又是相互依存的，可以相互促进。原因在于，一方面，一旦人类生存的基本生态环境都被破坏，那么经济发展和贸易增长的前提条件也就不复存在；另一方面，任何一个国家和民族都不可能停止经济贸易活动而单纯去从事环境保护，只能在发展经济贸易的同时来加强环境保护。因此，环境保护与贸易自由化二者之间不存在不可调和的分歧甚至冲突。

"通过贸易自由化可促进可持续性发展"这一命题已在联合国环境发展大会决议中得到公认。《关于贸易与环境的决定》也确认："坚持和维护一个开放的、非歧视性的和平等的多边贸易体制与保护环境以及促进可持续发展两者之间不应当也无必要有任何政策上的抵触。"世界贸易组织在这一方面也出台了新的举措，认定国际贸易体系应与环境政策相容，试图以国际协调避免缔约国用国内立法将自由贸易和环境保护对立起来。世界贸易组织建议缔约国不把贸易禁运作为武器，制裁他国环境保护方面的不力；同时，为迫使发展中国家尽快提高其环境标准，世界贸易组织支持与贸易相关的国际环境协定。但是，这样的协定一方面会促进国际贸易与环境保护的协调，另一方面也为缔约国的贸易保护提供了借口。所以，在实施环保限制和标准时应符合世界贸易组织的有关国际贸易基本原则和规则，避免歧视性措施，提高透明度和可预见性，保证国际贸易的正常流通，防止不合理地滥用环保措施来作为保护主义的手段，使贸易增长与环境改善形成良性循环。

四、我国应采取的贸易对策

随着人们的环保意识不断增强，绿色消费逐渐成为人们的消费时尚，尤其是在西方发达国家，绿色产业的发展近年来得到了前所未有的重视，贸易的商品结构因此受到了强烈的冲击。国际环保热潮正促使绿色产品迅速扩大其国际市场，而一些高污染的产业和产品也正在由于不断失去市场而逐渐退出历史舞台。与此同时，广大发展中国家正面临贫困与环境恶化的双重挑战，环境意识非常薄弱，环境法规极不健全，环保意识相对低下，且无力承担改善这种状况的高昂费用。因此，当前国际贸易秩序的主要矛盾是发达国家与发展中国家之间贸易得益相冲突的南北矛盾。反映在绿色贸易壁垒方面，双方由各自发展状况所决定的环保水平、标准的差异正是这一问题的症结所在。发达国家要求来自发展中国家的进口品在短时间内迅速提高其环保标准，否则就实施贸易限制，使发展中国家面临两难选择：要么失去进入世界市场的机会，要么被迫采纳超出其资源偿付能力的环保标准。结果是使发展中国家的国际贸易地位降低，经济增长和发展受到影响。中国作为发展中国家的一员，应看到这对于我们既是挑战又是机遇，应积极采取有效措施，利用绿色消费时尚促进我国贸易的增长。

1. 树立双向意识，加强环境管制

在坚决抵制发达国家的不平等性的同时，开拓环保市场，发展绿色产品，迎接21世纪绿色世纪的到来。我们应充分认识到，一方面，作为维护人类共同生存家园的全球性公益事业，环境保护已发展成为不可抗拒的历史潮流，在谋求经济发展的同时，环保事业也不可偏废；另一方面，由于形形色色的绿色壁垒充斥国际贸易领域，只有那些符合较高环保标准和要求的绿色产品才更有发展前景和市场。当前必须顺应这一趋势，要在全民中开展环保知识的宣传活动，使大众认识到保护环境是关系到切身利益的大事，对于人类的生存与发展具有重要意义。特别是要使企业充分认识到破坏环境的严重后果，从而在经营活动中协调环境目标与效益目标，自觉、主动地采取环保措施，减少污染，而不是等到污染发生后再来治理。相应地也应该利用合理性保护我国的生态环境，努力提高环保技术，防止国外的环境污染转嫁。

2. 完善贸易法规，强化环境问题执法

在污染防治方面，我国虽制定了一些法律、法规，但因与现实需要不相适应，可操作性差，处罚力度不够，因此，应逐步完善各项环保法规，以预防为主，强化监督管理，加强外贸、环保和生产部门的合作，形成高效、统一的环保机构和机制。加强环保职能部门的技术监督，使其充分行使职权，严格执法，不给损坏环境者留退路。

3. 推行严格的技术规则与环保标准，争取早日与国际标准接轨

在符合自己经济发展水平和承受力的最大限度内，推行较高标准的环保

认证体系，以期尽早消除在这一方面存在的与发达国家之间的明显差距。目前，各国纷纷推出各自的产品技术规则和环保标准，要求进口商品符合自己国内的规则标准和要求，因此，我国制定相应的技术规则和环保标准，可以增强我国出口商品的竞争力，使之能够顺利地进入国际市场，避免引起贸易纠纷，造成不必要的损失。

贸易自由化的渐进性与贸易保护 *

全球化作为人类活动跨越民族国家界限、相互融合的一种趋势，它包含着经济、政治、社会、文化等多方面内容，代表着一种新型的国际关系的产生与发展，其中最核心的内容是生产的一体化、贸易的自由化与金融的相互渗透。但是，不论过去还是现在，乃至可预见的未来，经济全球化及其所要求的贸易自由化的过程具有鲜明的渐进性特征，在此过程中贸易保护也从未完全消除过。本文拟从研究此入手寻求贸易保护存在的现实客观基础，以期为我国入世后对外贸易政策的正确定位提供参考。

一、渐进的经济全球化过程

马克思和恩格斯在概括资本主义世界市场的起源时就已指出：随着世界市场的形成，生产和交换日益越出国界，"使一切国家的生产和消费都成为世界性的了"，"过去那种地方和民族的自给自足和闭关自守状态，被各民族的各方面的互相往来和各方面的互相依赖所代替了"[①]。经济史专家认为，经济全球化即使未出现如此之早，至少在第一次世界大战前 50 年经济、贸易、投资甚至人员的跨国、跨地区活动就曾非常频繁。1850 ~ 1875 年，国际贸易和

---

* 本文原载于《南京经济学院学报》2002 年第 2 期。共同作者：王仁曾。
① 《共产党宣言》，人民出版社 1971 年版，第 27 页。

经济发展的迅猛扩张多半归因于蒸汽机应用于海陆交通运输。而在1875~1914年,铁路与轮船的发展使运输费用大幅下降,各国也普遍降低了关税,国际与洲际间的贸易、金融、人员流通很快,刺激了整个经济的增长。这一时期引人注目的是重工业和制造业的兴起、巨型金融信托公司和合股公司的出现以及所有权和经营权的分离、以福特流水线和泰罗制为基础实现的大规模生产等。但是这一次蓬勃发展的经济全球化却因第一次世界大战而中断。

20世纪30年代,美国大幅提高进口产品关税,别的国家也纷纷采取报复措施,使那场全球性的大萧条变得更难驾驭。世界贸易额大跌,各国担心全球性衰退会影响到本国经济,因而采取限制本国资本外流的措施,国际资本流动基本陷于停滞。这种状况一直持续到第二次世界大战爆发。二战之后建立的国际金融体制是以美元为基础货币的、实行汇率固定但可调整的布雷顿森林体系,关贸总协定则勾勒了多边贸易体制的框架。这套国际经济体制促进了西方国家在战后的经济复兴,也带动了进出口贸易尤其是制成品贸易的增长。与此同时,发展最快的是跨国公司与外国直接投资,而且跨国公司几乎清一色都是美国公司,投资对象最初是欧洲和日本,后来又增添了韩国、中国台湾等东亚国家和地区。这些跨国公司的规模一般都很庞大,且大多集中在原本就是寡头的那些行业。

根据国际货币基金组织发布的数据计算,1980~1995年,随着国际贸易壁垒不断削减,国际商品贸易高速增长,平均增长率达到5.6%,服务贸易更是异军突起,年均增长速度达到9.3%,均高于同期世界经济增长速度;国际投资日趋活跃,跨国公司在全球范围内展开生产经营活动,其累积输出资本已达35000亿美元,成为经济全球化的主体;金融国际化加速发展,国际金融市场交易量突飞猛进,各主要国际金融市场已经形成时间上相互接续、价格上相互连动的交易网络;发展中国家在20世纪80年代前后普遍经历了发展战略的改变,采取出口导向的发展战略,更多地依靠私营部门和市场机制的东亚国家和地区成功地实现了经济的持续增长,一跃成为新兴工业化国家;国际互联网迅速扩张,国际间信息流动快速便捷,信息交流意义上的"地球村"正在形成。这次全球化浪潮主要是由西方国家经济政策的调整、新技术的创新和扩散、发展中国家的经济自由化改革和开放政策以及企业经济活动的国际化而引起的。

随着国际贸易和投资规模的扩大，各国生产活动之间的相关程度提高，在 21 世纪可预见的时期内，经济全球化将呈现出新的特征。一是网络经济将带动电信、银行、保险和运输等全球服务业市场继续扩张。二是跨国公司已突破反垄断法的约束，全球并购领域与规模不断扩大。跨国公司规模和市场份额的不断扩大将使生产、营销、消费日益具有全球性。三是世界贸易组织、国际货币基金组织等多边组织、国际政策协调集团、非政府组织的国际网络和区域性经济组织，通过全球范围的区域内贸易和投资自由化安排，将在推动经济全球化进程中发挥越来越重要的作用。四是贸易自由化将继续推进。发达国家贸易份额占全球贸易的 70%～80%，推动贸易自由化并保持其在国际贸易中的主导支配地位是其自身经济发展的需要。而发展中国家也要求获得平等贸易机会，要求发达国家拆除阻碍最贫困国家出口的贸易壁垒，提供更多的市场准入机会。同时，电子化贸易手段的普遍使用，如电子数据交换、电子商务、电子贸易结算和电子资金转账等，以及商品标准趋同和贸易合同的标准化，均为贸易提供了便利条件，有利于打破因信息和渠道垄断所造成的壁垒。

通过对经济全球化过程的简单回顾，可以得出以下结论。第一，经济全球化是一种运动，是一个过程，一个渐进的历史过程，它的产生和发展是由经济发展的内在因素所决定的。在这一过程中，各国经济都在走向开放，走向市场化，世界经济趋向于某种程度的一体化，各国经济互相依赖的程度大大提高。第二，经济全球化是以贸易自由化为核心的，贸易自由化既是经济全球化的先导，又是经济全球化程度加深的主要促动因素，各类国家积极参与经济全球化、国际贸易的迅猛发展和世界统一大市场的形成有力地推动了经济全球化的进程。

二、贸易自由化的渐进性

以 1948 年 1 月 1 日《关税及贸易总协定》（General Agreement on Tariffs and

Trade，GATT，以下简称"关贸总协定"）成立为标志的国际贸易自由化（伍贻康等，1999）是以全球市场经济的形成为前提、以生产社会化程度的提高为背景、以国际间经济贸易行为为基础、以政府行政干预弱化为标志的贸易发展过程，也是济全球化对贸易领域所提出的要求。贸易自由化符合社会生产力和生产社会化发展的客观规律，因而是世界经济发展的客观要求和必然趋势，也是世界贸易组织的基本贸易规则和主要目标。贸易自由化的内在动力来自贸易给各国所带来的静态利益（比较优势引发的比较利益和专业化分工获得的收益）和动态利益（规模经济效益、竞争效应和学习效应）。从国家的角度出发，贸易自由化不但有利于实现国民经济增长方式从粗放型向集约型的转换，而且有利于拓展国民经济发展的空间，并产生诸如带动产业结构的优化和高级化发展、增加对外投资、引发技术进步、促进国民生产总值的增长等联动效应，更有利于提高市场经济运行机制的效率，从而加速经济体制的改革和创新，充分发挥现代企业制度的功能并推动现代化企业的成长。

贸易的自由化是伴随着资本的诞生应运而生的一种力量，正如马克思和恩格斯所说："不断扩大产品销路的需要，驱使资产阶级奔走于全球各地。它必须到处落户，到处创业，到处建立联系，由于开拓了世界，使一切国家的生产和消费都成为世界性的了。"[①] 18 世纪到 19 世纪中叶，资本主义自由竞争时期，欧美的一些国家先后完成工业革命，生产力的发展出现了巨大飞跃，国际分工从工业和农业之间的分工向工业内部的垂直分工发展，从而极大地推动了国际贸易的发展。第二次世界大战后，随着社会生产力的不断发展以及关贸总协定的建立，国际贸易的参与主体也发生了较大的变化，主动与被动卷入世界市场进行国际交易的国家与地区越来越多，除了极个别的国家由于各种原因仅在较低层次、较小范围参与国际交换外，世界上进行贸易和投资的国家有 230 多个，从而使贸易及投资的规模、结构、流向、地区分布、贸易利益的分配等均发生了较大变化，国际贸易领域出现了减少与消除人为

---

① 《共产党宣言》，人民出版社 1971 年版，第 27 页。

贸易障碍（包括关税、过境税等关税壁垒和数量限制、外汇管制、技术壁垒和海关监察等非关税壁垒）的现象与趋势。可以看出，在世界经济发展平稳、国际贸易增长迅速的时期，各国贸易政策比较宽松，贸易自由化的进程加速；而在世界经济出现衰退现象、国际贸易增长速度放慢时，各国贸易政策都趋向严厉，贸易自由化的进程也就会遇到更大的障碍。因此，贸易自由化进程与世界经济贸易发展状况紧密相关。

即使是倡导贸易自由化的 WTO，其本身也不是一个绝对自由贸易的组织机构与场所，它实际上也遵循着一条渐进性的发展路线。考虑到政治、经济环境等条件的制约，WTO 认为无关税和非关税限制的自由贸易是不可能完全实现的。而如果某个国家完全取消关税和非关税贸易限制，将会使该国某行业面临外国效率更高的同一行业产品的竞争而陷入困境，在影响行业利益的同时也减少了就业，这无疑会损害该国的利益。因此 WTO 选择了次优的贸易政策，即一方面强调只有通过关税来保护本国的生产，在不允许数量限制等政府的行政干预的同时，又允许存在例外；另一方面要求逐步削减关税和非关税壁垒，开放市场，取消国际贸易中的歧视待遇，以促进自由贸易的发展。WTO 是通过逐步削减关税和非关税壁垒，以及对发展中国家采取差别和更优惠待遇来逐步走向贸易自由化的。

经济全球化是一个渐进的过程，因而它所要求的贸易自由化也是一个渐进的过程。在此过程中要考虑各成员方社会经济发展的不平衡，允许其根据实际情况在逐步贸易自由化中采取合理、适度的保护。为了能在这一渐进的贸易自由化过程中获取利益，各个国家都在进行着贸易政策的取舍。自由贸易因便于比较优势的发挥和获取贸易利益而成为各国追求的终极目标。但纵观各国的经济贸易发展史，无论是在发达国家还是在发展中国家，贸易保护政策都起着不可忽视的作用，并始终贯穿于国家的经济政策中。

三、现实中的客观存在：贸易自由化过程中的贸易保护

由于经济全球化的推进是在市场经济机制特别是发达的市场经济机制下

进行的，它的基础是技术进步，因此，在经济全球化过程中就存在着利益分配的不均等、由国家地位不平等必然导致的各国参与决策的权利的不均衡，以及成本分担上的不对称等问题，作为独立利益体的任何一个国家，为维护其利益，不管是在何种情况下，都会从包括政治、经济、文化、社会等诸方面的自身利益出发，根据国情（经济发展水平）制定出适当的经济贸易政策，并且从未放弃过对贸易保护政策的运用。因此，在世界经济与贸易发展史中，贸易自由化与贸易保护总是交织在一起的，既没有完全的自由贸易，也没有完全的贸易保护。贸易保护政策的存在是世界经济和政治发展不稳定和不平衡的必然结果，是各国在经济发展不平衡的条件下，为维护本国利益和提高企业与产品的竞争力，而对经济实行政府干预政策的有机组成部分。它与自由贸易政策并不是相对的，是一个问题的两个方面，特别是在贸易自由化的渐进过程中更是相伴相生。英国、美国、德国等发达国家经济发展的经验表明：贸易保护政策或是自由贸易政策的实施总是与经济发展的阶段性密切相关的，而且不管是贸易保护政策抑或是自由贸易政策，都对经济贸易领域的发展作出了卓越的贡献。在当前的国际贸易自由化浪潮中，各国仍然根据本国发展水平谨慎地制定经济开放战略，事实上尚不存在完全贸易自由化的国家。

纵观经济学说史，重商主义以来在经济学发展中起到过重要作用的经济学家都曾对国际贸易问题特别是贸易政策问题给予过极大的关注，他们虽然各自在不同的时代和不同的知识背景下，从不同角度对国际贸易的发展规律及其对世界经济及国民经济发展、对人类共同福利及国民福利的影响进行了不同程度的研究探讨，但对贸易政策领域中关于自由贸易政策与贸易保护政策的争论却持续不休，并且只要国家存在，这种以国家利益为核心的贸易政策安排的争论就始终不会停止。从贸易理论的嬗变中亦可看出，自由贸易理论本身的发展也是一个渐进的过程，对贸易动因的研究经历了绝对优势—比较优势—要素禀赋—竞争优势的过程。虽然自由贸易理论揭示了一个美好的前景，但由于其只能在一些不符合现实的假设条件下实现，所以迄今为止世界上从来没有完全的自由贸易。从纯理论层面上看，自由贸易理论与贸易保护理论在理论含义和政策含义上针锋相对，但如果不仅是从纯理论层面，更重要的是从国际贸易发展的实际进程来看，这两种理论可能是互补的，它们各自都从不同的角度揭示或反映了国际贸易发展过程的一个侧面。国际贸易发展的总体趋势是自由化的程度在不断提高，这符合自由贸易理论的基本理论含义，但是，贸易自由化的发展轨迹清晰地反映出：第一，贸易自由化过程具有鲜明的渐进性；第二，在世界经济发展的不同阶段，在同一阶段的不同国家，贸易自由化的程度具有鲜明的差异性。从这些方面看，不能不说贸易保护理论具有它存在的客观基础和合理的一面。正因如此，如果说不顾各国的实际经济条件绝对化地强调贸易自由化是片面的，那么，不顾世界经济发展的趋势绝对化地强调贸易保护政策同样也是片面的。贸易自由化是一种趋势，是一个过程，而贸易保护却是在贸易自由化这一渐进性过程中的现实客观存在，是作为独立利益体的国家的一种政策选择。贸易保护是一种手段，其目的是最终实现自由贸易，而渐进的经济全球化与贸易自由化过程也赋予开放经济条件下的贸易保护新的内涵与特点——区域一体化协定激增、区域性贸易集团的作用有所加强、非关税措施限制及其运用案件呈上升趋势、管理贸易发展迅速并将成为多边贸易体制和各国贸易政策的基石和核心等。

四、我国外贸政策的定位

贸易政策的本质是国家主义的产物，一个国家及其部门实行何种对外贸易政策，取决于这个国家及其部门在国际经济中的地位，居特殊优势地位的国家及其部门提倡自由贸易政策，其他国家及其部门则实行贸易保护政策。笔者认为，在短时期内我国对外贸易政策定位应为贸易自由化过程中的合理保护，亦即开放型有管理的自由贸易政策，其宗旨是培育企业及产品的竞争优势，扩大出口。主要有三方面理由。一是经济全球化、国际贸易自由化要求各国贸易政策具有自由贸易的属性，世界贸易组织更是要求我们降低关税壁垒和非关税壁垒，实行自由贸易，而我国对外贸易体制改革也显示出开放的不可逆转。二是我国国情决定了不能一步到位实行完全的自由贸易政策。如果无条件地开放市场和进行自由贸易，无疑会使外国廉价商品占领本国市场，让外国先进的生产力完全吞食我国民族经济的基础。因此，只有进行动态保护和扶持主导产业，才会在市场和就业等方面产生溢出效应，而且具有持续的规模收益递增的效果，使国内潜在的市场需求不断地转化为现实的购买力。三是贸易理论和发达国家的实践经验为我国采取开放型有管理的自由贸易政策提供了依据。

值得注意的是，我国开放型有管理的自由贸易政策所允许实施的贸易保护必须是适度的贸易保护，其特点主要体现在以下几个方面。

第一，适度保护的终极目标是建立和发展一个较为健全、合理的产业结构，并要有利于该产业结构的高级化发展，以带动整个经济的腾飞。同时它还应实现维持国内就业和保持国际收支平衡的基本目标。

第二，适度保护不是全方位的保护，而是有目的、有差别和有选择的保护。一是保护的对象有选择性。作为保护对象的产业应是对一国经济发展具有关键性影响并在现阶段面临着严酷的外部竞争的产业。二是保护的期限要适度并有差别性。贸易保护是过渡性的措施而非长期方针，它是手段而不是目的，当我国的产业水平与发达国家之间差距缩小并逐步具有竞争力时，就消除保护最终走向自由化。同时由于不同的行业有不同的生命周期和不同的技术特点，因此不同的保护对象就应有不同的保护期限。三是保护的程度要有差异性。比较成熟的、有相当竞争力行业的保护程度应降低甚至不给予保护，关系国计民生的、竞争力弱的行业的保护程度应适当提高一些。

第三，适度保护是动态的主动的保护。动态性表现：逐步向以 WTO 为核心的多边贸易体制靠拢，按照其原则逐步取消关税和非关税壁垒，逐步走向贸易自由化；保护的对象、重点和程度要根据国内产业发展水平和国民经济运行状况以及国际政治经济环境的变化而进行及时的调整。动态保护是有利于产业结构合理化和高级化的保护，这是一国经济发展水平提高的必要条件。主动性是指以培育竞争优势为基点，利用多边规则和双边规则允许的手段和方式进行合理保护。比如，以 WTO 的有关协议为准则，强化进口配额和进口许可证的分配环节，灵活运用政府采购、反倾销、反补贴、技术标准与法规等措施，充分利用例外条款和保障措施，适当控制贸易自由化的步伐，使之与国民经济的综合实力及发展速度相协调。

总之，我国扩大开放不能没有适度保护，保护是为了更好地参与自由贸易，并在适度竞争中获取比较利益，发展一国的生产力，提高综合国力和人民的生活水平。发展中国家与发达国家存在着经济发展水平上的巨大差距，特别是当这种差距表现为在短期内不易改变的生产技术方面的差距时，如不实行适当保护，就会让发达国家的商品占领本国市场，并使国内明显处于落后阶段的工业受到早就具备低成本生产方式的强大竞争对手的摧残，致使整个经济都难以顺利发展。因此，应当从当前世界经济形势和我国国情出发，在扩大对外开放的同时处理好自由贸易与适度保护的关系问题，即我国在扩大对外开放、加入世界贸易组织后的对外贸易政策选择，应该趋利避害，既要遵循国际惯例，坚定不移和积极主动地参与经济全球化的进程，又应寻求在对等的前提下以最小的政治代价即部分主权约束和让渡来换取最大的经济利益。

第一篇 贸易保护问题研究

贸易自由化的渐进性与贸易保护

参考文献

［1］陈荣辉：《经济开放与产业发展研究》，立信会计出版社 1999 年版。

［2］黄卫平、朱文晖：《走向全球化》，法律出版社 2000 年版。

［3］任烈：《贸易保护理论与政策》，立信会计出版社 1997 年版。

［4］伍贻康、张幼文：《全球村落：一体化进程中的世界经济》，上海社会科学院出版社 1999 年版。

［5］佚名：《美国新经济的启示》，载于《领导决策信息》，1998 年第 1 期。

［6］张幼文等：《外贸政策与经济发展》，立信会计出版社 1997 年版。

［7］朱立南：《国际贸易政策学》，中国人民大学出版社 1996 年版。

适度贸易保护与培育企业及产品的竞争优势[*]

在现实的相互依存的世界经济中，寻求经济的稳定发展以及致力于减少各国之间的贸易摩擦显得尤为重要。外贸政策在控制国内外商品的对流以维护国内经济秩序、调整对外经济关系以避免过度的国际经济摩擦和政策冲突，以及调节外贸活动以辅助总体经济目标的实现[①]等方面有着特殊的意义，因此，一国在制定外贸政策时，既要考虑国内产业情况，又要考虑应尽的国际义务。贸易保护政策就像一柄"双刃剑"，既可能增进也可能损害实施该政策的国家的政治经济利益。

一、适度贸易保护的必要性

国际贸易理论的发展、演变过程，世界经济贸易发展的大趋势以及各国的贸易实践，无不揭示出自由贸易是人类世界追求的最终目标。然而，贸易自由化是一个渐进的过程，一方面，传统自由贸易理论成立的条件与现实的不符性、不具备实施完全自由贸易政策的保障条件，以及贸易保护从传统贸易理论到新贸易理论的发展等从理论层面上对此作出了解释。另一方面，贸

* 本文原载于《北京师范大学学报》2003 年第 2 期，并由中国人民大学复印报刊资料收录。

① 总体经济目标指扩大出口带动经济增长、改善贸易商品结构促进产业结构调整、引进竞争以削弱国内垄断等。

易自由化的发展轨迹也清晰地反映出：第一，贸易自由化过程具有鲜明的渐进性；第二，在世界经济发展的不同阶段、在同一阶段的不同国家，贸易自由化的程度具有鲜明的差异性。从这些方面看，不能不说贸易保护理论具有它存在的客观基础和合理性的一面。正是如此，如果说不顾各国的实际经济条件绝对化地强调贸易自由化是片面的，那么，不顾世界经济发展的趋势绝对化地强调贸易保护政策同样也是片面的。纵观资本主义近现代史，贸易自由化与贸易保护总是交织在一起的，既没有完全的自由贸易，也没有完全的贸易保护。一个国家及其部门实行何种对外贸易政策，取决于这个国家及其部门在国际经济中的地位，居特殊优势地位的国家及其部门提倡自由贸易政策，其他国家及其部门则实行贸易保护政策。

中国加入世界贸易组织（World Trade Organization，WTO）已一年有余。实践证明，中国的发展离不开世界，对外开放有利于促进我国产业的发展，也有利于我国经济体制改革的不断深化。然而，对外开放在促成经济增长的同时，也会使一国在商品销售、资本积累、技术进步等诸多方面越来越依赖世界市场。同时该国的货币、财政和国际收支政策也将面临越来越大的内外目标的冲突。如果不能合理把握好对外开放与独立自主、世界市场与国内市场、经济全球化与国家利益甚或经济安全之间的关系，改革开放就可能遭受挫折。因为，发展中国家与发达国家存在着经济发展水平上的巨大差距，特别是当这种差距表现为在短期内不易改变的生产技术方面的差距时，如不实行适当保护，就会让发达国家的商品占领自己的国内市场，并使国内明显处于落后阶段的工业受到早就具备低成本生产方式的强大竞争对手的摧残，致使整个经济都难以顺利发展。因此，应当从当前世界经济形势和我国国情出发，在扩大对外开放的同时处理好自由贸易与适度保护的关系问题。

我国加入WTO就得承认它所制定的全球范围内的多边贸易规则，这在我国国力还不十分强大的条件下，显而易见地会付出一定的代价，比如会对我国民族工业造成冲击，加剧我国国有企业的困难，出现国内市场生产过剩、企业亏损等诸多问题，并会使我国决定贸易政策以及改革贸易制度的自主性和灵活性大大削弱。因此，扩大开放也不能没有适当的保护，保护是为了更好地参与自由贸易，并在适度竞争中获取比较利益，发展一国的生产力，提高综合国力和提高人民的生活水平。与此同时，我们也应清楚地看到，WTO虽然倡导贸易自由化，但也并不反对合理保护。问题的关键在于，作为发展中大国的中国，在参与经济全球化和进行自身对外贸易体制改革的过程中，既要遵循世界贸易组织的基本原则，又要利用它对发展中国家提供的优惠待遇，制定出既符合国情，有利于发展我国的生产力，又逐步向世界贸易组织所要求的国际规范靠拢的外贸政策，利用世界贸易组织规则范围内的保护手段趋利避害，使我们加入该组织的风险最小化。在经济体制改革和外贸体制改革的过程中，我国一直在调整着自己的对外贸易政策，但其仍然存在着一些有待改进的地方。例如，用"对外开放"来替代外贸政策，缺乏具体的政策属性；在贸易战略上虽然实施出口导向和进口替代相结合，在实际操作中却是过度的进口保护和无序的出口自由；实行自由贸易区的倾斜和优惠政策，充分利用廉价的劳动力和资源优势，短期效果显著，但造成产业结构和布局的不合理以及地区利益分配的不均，进而导致地区之间矛盾加剧以及地区保护严重；在不明确的外贸政策指导下静态比较利益显著，动态比较优势却不明显，未能在全球化的大背景下使国际化和主导产业协调发展，也未能充分利用跨国公司的科技条件和自身的资源优势，实现资源的重新配置和产业结构的升级；等等。因此，我们要明确对外贸易政策的指导思想，总结国际经验和教训，充分认识现有的、潜在的国际经济条件，走出一条全球化的发展之路。笔者认为，短期内应该在既要遵循国际惯例，坚定不移和积极主动地参与经济全球化，又应寻求在对等的前提下以最小的代价换取最大的经济利益的基础上，将我国对外贸易政策定位为贸易自由化过程中的合理保护，其宗旨是培育企业及产品的竞争优势以增强国家竞争力。

当然，保护程度的高低会直接影响到贸易保护政策实施的效果。贸易保护要着眼于资源的动态优化配置和经济发展的长远利益，以透明度较高的保护壁垒（以关税保护为主）、合理的保护期限为准则，达到既能促进本国幼稚产业和战略性产业的发展，又能使国内企业充满活力，具有较强的竞争力和自我发展的能力。值得注意的是，政府应采取适度保护。如果对国内企业过度保护，其直接后果则是竞争不足，而竞争不足又会使过剩的资源滞留在衰退产业内，从而削弱整个国家的竞争力。相反，如果对国内相关产业缺乏适度的保护，又会引发过度竞争，而过度竞争则会造成资源转移的无序状态。适度贸易保护政策对所有国家来说都会产生不可低估的正面作用，它对该政策实施国在培育企业和产品的竞争优势、促使产业结构向合理化和高级化方向发展、促进出口的扩大以带动整个国民经济增长等方面有着积极的作用。因此，在开放经济条件下，发展中国家的开放和自由化是长远之计，而保护则为权宜之策。一方面，只有积极参与国际竞争，投身贸易自由化，才能强国富民；另一方面，只有在 WTO 框架允许的范围内适当采取保护性措施，才能培育竞争优势，维护国家利益。

二、适度贸易保护与培育企业及产品的竞争优势

纵观国际贸易理论的发展，贸易利益的取得经历了绝对优势—比较优势—要素禀赋—竞争优势的发展过程。这是一个内涵不断丰富、形式不断完善并在不断修正的过程。比较优势是静态的，而竞争优势则是动态的，是在既考虑现实情况又考虑潜在利益的前提下，将一国的竞争能力与其他国家进行比较，确定一国在国际竞争中是处于优势还是劣势。比较优势立足于国家、竞争优势立足于厂商，竞争优势决定了国家之间进行贸易的方向，它并不排斥国家的比较优势。而比较优势与竞争优势的结合才能使一国达到其比较优势所确定的最优状态，完全实现贸易的潜在利益。然而，现实中比较优势与竞争优势常常是分离的，一方面，拥有比较优势的产品由于缺乏竞争优势而不能成为实际的出口产品，从而使比较优势得不到发挥；另一方面，在比较优势不存在的情况下，由于竞争优势的存在，贸易仍将继续进行，直到这种优势丧失为止。因此，为提高一国企业及产品在国际市场上的竞争力，就必须

使竞争优势与比较优势相结合，而这两者的良好结合又需将厂商作用与政府政策结合。

贸易保护理论内容的发展揭示出保护的目的是通过对劣势产业进行扶持，使得劣势转变为优势，从而提升产业或国家竞争力。李斯特从保护本国生产力、竞争力和技术力的尽快成长出发，提出对幼稚工业进行扶持和保护，使它们能尽快地与世界先进国家同类产业竞争。根据波特的国家竞争优势理论，竞争优势主要取决于一国的创新机制，取决于企业的后天努力和进取精神。一国竞争优势的发展要经历要素驱动、投资驱动、创新驱动和财富驱动四个阶段。在第四个阶段，由于创新和竞争意识明显下降，竞争优势的获得就主要取决于政府的宏观干预，尤其是对研究开发与外贸领域的干预，这样才能使一国取得和保持持久的竞争优势，并从对外贸易中获得更大的利益。因此，国家在要素禀赋、技术和需求方面的特征可以成为企业谋求竞争优势的基础；政府可以进行本国产品相对价格与世界相对价格的比较，确定比较优势在本国产品空间的分布，从而指导本国现有资源在产品上的分配，即本国资源最优流向那些有比较优势的产品或行业。同时，政府通过控制货币供给量来控制总的国内价格水平与名义汇率，提高本国企业在外国市场和本国市场上的价格竞争力，调节本国的贸易类型和贸易差额，从而实现比较优势向竞争优势的转化；而厂商则在政府政策的激励下，利用技术创新降低生产成本，利用他国优势进行组织创新、培育新的竞争优势，利用规模的扩大获取规模经济和递增收益，从而将本国的比较优势直接转化为本企业的竞争优势，提高其在国际市场上的竞争力。

当代国际竞争的一个显著特点就是市场价格机制与企业机制都起作用。现代企业成为重要的资源配置主体和竞争主体，企业的创新能力与动态竞争能力对竞争优势的形成起着关键性的作用。企业竞争优势通过其产品在成本（最终以其在国际国内市场上的价格所反映）、标新歧异以及技术含量方面的优势所体现，国际贸易领域竞争优势的取得则需要通过提高出口商品的技术含量。据此，贸易政策的核心就是促进竞争，建立正常、有序的竞争秩序，培养企业的竞争意识和竞争能力，从而达到提高和加强本国企业国际竞争力的目的。贸易保护政策旨在保护或促进国内产业的发展并培育其竞争优势，阻止外国企业无限制地进入本国国内市场，从而有效地消除经济国际化带来的不利影响。

1. 利用进口关税和出口补贴使本国企业及产品在国内国际市场上取得成本——价格上的优势

（1）进口关税的经济效应。在局部均衡条件下（假定其他条件不变，仅用贸易商品自身的供求状况和关税因素分析价格的变动），征收关税会引起进口商品的国际价格和国内价格的变动，从而影响到出口国和进口国在生产、贸易和消费等方面的调整，引起收入的再分配。马歇尔在《经济学原理》第十三章第一节就写道："本节论证曾被用来维护的一个主张：即对进口工业品征收关税一般能扩大那些工业品的国内市场；并且借助于报酬递增规律的作用，最后降低它们对本国消费者的价格。的确，在一个新兴的国家里，如果保护幼稚工业制度选择得恰当，最后是可能取得这样的结果的；在这个国家里，工业'像儿童一样能够迅速成长的'。"

对贸易小国来讲，由于其进出口数量小，它是国际价格接受者而不会成为国际价格的制定者。即便在征收关税的情况下，虽然进口商品国内市场价格的上升幅度等于关税税率，但其变动不足以影响国际市场的价格。但对贸易大国来讲，情况则不同于此。由于贸易大国对某种商品的进口量占了世界出口量的较大份额，那么该国进口量的升降就会影响到世界价格的涨跌。大国对进口商品征收关税，进口商品的国内价格上涨部分和国际市场价格下跌部分之和构成了进口关税税率的幅度，因此，关税负担由进口大国的消费者和出口国的生产者共同承担。如果出口国的供给缺乏弹性，它就会更多地承受进口国转嫁的关税，从而改善进口大国的贸易条件，使产品价格向有利于自己的方向转变，本国产品在国内市场上的价格优势即会逐步转移到国际市场上去。发达国家对"夕阳"工业实行关税或进口配额的贸易保护，虽然可在短期内维持这些部门的就业，提高工人的工资，但其长期效果不好，因为关税或进口配额人为地提高了发达国家的生产成本，从而加速技术转移及北—南资本流动，最终引致北方工人工资的降低。对我国这样的发展中大国来讲，这一点意义重大。在促使我国幼稚产业发展壮大并形成竞争优势的过程中，应尽量在世界贸易组织允许的范围内使用关税手段以取得贸易利益。

（2）出口补贴的经济效应。作为出口鼓励政策的补贴是由政府对该国的出口厂商或潜在的出口厂商的直接或间接的资助，旨在降低本国厂商的出口成本，鼓励本国产品出口的扩大。综合考虑本国经济发展和动态的结构平衡、本国战略产业的扶植培育、争取动态比较优势以及获得动态贸易利益等因素，一国对战略产业和幼稚产业进行生产性的出口补贴，可以使其拥有成本优势，在国际市场上占有一席之地；实施出口补贴措施可以使有关产业赢得结构性调整的时间，从而提高竞争力，并最终形成能够在国际市场上无须补贴即可竞争的能力。适于用出口补贴进行扶持的战略性产业或幼稚产业，应具备以下条件：第一，通过补贴所获得的额外收益（利润或工人能得到更多的回报）必须超过补贴的总成本；第二，虽面临着外国厂商的激烈竞争或潜在竞争，但通过补贴能迫使外国竞争对手削减生产能力计划和产出；第三，产业集中度较高；第四，带来较大的规模经济和学习效应。

在财政允许的情况下，生产补贴为最佳选择。它既可以增进国民福利，又可使政府确切地了解资助工业发展所需的费用。1987 年，美国政府向国会提出的《1987 年贸易、就业、生产率法案》，专门规定要加强对知识产权特别是创造发明专利权的保护，而对国内则放松有关专利使用的限制。目前，发达国家的高技术商品贸易比例已占 50% 左右。发达国家对技术创新进行补贴，如果所发明的新产品能在本国投入生产，则是一项提高国民福利的政策选择。世界贸易组织认为，补贴是发展中国家缔约方经济发展计划不可分割的一部分，因而不得阻止发展中国家对非初级产品实施出口补贴，但实施时不得以对另一缔约方的贸易或生产造成严重损害的方式进行补贴。当使用此类出口补贴与其竞争和发展需要不符时，发展中国家缔约方应努力承诺减少或消除出口补贴，利用出口补贴以外的，如对企业进行资助、贷款、担保、支持性服务、入股等补贴形式，实现诸如消除特定地区的产业、经济和社会的不利因素，促进国内某些部门的结构调整，维持就业，促进科学研究和技术开发尤其是高技术产业的研究与开发活动①，促进产业更合理的分布等目标，从而增强企业的国际竞争力。长期看，发展中国家以财政补贴形式促进出口创汇的增加，将使他们有能力进口更多的发展本国经济所必需的先进技术、设备等资本品，从而有可能有效地改善该国的投资结构，并通过产业资产结构和产业增长结构的改善，推动其生产结构和贸易结构的改善，实现经济的全面起飞。本国实施补贴而扩大的产品生产，使本国在国际市场上占有较大的份额，但本国多占的市场份额却是外国厂商丧失的市场份额，本国的福利增加又是以他国福利减少为代价的。因此单纯的出口补贴政策由于背离WTO的宗旨，容易被指斥为不公平竞争，从而招致他国的报复及 WTO 的制裁。而且保护下形成的工业也可能由于缺乏国际竞争的压力而在生产上无效率，为此，政府就必须大力强化国内市场的竞争机制，同时适度开放国内市场，给企业施加一定的国际竞争压力。

2. 政府干预使企业及产品获得歧异性和技术优势

政府直接参与企业的某些活动，对特定产业给予各种优惠政策（主要是资金支持），鼓励其进行技术创新，从而拥有成本优势和产品的歧异性，使整个国家在国际竞争中处于有利地位。国家竞争力体现于产业竞争力并显示于企业竞争力，努力创造企业的核心能力，是占有和扩大市场份额的根本。而技术创新则是创造企业核心能力的基础。唯有不断创新的企业，才能适应国际市场上不断产生的新需求，才能引导和创造市场需求。技术除了自身对成本或歧异性产生影响，还通过改变或影响其他成本或歧异性驱动因素来影响竞争优势。技术开发能提高或降低规模经济，使以前不存在的关联成为可能，在时机选择优势中创造机会，并对几乎每一种成本或独特性驱动因素都产生

① 要求提供研究与开发性补贴的产业，其产品开发处于早期阶段、产业成本的重要组成部分包括研究开发和资本成本、所具有的新技术必须是向外国竞争厂商的外溢最少以及政府干预政策有助于把外国技术转移给本国的厂商。

影响。近年来，发达国家一直实施战略性贸易政策的目的就是使本国企业技术领先，从而在竞争中取胜。国家和政府对技术创新与开发的大力支持，对外贸体制和外贸政策的管理，是增强外贸竞争力的重要保障和推动力。政府干预在促进有效竞争中也起着重要的作用，并因而实现一国资源的合理配置和有效利用。此外，由市场机制不健全或失败和人为干预经济所导致的经济机制扭曲现象，需要由政府的政策干预来解决。如果以提高国民福利作为政策目标，在国际贸易领域出现扭曲时，采用关税、生产和消费税或要素收入税这些直接的干预方式就能起到应有的效果；在国内生产领域出现扭曲时，运用生产税、关税或要素收入税能起到较好的效果；在国内消费领域利用征收消费税和关税的手段就能矫正扭曲；在国内生产要素调配领域最好使用生产要素收入税和生产税来解决扭曲问题。

从历史和现实来看，一国财富的增长不仅得益于市场的自发调节，国家的积极参与也是一个重要的因素。发达国家政府高度重视国家利益，纷纷展开经济外交，竭力为自己的企业创造更多的市场机会和生存空间，不遗余力地努力提升国家竞争力。1993年，美国国会通过《国家竞争力法案》，旨在加强美国在国际市场上的竞争力，反映了美国对国家利益的重视程度。为了向国际市场进行垄断扩张，美国政府对钢铁、汽车、化工、建筑等战略部门采取行政干预，迫使其进行企业兼并与联合。美国对高科技产业的扶植更能说明问题。进入20世纪80年代以来，美国在计算机和通信领域的投资年均增长率高达20%，到1996年，美国对信息技术产业的投资已占美国固定资产投资总额的35.7%，占世界同类投资的40%。而日本政府的做法更加突出，允许日立、松下、三菱、三洋和东芝等七大电子企业在国内形成卡特尔式的联合，吸收了大量的私人、政府贷款，开展出口攻势，致使日本的电子产品行销全球。

3. 贸易政策与产业政策的相互促进，使得企业及产品取得竞争优势

国际贸易的范围包括商品和部分生产要素（资本、劳动力）的国际流动以及与此相联系的知识技术的国际传递。因此对商品、生产要素以及技术知识跨越国界时施行的各种税收、补贴、限额以及由此引起的经济效果，包括

资源配置、收入分配、经济增长等就成了贸易政策理论研究的对象。由于生产结构对贸易结构具有决定性的影响，而产业政策也可通过产量补贴、新产品试制和投资补贴等非贸易手段，促使企业调整生产结构，进而影响国际贸易。因此，国内产业政策也在一定意义上成为广义国际经济政策的有机组成部分。

由于现实市场存在自然的和结构性的不完善，市场机制发挥的调节作用有限，因此提高竞争优势单纯利用贸易保护政策会使社会成本增加，只有与产业政策的结合使用，利用政府调节在资源分配中的引导作用，才会使那些社会需求量大、具有规模经济效应、收入弹性高、生产率上升快的产业发展成为未来国民经济中的主导产业，并在国际竞争中取胜。贸易—产业政策应综合运用财政、金融、关税等手段，促进与出口相关的、与进口相竞争的产业的发展，形成一个完整的政策手段体系，推动贸易结构的升级。产业政策和贸易干预的要旨就在于将那些颇具竞争优势、具有显著外部影响的高技术产业列为目标产业，进行适度扶持和保护，以便从国家战略利益出发，在宏观范围内追寻和谋求可观的外部经济利益。政府行为的引导应包括：一是对传统出口产业加大技术改造力度，使原有出口产品上档次；二是进一步提高加工层次和培育以机电产品为主体的出口产业，提高产品的附加值，从而形成竞争优势。比如发达国家中的日本、英国、法国和美国对汽车工业进行政府扶持和保护，从而使其在国际市场上立于不败之地。二战后的韩国在其经济发展过程中，同样是通过政府对钢铁、汽车、电器等产业实行动态保护，促进了这些产业的成长并扩大了其产品的出口。此外，一国产业赢得国际竞争优势的重要外部条件还在于政府相应地投资于人力资本与知识以及提供高效率的交通通信基础设施。

三、我国培育企业及产品竞争优势的路径选择

WTO框架下，我国政府在外贸政策方面，应实施以适度保护为基点、以

扩大出口为目标的开放型有管理的自由贸易政策。适度保护不是全方位的保护，而是有目的、有差别和有选择的保护，是动态的主动的保护。

第一，综合运用贸易政策与产业政策，以真正促进社会资源的有效配置，保护社会经济效益的提高，并促进市场秩序的完善。在经济国际化过程中，我国产业政策的基本思路是全面加强农业，加快基础工业、基础设施的建设，大力改组并改造加工工业，努力发展主导产业和高新技术产业，加快第三产业的发展。因此，保护对象的选择应结合产业政策，对关系国计民生的战略性产业如农业、石油化工、航空航天、电子等以及幼稚产业①给予适当的重点保护，培育竞争优势。幼稚产业的选择是开放型有管理的自由贸易政策实施的关键，应立足于经济的长远发展和产业结构的合理化和高级化，在明确合理的保护期限内有选择地逐步降低保护程度，适度引入竞争机制，及时将已具竞争优势的幼稚产业推向国际市场，争取更大的生存空间；逐步降低对服务贸易的保护程度，有步骤地推进商业、外贸、航空运输、工程承包，以及旅行社、会计师事务所、评估机构、商检、质检等社会中介机构等服务贸易领域的对外开放；对经过长期发展并已具竞争力的产业，如纺织服装业、家用电器业等不必保护，而应进一步放开搞活，鼓励国有企业、非国有企业，国内企业、外商投资企业，以及大、中、小型企业共同发展、公平竞争。通过优胜劣汰的市场选择过程，形成更具竞争力的企业群体结构，创造更大的经济效益。我国在发展高技术产业方面已经取得了显著的成效。由 400 多位科研人员、200 多家科研院所、100 多所高校参与的我国"八六三"计划，自1986 年实施至今 15 年来，共投入了 57 亿元人民币，但累计创造新增产值 560 多亿元人民币。通过该计划的实施，我国培育了一批高技术产业生长点，同时为传统产业的改造提供了高技术支撑，仅产生的间接经济效益就高达 2000 多亿元人民币。②

---

① 幼稚产业指根据国民经济结构的动态变化，当时尚处于不成熟、经不起国际竞争的，又具有潜在比较优势和动态外部经济效应，同时具有规模经济递增效应的支柱产业。

② 《2001 年中国高技术产业十五年新增产值 560 多亿元》，中国新闻网，2001 年 2 月 15 日。

第二，合理利用非关税措施以提高企业及产品的竞争力。WTO要求各成员规范非关税措施的管理行为，避免对一种商品实施多种贸易保护措施。因此，运用非关税措施实施保护时应做到合理合法，符合国际规范。一是完善反倾销、反补贴及保障措施等手段。开展以反倾销为核心的反不正当竞争执法及宣传活动，以国际公认的反倾销法则来规范自己的竞争行为；接受国际反倾销法为自由贸易条件下的竞争规则，建立我国的反倾销法律体系并严格执法，积极应诉，引导企业竞争观念的更新和实现非价格竞争的市场经济秩序，维护我国企业的合法权益。二是主动采用绿色贸易壁垒，保护我国的生态环境，努力提高环保技术，防止国外的环境污染转嫁。借鉴和采用国际标准并争取早日与国际标准接轨，推进技术性贸易措施体系建设，有效实施健康、安全、卫生、环保等方面的检验检疫和疫情监控，防止有害物质和生物入境；推行严格的技术规则与环保标准，以增强我国出口商品的竞争力，使之能够顺利地进入国际市场，避免引起贸易纠纷，造成不必要的损失。三是对确属幼稚产业的少数商品提供一定期限的保护，取消不符合WTO规则要求的一切其他非关税措施，合理运用保护性补贴调整国内的成本结构，使国内的成本结构与国际市场的价格结构相适应，提高本国商品的国际竞争能力，减缓对外开放对本国经济带来的冲击力，推动开放经济条件下国内资源的合理配置。四是根据我国外贸体制改革的总体目标和对外承诺，尽可能地减少行政性审批，逐步缩小配额、许可证等行政措施管理的商品范围，取消政府对进口商品的微观管理措施。同时减少进口指令性计划指标，特别是中央进口计划比重要相应减少，逐步扩大市场调节的范围。

第三，恰当发挥政府的推动作用以实现企业扩大出口的目标。外贸企业要扩大出口离不开政府的支持，政府按照国际惯例，运用出口退税①、出口信贷、出口信用保险等政策性手段加大对出口的支持力度，帮助、鼓励和扶持

① 我国出口退税机制应该加快向国际惯例靠拢，对于以出口为主的流通企业的出口货物实行免税购买，对于出口企业免税购进的货物未能内销再照章补交税款，以内销为主的企业出口货物时实行免抵退的方式。

第一篇 贸易保护问题研究

适度贸易保护与培育企业及产品的竞争优势

外贸企业特别是名牌企业出口名优商品、高技术或高附加值商品，将中国劳动力资源的比较优势与高新技术（尤其是国外的高新技术）相结合，形成竞争优势；加强银贸合作，加大金融对外贸的支持力度，逐步改进出口信用保险服务，对部分亏损企业提供封闭贷款；加强有关出口立法，使促进出口的政策和措施规范化、制度化，使企业通过出口逐步实现国际化；严厉打击走私、逃套汇、骗取出口退税等不法行为，维护对外经济贸易秩序。同时，政府应建立扩大出口的金融促进和支持体系。在解决企业融资的问题上，既要加大对企业融资，又要为企业融资提供必要的制度和技术保障；在降低企业出口风险上，要健全完善出口信用保险，保障企业收汇安全；在市场开发方面，建立市场开发和促进基金，推进我国产品和企业走向国际市场；在海外投资方面，设立海外投资促进基金，鼓励有能力、有成熟技术的企业到海外投资，带动国产设备、产品、劳务、技术等出口；在鼓励高科技产品出口方面，除了要充分利用现有的政策，如出口信贷政策、信用保险政策外，还要设立高新技术产品及服务出口促进基金，为这些企业和产品走向国际化增加推动力。对外经济贸易促进和服务体系的建立和完善，中介组织作用的充分发挥，将会进一步提高我国对外开放的水平。

参考文献

［1］曾华国、孙一曲：《国家危机》，江苏人民出版社 1998 年版。

［2］Alfred Marshall, *Principles of Economics*. The Macmillan Company, London, 1920.

环境壁垒对我国商品出口的影响及对策 [*]

近年来，随着人们生态意识的觉醒和环保呼声的高涨，各国外贸政策和WTO 成员间协议中都透露出明显的"环境（绿色）印迹"。无论是发达国家还是发展中国家的竞争力都会受到来自与贸易有关的环境措施（即全球多边环境协定和各经济体制定的单边环境措施）的长期的、间接的和混合的影响。因此，处于环保时代的各国尤其是发达国家对环境保护非常重视，环保问题成为国际经济合作与发展的主要问题之一，而由此产生的"环境壁垒"（绿色贸易壁垒）也成为国际贸易摩擦的焦点。我国出口贸易深受其影响，为此，应采取强有力的对策措施增强我国出口商品的竞争力。

一、环境壁垒的性质

环境壁垒具有灵活多变、隐蔽性强、技术要求高等特点，而且披着合理合法的外衣。环境壁垒所保护的内容十分广泛，不仅涉及资源环境与人类健康有关商品的生产、销售方面的规定和限制，而且对那些需达到一定的安全、卫生、防污等标准的工业制成品亦产生巨大压力，从而使发展中国家的对外贸易与经济发展富有极大的挑战性。

环境壁垒具有两重性。一方面，它有助于遏制全球环境恶化和资源浪费

---

[*] 本文原载于《中国流通经济》2003 年第 2 期。共同作者：陈向东。

的趋势，解决人与自然不协调发展这一全球性难题，实施可持续发展。第二次世界大战后 50 多年来，国际贸易呈现日益全球化的趋势，各国在享受自由贸易给人们带来的巨大利益的同时，也在承受着逐渐加剧的环境压力。人们已经认识到贸易对环境的破坏，如加剧了资源的开采、增加了污染物的排放量、扩大了有害物质和病菌的传播范围等。因此，许多国家通过环境壁垒对国际贸易加以必要的限制，从而有效保护了本国的环境、生态平衡及人民健康。另一方面，对环境壁垒的不适运用使其成为披着合法外衣的新贸易保护的一种有效形式，从而对国际贸易进行着不合理的限制，并延缓了发展中国家的工业化和现代化进程。

环境壁垒常以保护有限资源、环境、生态平衡或人民健康为名，刻意制定一系列苛刻的环保标准，对来自国外的产品或服务加以限制。环境壁垒在种类上层出不穷，形式上花样翻新，常见的有环境关税和市场准入、环境技术标准、环境标志、环境包装制度以及环境卫生检疫制度等。用这些措施解决国际贸易中的环境外部性问题时存在着不公平性，主要原因在于：（1）各国的标准或措施不一致，在与国际统一标准进行"一刀切"时往往不能严格地贯彻外部性内部化的原则，发达国家的产品比较容易进入发展中国家的市场，而发展中国家的产品却因难以达到发达国家的环保标准而常常被拒之门外，致使这种限制成为发达国家对发展中国家进行的单方面贸易限制，从而出现国家间损益的不公平现象；（2）环境壁垒的构成主要是成本内在化（成本内在化要求实行谁污染谁治理，这将提高企业产品成本，严重影响出口产品的竞争力），因此能够构筑环境壁垒的只有工业化国家，它们希望凭借自身在环保技术方面的优势，通过制定苛刻的环境技术标准和严格的环境保护法规，对在环保技术上处于劣势的发展中国家实行贸易歧视，以达到贸易保护的目的。美国和欧盟的表现尤为突出。1994 年，美国环保署规定，在美国九大城市出售的汽油中含有的硫、苯等有害物质必须低于一定水平，国内生产商可逐步达到有关标准，但进口汽油必须在 1995 年 1 月 1 日生效时达到，否则禁止进口。从 1995 年 6 月 1 日起，凡出口到美国的鱼类及其制品，必须贴上有美方证明的来自未污染水域的标签。美国还规定废弃物处理的减量、重复利用、再生、焚化填埋5项优先顺序指标。欧盟也启动一项为ISO14000的环境管理系统，要求进入欧盟国家的产品从生产前到制造、销售、使用以及最后的处理阶段都要达到规定的技术标准，一般以消费品为主，不含服务业和已有严格环保标准的药品及食品，优先考虑的是纺织品、纸制品、电池、家庭清洁用品、洗衣机、鞋类、建材、洗护发用品、包装材料等26类产品。1999年3月，欧盟作出决定，要求对纤维、服装和鞋类贴上环保标志，从而使1993年欧盟规定需贴有环保标志的商品由12种增至14种。

二、环境壁垒对我国商品出口的影响

发达国家以环境污染和破坏已日益威胁到人类的生存和发展，任何国家为保护环境和居民的身体健康有权采取关税和非关税措施来控制甚至禁止污染环境产品的进口和出口，任何产品都应使环境与资源成本内在化以保护环境和生态资源，任何国家应以国际标准为准来使环境与资源成本内在化，即使是发展中国家也不能给予企业环境补贴等理由推行环境壁垒，显而易见，对于发展中国家来说，由于自身技术水平落后，国际竞争力弱，环境壁垒已使许多产品被发达国家拒之门外，我国也深受其害。可以说，环境壁垒是对我国出口商品产生影响最大的技术壁垒之一。它通过环境技术标准、环境标志、环境卫生检疫制度、环保法规、环境包装制度等对我国商品的出口进行限制。

1. 环境技术标准

PPM（Processing & Product Method）标准是指产品的加工过程和加工方法须符合特定环境标准的简称。一般来说，一国为保护环境或保护人类动植物生命安全，有权要求进口产品须符合本国的产品标准，否则进口国可实施限制措施。对纳入WTO属下的PPM标准，我们必须注意如下几点：（1）修改后的《贸易技术壁垒协定》规定，如果这种PPM标准影响产品的性能，进口国有权限制不符合本国 PPM 标准的产品进口；（2）在《实施卫生与植物卫生措施协定》（以下简称"SPS 协定"）中，进口国实施 PPM 标准限制贸易，只能以保护其领域内的动植物或人类生命健康为限；（3）WTO 要求缔约方在实施《贸易技术壁垒协定》和 SPS 协定中的 PPM 标准时，不至于影响正当的国际贸易，即该 PPM 标准须建立在科学的基础之上，仅依道德观念实施贸易措施是不符合 WTO 的规定的。

据我国外经贸部公布，我国出口产品受影响的主要是以下环境标准：（1）陶瓷产品含铅量；（2）皮革中五氧苯酚残留量；（3）为保护臭氧层对使用受控物质的产品，如冰箱、空调、泡沫塑料制品的限制；（4）环境标志的广泛使用；（5）我国一些出口食品的质量，特别是农药残留量和其他有害物质超标问题；（6）纺织品的环境标准问题。1994 ~ 1997 年我国出口至欧洲的纺织品因成分、染色、回收等原因引起的拒收退货纠纷就有 11 起，总额近200 万美元。

2. 环境标志

环境标志是指由各国商业组织或管理部门颁发的，表明产品从生产、使用到回收、处理整个过程符合国家环境要求，对生态环境和人类健康无害的一种特殊标志。我国出口商品大多是劳动密集型产品，受环保因素的影响较大。例如，欧盟一些国家实施纺织品环境标志（对棉花生产中农药的使用，对漂白剂、染色剂等提出较高环保要求），我国出口纺织品、油漆、涂料、建筑材料、清洁用品、纸张、纸制品、电池、与保护臭氧层有关的受控物质及其制品、机械产品、鞋类、橡胶制品等已经或正在受到不同程度的影响。目前正在实施的环境标志和 ISO14000 认证等，不仅涉及产品本身，而且对产品整个生命周期的环境保护亦提出要求。

3. 环境卫生检疫制度

由于我国的渔船上没有装配海龟逃生装置，危害某些海龟的生息，因此，用这种捕捞技术捕获的虾类禁止输入美国。1995 年，美国食品药品监督管理局宣布对中国虾类制品实行"自动扣留"，中国输美虾类制品大大减少。据中国海关统计，冻龙虾的出口额由 1995 年的 1203.9 万美元减少到 1997 年的 56.7 万美元，冻整虾由 23.8 万美元减少到 2.4 万美元。日本、韩国对进口水产品的细菌指标已开始逐批化验，河豚也逐条检验，山东省荣成市出口日本、韩国的虾仁、鱿鱼，均曾因细菌超标而被提出退货。

4. 环保法规

对机电产品贸易影响较大的环保法规主要有防止空气污染、噪声污染防治、电磁污染防治、节约能源的有关法规等。欧美国家与日本是我国机电产品出口的主要市场，其环保法规也是世界上最严格、最完善的，其中有许多条款涉及机电产品的性能、排污量限制、兼容性、可回收率、节能性等众多方面，这些条款对我国机电产品的出口造成很大的限制和困难。由于欧美、日本等国严格的环保法规和日益发展的环保运动，环境因素也逐步成为纺织品贸易中一个重要影响因素，主要是对纺织品中有害化学品的限制和禁止的规定，禁止使用偶氮染料及对进口服装附件的要求等。

5. 环境包装制度

在欧美等国的环保法规中对商品包装材料的易处理性和可回收率有较高的要求和标准，包装的材料首先要求其安全性，其次是对人体和自然环境无害。欧盟对于我国出口的纺织品以及包装材料环保方面的要求非常高，特别是对于有害人体健康和环境的产品进行了限制。欧美等国的环保法规鼓励对商品进行合理的包装，但不提倡重复包装和过度包装，以利于资源的节约。欧美等国的消费者也具有较高的环保意识，在挑选和购买商品时会较多地考虑产品包装对环境的污染，对产品包装的观念已由追求豪华、精美转向简明、实用和对环境的友善。而我国企业在这方面还存在较大的差距，不利于我国出口产品在国际市场上的形象和竞争力。

在进口方面我国也是环境破坏的受害者。近年来，国外一些废旧船舶、汽车、电器、电缆等工业垃圾的进口严重污染了环境；一些进口产品带有病虫害和传染病；旧服装、旧磁带等生活垃圾的进口严重影响了人民的生存环境和身体健康。

三、应采取的对策

作为 WTO 成员，我们应充分利用 WTO 框架下的保护条款及环境壁垒措施来保护本国民族工业，同时积极应对其他国家的环境壁垒，完成扩大出口的任务，从而获取更多的经济利益。因此，面对我国出口产品合格率下降和国际市场占有率退缩的现状，我们应该对环境壁垒问题予以高度的重视，并采取相应的对策。

第一，发挥"环境外交"的作用，进一步关注并参与国际环境与贸易领域的活动。我们应当借助国际力量，利用乌拉圭回合谈判的基本条款和国际组织及协议，联合发展中国家（例如协商加入各种国际环境公约、参与修订 ISO14000、协商制定统一的国际环境标志等），增强在国际贸易谈判中的力量，抵制单方面将某个国家的体制与政策强加于人的倾向，从而使上述国际协定向着有利于发展中国家的方向改进，进而抵制发达国家利用绿色保护而采取歧视政策，保证我国对外贸易的顺利发展。目前环境外交已成为许多发达国家扩大绿色贸易的重要手段，为在环境外交中争取主动，我国应积极开展关于国际贸易与环境管理方面的基础理论研究，探讨在我国实施最新环境手段的可能性及适合我国国情的技术工作程序，做到心中有数，充分运用外交手段正面反击各类环境壁垒。同时，利用 WTO 和欧洲药品管理局，抵制以 PPM 标准之名行贸易保护之实的环境壁垒，并防止发达国家向我国输出工业垃圾和生活垃圾。我国应以 WTO 规则、《布鲁塞尔控制有毒废料越境转移及其处置公约》及我国的《中华人民共和国外贸法》为基础，完善相关法规，加大打击力度，杜绝此类祸国殃民的事件。为此，我国应对入境的严重污染或污染难以治理的原材料产品，以及大量消耗能源和自然资源的工艺生产设备等征收进口产品环境附加税，并通过采取限制或拒绝进口的贸易管制措施将重污染的产品及设备拒于国门之外。

第二，优化出口商品结构，积极推进环保产业的发展，开发绿色产品。

首先，我们应提高环保科技水平，提高产品的技术标准、安全标准、卫生标准和环保标准，以国际市场需求为导向，以社会、生态、经济效益为中心，发展环保产业，建立合理的进出口商品结构。组织高水平的科研队伍，提高科研技术水平，促进科技进步，这是突破环境壁垒的根本途径。其次，环保产业的发展必然会提高企业防治污染的能力，为产品冲破国际贸易中的环境壁垒提供硬件上的支持。此外，环保产业具有较强的关联效应，在自我发展的同时能够带动、引发许多前向、后向相关产业的发展，极具潜力。而环保高新技术产业的发展是未来我国经济增长的主要动力和新的增长点，是提高我国综合国力的关键。最后，在国际竞争环境中，积极发展、生产符合环保要求的"绿色产品"。绿色产品易于摆脱国际环境壁垒的限制，同时又因其健康性和洁净性为我国的外贸出口开拓了更为广阔的"绿色市场"。目前，我国环境贸易无论在数量上还是在结构上都远远落后于欧美国家。国家统计局公布的数据显示，1997年我国绿色产品出口额为2800万美元，为日本的4%，法国的19%，美国的16%，且产品结构单一，多集中于传统的初级产品。近年来，各外贸企业吸取教训，大力发展"生态服装"（面料天然——棉、麻、毛、丝，色调自然——绿、蓝，图案和谐——反映人与自然，款式简洁），从创意到功能均与保护环境有关，而且从棉花培植到生产工艺也完全从环保角度出发，避免采用印染原料和树脂等破坏环境的物质，在国际市场上受到好评，为我国纺织品适应环保需要，冲破国际纺织品贸易中的环境壁垒开辟了新道路。进行绿色食品开发时，在技术措施、生产设备、产品质量和包装等方面都应坚持高标准、严要求，瞄准高水平，开发精品，并坚持主要以非价格竞争行为参与市场竞争，开拓占领市场。

第三，推行ISO14000环境认证。国际环境管理体系系列标准ISO14000是国际标准化组织为保护全球环境，促进世界经济持续发展，针对全球工业企业、商业、政府部门、非营利团体和其他用户而制定的系列环境管理国际标准，是国际标准化组织继ISO9000后的重大举措。它旨在帮助企业对产品设计到产品消亡的全过程中每个产生污染的环节进行控制，实现资源的合理利用，减少人类活动对环境的影响。其标准号从 14001 到 14100，共 100 个标准号，统称为 ISO14000 系列标准。ISO14000 是个庞大的标准系统，由环境管理体系标准、环境行为评价标准、环境审核标准、环境标志等几部分组成，ISO14001 环境管理体系系列标准是 ISO14000 的龙头标准。一些发达国家已开始将 ISO14000 认证作为贸易的条件之一，没有通过认证的产品，有可能被坚持认证的国家拒之门外。而通过认证的产品，一方面可以避开以环境为借口的绿色障碍；另一方面可以满足消费者崇尚大自然，追求洁净生活空间的需求，从而赢得消费者的喜爱。为了保护人类生存和发展，使国民经济可持续发展及国内贸易进步发展，同时把 ISO14000 系列标准中提出的"全面管理，预防为主"的思想引入我国的环境管理工作之中，准确地反映标准的原意，保证我国企业在开展双边或多边环境管理体系审核、认证活动中与国际标准接轨，我国实施了 GB/T24000－ISO14000 系列标准，这促进了我国各类组织特别是企业的环境管理体系的改善。今后，政府还应加强立法工作，完善配套环保法律法规，健全各级环保机构，加强对环境的监督和对环保法规的执法力度。国家环保局和国家监察委员会曾联合发文，提出要加大监督检查力度，抓住典型，严厉打击违法行为，建立综合决策机制，将环保工作纳入政绩考核，完善环境经济政策，建立稳定合理的环境投入和产业保障体系，加强取缔、关停"十五小"的力度。加强环保执法和自然生态保护等一系列措施，无疑都加强了我国在对外贸易中进行环境管理的法制法规建设，并逐步使我国对外贸易中的环境保护工作走上法制化的轨道。同时还应加强对认证机构的管理，将 ISO9000 的认证机构与 ISO14000 的认证机构合在一起，建立起综合性的认证机构，这既有利于为企业认证提供方便，也适应未来发展的需要和节约社会资源。

第四，提高企业环境意识，使企业在生产经营活动中自觉兼顾经济效益、社会效益和环境效益。在积极与 ISO14000 接轨的同时，应在企业中扩大关于绿色产品、绿色营销、清洁生产、环境标志等概念的宣传，消除、减少产品与服务对生态环境的不良影响，鼓励企业自觉向 ISO14000 和国际相关产品环境标志的认证要求靠拢，并给予人力、物力、财力、技术和信息上的必要支持。我国海尔集团以前瞻眼光实行绿色经营，改进生产工艺，率先取得德国"蓝色天使"计划及欧盟环境标志，使企业树立了长期的良好形象，扩大了出口业务，正是这方面的成功范例。我国外贸企业和有关管理机构应充分认识到环境标志的重要性，积极申请取得环境标志认证，着力健全认证体系，为我国产品能够取得进入国外绿色产品市场的通行证创造条件。

参考文献

［1］曹建明、贺小勇：《世界贸易组织法》，法律出版社1999年版。

［2］冯宗宪、柯大钢：《开放经济条件下的国际贸易壁垒——变动效应、影响分析、政策研究》，经济科学出版社2001年版。

［3］［瑞典］托马斯·安德森、卡尔·福尔克、斯特凡·奈斯特罗姆：《环境与贸易——生态、经济、体制和政策》（黄晶等译），清华大学出版社1998年版。

［4］赵春明：《非关税壁垒的应对及运用》，人民出版社2001年版。

［5］朱榄叶：《关税与贸易总协定国际贸易纠纷案例汇编》，法律出版社1995年版。

技术法规与标准对我国出口贸易的影响及对策*

一、技术法规与标准

所谓技术法规，就是由进口国政府制定、颁布的有关技术方面的法律、法令、条例、规则和章程，具有法律上的约束力。技术法规所涉及的范围包括环境保护、卫生与健康、劳动安全、节约能源、交通规则、计量、知识产权等方面，对商品的生产、质量、技术、检验、包装、标志及工艺流程进行严格的规定和控制，使本国商品具有与外国同类商品所不同的特性和适用性。对于出口国厂商来说，向国外出口商品时就必须考虑并严格遵守进口国制定的技术法规，否则，进口国就有权对违反技术法规的商品限制进口，甚至扣留、销毁，直至提起申诉。

技术标准是指由公认的产品或有关工艺和生产方法规定或特性的机构所核准，供共同和反复使用的、不强制要求与其一致的文件，当它们适用于一种产品、工艺或生产方法时，也可包括或仅涉及术语、符号、包装、标志或标签要求。传统的标准和标准化活动，被认为是企业组织生产的依据，是为大多数工业革新严守的秘密，是企业生产技术诀窍的载体。如今，标准化作为加速复杂产品贸易的一种不可缺少的语言和工具，已被公众广泛承认，而

---

* 本文原载于《对外经济贸易大学学报》2004 年第 2 期。共同作者：王稳。

针对具体产品制定一整套专门的强制技术标准，已成为发达国家采用的一种限制进口的措施。无论是对工业制成品或对初级产品，发达国家都规定了严格且繁多的技术标准，不仅包括产品标准、试验检验方法标准、卫生安全标准、环境保护标准、包装标签标准，也包括对商品设计制造、技术、管理、生产、销售乃至使用、维修等进行的严格控制。出口商品只有符合进口国规定的标准，才准予进口，从而达到其限制或阻止商品进口的目的。

技术法规与技术标准的主要区别是在法律属性上。技术法规是强制性的，而技术标准是自愿的。在市场经济国家，技术标准一般为推荐性标准，不具有强制约束力。但在实行技术性壁垒时，技术标准往往以法规形式出现，而且技术法规引用标准时非常灵活，既可全部引用，也可只引用标准中的部分条款并可随着国家经贸政策和市场形势的改变而随时修改法规，而不必顾及标准的技术属性，因此给实施国带来贸易保护的方便和好处。美国、日本，以及欧洲共同体（以下简称"欧共体"）等国家和地区利用它们在科学技术方面的优势，直接制定了有关技术的贸易保护法规和标准。

美国联邦政府各部门颁布的直接或间接与进出口贸易有关的技术法规比较健全。例如，美国人所共知的美国联邦食品和药物管理局，从保护美国广大群众的健康、安全和消费利益的立场出发，实施一系列的技术法规。在美国关税表上，与美国联邦食品和药物管理局有关的商品编号约有 3944 个。对于活畜、肉类、禽类、畜产品、兽用药物和新鲜农产品等方面的贸易，美国农业部制定了一些强制性标准，肉禽必须附有证书，证明符合美国标准后方可进入美国市场。汽车的进口基本是受"排烟标准"及"安全标准"双重法规的管制，任何进口汽车若不能符合美国的排烟标准或安全标准，均不能进入美国市场。

欧共体共有 10 万多个技术法规和标准，不少都比较苛刻复杂。除了技术条文本身外，其实施过程和认证措施也常常是国际贸易的障碍。1985 年 5 月，欧共体在一项决议中决定，在有关的行政法规中参照使用欧洲标准的原则，从而铺平了欧洲标准化和行政法规"新方法"的道路。欧共体将不再采用为解决一个个贸易问题而制定指令的老方法，而是制定涉及统一市场内一个个技术领域的指令。行政管理指令不必很详细，只包括一般的基本要求，详细的技术参数和要求应符合欧洲标准化委员会和欧洲电工标准化委员会制定的标准。进入欧共体市场的商品符合了相应的标准，就视为达到了指令的基本要求。自 1970 年以来，欧共体委员会已发布了 350 多个法令以协调其成员国有关机动车辆的各项指标，并在 1987 年形成了一系列法规，促进其成员国生产和销售车辆，限制非成员国车辆进入欧共体市场。欧共体和美国在食品法规方面存在较大差异。其中有些差异会给美国食品出口带来显著影响，如欧共体关于食品添加剂和防腐材料方面的法规中载有"可靠物质一览表"，并规定：无论直接的或间接的食品添加剂，只有表列物质方可使用。

日本也是技术法规繁多的国家，在这方面制定的法规有《外汇及外贸管理法》《进出口贸易管理令》《出口交易法》《关税法》《出口贸易管理令》《出口检验法》《外汇管理令》等。在日本名目繁多的技术法规与标准中，只有极少数是与国际标准一致的，当外国产品进入日本市场时，不仅要求符合国际标准，还要求与日本标准相吻合。而且日本对很多商品的技术标准要求是强制性的，并通常要求在合同中体现，还要求附在信用证上，进口货物入境时要由日本官员检验是否符合各种技术标准。

二、技术法规与标准对我国出口贸易的影响

关于对产品的技术标准方面的规范性管理和法规本身并不意味着构成国际贸易的技术性壁垒，实际上，它们对国际贸易的发展起到了极大推动作用，而从各国制定和执行技术法规与标准的严肃性上来看，也无疑为维护消费者的权益作出了极大的贡献。然而，如果技术标准方面的法规或认证程序不当，都极易起到贸易壁垒的作用。形成贸易障碍的技术壁垒扭曲了技术规则的本来面目，使原本有利于国际贸易发展的技术标准变成了阻碍国际贸易正常进行的有效手段。技术法规与标准阻碍国际贸易的进行主要原因包括以下几方

面。（1）各国技术法规和标准各不相同，有些国家人为地扩大这些差异以限制进口。比如，欧盟各国都有各自的产品技术标准，不少都比较苛刻和复杂。（2）打着"维护消费者利益"的幌子，对国内外产品采取双重标准，遏制外国产品进入本国市场。例如，美国环境保护局根据对《1990年清洁空气法》的一项修正案制定并颁布了一项法规，对进口汽油和国产汽油的环境标准制定了两种不同的技术要求。（3）技术标准在执行过程中可能产生的限制。商品在进口过程中所产生的争议，常常会导致复杂的、旷日持久的调查、取证、辩护、裁定等程序。在履行了这一系列复杂程序后，即使认定有关商品符合规定而准许进口，该进口商品销售成本可能已经大幅增加，从而失去与本地产品的竞争能力。（4）技术法规和技术标准的作用具有两重性。一是由于各国文化背景、生活习惯、维护人身健康、安全及生活环境等方面存在着不同的价值观念，各国工业化程度、科技发展水平和消费水平也存在差异，导致各国技术法规和技术标准的差异，这些差异有时甚至是巨大的。当各国用本国的技术法规和技术标准去决定某种商品是否符合进口国的技术经济政策或对进口产品进行检验时，就很容易造成进口产品不符合进口国技术法规和技术标准的后果，从而起到限制进口的作用。二是某些国家或厂商有意识地、有针对性地制定某些技术法规或技术标准，去限制其他一些国家或地区的商品进口。最著名的典型案例是"垒球棒"事件。日本消费品安全法引用的强制实施的金属垒球棒日本工业标准，通过对球棒材料的规定，曾长期把美国的铝制垒球棒挡在了日本国门之外。

因此，通过设置进口商品的技术标准来歧视外国商品并限制其进口是近年来发达国家实施技术性壁垒的主要手段之一。在运用质量标准作为保护手段时，最明显的是将技术标准只适用于进口商品或对进口商品使用更为严格的技术标准，这正是近年来国际贸易中屡见不鲜的事实。而且不少国家在规定技术标准时往往使用所谓的设计标准而不使用性能标准。

截至目前，我国已颁布实施的涉及国际贸易方面的技术法规有千余部，其中涉及质量技术监督方面的技术法规已达百余部，主要有《中华人民共和国标准化法》《中华人民共和国产品质量法》《中华人民共和国食品卫生法》《中华人民共和国计量法》等。截至 2000 年底，我国共发布国家标准 19278 项，有 8387 项标准采用了国际标准和国外先进标准，占国家标准总数的 43.5%。

由于我国长期计划经济体制和产品经济型式的影响，我国的标准化工作主要存在以下问题。从标准内容看，我国产品标准多是生产型，主要体现设计、生产方的需求，内容上全、细、严，对消费使用方的要求体现不够，不利于商品交换。由于主要根据国内需要制定产品标准且更新缓慢，致使标准水平过低，标准构成不合理、不配套，尤其是在高科技产业标准化方面与发达国家差距明显，因此不能在提高产品生产技术、质量层次上发挥应有作用。从标准的法律属性看，我国标准有国家标准、行业标准、地方标准、企业标准，法律属性分强制性标准和推荐性标准两种，并且规定"强制性标准必须执行。不符合强制性标准的产品，禁止生产、销售和进口"。这与国际上通行做法不一致。我国技术法规体系还不健全，只能通过强制性标准，甚至在某些情况下由产品归口管理部门以红头文件的形式加以规范。这就使强制性管理范围过大，同时管理部门过多，各自为政，相互间缺乏协调。从标准体制上看，国家技术监督局与出入境检验检疫局在商品的监督检验上存在重复检验现象，这不但造成浪费，也加重了企业负担。

目前，发达国家制定的技术标准越来越多，而且要求越来越高。我国出口贸易中常遇到的强制性技术标准主要有：（1）食品中的农药残留量；（2）陶瓷产品的含铅量；（3）皮革的五氯苯酚残留量；（4）烟草中的有机氯含量；（5）机电产品、玩具的安全性指标；（6）汽油的含铅量；（7）汽车的排放标准；（8）包装材料的可回收性指标；（9）纺织品染料指标；（10）保护臭氧层的受控物质，如冰箱、空调、泡沫塑料及发胶等。我国工业标准约有 70%~80% 低于国际和国外先进标准，这是我国不少商品由于不达标而被排斥在国际市场之外的根本原因。从实施技术壁垒的具体国别来看，我国出口日本的产品主要集中在植物卫生检疫标准上，而轻工产品以及机电产品的技术标准要求目前比较少，因为我国的这些出口产品大多是日本在我国的合资企业制造的，其达到日本的技术标准没有太大的问题；而美国不仅对农产品有较高的卫生要求外，对于机电产品和玩具的安全性也更加看重。西方发达国家对药品进口的要求越来越高，如美国对其进口药品要求必须通过美国联邦食品和药物管理局的检查。要通过美国联邦食品和药物管理局的检查必须投入大量的人力、物力和财力，不仅其产品质量要达到国际公认的质量标准，还要求对工厂生产药品的全过程质量保护体系有一个系统的审查和了解，而且对生产产品的厂房及周围环境也有严格的要求。目前国内仅有20多个厂家的单个品种通过了美国联邦食品和药物管理局检查。此外，最近几年不仅对产品的最终形式有技术性要求，而且对产品的整个生产加工过程也提出了技术要求。例如，欧盟的技术性壁垒正由强制性的技术标准限制转向无定量的、人为管理控制的方法进行限制。美国则对进口的水产品、果汁、蔬菜从种植、收获、包装、运输直至销售的全过程进行限制，同时对水质、肥料、操作人员个人卫生及健康、仓储、运输工具卫生等进行全方位管理控制，保证食品安全卫生。

三、应采取的对策

综上所述，即使在我国加入世界贸易组织后，由于科技水平的限制和法规与标准的不完善，技术法规与标准这种技术性壁垒仍将阻碍我国出口贸易的发展，因此，我们应采取相应的措施以削弱这种负面影响。

第一，完善技术标准和认证体系，促进我国产品质量的提高。面对激烈的竞争，产品要出口，就要质量好，就要满足进口国的技术标准。我国的外贸出口偏重数量扩张，总体效益不高，在产品质量上多带有粗放经营的痕迹，档次低及结构不合理，因此使得一些国家取消了对我国商品进口的免检优惠。要解决这一问题，就企业而言，首要的任务是把产品的质量搞上去，以获得国际市场的通行证。产品的技术标准，是企业产品质量的量化准则，对企业产品走向市场至关重要，因此，我国企业应对国际标准给予更多的关注。自从 1957 年和 1978 年我国分别加入了国际电工委员会和恢复国际标准化组织（ISO）合法席位以来，我国在这两个国际标准化组织的技术委员会中拥有了提案和参与起草、表决的权利。随着中国经济与世界经济的不断接轨，中国需要加大参与国际标准化活动的力度，尤其我国的大中型企业，对产品国际标准要有更多的关注，这是打开和扩大国际市场的必由之路。就政府来说，应完善技术标准和认证体系，为企业在国际竞争中求生存和求发展创造必要的外部条件。因此，制定统一的技术标准法规，规范各类产品的技术标准是当前我国立法的一项迫切任务。应尽快理顺技术法规与其他经济法规与技术标准的关系。各行业分别制定技术法规的规划，特别是有关国家安全、防止欺诈行为、保护人类健康、保护动植物生命和健康、保护环境等方面的技术法规，防止不符合我国技术法规要求的商品流入国内，把强制性标准逐步转化为与技术法规配套的自愿性标准。

第二，要充分利用"标准守则"的原则，制定符合我国国情的统一的技术标准法规。我国标准体系有国家标准、行业标准、地方标准和企业标准四级，标准低且不统一，从而造成我国产品的质量检验形同虚设。"标准守则"是《贸易技术壁垒协定》文本对发展中成员的对外贸易的一大贡献。根据这一原则，我国作为发展中成员，在制定技术标准和法规时，可以利用即使在国际上存在国际标准的前提下，也可以在一定范围内不采用的灵活性，并可以要求发达成员不得在技术标准方面提出与我国的经济发展、资金和贸易等方面不相适应的标准。同时还规定，各成员制定有关技术法规、技术标准、认证制度和检验制度时，需要提前 6~8 个月通报有关签字国征求意见。我们还要充分利用给予发展中成员的差别和优惠待遇原则，协调我国东西部之间经济发展步调，加紧对货物原产地规则的研究，加紧地理标志和标识的研究，加紧进口商品原产地判定标准的研究，以制定和颁发对我国有利的各种技术标准。标准的制定应以国际标准为基础且加以统一，要由过去侧重制定和修订标准、增加标准数量转向调整标准的构成，由侧重传统工业的标准化转向大力发展高科技产业的标准化，由单纯的技术标准化转向技术与管理标准化并重，提供全国统一的管理标准化体系与标准规范，同时，大力开展军民通用技术的标准化研究，在技术上实施军民通用、平战结合的相互转化，建立统一的技术基础。这样会切实提高我国产品尤其是出口产品的质量。一般来说，主要支柱产业的产品及主要出口产品，如机电产品、纺织服装产品、家用电器、矿产品、船舶，以及直接关系到消费者生命健康的产品，如各类食品、药品等应直接适用国际通用标准，并一律要求在出口商品的包装上使用条形码标志，以增加它们在国际市场上的竞争力；民族特色产品，如唐三彩、宣纸等应适用国家标准，取缔各地方标准及企业标准，各企业应认真贯彻执行国家标准，保证此类民族特色产品在国际市场上的主导地位。

第三，参与各种国际标准化组织活动，加速我国标准体系和标准管理的市场化进程。国际标准化组织产生的目的是使产品在全球有一个统一的规范并能自由流动于国际市场。比较著名及较有影响的国际标准化组织有 ISO、国际电工委员会以及由他们承认的其他专门性组织，如国际计量局等。他们制定的标准为大部分国家承认，而且也能反映出最新技术动态。我们盯住这些标准，既能有效地突破技术性壁垒，又可以说是一种廉价的技术引进。因此，积极加入各国际标准化组织并使我国标准体系与国际标准体系尽快接轨，就是政府与企业共同面对的一项至关重要的任务。

第四，在技术法规和标准的基础上推行合格认证与安全认证制度。按照技术法规和标准的规定，对企业生产、产品、质量、安全、环境保护及其整个保证体系进行全面的监督、审查、检验，合格后授予国家或国外权威机构统一颁发的认证标志。一般来说，许多产品没有取得认证就无法进入这些国家的市场。认证工作涉及生产、流通、消费领域，是一项复杂的系统工程，对大多数发展中国家的企业来说，要获得国际著名机构的认证是相当困难的。因此，加强质量认证工作，着力寻求国际间的相互认可，是我国商品以质取胜，打破国外技术性壁垒的有效途径之一。

参考文献

［1］曹建明、贺小勇：《世界贸易组织法》，法律出版社1999年版。

［2］冯宗宪、柯大钢：《开放经济条件下的国际贸易壁垒——变动效应、影响分析、政策研究》，经济科学出版社2001年版。

［3］戚继明：《中国商品如何取得美国"签证"——美国法规透视》，知识出版社1998年版。

［4］赵春明：《非关税壁垒的应对及运用》，人民出版社2001年版。

［5］朱榄叶：《关税与贸易总协定国际贸易纠纷案例汇编》，法律出版社1995年版。

主要非关税壁垒措施的效应及对策研究[*]

从世界经济贸易的发展状况看，目前全球经济不景气，贸易纷争此起彼伏，贸易政策环境不断恶化，贸易壁垒层出不穷，在经济全球化不断发展的同时，贸易保护主义再度抬头，并已成为国际经济贸易发展交流中的重大障碍，尤其是发达国家以环保标准、质量标准、技术标准、卫生标准、反倾销等花样繁多的非关税壁垒措施替代关税壁垒对进口的限制作用，使其成为各国保护国内产业和企业免受他国产品损害的最主要手段。作为世界贸易组织（WTO）成员，2004 年 1 月 1 日起我国关税总水平已由 11% 下降至 10.4%，关税壁垒作用已日渐削弱。然而，非关税壁垒问题日益凸显，除反倾销、保障措施外，技术壁垒、检验检疫、知识产权等正在成为其他 WTO 成员制约我国出口的主要手段。这些措施隐蔽性强、牵涉面广，缺乏多边贸易规则的有效制约，使我国应对工作难度加大。我国现已成为非关税壁垒最大的受害者，遭受非关税壁垒的产品类别涉及钢铁金属制品、轻工产品、机电产品、纺织品、电子产品等。因此有必要对 WTO 框架下的主要非关税壁垒措施的效应进行深入研究，以采取强有力的应对之策。

一、WTO 框架下非关税壁垒措施的主要表现形式及其效应

由于新贸易保护主义势力的抬头，全球竞争压力的加剧，WTO 规则实施

---

* 本文原载于《中国海洋大学学报》2004 年第 2 期。共同作者：王稳。

本身的反映，各国科技水平的差距拉大，以及消费者对商品的选择性增强，对质量要求提高，对款式变化日益敏感，对卫生、安全指标的要求更加严格等因素的存在，再加上非关税壁垒措施所具有的名义上的合理性、形式上的合法性、保护内容的广泛性、保护方式的巧妙性和隐蔽性，以及保护技术上的歧视性等特点，大部分西方发达国家成员致力于利用 WTO 框架中的贸易保护机制，将其所运用的某些非关税措施纳入 WTO 框架，并使其成为隐性的贸易壁垒。非关税壁垒措施一方面成为各国执行贸易保护政策的主要工具，另一方面也为 WTO 成员创新贸易保护形式、寻求贸易保护的广泛空间创造了条件。诸如反倾销和反补贴、技术标准、环境壁垒、保障措施、灰色区域、劳工标准及公平贸易等措施已经或正在逐渐成为 WTO 框架中允许的隐性的非关税措施。

1. 反倾销和反补贴

WTO 所允许的保护国内产业的合法手段有三种：反倾销、反补贴和保障措施。为了规范各国反倾销与反补贴的行为，关税及贸易总协定（GATT）乌拉圭回合达成了《反倾销协议》与《反补贴协议》。大多数 WTO 成员纷纷举起反倾销、反补贴大棒保护国内产业免受冲击。我国在国外反倾销诉讼中首当其冲，涉及各大类出口商品，如轻工、家电、五金、化工、工艺、食品、机械、土畜、医药、纺织品和服装、农产品，甚至一些高科技产品。这严重影响了我国出口的增长和国民经济的发展：第一，被征收高额反倾销税，致使我国出口创汇损失严重；第二，反倾销指控缩小了我国出口商品的国际市场份额，某些商品的出口市场迅速萎缩，甚至完全消失；第三，造成我国出口商品非正常回流，冲击国内市场；第四，严重影响了中国出口商品的国际形象，恶化了我国外交投资环境，挫伤了国外企业对中国投资的信心和积极性，给我国扩大利用外资造成不利影响。与此同时，我国的进口贸易中已存在外国产品程度不同的在中国市场上进行倾销的现象，影响到新闻纸、化工、机电、钢材等我国传统产业的发展。

2. 技术性壁垒

技术性壁垒的框架体系主要表现为技术法规与技术标准、包装和标签要求、商品检疫和检验规定、环境壁垒和信息技术壁垒。在贸易战中，技术法规、标准和评定程序经常被作为实施贸易保护的工具和手段，是用来争夺利益的大棒。一旦将卫生检疫、技术标准用于达到一定贸易壁垒目的来实行的时候，只要将卫生检疫程度、技术标准制定到其他国家无法执行的地步，原本服务于增进人类福利水平的游戏规则，就会变成巨大的、无法逾越的非关税壁垒，不仅影响着各国经济政策的制定，也直接或间接地制约着国际贸易的发展速度，并在一定程度上影响着国际贸易的商品结构、地理方向，引起不同国家间、集团间的贸易摩擦和冲突。

技术壁垒不但是目前我国千方百计扩大出口面临的重大挑战，而且由于经济发展水平低、出口商品结构和档次仍较为落后，以及国内没有建立自己有效且强有力的技术壁垒体系等因素的影响，在我国积极发展对外经贸事业的今天，它将严重制约我国出口商品的竞争力，从而造成减少国际市场份额、失去贸易机会、退出市场、损害企业信誉等不利影响，并使国外消费者对我国部分产品尤其是农产品食品信心下降，给我国出口带来长期的负面影响。调查表明，2002 年中国有 71% 的出口企业、39% 的出口产品遭遇到国外技术壁垒的限制，造成损失约 170 亿美元。对出口的影响涉及所有省（区、市），发达地区损失绝对金额高，中西部地区损失比例相对较高。食品土畜类产品出口受到的损失最为严重，有近 90% 的企业受限，造成损失约 90 亿美元；轻工、机电类产品较加入 WTO 前受到的影响更为严重，损失分别约 40 亿美元和 20 亿美元。①

商务部《贸易投资壁垒信息收集指南》指出：尽管贸易壁垒的种类可以分出 2000 多种，但目前出口遭遇壁垒的问题主要是反倾销和技术壁垒。

3. 环境壁垒（绿色壁垒）

环境壁垒实际上是技术性壁垒的一种主要形式，其表现形式主要有环

---

① 《2001 年技术性贸易壁垒影响加剧 7 成中国出口企业遭限》，中国新闻网，2003 年 6 月 10 日。

境关税、环境市场准入、环境反补贴、环境反倾销、环境贸易制裁、推行国内 PPM 标准及其他标准、消费者的消费选择（绿色消费）、强制性环境标志、强制要求 ISO14000 认证、烦琐的进口检验程序和检验制度，以及要求回收利用、政府采购、押金制度等。它的制定依据往往是国际公约和《关贸总协定—贸易技术壁垒协定》（GATT/WTO）、保护人体健康、保护资源和生态环境以及发达国家的技术水平。环境壁垒与技术性壁垒一样，一方面，它们的运用促进了国际贸易商品质量评估体系的健全，这极大地推动了国际贸易的发展；另一方面，对于发展中国家来说，由于其技术水平落后、国际竞争力弱，此类壁垒已使得发展中国家的许多产品被发达国家拒之门外。

环境壁垒让我国许多出口企业着实领教了它的厉害。1998 年 9 月 11 日，美国要求所有来自中国的木质包装和木质铺垫材料须附有中国出入境检验检疫机关出具的证书，证明木质包装经过热处理、熏蒸处理或防腐处理，达到环保标准，违规货物将整批禁止入境，这使我国 1/3 以上的对美出口受到影响。继美国、加拿大之后，英国自 1999 年 2 月 1 日起，实行此项保护环境新标准。之后，欧盟也宣布对从中国离境产品的木质包装采取紧急措施，实施新的检疫标准。据当时的估算，仅欧盟的这一决定就至少影响了中国 70 多亿美元的对欧出口贸易。2002 年上半年，欧盟以我国出口的对虾氯霉素超标为由对我国对虾等水产品实行禁运，也给我国水产品外贸造成了极大的损失。随着国际竞争的日益加剧，我国受环境壁垒的负面影响将更大，环境壁垒对我国外贸出口的影响程度已经并将远远超过"反倾销"案件的影响。

在纺织品服装出口方面，由于欧美国家及日本等严格的环保法规和日益发展的环保运动，环境壁垒日益成为纺织品贸易中的一个重要壁垒。这些规定不仅对纺织品中有害化学品和使用严格限制，而且对纺织品生命周期中的各个阶段，包括纤维生产、棉花种植和处理、产品的加工及制造、消费者使用等都有明确的环保要求和规定。如规定有机氯载体、甲醛残留量、防腐剂、可溶性重金属残留物、织物酸碱度、染色牢度和特殊气味等；禁止使用破坏臭氧层的物质；要求抑制或消灭一些有害病菌；生产过程中排放的污染物不能超标等。据不完全统计，我国此类产品不符合"绿色"要求的覆盖面大约在15%左右，影响出口近80亿美元。中国纺织工业协会会长杜钰洲指出，作为纺织品、服装出口大国，我国加入WTO之后，虽然同贸易伙伴之间的关税越来越低，但是"环境壁垒"正成为新的非关税贸易壁垒。

4. 灰色区域

优惠性原产地规则和政府采购政策等灰色措施仍然游离于WTO多边约束规则之外，并被大多数成员作为贸易保护手段而广泛运用。一般而言，原产地规则是指各国政府为了确定商品原产国和地区而采用的法律、规章和普遍运用的行政命令的总称。其核心内容是判定货物原产地标准。它是一个背后隐藏着巨大经济利益的"政策性问题"。现由WTO管辖的《原产地规则协议》是GATT于1994年发展完善的协议，明确指出"这一原产地规则与契约性的和区域自治性的贸易体制所提供的、超出关税及贸易总协定第1.1款范围的关税优惠无关"。这一协议是迄今为止在原产地规则领域最为系统的一项法律文件。政府采购政策是指各级政府及其所属机构，为了开展日常政务活动或为公益提供公共设施和服务的需要，使用财政性资金或属于财政性资金的预算外资金，在财政的监督下以法定的方式、方法和程序，对货物、工程和服务的购买。按照国际上的通常算法，各国每年的政府采购总额占国内生产总值的10%~15%，占财政支出的30%左右。政府采购直接关系到货物或服务供应商的经济利益，它对本国产业发展和对外贸易会产生重大影响。各国为此在不同程度上制定了各类政策法规对本国产品及其供应商提供优惠待遇，防止"肥水流入外人田"。为避免歧视性政策和手段在各国的政府采购中愈演愈烈，使政府采购在国际规则的指导下运行，乌拉圭回合对东京回合达成的《政府采购协议》作了若干重要修正与发展，并将该协定的适用范围从货物采购扩大到服务采购。此协议也是构成WTO法律体制的一部分。

原产地规则一方面对我国进出口贸易产生着积极影响，包括有利于我国运用WTO原产地规则享受稳定的最惠国待遇；有利于我国更加充分地享受普遍优惠制待遇；也有利于减少贸易摩擦和解决贸易争端问题。另一方面，过高的原产地标准既使我国企业出口遇到新的壁垒，又让我国加工贸易的发展经受新的考验。因为国际上对原产地规则的解释或理解不尽一致，执行 WTO《原产地规则协议》也并未统一各国原产地标准的具体技术标准，导致执行中的偏差及填制原产地规则证书的麻烦，甚至限制和扭曲贸易和投资，进而造成贸易偏差。特别是来料加工产品，如果根据有关规定将其判定为中国原产品，则在贸易统计中就不得不全值统计，这就很容易使我国背上沉重的"顺差"包袱，且容易遭到进口国的反倾销报复。如果不将其判定为中国原产品，只签发加工装配证书，又可能给国外客户带来不便，甚至影响来料加工业务的发展。

5. 劳工标准

由于劳工标准有着深厚的经济、社会和法律渊源，一直以来，国际社会对其十分关注。近年来，西方一些国家经常以国际劳工组织颁布的所谓劳工生产标志及所谓的人权作品为衡量标准，比如对方认为贸易伙伴提供的产品是由劳改犯、童工参与制造的，或者是在没有安全和健康保障的条件下生产的，如果他们有证据证明上述事实存在，就会将你的产品拒之门外。发达国家特别是欧盟内的部分政治家、有关媒体、社会组织，不断向政府施加压力，向社会公众灌输社会意识，要求对纺织品服装出口商在生产过程中的社会行为，诸如不得非法雇用童工、对工人的劳动条件和劳动福利进行明确规定等进行检验。一些进口商，特别是名牌服装进口商和知名零售企业，出于对上述政治压力和维护本企业社会公众形象的考虑，已纷纷在本公司内建立起了针对供应商的社会行为准则以及相应的检验体系。发展中国家也在 2000 年 2 月 19 日闭幕的联合国贸易与发展会议第十届大会上就劳工标准问题达成了重要共识：拒绝将劳工标准纳入国际贸易制度中，发展中国家必须团结协作，共同努力建立"公平、公正、安全"和非歧视的多边贸易体制。在 WTO 的第一轮谈判中，发达成员与发展中成员会围绕劳工标准问题展开一场针锋相对的激烈辩论。

二、对策研究

随着加入 WTO 后全国市场的全方位开放，外国产品在一段时间内对全国市场的冲击不能忽视，外资企业大量进入我国服务贸易领域并对我国企业带来新的挑战，如过去主要靠高额关税和进口数量限制保护的一些行业和一些产品，像汽车、制药，以及某些农副产品和某些高技术产业等，会因为进口数量的增多对国内的同类企业造成冲击，这些领域中的某些技术落后、竞争力差的企业将被加速淘汰。如前所述，上述产品受到非关税壁垒的危害最大，今后几年还会持续受其影响。虽然加入 WTO 意味着大幅度降低关税，而且 WTO 也禁止运用非关税措施来实施保护，但仍可以采取灵活的措施，利用适用于发展中国家的例外原则来保护国内产业。对此，我们别无选择，只能顺应世界和时代潮流，努力向国际标准和先进技术水平靠拢，并积极参与国际"游戏规则"的制定。为此，我们应采取一系列措施维护公平贸易环境。

1. 尽早建立信息库和完善的预警机制

首先，政府要促使外贸企业将非关税壁垒信息收集工作作为本企业的一项日常工作，系统收集各国（地区）关于进口、外国投资及其他与外经贸相关的法律、法规和行业标准，建立相应的数据库，及时了解所在市场对某种商品采取什么措施和政策，以及当地制定的各种标准以及这些标准在实施中所遇到的问题等。其次，选择可信赖的国外产品代理公司，它们不仅对当地市场了如指掌，对所在行业的最新动态以及消费者的最新需求也应充分把握。非关税壁垒信息库（数据库）将在未来成为我国国外贸易投资壁垒预警系统的基础，并为今后的对外贸易壁垒调查提供信息支持。如果能建立一套有效的预警机制，就可以及时了解国外某些非关税措施出台的动向。过去的经验表明，国外的反倾销诉讼一旦发生，企业经常是困惑的，政府部门也缺乏处理这类事情的经验。因此，通过驻外机构以及使领馆的商贸机构、相关律师事务所、行业商会协会等组织对国外市场行情的通报与提示，并结合内部市场研究机构和海关总署统计数据的支持，形成内外结合的非关税壁垒预警系统，将会确保在每一起非关税壁垒案件发生之前，都能事先得到消息，为及时调整出口策略、减少被非关税壁垒影响的概率和迅速组织企业应对创造了重要条件。

2. 发挥进出口商会、行业协会的作用

进出口商会或行业协会要借鉴其他地区或国家商会的做法，进一步强化专业化、行业化信息服务功能，推动信息服务的联合发展，熟悉和掌握国家有关法律、法规，以便为企业提供各种营销、咨询和培训服务，引导和帮助企业巩固、开拓和发展市场，为企业提供相关的法律服务，积极协助会员企业解决进出口贸易纠纷，充分发挥进出口商会、行业协会对外贸发展的巨大效能。商会、行业协会是行业内自律组织，对某个具体商品、某类商品，对行业内的具体情况、问题了解得比政府更多、更深入。对于行业内问题的解决方法也比较清楚。像低价竞销这一类问题，政府很难直接插手去管，解决主要靠商会和行业协会，商会和行业协会针对某一具体问题民主协商，达成共识，然后向政府提出解决办法。各现有商会和行业协会要不断加强自身建设，完善协调机制，在抓好大宗重点商品出口、加大反倾销应诉力度、规范外贸经营秩序等方面可为企业提供全方位、多领域的服务。各企业也要积极发起、参与商会工作，通过商会、行业协会来解决不规范竞争的行为。比如，纺织商会千方百计以扩大出口为中心，在出口协调和信息服务等方面做了大量的工作，并积极引导企业顺利完成纺织品配额招标的各项工作。会员数量从1994年的1600家增加到2004年的4300多家，行业代表性大为增强，先后建立了7个分会，建立健全了以分会为依托的行业运作机制。它们以公正、规范、动态、实效为原则，以商品为基础，采取适应市场经济规律要求的手段和办法，依靠会员企业实行行业内的自我约束和相互监督，对企业实施预警性、引导性和促进性协调，逐步形成内部自律、互律、联合对外的新机制，促进建立公平、合理、有序的市场秩序，为企业和行业的发展创造良好的环境。

3. 应对国外反倾销时应正确看待"非市场经济"地位

首先，政府应帮助企业树立维护正当合法权益的意识，积极应诉。在以往针对我国出口商品发起的 500 多起反倾销调查中，我国企业很少进行应诉，大部分是在被动挨打。鼓励企业积极应诉当然是对的，但单纯地责怪企业应对不积极是没有道理的。应诉少的主要原因是我们对应诉的结果没有把握。反倾销应诉不是盲目地有诉必应，要应诉就应该有充足的理由和较大的胜算。如果我们有把握证明国外反倾销的理由不能成立，那我们就应该应诉。如果我们取得胜算的可能性很小，预期的结果很差，就未必一定要鼓励企业去应诉。其次，建立出口价格协调机制，千方百计挖掘出口潜力，特别对轻工、纺织、农产品的出口提供帮助，使之避免在国际市场被提起反倾销调查。最后，收集我国出口产品反倾销所受到的不公平待遇案例，及时向国家有关部门反映企业面临的困境，通过双边、多边贸易谈判机制，为企业争取合法权益。

与此同时，我们要正确对待我国目前的"非市场经济"身份，尽量处理好这个问题所引发的各种问题。由于许多西方国家对"市场经济国家"的认定有自己的标准，尽管这些标准与 WTO 的反倾销规则有许多不一致的地方，但由于我国以前不是 WTO 的成员，因而无法对其标准提出修改要求，只能依照其标准做相应的努力。要彻底解决中国的市场经济地位问题，我国政府还有大量工作要做。一方面，我国要进一步深化市场经济体制改革，依照 WTO 的要求，修改和完善相关法律规范，使之成为与国际惯例相适应并符合中国国情的市场经济法律体系；要完善现代企业管理制度，使企业依照国际规范进行市场化运作。另一方面，我国加入 WTO 后，政府要继续通过政府间的双边谈判积极地争取市场经济国家待遇。通过介绍我国改革开放的成果，介绍我国经济体制、外贸体制的改革进展，阐述我国需要逐步推进市场经济的理由，使对方能够正确认识中国现状，感知中国的巨大变化，从而减少对中国的制度歧视，调整其反倾销政策，改变我国现有的不公正待遇。企业也应充分了解西方国家对"市场经济地位"所制定的标准，经营管理行为应符合市场经济规范，并在律师、会计师的指导下，提供充分的证据证明企业在资本构成及经营行为上完全符合市场经济条件，就有可能获得市场经济地位待遇。

4. 技术性壁垒方面要争取特殊差别待遇与提高自身素质相结合

在 WTO 层面上，一方面要加强对 WTO 及其框架下的多边协议的研究，积极争取 WTO 给发展中成员的特殊差别待遇，进一步加强与广大发展中国家的团结互助，在更为广阔的范围内相互支持，并尽可能利用发达国家之间的矛盾，巧妙应对发达国家的技术性壁垒。另一方面应熟悉国际贸易规范，积极地参与国际标准与游戏规则的制定，为发展中国家争得更多的斡旋空间和利益份额。在国内层面上，一是尽快完善有关 SPS、TBT 的立法，既要与国际接轨，又要有助于对我们自身的保护；二是积极参与各种国际标准化组织活动，加速我国标准体系和标准管理的市场化进程，不断完善技术标准和认证体系，促进我国产品质量的提高；三是严格进出口商品的品质检验制度，一切出口商品都必须经过检验，未经检验和检验不合格的商品不准出口。以保证出口商品符合相应的技术标准，维护我国出口产品的信誉。此外，为有效应对技术性壁垒，需要对各种技术性壁垒措施进行全面、深入的了解，以发现其中不合理的成分。这需要专门机构的认真研究，需要社会各界的广泛关注，需要政府、企业和社会各界的共同努力和配合，企业自身的努力尤为重要。

5. 应对环境壁垒方面要积极做好 ISO14000 环境管理系列标准认证工作，不断优化出口商品结构，积极推进环保产业的发展，开发绿色产品

由国际标准化组织制定的 ISO14000 环境管理系列标准将为企业，尤其是为发展中国家的企业避免环境壁垒，并逐步消除环境壁垒，提供一条新途径。各发达国家对 ISO14000 系列标准持积极态度，同时以此为借口向发展中国家提出了要求。因此，发展中国家要摆脱受其控制的地位就必须迅速着手开展 ISO14000 的实施工作。推动 ISO14000 的实施和发展将有利于提高中国企业的国际竞争力，促进行业素质的提高和社会经济的发展。

纺织品作为我国传统的出口优势产品，要优化出口产品结构，大力发展

天然彩棉和有机棉花的出口，建立绿色包装体系，积极开发绿色产品。还应尽快依据《生态纺织品》等五项国家标准（生态纺织品，生态纺织品标志，纺织品水萃取液 pH 值的测定，纺织品色牢度、耐唾液色牢度）开发绿色纺织服装产品。为了促进纺织品出口，减少损失，我国正在推行产品质量和环境管理体系双绿色认证。然而在我国 7 万多家纺织品企业当中，目前只有北京铜牛、杉杉集团等 18 家企业获得了双绿色认证，拿到双绿色认证企业的产品在出口过程中可获多项免检。与此同时，应加快符合我国现状的环境指标体系的研究和制定，这将有利于我国产业结构的优化，促进经济的可持续发展。健全的环境指标体系可以作为国际贸易活动中与贸易伙伴谈判的筹码。因此，外贸部门应在环保和技术监督部门配合下，组织建立完善的环境贸易技术指标体系。可采取先易后难、先重点突破后全面开花的原则，选择一些有一定基础、技术难度不太大、易于突破、在国际贸易市场有重要影响的领域，先制定一些环境贸易技术指标，然后再逐步完善和扩展到其他产品领域，构筑起符合国际规则的绿色屏障。

总之，为了国家的经济和技术安全，保护人类健康或安全，保护环境，合理有效地保护我国的主导产业和幼稚产业，我们应参照国际规范建立起自己的非关税壁垒保护体系，既积极主动地融入 WTO 所倡导的贸易自由化大潮中，在对本国市场采取合理有效地保护的同时，规范自身的贸易行为，树立高度的忧患意识和积极的防范意识，通过技术引进、技术创新，不断提高出口产品的高科技含量和绿色化程度，提升产业结构，提高商品竞争力和市场占有率，从而推进我国对外经贸的发展。

参考文献

［1］亦舒：《直面"绿色壁垒"》，载于《中国海洋报》，2002 年 11 月 8 日。

［2］赵春明、仲鑫：《非关税壁垒的应对及运用——"入世"后中国企业的策略选择》，人民出版社 2001 年版。

［3］仲鑫、王稳：《WTO——贸易保护机制与发展中成员》，载于《河北师范大学学报（哲社版）》，2003 年第 4 期。

西方国家实施 TBT 对我国商品出口的影响[*]

外贸政策是各国政府为维护本国利益、用于管理和调节对外贸易活动的手段。发达国家政府借助于外贸政策和相应的措施,在管理对外贸易的过程中发挥了巨大的作用。它们从维护本国垄断集团的利益出发,适应自身经济结构调整的需要,既有限度地开放市场,又设置关税和非关税壁垒。贸易保护主义已渗透到发达国家贸易政策的各个方面,它和发达国家的贸易政策浑然一体,而且贸易保护主义已具有制度化、法律化的特点。1973~1975年资本主义世界经济危机以后,在国际贸易领域形成一种以非关税壁垒为主要保护手段的新贸易保护主义。20世纪90年代以来,随着乌拉圭回合谈判的最终结束以及世界贸易组织的建立,以关税和非关税壁垒为特征的贸易保护措施受到了很大限制,自由贸易原则更为世界各国所普遍接受,以自由贸易为宗旨的世界多边贸易体制得到了进一步加强。

贸易自由化的发展,一方面促进了国际贸易的扩大和经济全球化的进程,同时也加剧了各国之间经济贸易的竞争,使原本已十分激烈的国际竞争,更趋白热化。在这种新的形势下,一些发达国家为了维护自身的经济利益,以"合理""合法"和更具隐蔽性的《技术性贸易壁垒协议》(Agreement on Technical Barriers to Trade,TBT)、反倾销、知识产权、市场准入等实施新贸

---

[*] 本文原载于《当代经济科学》2004年第3期,并由《中国人民大学报刊复印资料》收录。共同作者:陈子季、陈向东。

易保护主义，逃避世界多边贸易制度的约束。新贸易保护主义严重阻碍了世界经贸的健康发展，需要特别指出的是，新贸易保护主义对广大发展中国家所造成的影响更为严重。这不仅是由于工业发达国家所设置的许多非关税壁垒是直接针对发展中国家的出口商品的，而且还由于：一是发展中国家对外贸易不发达，经不起打击，国际贸易领域的波动对其影响显得特别严重；二是发展中国家的运输、通信工具一般都比较落后，在国际贸易的许多方面根本无法与发达国家的出口厂商相竞争；三是发展中国家的贸易量小，不少国家出口品种单一，缺乏与发达国家进行贸易谈判和对抗其非关税壁垒的实力，如在运用质量标准时，他们的检测手段就远不如工业发达国家的先进。因此，作为世界上最大的发展中国家，我国出口产品正面临越来越多的来自主要发达国家的 TBT 措施的挑战。2003 年 6 月 11 日，商务部发布最新调查表明，2002 年我国有 71% 的出口企业、39% 的出口产品遭遇到国外 TBT 的限制，造成损失约 170 亿美元。对出口的影响涉及所有省（区、市），发达地区损失绝对金额高，中西部地区损失相对比例低。食品土畜产品出口受到的损失最为严重，有近 90% 的企业受限，造成损失约 90 亿美元；轻工、机电类产品较加入世贸组织前受到的影响更为严重，损失分别约 40 亿美元和 20 亿美元。TBT 对我国出口企业造成了减少国际市场份额、失去贸易机会、退出市场、损害企业信誉等不利影响，并使国外消费者对我国部分产品尤其是农产品食品信心下降，给我国出口带来长期的负面影响。欧盟以及美国、日本的贸易技术壁垒对我国出口企业造成的损失占总损失的 95%。其中，欧盟所占份额最大，为 41%；日本和美国分别占 30% 和 24%。其贸易技术壁垒的主要方式是提高标准、增加检验检疫项目和技术法规变化。TBT 不但是目前我国千方百计扩大出口面临的重大挑战，而且由于经济发展水平低、出口商品结构和档次仍较为落后，以及国内没有建立自己有效、强有力的 TBT 体系等因素的影响，在我国积极发展对外经贸事业的今天，它将严重制约着我国出口商品的竞争力，阻碍我国对外经济贸易尤其是出口贸易的发展。本文拟从技术标准、包装和标签、商品检疫和检验、环境壁垒等主要 TBT 措施出发，阐释西方国家

TBT 的实施，已成为影响我国大多数主要商品出口的重要因素。

一、技术标准对我国商品出口的影响

通过设置进口商品的技术标准来歧视外国商品并限制其进口是近年来实施 TBT 的主要手段之一。在运用质量标准作为保护手段时，最明显的是将技术标准只适用于进口商品或对进口商品使用更为严格的技术标准，这正是近年来国际贸易中屡见不鲜的事实。而且不少国家在规定技术标准时往往使用所谓设计标准而不使用性能标准。

由于受我国长期计划经济体制和产品经济型式的影响，我国的标准化工作主要存在以下问题。从标准内容看，我国产品标准多是生产型，主要体现设计、生产的需求，内容上全、细、严，对消费使用方的要求体现不够，不利于商品交换。由于主要根据国内需要制定产品标准且更新缓慢，致使标准水平过低，不能在提高产品生产技术、质量层次上发挥应有作用，标准构成不合理、不配套。在高科技产业标准化方面，与发达国家差距明显。从标准的法律属性看，我国标准体系混乱，有国家标准、地方标准、专业标准及企业标准，法律属性分强制性标准和推荐性标准两种，并且规定"强制性标准必须执行，不符合强制性标准的产品，禁止生产、销售和进口"，这与国际上通行做法不一致。我国技术法规体系还不健全，只能通过强制性标准，甚至在某些情况下由产品归口管理部门以红头文件的形式加以规范。这就使强制性管理范围过大，同时管理部门过多，各自为政，相互间缺乏协调。从标准体制上看，国家技术监督局与出入境检验检疫局在商品的监督检验上存在重复检验现象。不但造成浪费，也加重了企业负担。

目前，发达国家制定的技术标准越来越多，而且要求越来越高。我国出口贸易中常遇到的强制性技术标准主要有：（1）食品中的农药残留量；（2）陶瓷产品的含铅量；（3）皮革的 PCP 残留量；（4）烟草中的有机氯含量；（5）机电产品、玩具的安全性指标；（6）汽油的含铅量；（7）汽车的排放标准；

（8）包装材料的可回收性指标；（9）纺织品染料指标；（10）保护臭氧层的受控物质，如冰箱、空调、泡沫塑料及发胶等。仅就德国而言，目前应用的工业标准就达 1.58 万种，而这些标准大多都等同于国际标准。相比之下，我国工业标准约有 70%~80% 低于国际和国外先进标准，这是我国不少商品由于不达标而被排斥在国际市场之外的根本原因。而且国际标准不断提高要求，标准规定越来越细，要求越来越苛刻。

近年来，人们对人类生命安全以及世界环境问题的关心，使发达国家的技术标准和技术法规中对这方面的要求日益提高，而我国出口贸易难以适应，成为市场准入的障碍。比如，随着某种农药或兽药在农业中不再使用，或其在环境中不再构成危害，该种物质的限量即可取消。而在农业中或环境中新出现的物质必将有新的限量。近几年来，由于新的除草剂和植物生长调节剂的开发使用，使农药残留限量标准的个数迅速增加。日本对我国出口的大米，农残项目从 1994 年的 56 项增加到 1995 年的 64 项，1996 年的 81 项，1997 年的 91 项，1998 年的 104 项；对克球粉残留超过 0.01PPM 的冻鸡拒绝进口。这些标准非常苛刻，我国的一些出口商品由于未达到要求而遭退货。因此，从实施 TBT 的具体国别来看，我国出口日本的产品主要集中在植物卫生检疫标准上，而轻工产品以及机电产品的技术标准要求目前比较少，因为我国的这些出口产品大多是日本在我国的合资企业制造的，其达到日本的技术标准没有太大的问题；而美国不仅对农产品有较高的卫生要求，对于机电产品和玩具的安全性也更加看重。

西方发达国家对药品进口的要求越来越高，如美国对其进口药品要求必须通过美国联邦药物和食品管理局（Food and Drug Administration，FDA）的检查。要通过 FDA 必须投入大量的人力、物力和财力，不仅其产品质量要达到国际公认的质量标准，还要求对工厂生产药品的全过程质量保护体系有一个系统的审查和了解，而且对生产产品的厂房及周围环境也有严格的要求。目前国内仅有 20 多个厂家的单个品种通过了 FDA 检查。此外，最近几年不仅对产品的最终形式有技术性要求，而且对产品的整个生产加工过程也提出了技术要求。例如，欧盟的 TBT 正由强制性的技术标准限制转向无定量的、人为管理控制的方法进行限制。美国则对进口的水产品、果汁、蔬菜从种植、收获、包装、运输直至销售的全过程进行限制，同时对水质、肥料、操作人员个人卫生及健康、仓储、运输工具卫生等进行全方位管理控制，保证食品安全卫生。

二、包装和标签对我国商品出口的影响

欧美等国的环保法规中对商品包装材料的易处理性和可回收率有较高的要求和标准，包装的材料要求首先是其安全性，其次是对人体和自然环境无害。我国的包装材料落后、不易处理，可回收率低，对进口国的环境污染严重，这就造成了我国许多产品因为包装问题而无法出口。欧美等国的环保法规中都对动植物检疫提出较高的要求，规定对一些天然材料生产的包装物要进行卫生和动植物检疫，以防止动植物病虫害的传入。

我国的包装材料材质较差，不注重上述要求，部分出口产品的包装中还在大量使用木材、稻草等材料，不仅外观粗陋，而且常常因为其中含有病虫害而一再受到进口国的责难和限制，甚至经常因未通过动植物检疫而影响有关产品的出口。其中木质包装的问题最为突出。1998 年 9 月中旬，美国农业部提出，我国出口商品的包装使用了未经处理的木料，将亚洲地区的长刺蜂带进美国。美国农业部向中国发出 90 天的最后通牒，要求我国商品在此期限内改换包装，否则 1998 年 12 月 17 日以后将禁止使用上述包装材料的商品出口到美国。此举引发了连锁反应，在 1998 年 9 月美国对离开我国港口运往美国的我国货物的木质包装提出新的检疫规定后，加拿大政府也于 1998 年 11 月决定对我国输出商品的木质包装提出新的检疫要求。1999 年 6 月 1 日，对所有来自我国的货物木质包装规定不得带有树皮，不能有直径大于 3 毫米的虫蛀洞，必须对木质包装进行烘干处理，使木材含水量低于 20%，这对我国输往欧洲的产品提出严峻挑战。欧盟一直通过产品包装、标签的立法来设置外

国产品的进口障碍，欧盟除了对动植物产品有较高的要求外，对于我国出口的纺织品以及包装材料环境环保方面的要求也非常高，因为欧盟的环保意识是最强的，特别是对于有害人体健康和环境的产品进行了限制。如对易燃、易爆、腐蚀品、有毒品，法律规定其包装和标签都要符合一系列特殊标志要求。法国根据1975年12月31日颁布的第75-1349号法规，所有商品的标签说明书、广告传单、使用手册、保修单及其他信息材料都要强制性地使用法文。对于加工食品，法国法律规定必须在食品包装的外包装上用法文印刷准确的产品说明书，包括厂商名称、包装者和卖主、原产国、数量成分单等，有添加剂也必须注明，罐头或半成品罐头的盒外须标明日期。欧盟对纺织品等的进口产品还要求加贴生态标签。目前在欧盟最为流行的生态标签为"OKO-Tex Standard 100"，是纺织品进入欧洲纺织品市场的通行证。"CE"标志是工业产品进入欧盟市场的通行证。《技术协调和标准新方案》涉及的机电产品有家用收音机、电视、移动无线设备、医药科学仪器、信息技术设备和灯具等。而我国的机电产品，如收音机、电视、灯具的出口都居世界第一位，而且主要销往欧洲以及美国、日本等国。自1996年1月1日起，欧盟各国海关开始有权拒绝未贴CE标志的产品入关。随着欧盟CE标志的实施，澳大利亚已开始实行类似做法，美国、加拿大、日本、韩国，以及其他英联邦国家，也会模仿欧盟的做法，因此，这种连锁反应会使我国机电产品出口更加困难。

欧美等国的环保法规鼓励对商品进行合理的包装，不提倡重复包装和过度包装，以利于资源的节约。欧美等国的消费者也具有较高的环保意识，在挑选和购买商品时会较多地考虑产品包装对环境的污染，对产品包装的观念已由追求豪华、精美转向简明、实用和对环境的友善。而我国企业在这方面还存在较大的差距，不利于我国出口产品在国际市场上的形象和竞争力。

许多发达国家都重视商品标志标签制度，对标签内容、文字、图形、代号等都有专门的规定，这些规定也往往对我国的出口商品造成障碍。而在出口商品的条码化方面，由于我国实现条码化的企业和产品为数不多，不但不能适应无纸贸易（即电子数据交换EDI）的发展，而且由于无条码商品很难进入国外的超级市场和零售商店，也同样成为技术性市场准入的限制。

三、商品检疫和检验对我国商品出口的影响

我国农产品和食品出口深受农药及有毒物质残留量、动植物的病虫害规定、严格的卫生检疫制度、对农产品和食品加工的规定、保护特定动植物物种等国外产品检疫和检验要求的影响。因此，造成的禁止进口和退货、被进口国海关扣留或拒收、索赔等的案例已发生过多起，给我国的农产品和食品出口带来巨大损失。除一部分为质量原因外，主要是由于进口国重新制定了检验标准，而我国的有关厂家又没有引起足够的重视。

以欧盟为例，它们进口肉类食品，不但要求检验农药的残留量，还要求检验出口国生产厂家的卫生条件。我国冻鸡肉因不符合欧盟卫生检疫标准，欧盟已决定自 1996 年 8 月 1 日起禁止我国冻鸡肉进入欧盟市场，致使中国每年损失 1 亿多美元。直到 2001 年 5 月 25 日欧盟才对上海和山东等地区的 14家企业开关，要求每批出栏的鸡不少于 15 万只，不得并群等，并要求对出口禽肉进行新卫生检疫检测。由于欧盟只认可北京和上海的 2 家检测实验室，这 2 家实验室即使满负荷运转也难以完成检测任务，而且检测费用较高（每次约 3000 美元），检测周期需要 30 天，导致企业生产成本大幅度增加。2002年初，欧盟又以中国出口的禽肉、龙虾制品农药残留及微生物超标为由，全面禁止中国动物源性食品进口，市场又被重新关闭。此外，欧盟理事会 92/5/EEC 指令还对工作间温度、肉制品配方及容器、包装等作了严格的规定。目前，欧盟各国已制定了有关安全、健康和环境的统一标准，已完成 200 多项商品数万种标准的制定。仅是洗衣机的机电系统标准就多达 100 页打印纸的资料。

日本进口食品卫生检疫分为命令检查、监测检查和免检三类。其中，命令检查即强制性检查，是对于某些易于残留有害物质或易于沾染有害物质的食品要逐批进行百分之百的检验。如食品检疫的重点是小麦、大豆、花生等

受潮后易腐败发霉的食物；生鲜、冷冻食品等易因冰箱故障腐烂变质的食物；蘑菇和鱼等有毒种类混入的食物；糖果中使用违规染色剂；酱油中使用违规食品添加剂；沾染在食物上的高锰酸钾、铅元素和包装纸中荧光物质等。根据日本1999年1月16日的最新家畜传染病预防实施细则，规定全世界只有韩国、美国、菲律宾等32个国家和地区属于无口蹄疫的"清洁地区"。中国等9个国家的猪牛羊肉及其制品要经过指定设备加热消毒处理后才可进口，其他国家的产品被禁止入境。允许进口一些活禽，但要提前1~4个月申报，出口前需要专门隔离35天，到岸后实行逐个体检，需耗费10~15天，致使成本过高。根据其《植物检疫法实施规则》，我国大部分水果、瓜类蔬菜遭禁止，现在部分水果，如哈密瓜、荔枝允许在接受检疫合格后进口。

近年来，我国商检部门也做出了很大的努力。例如，出口日本的蜂王浆中一项重要指标葵烯酸（HAD）含量既无国际规定指标，也无确定检测方法，但各大口岸均有出口任务。为此，商检部门制定了专业标准2B83001-83003-87《出口蜂王浆干粉中HAD的测定》，满足了外贸要求。

四、环境壁垒对我国商品出口的影响

发达国家以环境污染和破坏已日益威胁到人类的生存和发展，任何国家为保护环境和居民的身体健康有权采取关税和非关税措施来控制甚至禁止污染环境产品的进口和出口，任何产品都应使环境与资源成本内在化以保护环境和生态资源，任何国家应以国际标准来使环境与资源成本内在化，即使是发展中国家也不能以给予企业环境补贴等理由推行环境壁垒。显而易见，对于发展中国家来说，由于其技术水平落后、国际竞争力低，环境壁垒已使得发展中国家的许多产品被发达国家拒之门外，我国也深受其害。可以说，环境壁垒是对我国出口商品产生影响最大的TBT措施之一。它通过环境技术标准（PPM标准）、环境标志、环境卫生检疫制度、环境包装制度等对我国商品的出口进行限制。

PPM 标准是指产品的加工过程和加工方法须符合特定环境标准的简称。一般来说，一国为保护环境或保护人类动植物生命安全，有权要求进口产品须符合本国的产品标准，否则，进口国可实施限制措施。对纳入 WTO 属下的 PPM 标准，我们大致须注意如下几点。（1）修改后的《贸易技术壁垒协定》规定，进口国有权限制不符合本国 PPM 标准的产品进口——如果这种 PPM 标准影响产品的性能。为了便于理解，协议附注两个相反事例以示差别：若 A 国因 B 国在药品生产过程中没能遵循 A 国关于药品生产必须清洁工艺的标准，而这种 PPM 标准影响药品的性能，则 A 国可以限制 B 国的药品进口；反之，若 B 国钢铁生产过程中的污染超过 A 国的 PPM 标准，但这种标准对钢铁的性能无影响，则 A 国不得实施贸易限制。（2）在《实施卫生与植物卫生措施协定》（*Agreement on the Application of Sanitary and Phytosanitary Measures*，以下简称"SPS 协定"）中，进口国实施 PPM 标准限制贸易，只能以保护其领域内的动植物或人类生命健康为限。（3）WTO 要求缔约方在实施《贸易技术壁垒协定》和 SPS 协定中的 PPM 标准时，不至于影响正当的国际贸易，即该 PPM 标准须建立在科学的基础之上，仅依道德观念实施贸易措施是不符合 WTO 的规定的。这主要是针对产品的加工方法而言，因为各国的道德价值观念在产品的加工方法上往往表现不一，如欧共体禁止进口用"腿夹"猎取动物而获取的皮毛，因为它认为这种捕捉方法不人道；伊斯兰教国家对动物屠宰方法的规定；再如欧美的"牛肉之争"，欧共体禁止从美国进口使用荷尔蒙催生的牛肉，美国则认为这毫无科学依据。

我国出口商品大多是劳动密集型产品，受环保因素的影响较大。我国出口纺织品、油漆、涂料、建筑材料、清洁用品、纸张、纸制品、电池、与保护臭氧层有关的受控物质及其制品、机械产品、鞋类、橡胶制品等已经或正在受到不同程度的影响。据我国外经贸部公布，我国出口产品受影响的主要是以下环境标准：（1）陶瓷产品含铅量；（2）皮革中五氧苯酚残留量；（3）为保护臭氧层对使用受控物质的产品，如冰箱、空调、泡沫塑料及制品的限制，发胶已于 1996 年停产、禁用；（4）环境标志的广泛使用；（5）我国一些食品的出口因质量特别是农药残留量和其他有害物质超标问题而受到严重影响，如不采取措施，我国食品的出口竞争力会严重受挫。

由于我国的渔船上没有装海龟逃生装置，危害某些海龟的生息，因此用这种捕捞技术捕获的虾类禁止输入到美国。1995年，美国FDA宣布对中国虾类制品实行"自动扣留"，中国输入美国的虾类制品大大减少。据中国海关统计，冻龙虾出口额由1995年的1203.9万美元减少到1997年的56.7万美元，冻螯虾由23.8万美元减少到2.4万美元。日本、韩国对进口的水产品的细菌指标已开始逐批化验，河豚也逐条检验，山东省荣成市出口日本、韩国的虾仁、鱿鱼，均曾因细菌超标而被提出退货。对机电产品贸易影响较大的环保法规主要有防止空气污染法规、噪声污染防治法规、电磁污染防治法规、节约能源的有关法规等。

欧美国家及日本是我国机电产品出口的主要市场，其环保法规也是世界上最严格、最完善的，其中许多条款涉及机电产品的性能、排污量限制、兼容性、可回收率、节能性等众多方面，这些条款对我国机电产品的出口造成了不少限制和困难。

由于欧美国家及日本严格的环保法规和日益发展的环保运动，环境因素也逐渐成为纺织品贸易中一个重要影响因素。例如，欧盟一些国家实施纺织品环境标志（对棉花生产中农药的使用，对漂白剂、染色剂等提出较高环保要求），主要是对纺织品中有害化学品的限制和禁止的规定，禁止使用偶氮染料及对进口服装附件的要求等。目前正在实施的环境标志和ISO14000认证等，不仅涉及产品本身，而且对产品整个生命周期的环境保护亦提出要求。关于生态服装的内容，国际生态学研究测试协会发布的纺织品和服装生态标准作出如下规定。（1）服装原料的生产过程必须符合生态学标准。生产服装用纺织纤维的生态标准包括两方面：一方面要求植物纤维的栽培、施肥、植被保护、生长助剂的使用，以及提供动物纤维的动物饲养、保健、防病和生长剂的使用要尽量减少或消除纤维上的农药毒性残留，避免大剂量使用农药与化肥造成的生态失衡和破坏土地肥力；另一方面要求尽量使用生态良好的化学纤维。（2）服装的生产、加工和包装必须符合生态学标准。一方面做到清洁生产，避免或减轻对环境的污染；另一方面保证最终产品 pH 值达到最佳值，不含解吸的染料及有害化学物质，不含杀菌剂，以避免服装使用过程中对消费者产生不良影响。（3）服装使用后的处理应符合环保要求。依据尽量避免或减少环境污染的原则，恰当选择诸如回收作用、回收再循环使用、降解化学原料与焚烧等方式。在美国等西方国家，多数服装一次性使用后即处理掉，因此服装使用后的处理方法十分重要。

目前国际上有十几种"绿色"生态纺织品标准，其中较有影响、使用最广泛、最具权威性也最严格的生态纺织品标准是生态纺织品标准 100（Oeko-Tex Standard 100），这是国际环保纺织协会 1992 年在基于对产品生态学研究的基础上制定并颁布的，专门用于检验纺织品上的有害物质。该标准的测试对象涉及游离甲醛残留量、多氯联苯酸碱度、可溶性重金属的残留物，杀虫剂残留量、防腐防霉剂、有机氯载体等有毒有害物质，通过使用国际环保标签（Oeko-Lable）来控制纺织品服装的环保性。"Oeko-Tex Standard 100"自问世以来，得到欧美消费者的广泛认可。纺织服装产品获得了"Oeko-Tex Standard 100"认证，就意味着获得了更多进入欧美市场的贸易机会。此外，西方许多国家对其进口的纺织品服装还存在特殊的环保要求。如德国政府曾多次修订《食品及日常用品消费法》，明确规定 22 种芳胺类物质的染料为禁用染料；德国法令还规定，对于用偶氯染料染色的日用进口消费品，一旦检测出含有致癌芳香胺，全部就地销毁，并向厂家索赔。欧盟禁止进口纺织品使用含镍在 0.5 毫克/平方厘米以上的与人体接触的辅料，如纽扣、拉链、装饰品等金属物。2002 年 2 月 5 日欧洲议会首次通过了欧洲委员会提出的禁用致癌、诱变及损害生育功能的 25 种有害物质的建议。日本、美国，以及欧盟等进口方对羽绒制品要求残脂率检测结果控制在 0.3%~0.5%，此项要求源于国际标准。有些国家还要求不得检出沙门氏菌，这是以往所没有规定的。墨西哥在实施新的进口预警检验制中规定：在发现进口商品价格低于政府公布的参考价格时，将要求进口商提交预警检验申请表及产品单价证明，此项规定针对中国等 13 个国家和地区。日本实施的《制造物责任法》中规定：只要证明制品缺陷与事故的因果关系，不论制品商是否有过失，受害者都可申请赔偿。日本客户已明确要求我国生产的服装对缝针、大头针、断针、手针进行检验，检验完毕后必须在箱外贴上相应的标记。

在进口方面我国也是环境破坏的受害者。近年来，国外一些废旧船舶、汽车、电器、电缆等工业垃圾的进口严重污染了环境；一些进口产品带有病虫害和传染病；旧服装、旧磁带等生活垃圾的进口严重影响了人民的生存环境和身体健康。

据统计，包括经香港的转口贸易在内，我国出口商品近 75% 销往美国、日本、欧盟等国家或地区，而这三大经济实体也是实施 TBT 的积极倡导者，绝大多数 TBT 措施发源于这三大经济实体。这就决定了我国将不得不直面TBT 的威胁。为此，我国政府、企业及行业组织应高度重视 TBT 措施对我国外贸出口的影响，提高自身技术水平和管理水平，优化贸易商品结构，建立及时有效的预警机制，营造良好的贸易环境，跨越西方国家实施的 TBT，顺利开展国际贸易。

参考文献

[1] 冯宗宪等：《开放经济下的国际贸易壁垒——变动效应、影响分析、政策研究》，经济科学出版社 2001 年版。

[2] 戚继明：《中国商品如何取得美国"签证"——美国法规透视》，知识出版社 1998 年版。

[3] 薛荣久：《国际贸易政策与措施概论》，求实出版社 1989 年版。

[4] 赵春明、仲鑫等：《非关税壁垒的应对及运用——"入世"后中国企业的策略选择》，人民出版社 2001 年版。

[5] 仲鑫：《环境壁垒对我国商品出口的影响及对策》，载于《中国流通经济》，2003 年第 2 期。

商品检疫和检验对我国商品出口的影响及对策*

资料显示，21 世纪贸易技术壁垒措施因其具有合理性，且最隐蔽、最难对付，已从科学技术、卫生、检疫、安全、环保、产品质量和认证等方面入手，成为阻碍我国出口贸易的主要非关税措施之一。其中，商品检疫和检验正在影响我国农产品及食品的出口，我们有必要深入研究 WTO 相关协议中的规定和某些国家的做法，以采取相应的策略扩大出口。

一、商品检疫和检验的规定及其对我国商品出口的影响

根据乌拉圭回合的协议，《实施卫生与植物卫生措施协定》定义为任何对动植物卫生检疫的措施。其宗旨是：（1）各缔约方政府卫生和动植物检疫措施只能用作必不可少的对人类和动植物生命和健康，包括对生态环境的保护，而不能让其成为事实上的贸易壁垒；（2）协议期望制定一个规则和纪律的多边框架来指导卫生和植物检疫措施的采纳、开发和实施，以减少其对贸易的负效应；（3）指出国际标准、导则和推荐技术标准，在应用卫生和植物检疫措施领域可以发挥重要作用；（4）期望能进一步推进各缔约方使用在相关国际组织制定的国际标准、准则和建议基础上的卫生和植物检疫协调措施，但不要求各缔约方成员对其合理的人类、动植物生命、健康的保护水准加以改

---

* 本文原载于《南京财经大学学报》2005 年第 1 期。

动；（5）协议考虑到发展中缔约方在遵守进口缔约方的卫生检疫措施时，可能会遇到特殊困难，因此期望发达国家的进口缔约方尽可能在这方面给予发展中国家的出口方以技术援助。动植物卫生检疫措施主要用于：（1）保护境内动物或植物的生命或健康免受虫害、病害、带病或致病有机体的传入、定居或传播产生的风险；（2）保护人类或动物的生命或健康免受食品、饮料或饲料中的添加剂、污染物、毒素或致病有机体所产生的风险；（3）保护人类的生命或健康免受动物、植物或动植物产品携带的病害或虫害的传入、定居或传播产生的风险。它通过制定严格的卫生标准、人身安全防护标准及环境保护标准，由商检部门执行检验、检疫措施，包括检疫和检验的法律法规（如动植物检疫法、进出口商品检验法）、法令、规定、要求、程序，特别是包括最终的产品标准；有关的加工和生产方法；所有检测、检验、出证和批准程序；检疫处理，包括与动物或植物运输有关或与在运输途中为维持动植物生存所需物质有关的要求在内的检疫处理；有关统计方法、抽样程序和风险评估方法的规定等。《实施动植物卫生检疫措施》制定的目的是试图平衡成员保护其居民环境安全的权利和限制其他成员市场准入的权利，从而使贸易措施确定化。但技术上、规则上的复杂，使动植物检疫措施极易成为贸易保护的有效工具，加之其隐蔽性强，所以形成难以察觉和克服的贸易壁垒。

消费者对产品的要求已不限于特定需要的满足，而是更重视一些隐性需要，有关产品对健康的影响以及安全性正是这些隐性需要中的一种，尤其在食品、药物、化妆品、电器、玩具（儿童是消费者的重要组成部分，是消费者中最柔弱、最易受到伤害的一部分，儿童用品安全始终是国际贸易中关注的重要问题）及建材行业更是如此。其中，食品、药物和玩具是受检疫和检验影响最大的产品。

美国一方面表面上极力倡导贸易自由化，另一方面为维护自身利益又实施较强的贸易保护主义措施。如其利用安全、卫生检疫及各种包装、标签规定对进口商品进行严格检查。对进口食品的管理，除了市场抽样，主要在口岸检验，不合要求的将被扣留，然后以改进、退回或销毁等方式处理。欧盟进口肉类食品，不但要求检验农药的残留量，还要求检验出口国生产厂家的卫生条件。日本对海外进入其境内的农产品、畜产品及食品类实行严格的检疫、防疫制度。相关法律有《食品卫生法》《植物防疫法》《家畜传染病预防法》等。对于入境的农产品，首先由农林水产省属下的动物检疫所和植物防疫所从动植物病虫害角度进行检疫。同时，由于农产品中很大部分用作食品，在接受动植物检疫之后还要由日本厚生省属下的检疫所对具有食品性质的农产品从食品的角度进行卫生防疫检查。

我国农产品和食品出口深受国外产品检疫和检验要求的影响。主要是受农药及有毒物质残留量、动植物的病虫害规定、严格的卫生检疫制度、对农产品和食品加工的规定、保护特定动植物物种等的影响。因此造成的禁止进口和退货、被进口国海关扣留或拒收、索赔等的案例已发生过多起，给我国的农产品和食品出口带来巨大损失。除一部分为质量原因外，主要是由于进口国重新制定了检验标准，而我国的有关厂家又没有足够重视。以欧盟为例，他们进口肉类食品，不但要求检验农药的残留量，还要求检验出口国生产厂家的卫生条件。我国冻鸡肉因不符合欧盟卫生检疫标准，欧盟已决定自1996 年 8 月 1 日起禁止我国冻鸡肉进入欧盟市场。此外，欧盟理事会 92/5/EEC 指令还对工作间温度、肉制品配方及容器、包装等作了严格的规定。目前，欧盟各国已制定了有关安全、健康和环境的统一标准，已完成 200 多项商品数万种标准的制定。仅是洗衣机的机电系统标准就多达 100 页打印纸的资料。

日本进口食品卫生检疫分为命令检查、监测检查和免检三类。其中命令检查即强制性检查，是对于某些易于残留有害物质或易于沾染有害物质的食品要逐批进行百分之百的检验。如食品检疫的重点是小麦、大豆、花生等受潮后易腐败发霉的食物；生鲜、冷冻食品等易因冰箱故障腐烂变质的食物；蘑菇和鱼等有毒种类混入的食物；糖果中使用违规染色剂；酱油中使用违规食品添加剂；沾染在食物上的高锰酸钾、铅元素和包装纸中荧光物质等。根据日本 1999 年 1 月 16 日的最新家畜传染病预防实施细则，规定全世界只有韩国、美国、菲律宾等 32 个国家和地区属于无口蹄疫的"清洁地区"。中国等 9 个国家的猪牛羊肉及其制品要经过指定设备加热消毒处理后才可进口，其他国家的产品被禁止入境。允许进口一些活禽，但要提前 1 ~ 4 个月申报，出口前需要专门隔离 35 天，到岸后实行逐个体检，需耗费 10 ~ 15 天，致使成本过高。根据其《植物检疫法实施规则》，我国大部分水果、瓜类蔬菜遭禁止，现在部分水果，如哈密瓜、荔枝允许在接受检疫合格后进口。

二、相应对策

第一，严格执行进出口商品的品质检验制度。我国现行的进出口商品检验法规，是国务院 1984 年 1 月 28 日颁布的《中华人民共和国进出口商品检验条例》。根据《中华人民共和国进出口商品检验法》和《中华人民共和国进出口商品检验法实施条例》的规定，国家商检部门及其设在各地的检验机构应对列入《商检机构实施检验的进出口商品种类表》的进出口商品、出口食品、出口危险货物包装容器、装运出口易腐烂变质食品、冷冻品的船舱、集装箱等运输工具有关国际条约规定须经商检机构检验的进出口商品，以及其他法律、行政法规规定必须经商检机构检验的进出口商品等实施法定检验，对进出口商品的质量和检验工作实施监督管理并办理进出口商品鉴定。据此，一切出口商品都必须经过检验，未经检验和检验不合格的商品不准出口，以保证出口商品符合相应的技术标准，维护我国出口产品的信誉。对出口产品实施的检验分为由商检机构负责检验和由有关部门自行检验两种：凡列入国家商检局制定的《商检机构实施检验的商品种类表》的出口商品和外贸合同规定由商检机构检验出证的出口商品，均由商检机构负责检验出证或签发放行单；对于未列入该种类表的出口商品，可由生产单位、供货单位或外贸企业自行检验。因此，在产品出口遇有外国技术壁垒的情形时，我国出口厂商可将产品质量合格证书作为对抗工具加以抗辩。此外，为消除贸易技术壁垒，促进我国对外贸易的发展，1996 年 1 月 26 日，国家商检局成立中国国家出入境检验检疫实验室认可委员会（以下简称"认可委员会"），到目前为止，经我国认可委员会认可的国内 20 多个实验室分别获国际电气标准会议、经济合作与发展组织、德国技术监督协会、英国劳埃德船级社等国际组织的认可。而且我国认可委员会对美国 UL（Underwriters Laboratories）的 5 个实验室、香港标准及检定中心等进行了认可，极大地加强了商检机构的指导与监督作用。

2002 年 10 月 1 日开始施行的修改后的商检法规定，进出口商品检验应当根据保护人类健康和安全、保护动物或者植物的生命和健康、保护环境、防止欺诈行为、维护国家安全的原则，由国家商检部门制定、调整必须实施检验的进出口商品目录。按照世贸组织有关协定，作为进出口商品检验的依据，"技术规范"是强制性的，"标准"是非强制性的。但我国的标准化法将"标准"分为"强制性标准"和"推荐性标准"，与世界贸易组织有关协定的表述不同。对此，修改后的商检法规定，列入目录的进出口商品，按照国家技术规范的强制性要求进行检验；尚未制定国家技术规范的强制性要求的，应当依法及时制定，未制定之前，可以参照国家商检部门指定的国外有关标准进行检验。

第二，充分重视国外技术法规对我国外贸的影响，认真对待外国对我国设置的技术壁垒和障碍，争取用技术手段解决。就我国对美国出口而言，自 1987 年以来，我国每年被美国海关扣留的食品批次中有 25% 左右是由于标签不符合美国食品标签法的规定，另有约 8% 的批次是因使用了未经美国食物药品管理局认可的添加剂。欧盟关于工业产品的 17 个协调指令已开始强制执行，所有相关产品若未按规定附 "CE" 安全合格标志，将不允许在欧盟市场销售。从 1996 年起，欧盟 15 国又对电磁兼容性、压力容器、机电设备、医疗设备、通信终端等机电产品实行统一技术标准，只有符合指令要求的产品才允许在欧盟任何一个成员国内销售使用。因此，商检机构应及时掌握和熟悉进口国的有关法规规定，及时通知国内出口企业改进出口商品安全性，加贴商品安全使用说明，以确保产品的顺利出口。同时，商检机构应认真对待外国对我国设置的技术壁垒和障碍，积极利用技术手段解决。1989年的"蘑菇罐头风波"就是很好的案例。1989年，美国食物药品管理局发现中国蘑菇罐头中存在葡萄球菌肠毒素污染，并于同年10月对中国蘑菇罐头自动扣留。由于各级领导部门的高度重视，国家商检局迅速成立了课题小组。经过3年的努力，终于用科学的诊断验证了美国食物药品管理局的错误判断，而且建立了蘑菇罐头安全生产的"良好生产操作规范"（Good Manufacturing Practice，GMP）及"危害分析和关键控制点"（Hazard Analysis and Critical Control Point，HACCP）系统，达到了国际水平，现在，美国、加拿大、澳大利亚等国均已不再将肠毒素问题作为阻挠我国蘑菇罐头进入其市场的理由。

第三，政府与相关质检机构大力支持出口企业。近年来，西方国家常常以各种理由阻止我国的产品进入他们的市场，因此，我们更加要科学地加以对待，维护我国企业的利益。商检部门作为保证进出口商品质量的主要机关，有义务向企业提供相关信息。有效的信息系统可使我国及时地了解国外特别是高技术产品的技术壁垒动向，及时瞄准赶超目标，少走弯路。我国商检部门已作出了很大努力，例如，出口日本的蜂王浆中一项重要指标葵烯酸（HAD）含量既无国际规定指标，也无确定检测方法，但各大口岸均有出口任务。为此，商检部门制定了专业标准2B83001-83003-87《出口蜂王浆干粉中HAD的测定》，满足了外贸的要求。2001年7月，韩国政府以防止口蹄疫为由，发布了《韩国进口饲用秸秆和草料的动物卫生要求》，中断了中韩历时十余年的饲草贸易。为此，辽宁、天津局充分利用自身的人才、技术、信息优势，对饲草企业进行了技术指导，帮助企业从消毒室、成品库、消毒器具、温控装置等方面完善饲草福尔马林消毒设施，并建立严密的操作规程。随后，国家质检总局向韩方推荐并邀请韩国农林部检疫官员对位于大连和天津的5家企业饲草消毒设施进行现场确认，得到了韩国检疫官的积极评价，回国后很快发出确认公告。2002年4月27日，在国家质检总局和大连市政府的支持下，辽宁检验检疫局与大连中谷韩尔饲草消毒厂和大连禾丰园艺有限公司饲草消毒厂联合举行了中国饲草恢复输韩首发式。此次恢复出口后，预计两口岸每年将有 15 万吨左右的饲草输往韩国，出口创汇可达 2000 多万美元，并将呈逐年增长势头。

与此同时，我们也不能忽视进口产品的检疫与检验问题。据检验检疫部门反映，进口沥青质量不容乐观。其中，进口 70 号沥青薄膜加热后的 15℃延伸度，不合格比例占 35.3%。这一关键性的耐久性指标不合格，我国"十五"期间依赖进口沥青建设的高速公路，质量安全就得不到保障。2002 年上半年，全国出入境检验检疫机构多次从欧盟输华货物的木质包装中截获天牛、小盆、白蚁等危险性林木害虫。湖北、广东、北京等多个口岸的出入境检验检疫机构又连续发现欧盟木质包装携带大量林木害虫。有关专家对此所作的风险性评估报告认为：欧盟木质包装传带的有害生物种类多数在我国未发生，检疫风险很大，一旦传入，将对我国森林造成严重威胁，并导致重大经济损失。因此，当前急需提高检验检疫监管人员的政治素质、业务素质、执法素质，掌握 WTO 知识；更新和充实仪器设备，不断提高实验室检验能力和检验水平；加强法规规章建设，制修订检验检疫监管规程和标准。总之，检验检疫部门应与企业协调配合，尽职尽责地把好国门，切实保障国家经济安全。

参考文献

[1] 蒋皓：《中国商检：面对贸易技术壁垒》，载于《国际贸易》，1996 年第 12 期。

[2] 戚继明：《中国商品如何取得美国"签证"——美国法规透视》，知识出版社 1998 年版。

[3] 王海峰：《WTO 法律规则与非关税壁垒约束机制》，上海财经大学出版社 2000 年版。

[4] 赵春明、仲鑫：《非关税壁垒的应对及运用——"入世"后中国企业的策略选择》，人民出版社 2001 年版。

世贸组织框架中的创新非关税措施及其影响*

WTO 的职能之一就是为使贸易环境自由化和更具可预见性而进行多边贸易谈判提供场所，通过无条件最惠国待遇条款的实施消除国际贸易中的歧视，允许在区域经济一体化以及发展中国家的特殊和更优惠待遇问题的适用上有一定的灵活性，以适应不断变化的世界经济贸易环境。WTO 现有成员中近 80% 是发展中成员，为了避免使发达成员与发展中成员之间存在的经济差距进一步拉大，WTO 强调实施只能通过关税来保护其成员的生产，在不允许数量限制等政府行政干预的同时允许存在例外条款的贸易政策。本文对 WTO 框架下各成员主要采用非关税措施来保护本国市场及产业的原因进行分析，着重论述 WTO 框架下各成员对相关非关税措施的创新运用，从而揭示出某些非关税措施的滥用对 WTO 框架中贸易保护机制的影响。

一、世贸组织框架下非关税措施盛行的原因

关税壁垒（tariff barriers，TBs）和非关税壁垒（non-tariff barriers，NTBs）是西方国家进行贸易保护惯用的两大手段。随着 GATT/WTO 八轮谈判的完成，尤其是乌拉圭回合就市场准入取得了重大进展，关税水平得到大幅度降低，关税壁垒限制进口的作用已被大大削弱。与此同时，在世界贸易组织的

---

* 本文原载于《国际贸易问题》2005 年第 3 期。共同作者：王稳。

倡导下，非关税壁垒也在大量减少，而且许多常用的非关税壁垒也已纳入世界贸易组织所规范的框架内。这使得非关税措施出现了前所未有的新变化，突出地表现为技术标准、环境要求、生态标准和劳工标准等新的非关税措施，而且，在当今国际贸易中，关税壁垒正逐步让位于非关税措施。

非关税措施是指除关税以外的对于国际商品和服务往来的其他所有限制措施。它或是由政府直接设置，或是由与政府相关的机构实施，也有的是由企业相互之间达成的协议而形成的。大部分西方发达成员致力于利用 WTO 框架中的贸易保护机制，将其所运用的某些非关税措施纳入 WTO 框架中，并使其成为隐性的贸易壁垒。与此同时，还在颇具灵活性、复杂性、隐蔽性、随意性及不确定性的非关税措施方面进行不断的创新，其原因是多层次、多方面的。

1. 新贸易保护主义促使非关税措施频繁使用

乌拉圭回合谈判结束以后，作为主要贸易壁垒形式的关税逐步降低，同时传统的非关税壁垒也逐步拆除。因而，用关税和传统的非关税贸易壁垒来限制进口的余地已经很小。东南亚金融危机后，货币贬值，产品大量低价出口，致使 1999 年发达国家提出的反倾销诉讼达到最高数量。2000 年后，欧盟、美国、日本经济不景气，导致境内企业保护国内市场的呼声高涨。尽管明知是贸易保护，但因一些国家是在世贸组织允许的范围内行事，因此较难应对。事实上，随着发达国家科技和人民生活水平的提高，客观上人们提升了对安全、健康、环保的要求，进口商品的要求也"水涨船高"。

2. 竞争的压力迫使各成员不断寻求非关税措施的帮助

一方面，各国经济发展极其不平衡，美国的相对衰落，日本和欧洲的崛起，特别是 20 世纪 70 年代中期爆发的经济危机，使得市场问题显得比过去更为严峻。另一方面，世贸组织成立以后，各成员间关税下降甚至取消，非关税措施也受到了抑制和规范。因此，为了在竞争中取胜，世贸组织成员，尤其是发达成员凭借其在科学技术与经济发展水平上的优势，在世贸组织协议允许的范围内有意利用某些间接非关税措施作为竞争手段，在现在和将来的技术标准、环境规则的制定和实施中，发达国家比发展中国家更容易处于有利地位。

3. 世贸组织规则本身的实施使一些非关税措施打上了合法的烙印

世贸组织规则具有影响力。通过 WTO 谈判，各国关税已普遍降低，世贸组织规则对成员实施非关税措施作了一些限制，各成员限制贸易的权力相应减少，只能采取一些合理措施以保护国内市场。反倾销、反补贴、保障措施就是世贸组织赋予其成员在产业发展受到进口产品损害时可以动用的合法保护措施。而且，世贸组织对正当的"绿色贸易壁垒"持肯定态度。世贸组织负责实施管理的《实施卫生与植物卫生措施协议》规定成员方政府有权采取措施，以保护人类与动植物的健康，确保人畜食物免遭污染物、毒素、添加剂影响，确保人类健康免遭进口动植物携带疾病而造成的伤害。该协议强调，在设立和实施上述措施时，要把对贸易的消极影响减少到最低。

4. 消费者的严格要求

消费者对商品的选择性强，对质量要求高，对款式变化敏感，对卫生、安全指标的要求严格，相应地促使贸易中的某些非关税措施如环境壁垒、质量标准、技术标准、卫生标准等成为合理合法的存在。产品的品质直接影响消费者的利益，随着消费者自我保护意识的增强，要求制定相应技术标准的呼声越来越强烈。

5. 科技水平的差异导致某些非关税措施如技术壁垒的强化

技术密集型产业产品占世界贸易额的比例进一步上升，国际贸易中所涉及的各种技术问题变得更加复杂。毋庸置疑，科学技术发展的结果，导致工业发达国家技术法规、标准、认证制度及检验制度等的制定水平和内容居于领先地位。发达国家不断地生产和出口具备先进性、科学性、经济性、适用性、可靠性、竞争性的商品，因而在国际贸易中始终占据主导地位。发展中国家出口商品往往达不到发达国家的规定，因此，对外贸易受到了贸易技术壁垒的严重影响。

此外，非关税措施本身具有的特征（名义上的合理性、形式上的合法性、保护内容的广泛性、保护方式的巧妙性和隐蔽性以及保护技术上的歧视性)，各国对进口商品检验能力的提高以及各国在实施非关税措施时的模仿效应，使其成为贸易保护政策的主要手段。

二、世贸组织框架中的创新非关税措施

WTO 框架中的贸易保护具有保护程度的多边对等性、保护形式的统一性、保护措施的公开性及差别待遇的合法性等特点，这就要求各成员在运用非关税措施保护本国市场及产业时进行创新，以免授人以柄。

1. 反倾销、反补贴

为了规范各国反倾销与反补贴的行为，GATT 乌拉圭回合达成了《反倾销协议》与《反补贴协议》。《反倾销协议》规定了有关发起调查的程序的较详细规则、有关计算倾销差价的规则、确定损害或损害威胁的规则，以及关于审查调查结论和谅解协议的要求。这些规则的目的都在于将更大的透明度引入国内规则和程序，并且规定由行政官员更仔细地审查申诉中所包含的情报，明确要求必须采取积极的行动查明申诉得到的产业支持，大大地减少以不适当的方法判定倾销做法的范围，并要求在 5 年内对反倾销措施进行审查。《反补贴协议》则第一次载入了有关补贴的定义，而且在其第 3 条中将补贴分为红色（禁止性补贴）、黄色（可诉补贴）和绿色（不可诉补贴）三类。在承认补贴可以在发展中国家的经济发展计划方面发挥重要作用的同时，该协议第 27 条还载有有关给予发展中国家差别的和更优惠待遇的具体而又相当复杂的规定，尤其是有关本来应被禁止的补贴。

2. 保障措施

WTO 继承了《关税及贸易总协定》的第 19 条实施保障措施条款——对某种产品进口的紧急措施。保障措施通常的形式为提高关税、实施数量限制或是采取关税与数量限制相结合的形式，如关税配额。保障措施作为 WTO 允许成员使用的保护国内产业的重要手段之一，其实施情况可以在一定程度上

反映出 WTO 各项多边贸易规则的实施效果，以及各成员遵守规则的诚信程度。自 1995 年 WTO 成立起至今，共发起保障措施调查 200 起，这些案件显示成员方并未全部真正严格地遵守了《保障措施协议》的实体规则和程序，也并未全部出于临时性保护国内产业的需要。

3. 灰色区域

此措施的盛行可以说是《关税及贸易总协定》第 19 条执行以后一个重要的"副产品"，优惠性原产地规则和政府采购政策等灰色措施仍然游离于 WTO 多边约束规则之外，并被大多数成员作为贸易保护手段而广泛运用。一般而言，原产地规则是指各国政府为了确定商品原产国和地区而采用的法律、规章和普遍运用的行政命令的总称。其核心内容是判定货物原产地标准。它是一个背后隐藏着巨大经济利益的政策性问题，现由 WTO 管辖的《原产地规则协议》是 GATT 于 1994 年发展完善的协议，这一协议是迄今为止在原产地规则领域最为系统的一项法律文件。

按照国际上的通常算法，各国每年的政府采购总额占国内生产总值的 10%～15%，占财政支出的 30% 左右。政府采购直接关系到货物或服务供应商的经济利益，它对本国产业发展和对外贸易会产生重大影响。各国为此在不同程度上制定了各类法规政策对本国产品及其供应商提供优惠待遇，防止"肥水流入外人田"。为避免歧视性政策和手段在各国的政府采购中愈演愈烈，使政府采购在国际规则的指导下运行，乌拉圭回合对东京回合达成的《政府采购协议》作了若干重要的修正与发展，并将该协定的适用范围从货物采购扩大到服务采购。此协议也是构成 WTO 法律体制的一部分。

4. 贸易技术壁垒

随着社会经济的发展，人民的生活水平日益提高，消费行为也随之发生了巨大变化，对商品质量和性能的要求不断提高。由于各国在维护国家安全、保护人类健康以及保护环境等方面，受工业化程度、科学技术水平差异，以及各国自然条件、自然资源等限制的影响，导致各国的法规、标准不尽相同。为了规范各成员制定、采用和实施技术法规、标准和合格评定程序的行为，

GATT 于 1979 年 4 月签署了《贸易技术壁垒协定》（又称《标准守则》），自 1980 年 1 月 1 日起正式实施。该协议的缔结与生效是 GATT 历史上第一个全面规范技术标准的法律文件。乌拉圭回合对其进行了修改，并最终成为一揽子接受的多边协定的范畴，从而保证了 WTO 关于技术性壁垒制度的效力将具有真正的普遍性和广泛性。

5. 环境壁垒

环境问题已纳入各国政府的议事日程，它直接影响到全球的经济发展战略以及人类的生活方式和消费形式。随着环境问题的日益尖锐和重要性的不断加强，以及环境保护运动给国际贸易带来的影响日益加深的影响，WTO 成立之初就正式设立了贸易和环境委员会（Committee on Trade and Environment, CTE），拥有涉及货物、服务和知识产权等多个领域的广泛职能，并于乌拉圭回合结束时达成了《贸易与环境马拉喀什决定》，从而将贸易政策与环境保护政策同可持续发展联系起来作为世贸组织优先考虑的任务，以期本着可持续发展的原则实现对世界资源的充分利用，寻求对环境的保护和维护并加强采取相应措施。WTO 处理与贸易有关的环境问题的一般原则散见于《世界贸易组织协议》、《贸易技术壁垒协定》、《卫生和动植物检疫措施协议》及《农产品协议》等协议的条款中。

6. 劳工标准

目前还没有关于劳工标准的确切定义。由政府、雇主和工人代表组成的国际劳工组织大会每年召开一次，讨论或通过有关劳工权益的问题。其成果以国际劳工公约和建议书（International Labor Conventions and Recommendations）的形式记录下来，形成公认的国际劳工标准。内容主要包括劳动者权利、人格尊严、禁止劳动歧视、下一代成长、工人工作条件等有关人权方面的问题，以及与贸易效益相关的社会福利待遇标准（如制定工人的最低工资标准、保障工人的合理收入、维持工人的基本生活等）。由于劳工标准有着深厚的经济、社会和法律渊源，一直以来，国际社会对其十分关注。1996 年 12 月在新加坡召开的世界贸易组织首届部长级大会上，在发达成员的坚持下，以妥协的方式把劳工标准作为新题目，讨论并放在《部长宣言》的显要位置。实际上为发达成员与发展中成员关于贸易与劳工标准的继续争论设下了埋伏。而西雅图谈判的破裂也使各国更深刻地认识到贸易与劳工标准关系问题的严重性。近年来，发达国家一些进口商，特别是名牌服装进口商和知名零售企业，出于对政治压力和维护本企业社会公众形象的考虑，已纷纷在本公司内建立起了针对供应商的社会行为准则以及相应的检验体系。发展中国家也在2000年2月19日闭幕的联合国贸易与发展会议第十届大会上就劳工标准问题达成了重要共识：拒绝将劳工标准纳入国际贸易制度中，发展中国家必须团结协作，共同努力建立公平、公正、安全和非歧视的多边贸易体制。预计在WTO的第一轮谈判中，发达成员与发展中成员会围绕劳工标准问题展开一场针锋相对的激烈辩论。

7. 地区主义

考虑到各成员经济发展水平的不一致和为减少经济发展中出现的不稳定和突发因素的破坏作用，WTO继承并发展了1947年关贸总协定允许例外的原则，即不承担和履行已承诺的义务。这些例外中就包括经贸集团之间相互的优惠可以不给予集团外的其他成员。这就使得世界上150多个国家和地区为维护自身利益和政治经济安全，参加了一个或多个区域性贸易集团和经济一体化组织，并对地区内部成员相互间降低和消除壁垒，甚至建立起商品、资本、劳务和人员自由流动的统一大市场，对区域外成员则采用种种显性或隐性的保护措施进行排斥。从而在国际上形成大区域进入壁垒、小区域进入壁垒和特定国家的进入壁垒并存的这样一种复杂而又多层次化的贸易保护格局，严重地阻碍了关贸总协定和世界贸易组织所倡导的多边贸易和投资自由化进程的发展，影响了世界经济的发展和经济技术合作的进一步拓展。

三、世贸组织框架中的非关税措施对其贸易保护机制的影响

WTO的每一个成员，不仅要充分利用WTO所推动的贸易自由化机制发展自己的经济，而且要能有效利用WTO框架中的贸易保护机制降低自由化带来

的负面效应。然而，某些非关税措施的滥用，严重影响了 WTO 框架中贸易保护机制正常作用的发挥。

1. 反倾销的滥用冲击了 WTO 框架中贸易保护机制的正常运行

反倾销与反补贴行动只有在已表明该倾销或补贴对国内进口竞争企业造成重大损害或重大损害威胁时才能采取，这是一种有条件的贸易保护措施，并从而将反倾销与反补贴纳入法律调整规范。反倾销协议非常法律化，措辞复杂且技术性强，其条款大多只有贸易法这一特定领域的专门律师才看得懂，很多成员当局还就此制定了反倾销法。然而发达成员为达到有效消除发展中成员在劳动密集型产品中的比较优势的目的而对反倾销的滥用冲击了 WTO 框架中的贸易保护机制。采用反倾销手段的国家以经济发达国家为主，而被诉倾销的国家大多是发展中国家，中国首当其冲。根据中国商务部网站公布的数据，截至 2002 年 9 月，中国遭受反倾销指控总数已近 500 起，涉及出口商品的绝大部分类别。加入世界贸易组织以来，国内企业的出口产品一再受到国外厂商提出的反倾销调查，胜诉仅 6 起，涉案金额达 10.4 亿美元。其中一个重要原因就是使用不公正的替代国制度对我国实行歧视性的贸易政策，这在发达国家与发展中国家的贸易中也是一个普遍现象。

2. 世贸组织成员未能诚信地实施保障措施导致贸易争端扩大，致使"灰色区域"措施长期泛滥

《关税及贸易总协定》第 19 条规定实施保障措施过程的透明度不高，随意性较大，表现为：一是对"严重损害"没有一个被广泛接受的定义，给进口方自行解释留下了太大的空间；二是进口方采取保障措施的国内程序透明度不够；三是关贸总协定针对保障措施所规定的通知和磋商程序不适宜；四是尽量缩短保障措施期限的目标并未很好实现；五是选择性的"灰色措施"完全逃避了关贸总协定的规则和纪律。这就使得成员并不能很好地运用保障措施对国内相关产业合理、有效地保护，而由实施保障措施引发的贸易争端呈上涨态势。

3. 环境保护旗帜下的环境壁垒的滥用严重削弱了发展中成员的获利能力

发达成员提出贸易与环境的问题，利用绿色贸易壁垒迫使发展中成员在

短期内迅速提高环保标准，否则就实施贸易限制。绿色贸易壁垒在种类上层出不穷，形式上花样翻新，常见的有绿色关税和市场准入、绿色技术标准、绿色标志、绿色包装制度以及绿色卫生检疫制度等。用这些措施解决国际贸易中的环境外部性问题时存在着不公平性，这是因为：（1）各国的标准或措施不一致，在与国际统一标准进行"一刀切"时往往不能严格地贯彻外部性内部化的原则，从而出现国家间损益的不公平现象；（2）绿色贸易壁垒的构成主要是成本内在化①。因此能够构筑绿色贸易壁垒的只有工业化国家，它们希望凭借自身在环保技术方面的优势，通过制定严格的环境标准来达到贸易保护的目的。而被关在这道壁垒之外的受害者则主要是发展中成员，因为它们在环保技术上处于劣势。广大发展中成员正面临贫困与环境恶化的双重挑战，无力承担进一步改善环境的高昂费用，而发达成员却根据自身的生产力和科学技术水平制定了发展中成员很难达到的绿色技术标准，使发展中成员面临两难选择：要么失去进入世界市场的机会，要么被迫采纳超出其资源偿付能力的环保标准。结果是发展中成员的国际贸易地位降低，经济增长和发展受到影响。

4. 世贸组织《贸易技术壁垒协定》在具体实施过程中极大地影响了世贸组织框架中贸易保护机制的公平性作用的发挥

正如国际标准化组织出版的《标准化的目的和原理》一书中指出的：形成贸易障碍的技术壁垒扭曲了技术规则的本来面目，使原本有利于国际贸易发展的技术标准变成了阻碍国际贸易正常进行的有效手段。其具体表现在以下几方面。（1）各国技术法规和标准各不相同，有些国家人为地扩大这些差异以限制进口。例如，欧盟各国都有各自的产品技术标准，共有 10 万个技术法规和标准，不少都比较苛刻和复杂。如对纯毛服装含毛量的规定，法国为85%，比利时为97%，德国为99%。（2）打着"维护消费者利益"的幌子，

---

① "成本内在化"要求实行谁污染谁治理，这将提高企业产品成本，严重影响出口产品的竞争力。

对国内国外产品采取双重标准，遏制外国产品销入本国市场。（3）技术标准在执行过程中可能产生的限制。商品在进口过程中所产生的争议，常常会导致复杂的、旷日持久的调查、取证、辩护、裁定等程序。在履行了这一系列复杂程序后，即使认定有关商品符合规定而准许进口，该进口商品销售成本可能已经大为增加，从而失去与本地产品的竞争能力。

5. 发达成员将贸易与劳工标准挂钩，目的是解决发达成员内部普遍存在的高失业率，进而保护国内市场

各国社会制度和经济发展阶段、水平、文化、宗教信仰等情况不同，而劳工标准是取决于一国社会经济发展阶段、水平、民族传统、宗教信仰、自然条件和法律环境的，因此必然会存在劳工标准的差异，特别是在发达成员与发展中成员之间还存在着较大的差距，如果借"公平贸易"之名行贸易保护之实，将对发展中成员和发达成员都带来不利影响。这实际上背离了WTO的宗旨，为发达成员实现强权政治和强权经济创造条件。

从GATT框架到WTO框架下的各成员所采取的策略性行为展示出，其一方面充分利用成员间的多边优惠机制或正常贸易机制，推动对外贸易和经济的发展，积极参与全球经济一体化进程，分享贸易利益；另一方面又尽可能地利用WTO框架的贸易保护机制，甚至创造性地转换保护形式，加强对本国产业的保护，降低自由贸易的负面效应。作为WTO新成员，我国将面临非成员地位所不曾有的贸易和经济发展环境，与其他国家和地区的国际经济贸易关系将更加密切，贸易摩擦和冲突也会日渐增多。随着关税壁垒的逐渐取消，如何借鉴别国经验，充分利用WTO框架下的贸易保护机制及非关税措施保护国内市场，同时应对其他国家的非关税措施，完成扩大出口的任务，获取更多的经济利益，就成为我国政府与企业面临的紧迫问题。开放经济条件下，我国实行对外开放和贸易自由化是长远之计，而保护则为权宜之策。一方面，只有积极参与国际竞争，投身贸易自由化，才能强国富民；另一方面，只有在WTO框架允许的范围内适当采取保护性措施，才能培育企业及产品的竞争优势，维护国家利益。

参考文献

［1］曹建明、贺小勇：《世界贸易组织法》，法律出版社 1999 年版。

［2］［英］桑德斯：《标准化的目的与原理》，国际标准化组织，1972 年版。

［3］王福明：《世贸组织运行机制与规则》，对外经济贸易大学出版社 2000 年版。

［4］王冉冉：《新贸易保护主义的利剑——试论 WTO 议题新焦点"劳工标准"》，载于《对外经贸实务》，2000 年第 4 期。

［5］薛荣久：《世贸组织与中国大经贸发展》，对外经济贸易大学出版社 1997 年版。

［6］张玉卿、李成钢：《WTO 与保障措施争端》，上海人民出版社 2001 年版。

［7］赵春明、仲鑫等：《非关税措施的应对及运用——"入世"后中国企业的策略选择》，人民出版社 2001 年版。

［8］仲鑫：《WTO 框架中的贸易保护机制对发展中成员的影响》，载于《农业综合开发》，2002 年第 1 期。

［9］仲鑫：《环境壁垒对我国商品出口的影响及对策》，载于《中国流通经济》，2003 年第 2 期。

［10］仲鑫：《绿色贸易壁垒及我们的对策》，载于《中国财政》，2000 年第 1 期。

［11］仲鑫、王稳：《对外开放与适度保护》，载于《光明日报》，2002 年 12 月 17 日。

第一篇 贸易保护问题研究

世贸组织框架中的创新非关税措施及其影响

从四方面入手解决纺织品贸易摩擦[*]

2005 年 5 月 20 日，国务院关税税则委员会决定自 6 月 1 日起对纺织品出口关税进行调整。公告明细清单显示，在原本 148 项纺织品被征收的出口关税基础上，其中 39 项（74 种）纺织品税率被调高，3 项被调低，2 项停止征收出口税，其他维持不变。平均加税幅度高达 4 倍。

这是中国政府为了维护和协调纺织品出口秩序，为出口产品建立长期稳定的符合 WTO 规则的保障支持体系，规范、改善纺织品出口结构，实现与各贸易伙伴共同发展的重要举措。充分体现了中国政府对维护国际纺织品贸易平稳发展的诚意和负责任的态度。然而，此举也会带来很大的副作用，比如使得我国出口增长放缓，影响就业和生活水平的提高，甚至可能会影响到我国既定 GDP 增长率目标的实现。

为了减少这些负面效应，我们应从以下四个方面入手解决纺织品贸易摩擦问题。

第一，应力争从 WTO 规则的角度，通过争端解决机制来维护自己的正当利益。

实际上，由于成员之间在政治、经济、文化等多方面的差异性，不论是以前的 GATT 还是 1995 年以来的 WTO，都没有也不可能对纳入框架的所有贸易产品和服务实现完全的自由贸易。WTO 也不属于完全意义上的自由贸易组

---

[*] 本文原载于《新京报》2005 年 5 月 25 日。

织，这就意味着存在程度不等的贸易保护。不过，问题的关键不在于WTO是否存在贸易保护，而在于要正确地认识和有效地实施WTO框架中的贸易保护机制，使得有关成员能够有效地分享到保护带来的利益，就如同能够分享到自由贸易产生的利益一样，同时也能避免有关成员滥用保护机制。

任何试图变相延长配额体制的行为都将损害自由和公平贸易的原则，动摇多边贸易体制的基础。美方仅依据某一季度的初步进口数据，在没有业界申请的情况下自主启动调查，这不符合世贸组织和美国国内规定的程序，不仅向美国业界发出了错误的信号，也给其他世贸组织成员开创了不良的先例。

这除了可以给中国改变汇率制度施加压力，似乎没有多大的经济意义，也并不能改变美国的巨额贸易赤字（美联储主席格林斯潘在"纽约经济俱乐部"发表演讲后，接受记者提问时表示，他相信中国最终会对货币体系进行改革，但人民币升值并不能帮助美国减少贸易逆差）。相反，可能扭曲国际贸易、破坏WTO框架中的公平贸易机制以及挫伤成员的积极性。因此，我们应通过合理合法的渠道，利用WTO的争端解决机制对相关成员的错误行径进行申诉。

第二，作为纺织品大国，确实也要注意自我控制出口数量有序增加以避免引起他国的贸易报复。在纺织品配额取消后，出口量激增，甚至部分企业出现了"以价格换市场"的倾向，这对我国纺织产业的可持续发展十分不利。我们已经对纺织品出口自动许可证制进行了规范，也可以实行纺织品出口招标管理办法，多管齐下，争创佳绩。

第三，趁此机会推动我国纺织品产业的结构升级，提高其附加值，通过质量的提高来提高产品的价格，避免别国用出口平均价格下滑、扰乱国内市场为借口启动对我国纺织品的特别保障措施。目前我国的服装纺织企业进入了调整机遇期，相关企业应该把握机遇，加强企业的竞争力，增强企业的盈利能力和水平。

纺织业属于劳动和资源密集型产业，中国的劳动力资源和棉花及化纤原料丰富。近年来，国外纺织技术开始向中国转移，中国的纺织技术有了一定的提升，但还有很大潜力。因此，借此契机，中国纺织服装企业应注重提高产品的质量，提升产品的技术标准和环保标准，优化出口产品的结构，增加效益，而不是靠粗放经营。

第四，要注意拓宽市场，避免出口市场过度集中。鼓励具备条件的纺织品生产企业向欧美市场进行投资，一般性企业应积极拓展非洲市场和亚洲市场。

论贸易技术壁垒的性质及其经济效应*

在世界贸易组织的倡导下，非关税壁垒正在大量减少，而且许多常用的非关税壁垒也已纳入世界贸易组织所规范的框架内，这使得西方国家不得不另谋新招。比如，以保护人类健康和消费者安全为由对进口产品设置纷繁复杂的贸易技术壁垒，无论是工业国家还是"新兴工业国家"，不仅陆续推出严格的环保法规，而且在进出口贸易中大都制定"环保产品优先"的原则，等等。为此，非关税壁垒出现了前所未有的新变化，突出地表现为技术标准、环境要求、生态标准和劳工标准等这些披着合法外衣的有选择的新的非关税壁垒，特别是贸易技术壁垒（technical barriers to trade，TBT）措施日趋增多，已成为国际贸易中最隐蔽、最棘手、最难对付的贸易障碍之一，也成为新贸易保护的主要手段之一，并正在对国际贸易包括我国的出口贸易产生越来越大的影响，成为各方关注的重点。因此，我们有必要从研究贸易技术壁垒盛行的原因入手，剖析贸易技术壁垒的性质及其经济效应，以利国际贸易的顺利开展。

一、贸易技术壁垒盛行的原因

所谓贸易技术壁垒，是指国与国之间进行商品交换时，通过颁布法律、法令、条例、规定，建立技术标准、认证制度、检验制度等方式，对外国进

---

* 本文原载于《当代经济科学》2006年第2期。共同作者：刘奇。

口商品制定的技术、卫生检疫、商品包装和标签标准，从而提高产品技术要求，增加进口难度，最终达到限制进口的目的。换言之，贸易技术壁垒就是指那些强制性或非强制性确定商品某些特性的规定、标准和法规，以及旨在检验商品是否符合这些技术法规和确定商品质量及其适应性能的认证、审批和试验程序所形成的贸易障碍。它实际上是一种无形的非关税壁垒，是一些发达工业国家，利用其科技上的优势，通过商品法规、技术标准的制定与实施，通过商品检验及认证工作，对商品进口实施限制的一种措施。20世纪70年代，在非关税壁垒中，贸易技术壁垒约占10%~30%，进入90年代，这一比例更是有了较大的提高，是非关税壁垒中最隐蔽最难对付的一种，更成为发达国家推行贸易保护主义的最有效方法之一。目前，对某些发展中国家而言，贸易技术壁垒已超过反倾销，成为它们开展出口贸易的主要障碍。主要有以下几方面原因。

1. 科技水平的差异导致贸易技术壁垒的强化

技术密集型产业产品占世界贸易额的比例进一步上升，国际贸易中所涉及的各种技术问题变得更加复杂。毋庸置疑，科学技术发展的结果，导致工业发达国家技术法规、标准、认证制度及检验制度等的制定水平和内容居于领先地位。高灵敏度检测技术的发展，给发达国家限制商品提供了快速、准确的数据，他们在激烈的国际市场竞争中，凭借其先进的技术法规、产品标准等，不断地生产和出口具备先进性、科学性、经济性、适用性、可靠性、竞争性的商品，因而在国际贸易中始终占据主导地位。由于发展中国家科技发展水平远落后于发达国家，技术法规、标准等的制定水平和内容与发达国家相比存在很大差距，出口商品往往达不到发达国家的标准，因此，对外贸易受到了贸易技术壁垒的严重影响。

2. 关税的大幅削减及数量限制的消除使贸易技术壁垒成为贸易保护主义的主要武器

经过关贸总协定前七轮谈判，发达国家、发展中国家的平均关税税率已分别降到4%、12%左右。根据有关协议，各缔约方关税总水平仍将进一步削减，纺织品等贸易的歧视性数量限制将分阶段取消；在市场准入方面，采取关税减让方式对非关税壁垒进行关税化转化并削减；等等。表明了世界贸易组织实现贸易自由化的决心。第八次乌拉圭回合谈判又成功签署了一揽子协议，进一步强化和完善了非关税壁垒的约束机制，对补贴和反补贴、反倾销、原产地规则、海关估价、保障条款、装运前检验、进口许可证、贸易技术壁垒等非关税壁垒机制规定了较以前更为完善、更有约束力的运行规则，使各缔约方有章可循。在这种情况下，进口国如再设置高关税、数量限制等障碍以达到保护本国市场、限制商品进口的目的，必将招致有关国家的谴责和反对，甚至贸易报复。所以世界各国特别是发达国家纷纷高筑贸易技术壁垒这种无形的非关税壁垒。

3. 消费者对商品的选择性强，对质量要求高，对款式变化敏感，对卫生、安全指标的要求严格，相应地促使贸易中的贸易技术壁垒成为合理合法的存在

产品的品质直接影响消费者的利益，随着消费者自我保护意识的增强，要求制定相应技术标准的呼声越来越强烈。现在世界各国在进出口贸易中广泛推行的产品质量认证制度和安全认证制度起源于英国（第一个商品认证标志——风筝标志）。目前，世界上许多国家对外国产品进入本国市场都有严格的质量把关，如美国规定对进入该国市场的电气用品必须通过"UL"认证①。应该提到的是，美国政府并未建立电气用品的统一安全标准，同时，也并未规定产品一定要达到"UL"安全标准或具有"UL"标记才能进口。然而一旦产品在进入美国市场前被检验出不够安全，或产品在销入美国市场后出现安全问题造成事故，美国政府在调查追案时必以"UL"所规定的安全标准为衡量尺度，因此，"UL"标准似乎被视为"非联邦法规的公认法规"；欧共体统一大市场则要求销往欧洲的大部分商品必须经过 ISO9000② 系列的认证。

---

① underwriter's laboratory，安全标准实验室或用户实验室，是美国一个民营的科技机构，专门从事电气用品、器材安全的研究与测试。

② 国际标准化组织于 1987 年公布了 ISO9000 系列标准，迄今为止已有 52 个国家包括中国将此标准转化为本国的国家标准加以贯彻。

4. 世界贸易组织某些协议中的例外规定给贸易技术壁垒的设置大开方便之门

《贸易技术壁垒协定》虽然规定，要保证技术法规及标准，包括包装、标志和标签要求，以及按技术法规、标准评定的程序都不致给国际贸易造成不必要的障碍，但也允许各参加国为提高产品质量、保护人类健康和安全、保护动植物生命和安全、保护环境或防止欺骗行为等，可以提出一些例外规定。在服务贸易协定、农产品协定和与贸易有关的知识产权协定中都有类似的例外规定。诸此种种弹性规定实际上给贸易技术壁垒的设置提供了法律借口，也使得发达国家往往打着维护人类健康和安全、维护动植物生命和安全以及环境保护等旗号，制定出严格、繁多、苛刻的技术法规和标准等，名正言顺地达到既有利于扩大本国商品出口，又有利于限制别国商品进口的双重目的。

二、贸易技术壁垒的性质及其经济效应

和大多数的非关税壁垒措施一样，贸易技术壁垒是打着促进贸易的旗号而实际起着阻碍贸易的作用。但贸易技术壁垒并不是一开始就以贸易障碍的面目出现的，在关税壁垒和其他非关税壁垒盛行的年代，根本用不着利用它来制造贸易壁垒。相反，贸易技术壁垒大多是为了保护本国消费者的利益而被各国提出并采用的，并曾对国际贸易的发展作出过一定的贡献。在国际贸易中规定产品应达到一定的标准，这有助于提高产品质量，保护产品的使用和消费过程的安全，维护消费者的合法权益等。正是由于贸易技术壁垒的出现，使得技术法规和标准在国际贸易中得到广泛运用，对国际贸易商品质量也有了健全的评估体系，这极大地推动了国际贸易的发展。无可争辩的事实是，有些贸易技术壁垒措施具有合理性，也为国际贸易发展创造了新的机遇，但也有一些技术壁垒措施从科学技术、卫生、检疫、安全、环保、产品质量和认证等方面入手，披上合法外衣，灵活多变，使得国外厂商难以应付，实际上已经成为推行新贸易保护主义的手段。

随着国际贸易的发展及市场竞争的日益激烈，贸易技术壁垒最终以贸易障碍的面目出现，使原本有利于国际贸易发展的技术，变成阻碍国际贸易正常进行的手段。关于对产品的技术标准方面的规范性管理和法规本身并不意味着构成国际贸易的技术壁垒。然而，如果技术标准方面的法规或认证程序不当，都极易起到贸易壁垒的作用，这种贸易技术壁垒是国际贸易保护主义的最好庇护所，是调节当今国际贸易的杠杆。形成贸易障碍的技术壁垒扭曲了技术规则的本来面目，使原本有利于国际贸易发展的技术标准变成了阻碍国际贸易正常进行的有效手段。其具体表现在以下几方面。（1）各国技术法规和标准各不相同，有些国家人为地扩大这些差异以限制进口。比如，欧盟各国都有各自的产品技术标准，共有 10 万个技术法规和标准，不少都比较苛刻和复杂。对纯毛服装含毛量的规定，法国为 85%，比利时为 97%，德国为99%，这样法国羊毛制品就很难向比利时和德国出口（曹建明和贺小勇，1999）。（2）打着"维护消费者利益"的幌子，对国内外产品采取双重标准，遏制外国产品进入本国市场。例如，美国环境保护局根据对《1990 年清洁空气法》的一项修正案，制定并颁布了一项法规，对进口汽油和国产汽油的环境标准制定了两种不同的技术要求。对于国产汽油，该法规只要求国内各炼油厂以 1990 年各厂的质量水平为基准线。而对于进口汽油，则由美国环保局根据 1990 年全国汽油的平均标准数值规定一项法定基准线（曹建明和贺小勇，1999）。（3）技术标准在执行过程中可能产生的限制。商品在进口过程中所产生的争议，常常会导致复杂的、旷日持久的调查、取证、辩护、裁定等程序。在履行了这一系列复杂程序后，即使认定有关商品符合规定而准许进口，该进口商品销售成本可能已经大为增加，从而失去与本地产品的竞争能力。例如，1981 年 7 月 31 日，欧共体理事会通过了一项决议，规定其成员必须制定并实施法律，禁止销售使用激素添加剂的牛肉及制成品，不论其产地在何处。欧共体的这一法令一经颁布，就引起了美国牛肉生产者的不满。在美国，很多农场使用激素添加剂饲养肉牛。但是，美国农场主使用激素添加剂的方法与欧洲的不同，美国生产者认为欧共体不加区分地一律禁止销售用激素添加剂饲养的牛肉，是对美国生产者不利的。1987年1月，美国要求与欧共体磋商，并提出了上述理由。同时，美国引用了大量的科研数据，包括欧共体科研机构提供的数据，说明使用激素生产的肉类对人体无害，指出欧共体的法令缺乏科学依据。1987年2月和4月，美欧进行了两次磋商，都未能取得结果。欧共体的法令于1989年1月1日生效，美国贸易代表于1988年12月30日宣布提高关税。1989年2月，美国和欧共体建立了一个"牛肉荷尔蒙问题高级专案组"，研究如何解决这一纠纷。到专案组成立时，已经有2亿美元的牛肉及肉制品的双向贸易受阻。经过专案组的工作，1989年5月，双方达成协议，欧共体临时准许美国的未经激素处理的牛肉进口，而美国也根据被允许进口的数量减少关税报复（朱榄叶，1995）。（4）技术法规和技术标准的作用往往具有两重性（冯宗宪和柯大钢，2001）。一是由于各国文化背景、生活习惯、维护人身健康、安全及生活环境等方面存在着不同的价值观，各国工业化程度、科技发展水平和消费水平也存在着差异，导致各国技术法规和技术标准的差异，这些差异有时甚至是巨大的。当各国用本国的技术法规和技术标准去决定某种商品是否符合进口国的技术经济政策或对进口产品进行检验时，就很容易造成进口产品不符合进口国技术法规和技术标准的后果，从而起到限制进口的作用。换句话说，标准本身并非是贸易的障碍，但在产品检验和认证过程中，这些法规和标准既能加速也能阻碍商品的自由流通。二是某些国家或厂商有意识地、有针对性地制定某些技术法规或技术标准，去限制其他一些国家或地区的商品进口。最著名的典型案例是"垒球棒"事件。日本消费品安全法引用的强制实施的金属垒球棒JIS标准，通过对球棒材料的规定，曾长期把美国的铝制垒球棒挡在了日本的国门之外。又如，美国联邦药物和食品管理局对医疗器材、各类医护用品所持的基本要求是"安全"与"有效"，对其所持的上市衡量尺度是"品质合格""标记正确"。例如，一个普通的墨镜要想进入美国市场须按规定被考验。正常视力的人戴眼镜可防止视力退化，视力不佳的人戴眼镜可看得更清，墨镜可保护眼睛免受强光线刺激，因此若墨镜进口，要作为医护用品进行注册、登记以及上市前申报，取得 510K 号码。进口时报不出 510K 号码，产品就要被扣。但即使这些手续都办到了，按美国联邦药物和食品管理局规定 ［21CFR801.410 (g)］，若未具备"防冲击试验证书"（Impact Resistant Test Report），仍可被认为不合"安全性"要求而拒入市场。美国联邦药物和食品管理局规定：为保护消费者，防止眼睛可能受到的伤害，必须使用"抗冲击镜片"。不管是眼镜、墨镜或电焊工镜、医护用镜等都必须通过一种"落球试验"，通常规定使用尺寸为 5/8 英寸、重 0.56 盎司的钢球，由 50 英寸高的标准设置中坠下，冲击水平置放的镜片表面中心地带，而镜片未出现破碎裂纹者方算达到合格标准。美国政府过去抽验进口的若干厂样品中，发现有 40%～70% 与国外的测试结果相异，因此，不附报告固然禁止入口，而附有此落球试验报告的，仍有可能被美国联邦药物和食品管理局取样复验。在美国，复验的结果不合标准要求者，同样会被排除于市场之外，而且该厂家的墨镜在后续进口时，被复验或被扣留（或被列入"自动扣留"的名单）的概率将更增大（戚继明，1998）。奥地利政府在有关的白皮书中规定，从 1990 年 1 月 1 日起，禁止生产、进口或售卖以聚氯乙烯制造的包装材料、非耐用消费品和儿童玩具，对聚氯乙烯的使用实行有限制的管制。

名目繁多的贸易技术壁垒措施往往是以维护生产、消费者安全和人民健康为由而制定的，但其扭曲了技术规则的本来面目，使原来有利于国际贸易发展的技术标准变成阻碍国际贸易正常进行的手段，成为引发现代国际贸易纠纷的重要根源。贸易技术壁垒的存在及其在纵深和广泛范围的扩大对国际经济贸易关系产生重大影响。由于知识产权保护的强力推行及先进标准的采用，使世界资源配置及要素流动更集中地向少数掌握先进开发技术与制造技术的国家和大公司转移。而其他国家在缺乏技术开发能力的条件下，只能跟在其后亦步亦趋。贸易技术壁垒已成为影响 21 世纪国际贸易发展的重要因素，也会成为世界贸易组织未来深入谈判的重要内容。

实际上，贸易技术壁垒的最大受益方仍然是发达国家。因为作为先驱者，它们的技术专利、技术产品、版权等得以优先保护，取得了垄断利润；作为国际技术标准的制定方，也因挡住了其他国家同类产品对市场的进入而获得垄断利润。但是这种新贸易保护主义手段的受害者不仅是发展中国家，也给发达国家自身造成了某些负面影响。首先，贸易技术壁垒损害了发展中国家的利益。这不仅是由于发展中国家的对外贸易不发达，运输、通信工具比较落后，更是由于发展中国家的科学技术水平落后。发达国家的技术标准繁多，技术要求也普遍高于发展中国家，而且他们就是针对发展中国家的出口商品制定了名目繁多的技术标准和技术法规，从而限制发展中国家的商品进入本国市场。贸易技术壁垒不仅影响发展中国家商品的出口，更重要的是影响了发展中国家从发达国家引进尖端技术和设备，以缩短发展中国家与发达国家之间的技术差距，最终使得技术壁垒减少。其次，实行贸易技术壁垒并不能使发达国家完全达到保护本国衰落工业和促进经济增长的目标，同时，由于实行贸易技术壁垒导致发展中国家对外贸易条件的不断恶化，又反过来影响发达国家对这些发展中国家的出口增长，也不利于发达国家对这些发展中国家进行资本输出和技术转让，而且也会导致本国被保护商品的市场价格上涨，从而影响了国内消费者的利益。

国际贸易中的贸易技术壁垒形式多样，涉及面广，影响着各国经济政策的制定，因而也就直接或间接地制约着国际贸易的发展速度，并在一定程度上影响着国际贸易的商品结构、地理方向，引起不同国家间、集团间的贸易摩擦和冲突。

贸易技术壁垒对进出口贸易的影响主要表现以下几方面。一是它对进口国有关产业能起到一定的保护作用。发达国家对许多制成品规定了极为严格烦琐的技术标准，进口货物必须符合这些标准才能进口，其中有些规定往往是针对某些国家的，根据保护本国工业的意愿，这些技术标准不仅在条文本身上限制了外国产品的进口，而且在实施过程中也为外国产品的销售设置了重重障碍。二是会拉大进口国与出口国之间的价格差距。三是贸易技术壁垒利用技术、经济、环境标准及行政和司法部门这四类限制对进口商品产生影响。通过技术条文本身的规定直接限制进口的技术限制是贸易技术壁垒的主要形式，如联邦德国曾经制定过一部法律，其中规定禁止车门从前往后开的汽车进口，当时意大利生产的菲亚特500型汽车正是这种形式，结果使其完全丧失了联邦德国的市场；经济限制的数量很多，例如规定汽车的耗油标准及其他节能标准等，未达到要求的不准进口；PPM标准，如丹麦以保护环境为由，限制进口使用不可再装容器的啤酒和饮料，美国对无排气控制设备的进口汽车加征关税等；行政和司法部门的限制是指进口国采用复杂的、旷日持久的技术检验调查、取证、辩护、裁定等程序，使商品的销售成本大大增加，往往会延误交货期或错过季节，从而失去市场。

三、GATT/WTO 与贸易技术壁垒

随着国际分工与交换的不断拓展和深化，以市场经济为主导的经济模式席卷全球和世界经济相互依赖程度的增强，自由贸易成为世界经济贸易发展的客观要求和必然趋势。第二次世界大战后，国际贸易在 GATT/WTO 推动下发展的历史轨迹，正是这种客观要求与必然趋势的反映。通过关贸总协定八轮多边贸易谈判，世界工业品贸易的关税平均税率由 1947 年的 40% 减至目前发达国家的 4% 和发展中国家的 12% 的水平（任烈，1997）。世界贸易组织成立后的运作更为世界贸易自由化带来多层次的发展，表现为各成员之间共同市场的扩大与贸易依存度的提高，各成员在商品、服务方面的分工进一步加强。但由于受政治、环境等条件的制约，如果某个国家完全取消关税和非关税贸易限制，将会使该国某行业面临外国效率更高的同一行业产品的竞争而陷入困境，在影响行业利益的同时也减少了就业，这无疑会损害该国的利益。因此考虑到无关税和非关税限制的自由贸易不可能完全实现，在国际经济不平衡发展（不仅发达国家之间存在不平衡发展，发展中国家也存在不平衡发展）的过程中，GATT/WTO 选择了次优的贸易政策，即一方面强调只有通过关税来保护本国的生产，在不允许数量限制等政府的行政干预的同时，又允许存在例外；另一方面要求逐步削减关税和非关税壁垒，开放市场，取消国

际贸易中的歧视待遇，以促进自由贸易的发展。所以世界贸易组织在提倡贸易自由化的同时也主张合理保护。

为削弱和消除技术法规、标准和使用评定程序等贸易技术壁垒对国际贸易的阻碍作用，关贸总协定在东京回合谈判期间创制了《贸易技术壁垒协定》，并于1980年1月1日正式生效。该协定的缔结与生效是总协定历史上第一个全面规范技术标准的法律文件，从而具有重要的意义。认识到国际标准和合格评定程序能为提高生产效率和推动国际贸易作出重大贡献；认识到不应妨碍任何国家采取必要手段和措施保护其基本安全利益，保护其出口产品质量，保护人类、动物或植物的生命或健康，保护环境或防止欺诈行为；认识到国际标准化有利于发达国家向发展中国家转让技术及帮助其制定采用技术法规、标准、合格评定程序克服困难。乌拉圭回合在原有协议的基础上达成了一项新的协议，这大体经历了以下几个步骤：1990年7月首次提交修改草案；1992年6月乌拉圭回合重新复会时提出讨论《贸易技术壁垒协定（1991年）》；1993年12月15日结束乌拉圭回合多边贸易谈判时于日内瓦草签该协议草案；1994年4月15日对该协议文本内容与文字做最后的修改。虽然新协议的体系和内容与旧协议相似，但新协议属于一揽子接受的多边协定的范畴，从而保证了WTO关于技术壁垒制度的效力将具有真正的普遍性和广泛性。但在协议中也规定这些技术法规和标准，包括包装、标志、标签等不会给国际贸易制造不必要的障碍，也不能用这些措施作为对情况相同的国家进行歧视或变相限制国际贸易的手段。

贸易技术壁垒协定的基本原则包括以下几方面。一是无论技术法规、标准，还是合格评定程序的制定，都应以国际标准化机构制定的相应国际标准、导则或建议为基础，它们的制定、采纳和实施均不应给国际贸易造成不必要的障碍。二是在涉及国家安全、防止欺诈行为、保护人类健康和安全、保护动植物生命和健康以及保护环境等情况下，允许各成员方实施与上述国际标准、导则或建议不尽一致的技术法规、标准和合格评定程序，但必须提前一个适当的时期，按一般情况及紧急情况下的两种通报程序，予以事先通报；

应允许其他成员方对此提出书面意见。三是实现各国认证制度相互认可的前提，应以国际标准化机构颁布的有关导则或建议作为其制定合格评定程序的基础。此外还应就确认各出口成员方有关合格评定机构是否具有充分持久的技术管辖权，以便确信其合格评定结构是否持续可靠，以及接纳出口成员方指定机构所作合格评定结果的限度进行事先磋商。四是在市场准入方面，协议要求实施最惠国待遇和国民待遇原则。五是就贸易争端进行磋商和仲裁方面，协议要求遵照执行此次乌拉圭回合达成的统一规则和程序——"关于争端处理规则和程序的谅解协议"。六是为了解答其他成员方的合理询问和提供有关文件资料，协议要求每一成员方确保设立一个查询处（贸易技术壁垒课题组，1996）。

贸易技术壁垒协定适用于所有产品，包括工业产品和农业产品。各政府机构拟订的为其本身的生产或消费需求的采购规格不受该协议的约束，但受政府采购协议约束的产品范围除外，而且各国关于卫生与植物检疫的各项措施均不受该协议的约束。

作为 WTO 成员，我国与其他国家和地区的国际经济贸易关系将更加密切，贸易摩擦和冲突也会日益增多。由于新贸易中保护主义盛行，许多发达国家纷纷通过贸易技术壁垒来阻止竞争对手的商品进入本国。我国的出口贸易也屡遭他国的贸易技术壁垒限制，面对出口产品合格率下降和国际市场占有率退缩的现状，我们应深入剖析贸易技术壁垒的性质及其经济效应。随着关税壁垒的逐渐取消，如何借鉴别国经验，充分利用 WTO 框架下的保护条款及贸易技术壁垒措施保护本国民族工业，同时应对其他国家的贸易技术壁垒，完成扩大出口的任务，获取更多的经济利益，就成为我国政府和企业面临的紧迫问题。我们一方面要充分运用 WTO 推动的多边自由贸易政策条件发展对外贸易，积极参与全球经济一体化进程；另一方面，应认真研究 WTO 的《贸易技术壁垒协定》，充分利用 WTO 框架中的保护机制对本国市场采取合理有效的保护，提高商品竞争力和市场占有率，从而推进我国对外经贸的发展。

参考文献

［1］曹建明、贺小勇：《世界贸易组织法》，法律出版社 1999 年版。

［2］陈虹（编译）：《世界贸易组织贸易技术壁垒协定（WTO/TBT 协定）》，中国标准出版社 2000 年版。

［3］冯宗宪、柯大钢：《开放经济下的国际贸易壁垒——变动效应·影响分析·政策研究》，经济科学出版社 2001 年版。

［4］贸易技术壁垒课题组：《贸易技术壁垒协议及其在 WTO 诸协议中的体现》，载于《国际贸易》，1999 年第 6 期。

［5］戚继明：《中国商品如何取得美国"签证"——美国法规透视》，知识出版社 1998 年版。

［6］任烈：《贸易保护理论与政策》，立信会计出版社 1997 年版。

［7］王海峰等：《WTO 法律规则与非关税壁垒约束机制》，上海财经大学出版社 2000 年版。

［8］赵春明、仲鑫等：《非关税壁垒的应对及运用——"入世"后中国企业的策略选择》，人民出版社 2001 年版。

［9］仲鑫：《环境壁垒对我国商品出口的影响及对策》，载于《中国流通经济》，2003 年第 2 期。

［10］仲鑫：《适度保护与培育企业及产品的竞争优势》，载于《北京师范大学学报（社会科学版）》，2003 年第 2 期。

［11］朱榄叶：《关税与贸易总协定国际贸易纠纷案例汇编》，法律出版社 1995 年版。

"新技术民族主义"还是"技术霸权主义"*

目前我国初步形成了技术贸易与技术发展的自主创新政策，但在实践中贯彻和落实还存在诸多的困难，理论上也还有不同的观点。同时，中国标准的迅速崛起，也引起了拥有大量"成熟标准"的跨国公司和发达国家的警觉和反对。2004年5月，全美亚洲研究所在其研究报告《中国入世后的技术标准、软件及技术民族主义实质之变化》中，指责我国违背了"入世"承诺，要求警惕中国的"新技术民族主义"。就在这份报告发布之前，中国自主创立的无线网络连接协议标准WAPI（Wireless LAN Authentication and Privacy Infra-structure）被扼杀在摇篮中。类似的例子很多，皆源于某些发达国家的技术霸权主义。在世界经济发展不均衡的背景下，全球贸易保护主义重新抬头。中美之间的争端不过是美国国内贸易保护主义的焦点。

本文将探讨："新技术民族主义"有无其合理性？中国在全球技术贸易中所处的地位究竟如何？全球技术贸易的实质是"新技术民族主义"还是"技术霸权主义"？

一、"新技术民族主义"的合理性分析

随着科技和经济的发展，国际技术贸易额和重要性都在不断增加，但全

* 本文原载于《国际商务——对外经济贸易大学学报》2006年第4期。本文得到中国软科学基金的资助，项目编号2005WT003，课题组负责人为王稳，成员有王稳、仲鑫、马光明、赵笑冰、张伟等，本文执笔人为仲鑫、王稳、马光明。本文在梅永红、胥和平、张炳清等指导下完成。

球技术贸易的格局却严重不合理。发达国家垄断了核心技术，处于整个产业链的最上端，更严重的是，利用其技术标准，已划定了游戏圈子和规则，发展中国家只能亦步亦趋，没有任何胜出的机会。据测算，国际技术市场的80%集中在西方发达国家，发展中国家与发达国家的交易额一般仅占10%左右，而发展中国家之间的贸易额比例往往更低。中国在技术贸易中同样处于弱势地位并受到不公正的待遇。

全美亚洲研究所的报告中，将所谓的"新技术民族主义"定义为利用全球化所提供的机遇，追求有利于国家经济和安全利益的技术发展，在国际竞争中为国家利益服务；它代表了中国"入世"后新的政策立场，即通过更积极的手段来控制知识产权，以从本国的技术创新成果获取价值，尤其是制定与中国所积累的技术能力相一致的本国标准。这种针对中国制定自主标准提出的"新技术民族主义"的指责是站不住脚、有失公平的。

1. 政府参与自主技术标准十分正常

全美亚洲研究所和一些跨国公司注意到 EVD/IPV6 等少数标准的推出由中国信息产业部、商务部、科技部等政府部门牵头，就忧心忡忡地认为是中国政府在利用其权威推行利于本国经济利益的科技政策，即所谓"新技术民族主义"，这是站不住脚的。首先，中国许多自主标准，例如 RFID、AVS、闪联和 WAPI 等都是由中国各个高校或者科研机构、大公司等组织发起的，也大多是非强制性的。它们是开放式的事实标准而非法定标准，满足一定条件的企业（包括外国的跨国公司）都可以申请加入特定的标准组织，只要在实行中不违背国际协议的规定，是很公平的。其次，利用政府的权威和号召力，通过制定自主标准来推行有利于国家经济利益和科技发展的政策，也是无可厚非的。在不违背各种国际协议的前提下，政府推行有利于本国长远发展的经济和科技、产业政策是天经地义的事情。大部分发达资本主义国家都奉行过这种"新技术民族主义"。例如，日本 20 世纪 70 年代中期，通商产业省为了支持国内半导体工业的发展为其提供大量研究和开发资金，提供税收优惠，促成政府与工业部门的合作，并用各种其他手段保护国内市场不受外国产品冲击。又如，欧洲一些国家20世纪70年代对协和飞机和80年代空中客车的开发的支持，美国政府对电子材料、高能金属、软件、高能计算机网络、应用分子生物、医药技术和航天技术等高科技行业的大量技术政策的支持。这些政策都帮助它们在特定的技术领域奠定霸主地位。而现在，中国政府仅是主持或发起了少数中国自主标准的创立，就受到如此多的国际机构和跨国公司的注目和责难，两相比较，未免太过不公了。萨特米尔先生指出："相反，我们必须认识到，世界对中国标准问题的参与和支持将会是非常有利可图的，在与这个国家成功地参与合作过程中将会得到多样性的利益。"①

2. 所谓的"新技术民族主义"并不违反任何国际协议

实际上，并没有任何国际协定规定研发体系与政策体系不能有所关联，相反，许多发达国家，尤其是美国的政策体系与研发体系的紧密联结是世界闻名的。事实上美国近几十年来政策体系一直十分关注和支持技术研发活动。20世纪60年代后期，美国政府就认为，政府在技术创新活动中应当起直接的、积极的作用。并成立了一个隶属于总统科学顾问委员会的民用技术小组，提出民用工业项目计划，倡导建立类似于今天的产、学、研一体化的技术推广服务站，以利于研究人员与产业部门的信息沟通与交流。尼克松总统执政期间，政府采取了直接资助研究开发活动的技术创新政策工具，同时，对研究开发活动实行税收优惠，政府优先采购技术创新产品等方式，倡导开展科学技术新合作，推出了实验技术激励项目，并在有关大学设立技术创新中心。卡特政府则在70年代末期推出了产业结构调整、经济贸易、政府直接资助产业部门——大学的合作研究、新技术的开发以及产品创新和过程创新在工业部门中的扩散等一系列技术创新手段，通过了"国家1979年技术创新法"，以促进通用技术的开发和应用。在技术创新政策

第一篇 贸易保护问题研究

"新技术民族主义"还是"技术霸权主义"

---

① Richard P, Suttmeier, "A New Technonationalism? China and the Development of Technical Standards", *Communications of The ACM* , Vol. 48, April 2005.

方面，还根据国家利益的需要和市场失灵理论，将联邦政府的资助和推动国家技术创新的行为合法化。1983年设立了一个由大型高新技术公司负责人组成的总统工业竞争委员会，主要负责研究高新技术的发展与提高工业竞争能力的关系。1986年又通过了《技术扩散法》，鼓励国家所属研究机构和实验室向企业部门扩散研究成果和应用技术。1988年将原有的国家标准局改组为国家标准和技术研究所，授权其促进工业部门的技术创新。克林顿总统执政以后，将技术创新摆到了政府支持经济发展最重要的位置上，强调技术的开发、商业化利用，使得技术创新真正成为美国经济的新增长点。1993年2月，就科技政策发表《技术为美国经济增长服务——加强经济实力的新指导方针》，将联邦政府在国防军工方面的科技投入费用与在民用研究方面的投入费用由过去的6∶4调整为5∶5。将投入重点转移到民用工业技术上来。同年成立了克林顿担任主席的国家科技委员会全面指导技术创新工作，以协调联邦和各个机构的科技政策和计划预算，使得科技服务于总统制定的国家目标。[1] 可见，美国政府对技术创新的支持越来越大，由先前的基本不干预到全面政策支持，造就了美国技术创新的良好基础。同时还组成了一套比较完善的科技政策体系。在经费支出方面，美国政府对科技研发方面的经费逐年增加，常年居世界第一。

二、全球技术贸易的实质：技术霸权主义

中国由于国内外各种因素的影响，有推行自主标准体系的必要性；不断上升的生产、出口能力和潜力巨大的市场以及技术进步也给予了中国制定自主标准体系的可能性。同时，政府帮助和支持本国标准自主体系的建立和推广，只要不违背世界贸易组织透明度原则与国民待遇原则以及相关协议，也

---

① 田金英、龚爱民：《从美国新经济的繁荣和衰退看制度因素对技术创新的影响》，载于《东北财经大学学报》，2003年第7期。

是合理的、合法的，许多发达国家在取得技术优势的历史进程中，政府都推行了支持高技术产业和标准体系的政策。

许多发达国家的组织和个人反对中国制定自主标准体系，给中国扣上"新技术民族主义"的大帽子，其实质就在于发达国家的垄断组织和跨国垄断各行业的标准体系，从发展中国家攫取大量垄断利益。它们一方面千方百计地保持自己在各行业中的技术垄断优势，阻止先进技术向发展中国家渗透；另一方面就是阻挠那些通过自主研究开发的国家和企业组织建立新的自主标准体系。本文将这种思想和行为称为技术霸权主义。

1. 技术霸权主义在国际贸易领域的表现及影响

发达资本主义国家，为了防止先进技术流入发展中国家，挑战其技术垄断地位从而损害现有的包括标准等知识产权在内的垄断利益，通过国内立法、行业协会规定、审查制度等各种手段限制包含先进技术的产品进入发展中国家。这种做法的直接后果就是扭曲了国际贸易结构。

美国无疑是世界上技术最为先进的国家之一，这也是它鼓吹全世界都遵循它所主导的标准体系的原因。根据比较优势理论，美国在高科技产品方面对发展中国家应当有绝对优势和相对优势，在高科技产品贸易方面理应处于顺差地位。但是，如果调查一下美国近年对发展中国家（以中国为例）的高科技产品贸易统计数据就可以发现，在高科技产品贸易领域，美国居然处于逆差，并且占到总逆差的很大比例（见表1）。

表1   2003～2005年美国对中国货物贸易逆差中
高科技产品逆差所占比例   单位：亿美元,%

项目	2003年	2004年	2005年（1～7月）
美中货物贸易逆差	1240.68	1619.68	1077.43
美中高技术产品贸易逆差	210.55	362.97	234.91
所占比例	16.97	22.41	21.80

资料来源：美国国家统计局（http：//www.census.gov/foreign - trade/balance/c5700.html#2004）。

表1清楚地反映出，在美国统计的美中贸易巨额逆差中，美中高技术产品

贸易逆差占到了 1/4 左右的高比例。究其原因，除了美国跨国公司在华生产高科技产品返销美国外，更重要的是美国对中国限制出口高技术产品。美国将贸易逆差归因于中国，还借此对中国在汇率改革等许多方面施加压力，这无疑是极其不合理的。而且，发达国家利用其主导的各种标准体系，形成事实上的技术性贸易壁垒，阻止发展中国家具有成本优势的产品进入发达国家市场。

2. 技术霸权主义在国际投资领域的表现及影响

技术霸权主义在国际投资领域的明显表现是，发达国家政府机构对发展中国家公司合并、入股其含有高技术生产成分的企业设置各种障碍。发展中国家许多企业尝试通过兼并或入股发达国家企业来迅速进入市场。这本来属于市场经济体制下企业自发的经营决策行为，而发达国家政府和相关机构往往担心这些兼并会造成高技术向发展中国家泄漏，而采取各种措施进行干涉。以中国企业为例，近来比较著名的案例是 2005 年 6 月 8 日中国海洋石油有限公司（以下简称"中海油"）宣布了收购美国第九大石油公司尤尼科的意向。业内人士认为，尤尼科连年亏损，并曾经向美国政府申请破产，因此处在一个非卖不可的境地，早就被列为收购目标。而尤尼科选在国际油气价格偏高的时候出售油气资产，不失为良机。中海油所看重的是尤尼科现有油气田的潜能、庞大的国外市场以及有助于完成其在美国的借壳上市。即使是这样，以美国众议院和美国外国投资委员会为代表的政府机构仍然进行了干涉。同月，美国众议院高票通过两项议案，反对中海油收购尤尼科，要求布什总统评估这项交易对美国经济和国家安全的潜在影响。美国外国投资委员会同样也对此项收购案件进行了审查。8 月 3日，中海油综合考虑各项因素，宣布退出收购尤尼科竞争。尽管有国家能源安全方面的考虑，但此案例无疑反映出美国政府有关部门对高技术相关的企业兼并表现出来的干涉态度。

3. 技术霸权主义在军事和政治领域的表现及影响

发达国家技术霸权主义主要体现在以美国为首的发达国家对军事技术的严格控制。对华军售问题就是这一霸权主义表现的极致。禁止对华军售本来是冷战的产物，随着冷战结束和经济贸易全球化的发展，许多北约国家都认为禁止对华军售已经不合时宜，不利于其国家军工企业的发展和国家间经济军事的交流。然而以美国、日本为首的一些国家总以国家安全为由千方百计限制对华军售，还游说、阻止欧盟及以色列、乌克兰等国家对华销售军事产品。2005 年 7 月，美国众议院通过经修订的《2005 年东亚安全法案》，要求美国总统向参议院每年提交一份年度报告，密切关注国际上向中国出售武器的公司以及支持这种交易的政府。多次对华军售的公司和政府若要在以后获得美国敏感的武器技术，必须申请出口许可证，并接受美国国会的审查。如果美国公司出口中国的产品最终会被用于军事，也会受到惩罚。而美国自己却一直或明或暗地向中国台湾、印度等国家和地区出口高技术军事武器，其遏制中国军事技术的霸权主义一览无余。

综上所述，发达国家反对中国等发展中国家制定自主标准体系的事实，反映了以美国为首的拥有相对先进技术的发达国家，在全球范围内推行不合理的技术霸权主义，以防止发展中国家获得先进技术并设立新的有影响力的标准体系，挑战它们利用国际标准组织建立的已有标准体系，从而保证它们从技术后起的发展中国家获得巨额垄断利益。我们要清醒地看到全球技术贸易的实质，坚定不移地发展中国自己的科技，打破技术霸权主义的垄断，坚定不移地推出自己的标准体系。

三、中国技术贸易与技术发展的必然选择：自主创新

技术自主创新和技术贸易的发展对一国经济发展的作用重大。欧美等发达国家不仅拥有自主技术创新的研发实力，而且充分利用 WTO 框架中的贸易保护机制，运用各种技术性贸易壁垒，既扩大技术出口，又保护最新技术不为他人所用，从而占据高新产品技术贸易的优势地位。因此，我国应认真研究 WTO 规则，利用其贸易保护机制有效保护技术创新；借鉴发达国家的技术自主创新政策，做出中国技术贸易与技术发展的自主创新政策选择。

上述美国、欧盟等对技术自主创新的贡献及其方式，很多值得中国借鉴。

1. 中国政府应当营造有利于技术创新的土壤

根据美欧的经验可以看到，一个国家要产生追求技术创新的大环境，首先必须拥有能够促进和鼓励创新的基础，包括经济体制、创新的金融支持、国内法律保障、国际贸易保障，以及对人才的适当政策，而这些方面中国的现状均有待改进。

在经济体制方面，改革不到位阻碍了技术创新。国有企业缺乏创新的动力和激励，对于有利于企业长期利益但可能导致当期利润率下降的技术研发创新缺乏积极性；国有企业不需自负盈亏，国家给予各种补助，企业没有发展技术的动力。

在对技术创新的金融支持方面，中国的风险投资机制尚未建立起来，没有对风险投资家（事实上中国也缺少这类愿意冒险资助风险项目的投资家）进行资金融通的机制，同时中小型企业贷款的机会很少。使得有意进行技术创新的中小企业很难得到资金融通。在中国，企业必须有较大的规模才可能通过风险投资、股票市场以及银行取得理想的资金来源，小型企业很难得到充分的资金支持，这十分不利于企业的成长，更不利于整个国家的技术创新。国家的金融政策应该调整，使政策性拨款、贷款多向技术性领域倾斜，放宽对技术创新贷款的条件限制。

在知识产权保护方面，中国的知识产权保护和国际水平相差还很大，中国知识产权法律框架的确立只用了二十多年的时间，因此其影响层面很有限。1982 年以来制定颁布了《中华人民共和国商标法》《中华人民共和国专利法》《中华人民共和国著作权法》，到 2000 年、2001 年前后对《中华人民共和国知识产权法》进行了全面修改。20 世纪 80 年代后中国加入《世界知识产权组织条约》《保护工业产权巴黎公约》，2001 年 11 月正式加入《与贸易有关的知识产权协议》，所有的法律体系都是刚刚建立起来的。然而，长期以来对知识产权的重视程度不够，并且由于反侵权打击力度不足，导致市场上仍然有很多假冒商品，屡禁不止。

2. 中国教育系统必须转变观念，培养学生的创新精神

创新的源泉在于人，而学校是培养人才的主要场所，学校教育对人的思想观念和行为模式的作用巨大，它甚至决定了一个国家的国民风貌。中国的学校忽视培养学生的实践能力和创新能力，过于注重考核学生的理论知识积累，导致学生将全部精力用于学习已有的知识，没有运用知识研究创新的动力。

与此同时，学校应当加强与企业科研机构和政府科研机构的技术项目合作，近年来中国几十个大学科技园的建立是一个好现象。多数科研项目不应当只有教授和学校技术人员的参与，应当组织和鼓励学生参加。

3. 中国企业应当逐渐加大技术投资的规模

企业是技术创新的主体，由于历史原因，中国企业大多数技术力量薄弱，仅依靠劳动力优势获取利润和竞争力，缺乏主动创新的意识和动力。同时由于资金稀缺，中小企业也不可能花大价钱引进和培训技术人才，这使得企业的技术创新十分困难。在中国逐渐走向国际化、西方大公司纷纷进入中国市场的背景下，中国企业对人才引进和技术创新的观念在逐渐改变，现阶段主要取决于政府经济运行机制和技术、金融政策，以及经费的支持。目标是通过企业内部产权制度、管理制度、人才和创新激励制度的改革来促进企业主动创新，发挥企业家在技术创新中的核心作用。

4. 建立有利于吸引、培养、使用人才的新机制

国际竞争，尤其是高科技方面的竞争，归根到底是人才的竞争。中国当前除了应加快对贸易、金融、管理等专业人才的培养外，更重要的是要建立吸引、培养、使用人才的新机制，应做到以下几方面。（1）完善中国的人才培养机制。据统计，中国每1万多名劳动力中从事科研活动的仅有6.8人，而日本为79.6人，美国为74.3人，韩国为35人。故进一步加强中国大专院校和科研机构的素质建设，扩大职业教育等人才培养渠道势在必行。（2）充分利用现有人力资源。建立国家高级技术人才和管理人才的人才库，以合理利用人才，促进人才的合理流动和交流合作。（3）引进人才和吸引人才回流。应加大人才引进力度，吸纳各国优秀人才，吸引留学人员回国工作。为此，

中国要营造一个良好的环境和机制，激发优秀人才的创新和创业精神。建立技术入股制度、科技人员持股经营制度、技术开发奖励制度等，形成与国际惯例接轨、符合高新技术产业特点和世界贸易组织要求、以知识产权为核心的分配制度和经营制度。（4）注意调整科技人员的分布。中国科技人才本来就比较缺乏，在外国科研机构以及大型企业的优厚待遇诱惑下，人才流失严重。同时，中国技术人员的利用效率也不高，他们过分集中于科研院所，而企业内部人才不足，或者说是企业还没有充分意识到技术人才的价值，导致许多有知识和创新潜力的人才白白浪费。

参考文献

［1］赖明勇、万芳：《中国高新技术产品出口现状》，载于《经济界》，2004 年第 1 期。

［2］兰泳：《美国的人才战略》，载于《全球科技经济瞭望》，2003 年第 7 期。

［3］李教、佟福全、李玉萍、杨林：《美日欧企业技术创新机制的比较研究》，载于《经济研究参考》，2002 年第 37 期。

［4］全美亚洲研究所特别报告：《中国入世后的技术政策：标准、软件及技术民族主义实质之变化》，2004 年第 7 期。

［5］宋东林、侯青：《从美国技术创新机制看中国企业核心技术能力的构建》，载于《中国科技论坛》，2003 年第 5 期。

［6］熊思敏：《谈美国技术创新的经验》，载于《科技创业月刊》，2004 年第 8 期。

［7］朱梅：《发达国家为经济服务的高科技创新政策研究》，载于《求索》，2003 年第 3 期。

［8］Atsushi Yamada, *Neo – Techno – Nationalism*: *How and Why It Grows*, A Paper at International Studies Association Convention, Los Angeles, California, 2000.

［9］Gills Paquet, *Techno – nationalism and Meso Innovation Systems*, A Paper Presented at the Trinational Institute on Innovation, Competitiveness and Sustainability Organized by the Center for Policy Research on Science and Technology of Simon Fraser University, 1996.

［10］Nelson R. R. （Ed.）*National Innovation Systems*, New York: Oxford University Press, 1993.

对中国贸易顺差是否虚高的认识*

——以中美贸易不平衡为例

近些年来，国际上要求人民币升值的呼声越来越强烈，对华反倾销、反补贴等贸易摩擦事件与日俱增，国与国之间的关系在利益得失的博弈中显现出固有的脆弱性，贸易的巨额顺差已严重影响中国对外贸易的持续增长，万亿美元的外汇储备也已经成为中国对外贸易发展的瓶颈，中国双顺差的"双缺口"现象越来越困扰中国的对外贸易。而自从2005年7月21日中国人民银行实行以市场供求为基础，参考一篮子货币进行调节、有管理的浮动汇率制度，人民币不再钉住美元，形成更富弹性的人民币汇率机制以来，中国的贸易顺差不但没有减少，反而持续扩大。以2006年为例，我国外贸进出口总额达17606.9亿美元，其中出口9690.8亿美元，进口7916.1亿美元，外贸顺差近1775亿美元，较2005年增长74%。① 与此同时，我国的人民币对美元的日平均汇率也已经由2005年7月21日的8.11上升至2007年9月10日的7.5252，升值幅度已达7.78%。而2007年的前5个月我国进出口总值8013.4亿美元，比上年同期增长23.7%，其中，出口4435.3亿美元，增长27.8%；进口3578.1亿美元，增长19.1%；出口增幅高于进口增幅8.7个百分点，累计顺差857亿美元，同比增长81.3%。② 从目前的情

---

* 本文原载于《经济理论与经济管理》2007年第1期。共同作者：戴伟伟。

① 《2006年经济社会发展述评：推动对外贸易平衡发展》，中央政府门户网站，2007年3月2日。

② 《2005年中国经济的最大悬念 汇改7年至今已升值23%》，中国贸易金融网，2012年7月20日。

况来看，人民币升值不仅没有减缓贸易顺差的持续扩大步伐，反而起到推波助澜的作用。笔者认为，人民币升值导致贸易顺差减少的经济学思路在中国缺乏有效率的作用机制，导致这一悖论的背后一定隐藏着某种新的深层次原因。鉴于中国正处于由计划经济向市场经济的转型时期，中国对资本项目下汇兑的严格管制、中国香港转口贸易在中国对外贸易中的作用异常明显、中国出口退税政策、2007年的"两税合一"在出台以及施行时间上的滞后性等特有的情况，本文将视角转移到对贸易顺差真实性的考察上，试图找到作用于人民币升值与贸易顺差之间的新的逻辑。

一、中国贸易顺差产生的原因分析

对于中国如此高的贸易顺差额，传统的观点认为是由以下原因造成的：国际经济继续保持稳定增长，中国产品国际竞争力显著提升，外商投资增加，国家宏观调控措施逐步到位，国内一些产业产能过剩，民营企业加大了出口等。但是考虑到中国目前面临的人民币升值的预期，境外"热钱"必然会想方设法进入中国套利，以及目前中国对资本项目下汇兑的严格管制，使得外贸成为热钱流入中国的主要路径之一，这也就是我们通常所说的贸易中隐藏的非贸易资金流入。于是便出现了伪造、变造假发票、假完税证明，搞假出口，骗取退税款；虚报出口产品的数量和价格，加大出口产品的数量，以少报多，骗取虚增数额部分的退税款；利用同一批货物出口，多次申报重复退税等现象。据高盛公司、渣打银行等机构的估算，2005年我国顺差中约有2/3，即600亿美元属于隐蔽的资本流入。如果像传统的观点提出的那样是由于国内产能等过剩而引起贸易顺差激增的话，那么当我们对中国年出口退税额与贸易顺差额（见表1）做格兰杰因果关系检验时，得出的结论应该是贸易顺差是导致出口退税增加的原因；反之，由于对出口退税制度的依赖，以及存在骗取出口退税等行为，检验结果应该为出口退税是贸易顺差的原因。

表1　　　　　　　　　　中国年出口退税额与贸易顺差情况　　　　　　单位：亿元

分类	1985 年	1986 年	1987 年	1988 年	1989 年	1990 年	1991 年	1992 年	1993 年	1994 年	1995 年
退税	19.7	44.0	113.0	153.0	185.0	254.4	285.0	285.0	301.0	450.0	549.2
顺差	−448.9	−416.2	−144.2	−288.4	−243.9	411.5	428.4	233.0	−701.4	461.7	1403.3
分类	1996 年	1997 年	1998 年	1999 年	2000 年	2001 年	2002 年	2003 年	2004 年	2005 年	2006 年
退税	826.7	432.5	437.0	627.7	810.4	1071.5	1259.2	2039.0	2196.0	3371.0	4285.0
顺差	1019.0	3354.2	3597.5	2423.4	1995.6	1865.2	2517.6	2092.3	2667.5	9136.0	13845.0

资料来源：《中国统计年鉴》1985～2006 年各卷。其中，2006 年出口退税数据来自人民网（http：//people. com. cn/）。

我们将出口退税额记为 X，贸易顺差记为 Y，用 Eviews 5 计量软件得到检验结果，如表2所示。

表2　　　　出口退税额与贸易顺差的格兰杰因果关系检验（1985～2006 年）

关系	观测值	F 值	概率
Y 不能格兰杰引起 X X 不能格兰杰引起 Y	20	0.14089 13.1000	0.86972 0.00051
Y 不能格兰杰引起 X X 不能格兰杰引起 Y	19	0.10555 6.30672	0.95524 0.00818
Y 不能格兰杰引起 X X 不能格兰杰引起 Y	18	1.40821 5.32635	0.30664 0.01765

从上述结果可以看出，在滞后阶数为 2、3、4 阶时，全部接受 Y 不能格兰杰引起 X，即可以认为不是贸易顺差引起出口退税额的增加，同时又全部拒绝 X 不能格兰杰引起 Y，即可认为出口退税是贸易顺差的格兰杰原因。

1983 年，国务院出台《关于钟表等 17 种产品实行出口退免税和进口征税的通知》，开始对部分货物实行退税。从 2007 年 7 月 1 日起，国家将实行新的出口退税政策，553 项"高能耗、高污染、资源性"产品的出口退税将被取消，这将一定程度缓解国家贸易顺差大的问题。[1] 1985～1993 年，出口退税率只有 11.2%，因此这一时期出口退税额并不高，从表1也可以看出，这些

① 《出口退税政策调整力度加大力促国家产业结构升级》，中国政府网，2007 年 6 月 24 日。

年份中国大部分是处于逆差地位。1994 年我国政府出台《中华人民共和国增值税暂行条例》以后，由于采用了增值税，出口退税急剧增加。1994 年的出口额比 1993 年的出口额增加了 97.2%。在随后的 1995 年与 1996 年两年里，政府开始下调出口退税率。1995 年 7 月 1 日后，出口商品的增值税降低 3 个百分点，1996 年 1 月 1 日政府再次下调出口商品税率 4 个百分点，所以就出现了 1996 年出口商品总额比上年仅增长了 1.5%，而贸易顺差也仅有 1019 亿元。接踵而来的 1997 年的亚洲金融危机，政府在 1998 年 6 次提高出口退税率。1999 年政府又两次提高出口退税率。经过 1998 年、1999 年 9 次提高出口退税率，出口有了明显的增长，2000 年的出口总额达到 2492 亿美元，比上年增长 27.9%。2002~2003 年，国家对生产企业自营出口或委托外贸企业代理出口的自产货物出口退税全面实行免、抵、退税办法，同时《关于调整出口退税率的通知》也正式出台，此间出口退税额与顺差基本持平。而自 2006 年以来，国家加大了对出口退税的调节力度，下调皮革类原材料、钢材、部分有色金属材料、纺织品、家具等产品的出口退税率，而对高科技产品、部分以农产品为原料的加工品出口退税率进行了上调，从 2006 以后的出口货物分类可以看出，此期间对出口贡献最大的是机械及运输设备、杂项制品，而轻纺产品、橡胶制品、矿冶产品及其制品的出口从 2004 年以来基本维持稳定，这恰恰符合 2006 年以来出口退税政策的主旨。所以，从上述出口退税政策的回顾中也可以得出这样的结论，中国的出口贸易发展与出口退税政策的联动效应比较强，中国贸易顺差主要得益于出口退税政策的优化。

综上所述，出口退税政策已成为中国贸易顺差产生的主要原因之一，那么我们有理由怀疑贸易中存在着隐藏的非贸易资金流入。2000 年 8 月，国家曾经召开过打击骗取出口退税工作会议，在全国范围内进行打击骗取出口退税的工作。随后广东、上海先后在其管辖范围内展开稽查。据查实，在广东潮阳、普宁两地从事骗取出口退税的 100 多个犯罪团伙，仅在 1999 年至 2000 年 6 月就虚开增值税发票 323 亿元，涉嫌偷骗税近 42 亿元。此类案件不胜枚举。仅从这些浮出水面的案件，我们就有理由相信，当今中国上万亿美元的年出口额中隐含有非贸易资金流入，我们也有理由相信 2006 年中国 1775 亿美元的贸易顺差中存在虚高的成分。①

二、基于中美相关数据的验证

验证贸易顺差里是否含有国际资本的变相注入，直接的方法就是检验我国的进口数与其他国家的对华出口数是否相等，以及我国的出口数与其他国家从中国的进口数是否相等。鉴于中国贸易顺差的主要来源地是欧洲和美国，笔者以美国为例，通过核算双方的进出口额来检验中国贸易顺差的可信度（见表3）。

表3 中美官方统计数据对比 单位：10 亿美元

年份	美方数据		中方数据		美中贸易平衡（美方数据）	中美贸易平衡（中方数据）
	出口	进口	出口	进口		
1998	14.3	71.2	38.0	17.0	-56.9	21.0
1999	13.1	81.8	41.9	19.5	-68.7	22.4
2000	16.3	100.1	52.1	22.4	-83.8	29.7
2001	19.2	102.3	54.3	22.4	-83.0	28.1
2002	22.1	125.2	70.0	27.2	-103.1	42.7
2003	28.4	152.2	92.5	33.9	-124.0	58.6
2004	34.7	196.7	124.9	44.7	-162.0	80.3
2005	41.8	243.5	162.9	48.7	-201.6	114.2
2006	55.2	287.8	203.5	59.2	-232.6	144.3

资料来源：美方数据来自 International Trade Administration（ITA）of the Department of Commerce（http：//trade. gov/index. asp）；Trade Statistics Express（http：//tse. export. gov/U. S.）Department of Commerce，2006 年；中方数据来自中国海关网站（http：//www. customs. gov. cn），以及《中国统计年鉴》1998～2006 年各卷。

与大多数国家出口计价不同，美国出口数据是依据船边交货价（FAS）统计的，而中国出口数据是依据离岸价格（FOB）统计的，并且中美两国进

---

① 《斩断骗税"黑手"》，光明日报网，2001 年 5 月 12 日。

口数据都是依据到岸价格（CIF）统计的。① 这样，由于中美进出口计价基础不同，因而需要把双方进出口转换成统一的离岸价格，才能比较中美双边贸易统计数据差异情况，进而推算出中美贸易失衡程度。为此，按照国际通行的转换做法，把美国的 FAS 出口值加上 1% 的成本转换成 FOB 值。并且，依据 IMF 转换做法，把中美两国的 CIF 进口值扣除 10% 来得到 FOB 值。同时我们注意到，美国在统计进口的时候是以其海关为基础的，这与以 FOB 为基础的统计结果相同。也就是说，我们可以直接将美国进口的统计数据看成是 FOB 价，而不需要调整。

为了真实地计算顺差额，笔者将美国出口的 FAS 价、中美两国进口 CIF 价格依照公式 $FAS \times 1.01 = FOB$ 和 $CIF \div 1.1 = FOB$ 进行调整，而中国出口按照 FOB 价统计不变，得到的结果如表 4 所示。

表 4　　　　　　　　调整过的中美官方统计数据对比　　　　单位：10 亿美元

年份	美方数据		中方数据		美中贸易平衡（美方数据）	中美贸易平衡（中方数据）
	出口	进口	出口	进口		
1998	14.4	71.2	38.0	15.5	-56.8	22.5
1999	13.2	81.8	41.9	17.7	-68.6	22.4
2000	16.4	100.1	52.1	20.3	-83.7	31.8
2001	19.4	102.3	54.3	23.8	-82.9	30.5
2002	22.3	125.2	70.0	24.8	-102.9	45.2
2003	28.7	152.4	92.5	30.8	-123.7	61.7
2004	35.1	196.7	124.9	40.6	-161.6	84.3
2005	42.5	243.5	162.9	44.3	-201.2	118.6
2006	55.8	287.8	203.5	53.8	-232.0	149.7

资料来源：美方数据来自 International Trade Administration（ITA）of the Department of Commerce（http：//trade. gov/index. asp）；Trade Statistics Express（http：//tse. export. gov/U. S.）Department of Commerce，2006 年；中方数据来自中国海关网站（http：//www. customs. gov. cn），以及《中国统计年鉴》1998 ~ 2006 年各卷。

① FOB 包括本国生产成本、货物运输和在本国装载上船成本；FAS 值比 FOB 值要小，不包括在本国装载上船成本、保险和运费；CIF 包括货价成本、在途包装费、保险和运费。其中，中国香港 2006 年的转口贸易数据是依照 2005 年与 2004 年的差额进行估计得出。

由于考虑到美国在统计进出口数据的时候，往往把中国内地经过中国香港转口的贸易也计算进去，所以，要反映中美贸易的真实面貌，就必须剔除中国香港的转口贸易。笔者利用修正公式"美国对中国进口的真实数额 = 美国官方对中国进口额 – 中国香港从中国内地进口再转口美国数额"计算，结果如表5所示。

表5 　　　　　　　　　　修正的中美进出口数据　　　　　单位：10亿美元

年份	中国香港从中国内地进口再转口美国	修正后美国从中国的进口额	美方出口	中方进口	中方出口	修正后的美方平衡	中方平衡	修正前的美方平衡
1998	31.3	39.9	14.4	15.5	38.0	– 25.5	22.5	– 56.8
1999	32.1	49.7	13.2	17.7	41.9	– 36.5	22.4	– 68.6
2000	36.4	63.7	16.4	20.3	52.1	– 47.3	31.8	– 83.7
2001	33.2	69.1	19.4	23.8	54.3	– 49.7	30.5	– 82.9
2002	34.3	90.9	22.3	24.8	70.0	– 68.6	45.2	– 102.9
2003	33.3	119.1	28.7	30.8	92.5	– 90.4	61.7	– 123.7
2004	35.5	161.2	35.1	40.6	124.9	– 126.1	84.3	– 161.6
2005	38.2	205.3	42.3	44.3	162.9	– 163.0	118.6	– 201.2
2006	41.2	246.6	55.8	53.8	203.5	– 190.8	149.7	– 232.0

资料来源：中国香港的数据来自历年《香港外贸》、香港统计月报，以及香港普查局和统计局网站。

可以看出，当我们把中国香港转口贸易的这一部分剥离出去时，美国的贸易逆差远没有先前官方公布的那么大。1998～2002年的贸易差额缩减了近一半，2002～2006年贸易差额的缩减幅度也接近500多亿美元。同时我们还注意到，修正后中美双方的平衡项仍然不相等。对此，在2006年10月24日北京召开的"中美贸易统计误差原因分析研讨会"上，美国国际贸易委员会首席经济学家米歇尔·弗兰丁诺博士认为，中美贸易统计出现了新的误差，即使考虑了中国香港的转口贸易及运输成本等因素，美国报告的从中国内地和中国香港的进口也远大于中国内地和中国香港报告的对美国的出口，而且这种差异随着时间的推移在逐渐增大。而产生贸易统计误差的原因包括以下几个方面：时间不一致造成的误差；运输费用和保险费用造成的误差；一般贸易与特殊贸易和在途货物造成的误差；产品分类造成的误差；转口贸易造成的误差；伙伴国的特性及对加工贸易的处理造成的误差；错误性计价及走私造成的误差等。由此我们可以得出结论，即使不考虑米歇尔·弗兰丁诺博士提出的新的误差因素，也可以看出中美之间的贸易顺差有虚高的倾向。欧洲和美国都是中国较大的贸易伙伴，由中美之间的贸易数据验证得出的结论足以证明中国贸易顺差里隐含着某些不真实的成分。

三、贸易顺差虚高的危害性

1. 贸易顺差虚高催生经济局部过热甚至全面过热

贸易顺差虚高引起经济局部过热甚至全面过热，并最终可能引发通货膨胀。我们知道，企业所挣得的外汇最终通过兑换人民币回流到央行手里，因此，如果基础货币投放增长幅度超过经济系统的承受能力，迫使商业银行增加信贷供给，同时加上以贸易形式流入国内的热钱寻求增值的投机空间，那就有可能加大固定资产投资反弹的压力，同时推动境内房地产价格大幅上涨。要想从源头上抑制这种过热的趋势，必须从源头上控制信贷规模，这就回到开始的分析思路上来了，减少顺差，阻止热钱流入，控制停留在商业银行手中的超额准备金的数额。

2. 贸易顺差虚高增加人民币的升值压力

基于经济学的常识，当一国外汇储备的供给大于需求时，其直接后果就是外币的贬值和本币的升值。中美两国存在着巨额的贸易顺差，表现在中美两国的币值上就是要求人民币升值和美元贬值。

按照适度外汇储备的计算公式：适度外汇储备规模＝当年5个月的进口总额＋短期外债余额＋中长期外债余额的20%＋现价 GDP 的5%。计算显示，2002年开始我国超额外汇储备快速增加，达到208.94亿美元，随后2003年、2004年分别为600.35亿美元和1642.32亿美元，在2005年这一数额达到

2834.20 亿美元，而 2006 年这一数额已达到约 4234.20 亿美元的规模。所以虚假增加的贸易顺差只能是增加外汇的储存成本和风险，与外汇储备用来防止国际市场变动风险的初衷相悖。

3. 贸易顺差虚高容易加剧境内金融市场流动性过剩

当中国存在大量的贸易顺差时，央行在外汇市场上购买外汇，同时央行发行 M0，通过银行间业务最终商业银行持有大量的 M0，中央银行为了稳定货币的发行量必须发行央票以兑换商业银行手中的 M0，这样 M0 就又回到央行手里。这里我们注意到，如果央行发行的规模不够大，再加上商业银行的法定准备金没有随之提高，那么，停留在商业银行手里的 M0 就依然存在，产生了富余超额准备金，出现流动性过剩。

流动性过剩的直接后果是增大本外币政策协调难度，影响宏观调控效果。因为当前市场流动性过剩并不是我国经济发展中的资金富裕得全面过剩，而是过剩与紧缺并存的结构性过剩。一方面，经济增长仍依赖大量资金的拉动，中小企业贷款难、县域经济和新农村建设融资难仍然存在；另一方面，市场流动性严重过剩，流动性大量沉积在金融体系内，流动性需求与供给严重脱节。

4. 贸易顺差虚高导致贸易争端升级

美国等发达经济体一直以来都把其国内贸易失衡以及全球贸易失衡的原因归结为中国的贸易顺差过大，这也是近些年来中国频繁遭受到反倾销、反补贴、保障措施等贸易制裁的主要原因。自从中国 2005 年贸易顺差突破 1000亿美元大关以来，中国遭到的反倾销案件也达到了一个最高点，所以，我们有理由相信中国贸易顺差是中国遭遇贸易摩擦频繁的一大原因。

四、解决贸易顺差虚高的思路

1. 加大海关的监管力度

对于那些试图以贸易形式流进国内的非贸易资金，海关在处理企业虚报出口额、提高出口货物的价格、高开出口发票、通过假造贸易合同将出口预付款结汇等行为时，要加大监管和惩罚力度，建立科学、严密的出口退税计算机信息监控网络，结合企业的以往业绩以及当期市场浮动情况对可疑企业作出最终判断。

2. 进一步改革和运用好出口退税政策

中国出口退税政策在很大程度上是在改革开放初期外汇紧缺的情况下设计的，而当前外汇紧缺的情况已经得到很好的改观，甚至出现了实际外汇储备大于适度外汇储备的尴尬局面，所以要解决好中国的贸易顺差过大以及贸易顺差虚高的问题，必须对出口退税政策做进一步的调整，打消企业骗取出口退税的念头，减少国内资源稀缺性产品的出口，促进出口退税与贸易顺差走上良性循环的轨道。

3. 调整人民币升值的市场预期

很大一部分国际游资都在密切关注着中国人民币的进一步升值，如果不改变人们对人民币升值的市场预期，就很难有效从源头上阻止非贸易资金的流入。中美贸易顺差的过大一直是美国要求人民币升值的强力证词，要改变这种预期就要求中美政府就顺差对两国都是有益的事实达成共识。必须使美国的保护主义者相信中国的低价产品是对美国民众购买力的一种补贴，这是有利于美国社会福利提高的。

4. 构建正确反映贸易流量的统计口径

构建正确反映贸易流量的统计口径，就需要合理地对待中国香港的转口贸易，同时在技术层面要对"离岸价"和"到岸价"做一个真实还原，需要注意的就是探索变"按产地原则"为"按所属权原则"的统计方法，努力解决在华美资企业出口业绩归属问题。

参考文献

[1] 冀文海：《一双双黑手是如何从国库中骗取钱财的?》，载于《中国经济时报》，2001 年 5 月 22 日。

［2］沈国兵:《贸易统计差异与中美贸易平衡问题》,载于《经济研究》,2005年第6期。

［3］石庆焱、吕洁:《中美贸易统计误差原因分析研讨会综述》,载于《统计研究》,2007年第1期。

［4］王子先、杨正位:《我国外贸顺差的成因、趋势与对策》,载于《国际贸易》,2006年第12期。

［5］Fung K. C., Lawrence J. Lau, Yanyan Xiong, *Adjusted Estimates of United States - China Bilateral Trade Balances - An Update*, Working Paper No. 278, Stanford-center for International Development, Stanford University, 2006.

第一篇 贸易保护问题研究

对中国贸易顺差是否虚高的认识

中国"入世"后美国贸易保护政策的
演变及对策 *

一、中国"入世"后美国贸易保护政策的研究背景

2001 年，中国正式加入世界贸易组织（WTO），此后严格遵守 WTO 规则开展对外贸易，与世界各国的贸易联系日益密切，贸易总额迅速增长。目前，中国已经成为世界第二大经济体、第一大工业国、第一大货物贸易国、第一大外汇储备国。作为中国在全球最重要的贸易伙伴之一，加入 WTO 之后中国对美进出口总额从 2001 年的 879 亿美元增长到 2017 年的 5987 亿美元。不过美国的贸易保护政策一直明显针对中国并且不断加强，中国受到的来自美国的贸易调查及制裁都呈迅速增长态势。中国"入世"至今，美国对中国"两反一保"调查与裁定的情况如表 1 所示。

表 1　　　　"入世"以来美国对中国"两反一保"调查、
　　　　　　裁定的次数统计与产业分布

年份	调查发起与初裁	最终制裁	主要涉及领域
2001	10	2	钢铁产品、食品、化工产品
2002	17	5	钢铁产品、汽车零部件、食品、化工产品、铅笔

＊　本文原载于《国际贸易》2019 年第 2 期。共同作者：金靖宸。

年份	调查发起与初裁	最终制裁	主要涉及领域
2003	27	16	化工产品、食品、钢铁制品、汽车零部件、有色金属、漆刷
2004	7	5	化工产品、食品、铅笔
2005	2	1	化工产品
2006	2	1	化工产品、钢铁制品
2007	3	1	钢铁产品、化工产品
2008	67	26	钢铁产品、零部件、机械、有色金属、食品、家居用品、化工产品、编织袋
2009	73	51	钢铁产品、机械、化工产品、食品、电视、纸制品、轮胎、石油管材、纺织品
2010	83	88	化工产品、钢铁产品、食品、有色金属、机械、家居用品、纺织品、纸制品
2011	27	15	化工产品、钢铁产品、有色金属、机械、家居用品、纺织品、木地板、光伏产品
2012	24	37	化工产品、钢铁产品、有色金属、木制品、光伏产品、太阳能电池、风电塔
2013	87	64	化工产品、有色金属、钢铁产品、木制品、食品、家居用品、轮胎、风电塔、手动搬运车、纺织品、纸制品
2014	112	78	化工产品、有色金属、钢铁产品、食品、零部件、轮胎、光伏产品
2015	101	97	化工产品、有色金属、钢铁产品、轮胎、集装箱、光伏产品、家居用品、纸制品
2016	172	131	化工产品、有色金属、钢铁产品、光伏产品、家居用品、纸制品、家电、轮胎、非晶硅织物、电动平衡车
2017	76	66	化工产品、有色金属、机械、光伏产品、纸制品、纺织品、非晶硅织物、食品、家居用品、家电、轮胎
2018	74	64	化工产品、有色金属、钢铁产品、机械、风电塔、纺织品、塑料制品、纸制品、家居用品、轮胎、橡皮筋

资料来源：根据中国贸易救济信息网（http://www.cacs.mofcom.gov.cn）信息整理所得。

由表1可见，第一，"入世"以来美国对我国"两反一保"的调查与裁定在次数上呈波动增加的态势，涉及产品种类也越来越多。第二，2004～2007年调查与裁定数量较少，这与小布什政府后期偏向自由贸易有关。第三，劳动密集型、低附加值的出口产品一直是美国"两反一保"的主要调查对象，一些产品连续数年遭遇反复的调查、初裁、复查、终裁。从 2011 年开始，晶体光伏电池、太阳能电池等高科技产品开始成为调查对象，也一定程度说明中国高新技术产业生产与出口能力的提高。第四，钢铁、化工、有色金属、纺织等传统制造业部门的产品是美国贸易保护政策冲击的重灾区，而中国恰恰在这些部门存在大量过剩产能，这也说明中国传统制造业转型升级的必要性。此外，1980～2000 年美国对华"双反"调查及制裁共计 79 次，而 2001～2004 年美国对华"双反"调查及制裁已达 89 次，说明中国"入世"后遭到美国贸易保护政策的冲击反而更加严重。

虽然适度的贸易保护主义能够为一国对外贸易发展提供支持，但美国的贸易保护行为对中美双方都有严重的不利影响。对中国而言，美国贸易保护政策使中国产品难以进入美国市场，导致中国企业利润下降、过剩产能难以转移、就业减少，同时出口额下降，贸易对经济增长的拉动作用被削弱，在中国经济由高速发展向高质量发展转型的重要阶段给中国经济增长造成巨大压力，还会形成示范效应。对美国而言，贸易保护将导致美国本国产品价格上涨，同时本国同类企业的竞争力没有从根本上提高，本国产品依然缺乏比较优势，剩余劳动力未得到充分释放。

特朗普就任美国总统以来，其"美国优先"口号下强烈的贸易保护主义倾向和反全球化理念正迅速付诸实际直至对中国挑起贸易争端。2018 年 3 月 22 日，特朗普签署备忘录，将对总值 500 亿美元的中国进口商品加征关税，同时出台了限制中国企业对美投资并购、双向投资审查、出口管制等措施，正式挑起对中国的贸易争端，并于 4 月 4 日公布加征关税建议清单。4 月 5 日，特朗普发表声明，计划再对 1000 亿美元的中国商品加征关税。4 月 16 日，美国宣布对中国中兴通讯的"技术禁售令"。6 月 15 日，美国政府公布了 500 亿美元的中国商品加征关税的最终清单，并分别于 7 月 6 日和 8 月 23 日对其中 340 亿美元和 160 亿美元的商品正式加征关税。8 月 1 日，美国声称将对 2000 亿美元的中国商品提高关税（税率由 10% 提高到 25%）。面对美国挑起的贸易争端，中国一方面坚决予以回应，采取了一系列反制措施，包括对美国进口商品加征关税、终止关税减让等；另一方面与美方先后开展三次磋商，就中美经贸问题进行深入沟通。12月1日，中国国家主席习近平在G20峰会期间与特朗普举行会晤，双方达成共识，美方承诺2019年1月1日起不会提高之前宣布的2000亿美元的中国商品关税。虽然暂时"休战"，但中美双方再次爆发经贸摩擦的风险依然存在。因此，本文依次分析了小布什、奥巴马、特朗普政府的贸易保护政策的主要手段，在此基础上提出中国可采取的应对措施。

二、小布什政府时期美国的贸易保护政策

小布什就任美国总统初期，美国正面临"9·11"事件带来的反恐和经济衰退的压力。为此，小布什政府实施了"亲经济增长"的贸易政策，企图通过贸易手段保护国内产业，打开国外市场，使美国尽快走出经济衰退。因此，小布什政府的贸易保护政策除了提倡公平贸易和战略性贸易之外，还提出了"竞争性自由化"战略：一方面积极推动WTO框架下的多边贸易谈判，迫使发展中国家进一步开放市场；另一方面加大与贸易伙伴国双边与区域性自由贸易协定谈判的力度，推动以美国为中心的双边与区域贸易自由化。该战略要求其他贸易伙伴国对美国实行自由贸易，而美国对其他国家仍采取公平贸易和战略性贸易政策，根本上是一种单边的贸易保护主义和贸易霸权主义。基于这样的理念，小布什政府时期，美国采取了以下手段进行贸易保护。

1. 直接使用关税壁垒

随着WTO规则的不断完善，主动提高关税的做法受到WTO规则的限制而被越来越少地使用，但小布什政府时期还是使用了关税壁垒。2002年，美国认为钢铁部门现有的关税水平损害了本国钢铁企业的利益，因此启动201条款，对进口到美国的钢材、长板等钢铁产品实施为期3年的关税配额或加征8%~30%的进口保护性关税，中国等国家就此向WTO提出诉讼。WTO裁决后，中国对美国9400万美元的产品中止减让关税。

2. 利用公平贸易加强反倾销、反补贴调查

"双反"调查是近年来非关税壁垒中的常用手段，但在小布什政府时期尚未成为贸易保护政策的主导形式。这一时期美国的"双反"调查充分借助公平贸易理论，单方面加强对发展中国家"不公平""不对等"行为的认定，在此基础上扩大反倾销、反补贴调查与制裁的力度。2001～2007 年，美国共对中国发起"双反"调查 68 件，最终采取制裁措施 31 件。例如，2003 年美国对中国彩电发起反倾销调查并于 2004 年裁定中国彩电倾销并征收反倾销税，2006 年美国对中国出口铜版纸展开反补贴调查并于 2007 年正式裁定中国铜版纸构成补贴并征收反补贴税。

3. 完善新型非关税壁垒的使用

新型非关税壁垒具有隐蔽性强、牵涉面广、缺乏有效制约手段等特点，近年来不断被强化并衍生出更多形式。小布什政府时期美国丰富、细化了技术壁垒、绿色壁垒、社会责任标准壁垒、特别保障壁垒、非市场经济地位壁垒的内容和形式，完善了技术标准、包装和标签制度、商品检疫和检验制度、环境技术标准、环境包装和标签制度、环境检疫和检验制度，进而扩大相关调查。例如，2001 年美国认定原产于中国的多种中药和中成药的重金属含量超过加州饮用水标准，要求所有在加州销售的上述药品必须标明"含毒"字样；2002 年，美国称从中国出口的蜂蜜中检出氯霉素残留超标，于是将中国蜂蜜氯霉素残留限量从 5ppb 降低为 0.3ppb，并规定对查出超标的生产加工企业直接列入自动扣留名单；[①] 2005 年，美国在纺织品配额被废除后，对中国三类棉质纺织品重新实行配额，中国为此与美国进行了七轮磋商，最终达成《中美关于纺织品和服装贸易的谅解备忘录》。

4. 大量签署双边自由贸易协定

双边贸易协定是小布什政府"竞争性自由化"战略的重要组成部分，体现出一定的自由贸易倾向，表面上分别与各国建立自由贸易关系，实际上对

---

① 中国贸易救济信息网（http://www.cacs.mofcom.gov.cn）。

各国实行贸易保护。小布什任期内,美国共签署 13 个双边自由贸易协定。美国通过双边自由贸易协定赋予伙伴国优惠贸易待遇,从而对同地区其他国家产生歧视性待遇,而其他国家为了消除歧视也将主动与美国达成自由贸易协定,最终将形成以美国为中心的区域性自由贸易协定。同时,美国将其技术标准、环境标准、劳工条件添加到自由贸易协定中,导致伙伴国出口成本提高,出口受限,而美国却能以更低的成本出口产品到对方国家,从而扩大在世界市场上的优势。

5. 呼吁人民币升值与推动美元贬值相结合

推动人民币升值这一行为针对中国而影响不局限于中国,是美国“输出弱势美元、迫使他国货币升值”整体布局的重要组成部分。美国一贯将巨额贸易逆差归咎于人民币汇率制度,夸大人民币对美国国内失业以及世界经济的负面影响,故历届政府都有推动人民币升值的提案。小布什政府时期,要求人民币升值的呼声主要来自国会,如 2005 年的“舒默—格雷厄姆议案”。而政府采取的措施包括在 APEC 会议上呼吁人民币升值、利用中美战略经济对话要求人民币升值等。同时,美国大力寻求外汇倾销,美元随之持续贬值,导致其他国家对美出口受限、美元储备资产缩水。

6. 保持严格的高科技产品出口管制

小布什政府上台后,受“9·11”事件的影响,出于对国家安全和美国经济形势的考虑,延续了以往对中国的高科技产品出口的严格管制。随着中国相关技术的迅速发展,部分受限产品中国可以独立生产并对美国出口,导致 2003 年以来美中高科技产品贸易出现逆差。

小布什政府的“竞争性自由化”战略一定程度扩大了中国对美国商品的进口,加上“入世”初期降税效果明显,使美国较大程度打开了中国市场。此阶段中美贸易摩擦大量增加,而中国出口商品整体竞争力尚未充分发展,且在 WTO 内的话语权不够强,利用 WTO 规则维权较困难,导致许多中国企业出口受阻,失去美国市场。不过此阶段中国经济和对外贸易均处于高速增长阶段,美国贸易保护政策造成的压力相对小于奥巴马和特朗普政府时期。

三、奥巴马政府时期的贸易保护政策

奥巴马就任恰逢金融危机爆发，其影响远超小布什政府时期美国的经济衰退，失业率接近10%，消费能力下降，美国企业不仅受国内需求萎缩的威胁，也在世界市场上失去了优势。同时，小布什政府后期贸易政策逐渐偏向自由贸易，且没能有效控制贸易逆差的扩大。为刺激经济，转嫁危机，奥巴马政府的贸易政策强调"改变"，消除了小布什政府时期的自由贸易倾向。就任之初，奥巴马一方面强调美国将继续遵守现有的贸易规则；另一方面试图改变规则，希望加强贸易保护以维护美国经济地位。此外，奥巴马政府提出了刺激经济增长的"再工业化""重返亚太""购买美国货""国家出口计划""国家振兴行动"等战略，企图与中国争夺美国本土及海外市场。美国贸易保护政策自此全面强化，具体包括以下手段。

1. 将"双反"扩充为"两反一保"并加强调查和处罚

2010年，美国国会通过了《汇率改革促进公平贸易法案》，第一次将促进公平贸易写入法律。同时，将贸易逆差、外币币值过低都界定为不公平的贸易，重新规定了倾销价格和补贴额度的计算标准，在此基础上进行反倾销、反补贴调查并启动对"特保"的认定和调查。故这一时期"两反一保"真正成为美国贸易保护政策的主要手段。2011年，美国对中国的光伏行业展开"双反"调查，并于2012年对来自中国的晶体硅光伏电池及组件征收18.32%～249.96%的反倾销税和14.78%～15.9%的反补贴税。2014年，美国再次启动对华光伏产业"双反"调查，直接导致中国近30亿美元的光伏产品退出美国市场。2009年，美国对中国输入乘用车与轻型卡车轮胎展开特殊保障调查，即轮胎特保案，最终裁定对中国输入乘用车与轻型卡车轮胎连续三年分别加征55%、45%和35%的从价特别关税。① 轮胎特保案是迄今为止中美间涉案

---

① 中国贸易救济信息网（http：//www.cacs.mofcom.gov.cn）。

金额最大的特保调查，涉案金额高达 22 亿美元，影响到中国国内超过 10 万名相关行业工人的就业。

2. 继续完善新型非关税壁垒的使用

奥巴马政府创造了新能源壁垒、知识产权壁垒、SA8000 壁垒、碳关税等新型非关税壁垒，以及"国货条款""国人条款"等隐性壁垒。2008 年，美国商务部成立了知识产权保护的专门办公室，并于 2010 年公布该办公室制定的知识产权保护计划。2009 年，《美国清洁能源安全法案》获得众议院通过，规定了若干产品的节能标准、能源之星标准、燃油效率标准，规定美国有权对包括中国在内的不实施碳减排限额国家的进口产品征收碳关税。但美国作为世界上最大的碳排放国，却拒绝承担足够的减排义务。2011 年，美国首次提出的劳工标准提案，其要求超越了美国 2007 年新贸易政策中的劳工标准模板。

3. 更加重视以跨太平洋伙伴关系协定（Trans – Pacific Partnership Agreement，TPP）为代表的多边贸易体系

奥巴马政府时期美国对贸易协定的偏好从双边向多边转化，虽然之前的诸多双边贸易协定没有被终止，但是以 TPP 为主的多边贸易协定在这一时期替代双边贸易协定成为维护美国经济地位、遏制潜在对手的主要组织形式。美国于 2008 年 2 月宣布加入 TPP，并于 2008 年 9 月开始参与谈判。美国呼吁在 WTO 多哈回合谈判中"纠正不平衡"，要求以劳工和环保优先顺序调整谈判，最终导致多哈回合谈判"流产"。此后，美国开始全面主导 TPP，并在原有协议的基础上推行一系列符合自身利益的议题，将公平贸易理论融入 TPP 议题中，推动实现振兴美国经济、打开国外市场、提升就业率等目标，同时将中国排除在外。此外，美国就北美自由贸易协定（North American Free Trade Agreement，NAFTA）与加拿大、墨西哥重新谈判，要求改进 NAFTA 从而避免其对美国贸易活动的负面影响。

4. 继续推动人民币升值

不同于小布什政府时期人民币升值的呼声主要来自国会，奥巴马政府就

人民币升值与国会达成了一致。2010 年通过的《汇率改革促进公平贸易法案》规定：在特定情况下，美国政府可就贸易伙伴国货币对美元汇率在 18 个月内是否从根本上被低估作出判定，若作出肯定性终裁，则能以抵消汇率"偏离"为目的，对目标国商品征收反补贴或反倾销税，中国成为该法案的主要针对对象。2011 年通过的《货币汇率监督改革法案》，要求美国政府对"汇率被低估"的主要贸易伙伴征收惩罚性关税。同年，奥巴马在夏威夷APEC 会议上提出人民币被低估 20%~25%，中国应加快人民币升值，远超以往对人民币升值幅度的要求。

5. 适当放松高科技产品出口管制

奥巴马政府希望通过扩大高科技出口缩小贸易逆差，加上美国企业界对于出口管制带来的损失不满已久，因此调整了高科技出口管制的相关法案。2009 年，奥巴马提议改革现有管制政策并责成政府相关机构进行评估。2010年，美国正式公布了出口管制改革的新方案，在审批程序和出口管制产品方面有了明显变化。2011 年奥巴马表示美方愿向中国和其他国家出口更多高科技产品，认为这符合双方的利益。但从长期来看，美国只是希望通过扩大对中国高科技产品出口来度过短期困境，对高科技产品出口保护的理念并未从根本上改变。

奥巴马政府时期中国遭受的贸易调查与处罚次数明显增加，其中由环境壁垒、知识产权壁垒造成的部分显著增加，贸易保护涉及产业已经由劳动密集型产业转向资本密集型产业和技术密集型产业，涉及企业已经由民营企业转变为国有企业、民营企业、外资企业并存。受金融危机影响，中国经济发展已经遭受一轮严重打击，因此奥巴马政府的贸易保护政策的"杀伤力"远远大于以往。2009 年，中国进出口总额出现负增长；2015~2016 年，中国进出口总额连续负增长，贸易对经济增长的拉动作用大大削弱。在抵御金融危机与美国贸易保护政策双重压力的过程中，一些不合理的产能供给进入国内市场，加剧了中国现阶段供给侧改革的压力。另外，奥巴马政府时期贸易保护政策的示范效应已从之前的日本、欧盟等发达国家扩展到印度、越南等发展中国家。

四、特朗普政府时期的贸易保护政策

特朗普就任美国总统时，美国经济经历了衰退之后虽然重新走上增长轨道，但增长速度明显放缓，经济霸权地位受到了挑战。而奥巴马政府的贸易保护政策具有在自由贸易与贸易保护间不断平衡的不稳定性，且受到普通劳动者、低收入群体的不满。因此，特朗普将公平贸易理念升级为"美国优先"的理念，对自身利益的维护达到了偏激的程度，其贸易政策的目标包括扭转贸易逆差、促进国内投资、强化经济主权、减少国际规则约束、修改贸易协定、加强贸易执法等。为实现这些目标，特朗普政府的贸易保护政策企图突破国会与 WTO 的束缚，进攻性更强，甚至达到反对自由贸易与全球化的程度。特朗普曾公开表示，中国对美国的巨额贸易逆差损害了美国企业的利益并造成美国国内大量失业，中国对本国出口企业构成贸易保护，中国对美国知识产权缺乏保护并强迫美国企业进行技术转让。因此，针对中国的贸易保护已成为其现阶段贸易保护政策的主要内容，2018 年爆发的中美经贸摩擦也被特朗普归咎于中国侵犯美国知识产权。除经贸摩擦外，这一时期美国贸易保护政策的主要手段包括以下方面。

1. 以单边方式强化关税与非关税壁垒

特朗普政府认为美国加强贸易保护政策来支持国内制造业的发展是合理且必要的，美国对单方面认定的"不公平"贸易行为，有权绕过 WTO 采取单边性制裁措施，并抵制其他国家通过 WTO 争端解决机制对美国贸易政策的约束。而且美国将调查和制裁的重点集中于高新技术产业，以保护本国核心技术，并以知识产权为由强化关税与非关税壁垒，在扭转贸易逆差的同时限制中国的技术创新和产业转型升级。对 500 亿美元中国产品的加税行为标志着特朗普政府大规模重启之前较少使用的关税壁垒。另外，不同于之前主要由国内企业或劳工组织申请调查的方式，特朗普政府更主动地启动"双反"调查以及"301 调查""337 调查""201 调查"等，更加严格地计算倾销幅度并提高反倾销税率。另外，从对中兴的"技术禁售令"来看，特朗普政府未来将重点使用包括"301 调查"在内的技术壁垒，严格限制美国企业对我国的技术转让。

2. 退出 TPP，以双边贸易协定替代多边贸易协定

2017 年 1 月，特朗普签署行政命令，美国正式退出 TPP。退出 TPP 的原因主要包括：TPP 本身存在市场准入、货币规则、谈判过程的不足；TPP 使得美国为伙伴国提供了大量公共产品而伙伴国"搭便车"，如今美国不愿意再提供这样的公共产品；现存的多边贸易体系普遍没有处理好公平与效率的关系，跨国公司和大利益集团从中获利最多，加剧了美国的贸易逆差和国内贫富差距。退出 TPP 并不代表美国放弃"重返亚太"战略，特朗普政府倾向于和亚洲各国分别签订双边贸易协定，实现双边替代多边的计划。

3. 将中国列为汇率操纵国

这种说法虽然只出现于特朗普就任初期，但仍在一定时期内潜在地推动了人民币升值。与单纯指责人民币汇率过低相比，美国可以凭借该指控认定中国的行为违反国际规则，直接威胁到美国的金融安全，从而采取惩罚性关税或强迫人民币大幅升值。2018 年，人民币出现了持续贬值的情况，这与美国希望人民币升值以扭转贸易逆差的意愿相悖，因此特朗普政府重提该指控的风险进一步加大。

4. 对内自由主义政策

特朗普政府对内的自由主义主要体现在减税和放松管制上。具体措施包括：将美国的商业税率从 35% 降低到 15%；鼓励产业回迁，对高端制造业回迁给予政策性奖励，对回迁企业一次性减税 10%；对政府进行大规模的人事调整和重组，大量取消企业的政府管制；大力增加基础设施建设投资，提出"万亿美元基建计划"；增加油气供应，取消页岩气及清洁煤炭在开采、使用上的限制；退出巴黎气候协定等。对内的自由主义能够与贸易保护政策相配合，增加美国企业竞争优势。

特朗普政府的贸易保护政策对我国新时期经济发展和对外开放的挑战达到了新的高度。当前，中国经济正由高速发展向高质量发展转型，经济增速放缓，劳动力成本提高，劳动密集型产业已在全球失去竞争优势；传统制造业存在大量过剩产能，正努力进行产业转型升级、寻求产能合作；高科技产业需要不断进行技术创新，以树立全球范围内的竞争力。此时美国的贸易保护政策除了阻碍中国企业出口外，对相关产业转型升级、自主创新都造成了巨大压力。不过，美国对一些问题始终缺乏正确认识：中美两国并不处在全球价值链的同一位置，美国市场对中国产品有着大量的正常需求，这种需求是美国本土企业无法满足的；美国国内劳动力就业困难是制造业向海外转移、劳资矛盾、收入分配不合理导致的；美国一直高估对华贸易逆差。美国不正视这些问题，其通过贸易保护将是基本无效的，还会因国内商品价格上涨给自身带来损失。近年来随着全球价值链的发展完善，世界各国的利益联系愈发紧密，贸易保护给中美两国带来的损失将沿着全球价值链作用到世界各国、各个主体，给全球经济发展带来不利影响。

五、中国应对美国贸易保护政策的建议

1. 磋商、反制、运用 WTO 机制相结合

面对美国的贸易保护政策以及贸易争端，中国应综合应用磋商、反制等手段，并充分运用 WTO 的贸易争端解决机制。G20 峰会上中美双方达成共识，很大程度上应归功于此前中美双方于 2018 年 5 月、6 月、8 月进行的经贸磋商，这说明磋商在应对美国贸易保护政策时是有效的。当双方在经贸问题上出现分歧时，在公平、诚信、相互尊重的前提下，中国可以首先选择与美国进行磋商，就存在争议的领域交换意见，努力达成共识，必要时作出合理让步（如 G20 峰会中美会议上承诺扩大对美国产品的进口），尽量避免直接采取反制措施而带来损失，这也是中国的一贯态度。同时，中国应该合理利用作为 WTO 成员应有的权利，根据 WTO 规则，就美国的贸易保护行为向 WTO

申诉。当美国在 WTO 内对中国进行不实指控时，中国应充分收集有效证据提出抗辩。对于特朗普政府企图越过 WTO 的贸易保护行为，中国应及时要求 WTO 予以制止，在维护自身权益的同时维护 WTO 的公信力。另外，中国也要提前准备好反制措施，在美国一意孤行扩大贸易摩擦时予以坚决回击，反制措施可以重点针对美国国内政治敏感度较高的产品，如大豆、棉花等农产品，以及钢铁制品、汽车等。

2. 结合供给侧改革，促进产业转型升级

现阶段中国面临着经济增长转型、传统制造业产能过剩、劳动力成本优势丧失等诸多挑战，导致其更容易受到美国贸易保护政策的冲击。正所谓"打铁还需自身硬"，中国应该坚持以供给侧结构性改革为主线，积极转变发展方式、优化经济结构、转换增长动力，从而增强应对美国贸易保护政策的能力。坚持把发展经济着力点放在实体经济上，继续抓好"三去一降一补"，大力简政减税减费，不断优化营商环境，进一步激发市场主体活力，提升经济发展质量。进一步，为了推动产业转型升级，将过剩产能整体向价值链上端转移，将资源从劳动密集型产业向技术密集型、高附加值产业转移，借助"一带一路"倡议，以产能合作的方式将传统产业的过剩产能向沿线国家转移。通过供给侧改革、转变经济发展方式，中国出口到美国的产品能够逐渐不再依赖成本优势而提高附加值，使美国市场对中国产品形成无法替代和转移的需求。

3. 提高自主创新能力

2018 年美国对中兴通讯实施的"技术禁售令"导致中兴通讯的相关经营活动一度全面停止，而贸易摩擦过程中美国始终认为我国知识产权保护不力、存在强制技术转让。这些都提醒中国要进一步提高自主创新能力，加快建设创新型国家，避免因技术的缺失导致受美国技术禁售等贸易保护政策的制约。当前，中国要加强国家创新体系建设，落实和完善创新激励政策。做大做强新兴产业集群，实施大数据发展行动，加强新一代人工智能研发应用，多领域推进"互联网＋"。推动集成电路、第五代移动通信、飞机发动机、新能源汽车、新材料等产业发展,实施重大短板装备专项工程,发展工业互联网平台,创建"中国制造2025"示范区。加快掌握核心技术与知识产权,形成核心竞争力。另外,中国应进一步加强知识产权保护,对于使用的国外知识产权,要按规定支付知识产权使用费,避免给予美国实施贸易保护的口实;对于自主知识产权,要严格监管,禁止国内外主体的不合规使用。

4. 借助"一带一路"倡议和自由贸易试验区建设扩大出口市场

美国的贸易保护政策使中国对美出口受限而造成经济损失。对此,中国应努力开拓新的出口市场,寻求扩大与其他国家的经贸合作,"一带一路"倡议和自由贸易试验区建设正是加强与各国的经贸合作、扩大出口市场、打破美国孤立的重要途径。中国可以将因美国贸易保护而受阻的出口转向"一带一路"合作伙伴,同时将国内制造业的过剩产能合理转移到沿线国家,以满足沿线国家相关产业发展升级的需求。当前,要大力加强中国与沿线国家的合作,推动实现政策沟通、设施联通、贸易畅通、资金融通、民心相通;争取与更多沿线国家签订自由贸易协定,密切贸易往来,健全贸易合作机制,降低贸易成本。而自贸试验区建设与"一带一路"倡议相配套,是"一带一路"建设的重要支点。2013年以来,中国先后在国内11个省、直辖市建立了自由贸易试验区,即将在海南全岛建设自由贸易试验区及自由贸易港。当前,要充分发挥自由贸易试验区先行先试的功能,鼓励自由贸易试验区内的制度创新,支持在自由贸易试验区内开展融资、跨境结算、保税仓储等业务,并将其经验推广到与"一带一路"合作伙伴的贸易活动中,实现"一带一路"建设与自由贸易试验区建设相互支持,从而扩大出口市场以抵御美国贸易保护政策的不利影响。

此外,为了应对美国贸易保护政策,除了采取措施扩大出口外,中国近期也合理扩大了进口。2018年11月,首届中国国际进口博览会在上海举行,吸引了81个国家、3个国际组织参会。扩大进口充分表明中国支持经济全球化和贸易自由化、主动向世界开放市场的积极态度,有力回击了美国的贸易保护政策。

参考文献

［1］毕吉耀、张哲人、李慰：《特朗普时代中美贸易面临的风险及应对》，载于《国际贸易》，2017 年第 2 期。

［2］崔凡、王笑西：《"买美国货"条款与新贸易保护主义》，载于《国际贸易》，2009 年第 3 期。

［3］冯远、张继行：《奥巴马政府对华贸易政策回顾与走向分析》，载于《国际贸易》，2013 年第 3 期。

［4］李克强：《政府工作报告——2018 年 3 月 5 日在第十三届全国人民代表大会第一次会议上》，新华网，2018 年 3 月 22 日。

［5］李双双、卢锋：《中美经贸摩擦升级的经济政治逻辑与中美经贸关系前景》，载于《国际贸易》，2018 年第 7 期。

［6］苗迎春：《小布什政府的对外贸易政策评析》，载于《世界经济研究》，2005 年第 7 期。

［7］任靓：《特朗普贸易政策与美对华"301"调查》，载于《国际贸易问题》，2017 年第 12 期。

［8］唐宜红、张鹏杨：《美国特朗普政府对华贸易保护的新态势》，载于《国际贸易》，2017 年第 10 期。

［9］王绍媛：《奥巴马政府任期下的第 112 届国会贸易政策走向分析》，载于《国际贸易》，2011 年第 10 期。

［10］习近平：《开放共创繁荣 创新引领未来——在博鳌亚洲论坛 2018 年年会开幕式上的主旨演讲》，新华网，2018 年 4 月 10 日。

［11］夏先良：《美国总统特朗普对华贸易指控不实》，载于《国际贸易》，2018 年第 5 期。

［12］薛荣久：《新贸易保护主义与我国对策》，载于《国际贸易问题》，1987 年第 3 期。

［13］湛柏明：《小布什政府的自由贸易协定及其对中美经贸关系的影响》，载于《世界经济研究》，2006 年第 7 期。

［14］赵德昭、许和连：《美国对华贸易政策抑制了中国劳动力就业吗？——基于奥巴马对华贸易政策的分析》，载于《世界经济研究》，2013 年第 9 期。

［15］赵硕刚：《特朗普政府频繁发起对华贸易争端的动因、影响及对策建议》，载于《国际贸易》，2018 年第 5 期。

［16］Bown C. P., Mcculloch R., "U. S. - Japan and U. S. - China Trade Conflict: Export Growth, Reciprocity, and the International Trading System", *Journal of Asian Economics*, Vol. 20, 2009.

［17］Gawande K. , Krishna P. , Olarreaga M. , "Lobbying Competition over US Trade Policy", *International economic review*, Vol. 53, 2012.

［18］Irwin D. A. , "The False Promise of Protectionism Why Trump's Trade Policy Could Backfire", *Foreign affairs*, Vol. 96, 2017.

［19］Kee H. L. , Neagu C. , NicitA A. , "Is Protectionism on the Rise? Assessing National Trade Policies during the Crisis of 2008", *The Review of Economics and Statistics*, Vol. 95, 2013.

［20］Koopman G. , "US Trade Policy in an Unbalanced World Economy", *Intereconomics*, Vol. 21, 1986.

141

第一篇 贸易保护问题研究 中国"入世"后美国贸易保护政策的演变及对策

第二篇
中国对外贸易政策研究

- 扩大出口贸易面临的问题及对策
- 利用外需扩大出口的策略选择
- 贸易自由化渐进性与中国外贸政策的适应性
- 我国外贸政策的适应性调整
- 开放条件下我国外贸政策的定位及体系构建
- 对外开放与适度保护
- 我国外贸体制改革进程的特点与政策性思考
- 全球技术贸易格局中的中国技术贸易政策

扩大出口贸易面临的问题及对策[*]

　　近两年来，我国对外贸易发展出现了一些新的变化。外贸出口一改 1994 年汇率并轨以来呈现的大幅增长势头，自 1995 年 11 月开始一直到 1996 年上半年，出口持续 8 个月负增长，有的月份下降幅度较大。1996 年 7 月以后才扭转出口滑坡局面，7～10 月连续 4 个月保持增长。据统计，1996 年 1～10 月，我国进出口总额 2264.3 亿美元，比上年同期增长 2.5%。其中，出口额 1192.2 亿美元，比上年同期下降 0.1%；进口额 1072.1 亿美元，比上年同期增长 5.5%，出口发展不理想。1997 年 1 月我国外贸进出口总额达 216.7 亿美元，比 1996 年 1 月增长 12.4%。其中，出口额 116.9 亿美元，增长 27.5%；进口额 99.8 亿美元，下降 1.2%，出口走出低谷。在看到成绩的同时，我们应该保持清醒的头脑，分析出口贸易进一步发展过程中的不利因素，找出对策，扩大出口。[①]

一、出口贸易面临的问题

1. 进口管理和出口管理未能有机结合

　　目前，我国出口产品在国际市场上面临日趋严峻的局面，一方面市场竞争日益激烈，贸易冲突日益加剧；另一方面国外贸易保护主义倾向不断加强，

---

　　[*]　本文原载于《兰州商学院学报》1997 年第 2 期，由中国人民大学复印报刊资料收录。
　　[①]　除特别说明外，本文数据均整理自国家统计局公布的数据。

对我国出口商品频频采用数量限制甚至采取歧视性的反倾销措施。面对这种情况，我国本应利用进口作筹码，进行反击，但由于进出口管理脱节，未能形成灵敏的反应机制，使出口贸易处于被动地位，在对外谈判时受制于人，有时甚至束手无策，而且是经常一边出口受对方限制，另一边大量进口对方的商品。

2. 出口退税政策变化

出口退税是中国的一项主要的促进贸易措施。但由于出口退税制度尚不成熟，无法做到退税与征税相结合，退税增长大大超过征税增长，出口骗退税现象时有发生，致使大量财政收入流失，因此政府先后两次降低出口退税税率，这一变化增加了出口企业的成本，削弱了出口竞争能力，使外贸企业和大部分生产企业的出口受到了很大的影响。

3. 资金紧张

企业普遍感到资金紧张，这是由于国家近三年来坚持实行适度从紧的宏观调控政策造成的。这几年，外经贸业务发展较快，而信贷规模增加不多，加上出口退税滞后，欠退金额较大，加剧了外贸企业的资金紧张状况，加重了企业的利息负担。另外，企业间相互拖欠资金严重。由于资金周转不灵，常常眼睁睁地失去一些好的出口机会。

4. 出口成本较高

汇率稳中有升，给外贸企业的经营造成了一定的压力，也成为外贸出口的不利因素。特别是国内物价上涨以及运费、税率等费用增加刺激了出口成本的大幅增加，而人民币汇价由于外汇需求受到种种抑制而出现与出口成本的大幅度偏离，既给外贸出口增加了困难，又影响了货币政策的操作。

5. 国际竞争力强的商品有限

一般贸易出口的发展有赖于充足的具有国际竞争力的商品。1997年初，我国出口虽已走出低谷，但多半依赖加工贸易和外商投资企业。1996年1~10月一般贸易出口额490亿美元，同比下降15.3%；同期加工贸易进出口额1175亿美元，所占比重升至52%；外商投资企业进出口额1050亿美元，所占比重达46%。相比之下，一般贸易出口与加工贸易及外商投资企业进出口明显不协调。这表明国内工业生产能力尤其是国际竞争力强的商品的工业生产能力还远远不够。

二、对策

面对上述问题，我们应采取以下策略以扩大我国的出口贸易。

1. 与出口管理制度相结合，建立科学的进口管理制度

利用进出口结合的新机制，可以更充分地利用国内外两种资源、两个市场，既保持出口的稳定发展，又满足人民群众不断增长的物质文化需要，可以在对外谈判中提高我国的地位，更积极地寻求进出口贸易平衡，缓解有的国家因与我国的贸易逆差而产生的矛盾，创造有利的出口环境。同时，合理保护了国内产业，可以更有效地吸收借鉴国外的先进技术和管理经验，争取时间，加快我国经济发展，提高出口商品的质量和档次。这需要规范管理制度，进一步减少非关税措施和行政干预，并加快制定进口商品管理的有关法律和配套法规。

2. 广辟资金来源，增强出口贸易的国际竞争力

首先，进一步改善投资环境，扩大利用外资，包括进一步治理"三乱"和加强社会治安，改进外商投资服务工作，进一步从组织机构和服务职能上完善配套，逐步给予外商投资企业一定程度进出口权及国内贸易权，使之获得经营权方面的国民待遇等。其次，建立符合国际贸易规范的进出口金融支持制度，以求得出口贸易的金融支持。1994年4月中国进出口银行成立，开办出口信贷、出口信用保险等方面的业务，两年多来已办理卖方信贷项目100多个，发放贷款近百亿元，促进了我国出口商品结构的升级换代，增强了在国际市场上的竞争力。

3. 提高产品质量，坚持以质取胜

质量的标准是国际标准。质量包括商品的内在质量、包装装潢、重合同、

守信用以及售后服务等，保证产品质量就应从生产、流通领域统筹管理，既要进行必要的技术改造，更重要的是提高全社会的责任心，外贸、生产、工商、商检、海关等采取现代手段，综合监管，大力调整和优化出口商品结构，提高对外经济贸易发展的科学技术含量，逐步实现科技、生产、出口、贸易一体化，开发高科技产品打入国际市场，利用高附加值产品获取更大的经济效益。

4. 实施外贸商标策略

即实施名牌战略，争创驰名商标特别是国际驰名商标。创出名牌，拥有世界级的驰名商标，能把广大客户、用户和消费者吸引到自己的周围，并使该产品的售价提高数倍到数十倍。加快实施商标战略，是提高我国外贸企业竞争实力的要求，必须把创名牌、创驰名商标作为调整出口商品结构，提高商品、服务的文化技术含量和附加价值的重要手段，从而在自负盈亏、提高经济效益的基础上扩大出口创汇，促进国民经济的持续、稳定、快速发展。

5. 坚持实施出口市场多元化战略

从我国外贸发展战略的要求出发，实行中央与地方相结合，政府与企业相结合，各项外经贸业务相结合，加强有关部门和地方政府之间的协调与配合，推动实施出口市场多元化战略。根据各种出口商品的实际情况和扩大出口创汇的需要，对外销市场做好统筹安排，在巩固和深入开拓原有（传统）市场的同时，努力去开拓新兴市场。对一些要求小批量、多品种的市场，鼓励企业到那里设立贸易中心、分拨中心；对我国机电产品有需求的市场，要重视售后服务，适当投资开办一些加工装配厂；对不了解我国商品的少数市场，鼓励一些有实力的企业去办高质量的展销会，利用我国边境线长这一特点，积极开展与周边国家多种形式的经贸合作，加强对它们的市场调研，利用地缘优势，扩大出口贸易。

6. 实行科技兴贸，加强出口企业的实力

科技进步与经贸增长有着直接的联系，在先进技术基础上的集约化增长，能提高和强化人力和物力利用效率，节约能源，减少物质消耗，使劳动生产率几倍、几十倍的提高，从而降低出口产品生产成本。先进技术还是贯彻"以质取胜"战略和创名牌的基础。因此，增加吸收世界先进科技成果的投资力度，提升自己先进的科技生产能力，加快技术和产业升级的步伐，是我国国际竞争能力提高的关键所在。外贸出口企业应广泛运用信息技术和管理技术，从主要出口劳动密集型产品走向主要出口技术知识密集型产品，节约资金、人力、时间和费用，提高工作效率，进而达到集约经营，提高经济效益的目的。

7. 加强执法力度，严厉打击偷税漏税及骗取退税等不法行为

调低出口退税税率是由偷税漏税及骗税造成国家征少退多引起的。调低出口退税税率只能作为解决财政困难的一时应急措施。要想从根本上解决问题，必须采取有力措施严厉打击偷税漏税及骗取退税等不法行为，通过严格的管理促进出口贸易健康发展。

8. 以人为本，培养一批外向型、复合型、高素质、两手硬的经贸企业管理和营销人才

人力资源是集约化、高效率之本。亚洲"四小龙"之所以能很快改变劳动密集型的出口产品结构，进入高科技领域，并在世界科技产品市场占据重要地位，其中一个重要原因就是培养和招揽了大批高素质人才。我国经贸事业发展的关键亦是人才，培养造就一大批政治素质高、懂外语、熟悉经贸业务知识，具备较深经贸理论修养，具有国际贸易、国际法律、国际金融和国际市场营销知识的人才，迫在眉睫。

总之，我国的出口贸易尽管面临着各种不利因素的挑战，但只要我们抓住时机，选准对策，扩大出口贸易是能够实现的，中国在世界贸易中的地位也会不断提高。

利用外需扩大出口的策略选择*

一、正确处理启动国内需求与利用国外需求的关系

从经济学上看，在开放经济条件下，内需和外需都是一国经济的重要组成部分。无论是发达国家抑或发展中国家，外经贸对经济增长的推动力都是显而易见的。一般来讲，一国在经济起飞阶段，对外经贸所起的作用较大，而当经济发展趋于成熟时，对外经贸的作用反而会相对下降，经济增长的动力将主要来自内需的扩大。对发达的经济大国而言，外贸依存度通常不宜过高，因为大国所拥有的庞大国内市场本身可以成为经济增长的坚实基础；而对发展中的经济大国而言，由于国内要素资源配置不够充分、有效，外贸所起的作用比发达的经济大国还要大一些，通过外贸挖掘国内外各种要素和资源的潜力，进一步优化资源配置，可迅速扩大国内市场需求，推动经济快速增长。

从我国经济发展的历史看，出口往往与经济增长呈反向关系，其中一个重要原因是经济过热时，内外销矛盾异常尖锐，而经济降温时，国内需求往往不足，生产企业出口动力得到强化。近年来，由于扩大内需的各项措施付诸实施以及国内投资的启动，势必会对外贸出口产生一定的抑制作用，内外

---

* 本文原载于《西北师大学报》2000 年第 2 期。

销矛盾将会重新有所抬头。因此，我们应对内外压力下出口滑坡的严重后果有足够的估计，将保持出口长期稳定增长纳入国民经济总体战略之中，给予应有的重视。

扩大内需与利用外需并不矛盾，在坚持扩大内需的同时，保持外需基本稳定并有所增长，二者不能偏废。要在坚持把扩大内需作为我国经济基本立足点的同时，采取切实有效的措施，大力发展对外经济贸易，把对外开放推向新水平。扩大内需不仅可以保证国民经济的增长速度，而且通过产业结构、商品结构的调整，又为今后对外经贸的发展打下物质基础；而利用外需不仅可以为扩大内需争取到更多的资金、技术、先进设备和管理经验，而且可以促进国民经济结构的调整，提高国内生产企业的开工率，扩大就业，增加财政收入。只有更好地利用两个市场、两种资源，才能实现我国国民经济的较快增长。

二、利用外需的重要性

第一，国外需求对国民经济的拉动作用。1993年下半年以来，国内需求不振，外需对经济增长的拉动作用不断提高，成为即期增长的主要动力之一，为国民经济保持快速增长作出了重要贡献。1980年，我国外贸出口依存度只有6%，到1997年达到20.9%。国务院发展研究中心根据历年统计数据，计算出1979～1997年货物和服务净出口对国民经济的贡献度和拉动度。数据显示，1997年达到1.9个百分点的较高水平。1998年上半年，净出口对国内生产总值的拉动度为1.22个百分点。据此，今后如果外贸出口出现较大幅度的负增长，势必会抵消国家采取的积极财政政策的效果，并且，在造成下岗失业人数增加的同时，还会减少居民收入和税收，抑制消费和投资的进一步扩大。由此，为配合扩大内需，应重视利用外需，力争对外经济贸易在上年的基础上有一定的增长，以保证国民经济增长能实现一个理想的预期目标。

第二，外需对经济结构调整和升级的促进作用。现阶段我国经济运行中存在着结构落后、低水平重复建设和技术开发能力不足等深层次矛盾和问题，这严重地制约了国民经济的持续健康发展。外贸出口与经济结构调整是相辅相成、相互促进的，通过扩大出口和鼓励我国一些有比较优势的长线加工生产能力的企业对外投资，有利于形成乘数效应，促进国内经济结构调整和升级，推动技术进步，提高内需质量，创造新的市场需求，增强我国企业和产品在国内国外两个市场上的竞争力。

第三，外需对国际收支的平衡作用及人民币汇率的稳定作用。外贸出口与国际收支平衡息息相关，将来一段时期，提高出口竞争力，保持出口的持续稳定发展是实现我国对外进出口均衡从而实现国内均衡的基本保证。扩大出口也是稳定人民币汇率的基本保证，这对稳定亚洲局势，防止出现世界经济衰退有重大意义。同时可为扩大内需创造一个良好的外部环境，也有利于增强国内外对我国经济的信心。

第四，外需对社会的稳定作用。扩大出口和利用外资一直是我国有效解决劳动就业的一条重要渠道，在提高劳动者素质，促进社会稳定和发展方面发挥了极其重要的作用。当前，随着我国各项改革的逐步推行和深入进行，企业下岗人员和城乡新增劳动力在短期内呈进一步增加的趋势，如果再遇出口下滑、引资减少，势必影响社会稳定，造成经济发展停滞。因此，进一步做好对外经贸工作，千方百计利用外需扩大出口，将有利于维持和扩大劳动力就业，在新的历史时期为社会稳定作出贡献。

三、利用外需扩大出口的策略选择

1. 用产业结构升级带动出口商品结构的进一步优化，提高出口商品的国际竞争力

为了突破国际市场规模限制，突破要素成本上升和低水平价格竞争的制约，必须使产业结构不断升级，从而带动我国出口商品结构的调整和优化。首先，提高出口商品的技术含量和附加值，巩固和扩大市场份额。我们面临

的是需求多样、要求严格、消费层次不同的国际市场。随着科学技术的日新月异和经济、社会发展水平的不断提高，消费者对商品的需求不再是仅满足于传统意义上的需要，而是要求商品能表现出自己的个性、品位、素质、职业和地位，愈来愈追求商品的多样化、个性化和独一化。进入 20 世纪 90 年代以来，人们的健康、环境意识不断加强，对商品的技术性能、安全可靠、卫生检疫、环境保护的要求越来越高。所以应提高深加工和高附加值出口商品的比重，刺激国外需求增加。其次，牢固树立质量意识，不断提高出口商品质量。从世界市场竞争策略来看，近年来许多国家把商品质量和服务质量看作国际竞争取胜的关键，而面对亚洲金融危机和加入 WTO 的形势，尤其需要在出口商品质量上下功夫，从而能在某些国家货币贬值，出口成本下降的竞争环境下，保持产品的竞争力。这要求企业了解和认识到 ISO9000 系列标准的重要性，并逐渐按照这一系列标准来组织和管理生产，最终获得其认证，使产品能在国际市场上畅通无阻。再其次，建立科研与市场中介机构，促进技术进步。为促进科技成果商品化，引导企业引进、开发和利用先进技术，生产科技含量高、附加值高的出口产品，有必要参照日本贸易振兴会和其他国家贸易咨询组织的经验，建立国家科技成果转化的中介机构和市场信息咨询机构，使企业和科研机构及时了解国际上新技术的发展和科技成果商品化，以及国际市场的动态。最后，坚持实行有利于优化出口商品结构的有关政策，如实现零税率出口，对新产品、新技术开发和重要的机电产品与成套设备出口给予税收、信贷和保险方面的支持，加强重点行业的国际化质量标准认证等。

2. **海外投资带动出口贸易，积极开辟新的国际市场**

鼓励有条件的企业到国外有潜力的地区投资建厂，发展加工贸易，建立一个稳定的销售渠道、稳定的国外市场，带动企业的全面发展。这要求企业采取一系列的措施改善生产、经营和管理：一是从国外寻求新的市场、新的产品，在国内积极组织生产，保证及时供货，扩大出口；二是严格按国外标准保证质量，改进包装，以好的产品质量取信于客户；三是学习国外先进的管理办法，引进先进的生产技术设备，增强企业的竞争力；四是在国外工厂或公司采用国内好的激励方法，调动外籍员工的积极性。

3. 加快实施市场多元化战略，带动出口的扩大

对于发展中国家来说，努力改变依赖少数传统商品出口的局面，逐步实现出口商品和出口市场的多样化，应当被看作经济发展战略的需要。在世界各国之间经济交往日益频繁和市场变数增大的今天，实现市场多元化可以减少风险和损失，减轻外部条件的变化对本国经济的冲击。因此，应在巩固和深度扩展美国、日本、欧共体等传统市场的同时，大力开拓非洲、拉美、东欧和独联体等潜力巨大的市场，适应当地的贸易方式，利用自己的主导拳头产品和长期扎根的业务骨干，努力进入当地深层次营销网络。另外，积极拓展新兴市场，发挥我国的比较优势，注重通过对外贸易、吸引外资、对外承包工程与劳务合作、对外投资、对外援助等各项对外经济活动的相互促进、相互融合，形成共同开拓国际市场的合力。

4. 恰当发挥政府的推动作用，带动国内需求与国外需求的协调发展

扩大内需需要政府采取有效的措施，外贸企业要扩大出口也离不开政府的支持。政府按照国际惯例，运用出口退税、出口信贷、出口信用保险等政策性手段加大对出口的支持力度，帮助、鼓励和扶持外贸企业特别是名牌企业出口名优商品、高技术或高附加值商品；加强银贸合作，加大金融对外贸的支持力度，逐步改进出口信用保险服务，对部分亏损企业提供封闭贷款；加强有关出口立法，使促进出口的政策和措施规范化、制度化，使企业通过出口逐步实现国际化。

5. 改变工贸脱节、分散经营的旧格局，带动外贸企业走实业化、集团化道路

"以资本为纽带，通过市场形成具有较强竞争力的跨地区、跨行业、跨所有制和跨国经营的大企业集团"的战略是国际竞争对我们这样一个转型中的发展中大国的强制性战略要求，也是世界经济区域化、集团化趋势的要求。现有外贸企业集团，多数是在传统计划经济体制下设立的，存在结构不合理，

无法进行生产要素的优化组合和产品结构的合理调整，特别是存在工贸脱离、缺乏实业基础、功能单一等诸多问题。因此，国有外贸企业在调整布局的同时，必须突破当前的经营格局，实施"大经贸"战略，向其他领域渗透，向综合经营发展，实行内外贸、工贸、技贸、银贸结合。外贸公司需要有自己的实业基础，以及对产业、货源的控制能力，更重要的是，应以大型跨国公司为目标，实行实业与贸易互补和相互促进。通过对外贸企业的战略性重组，实现规模经营，提高国际竞争力，从组织结构和功能上为外贸促进产业结构升级提供保证。为此，或以"贸"为龙头，或以"工"为主型，坚持自愿、平等、互利的原则，以企业自身条件为主，以市场为基础，以资本为纽带，选择条件较好、实力较强的大企业组成大型企业集团，走实业化、集团化道路，为国民经济持续稳定的发展作出更大的贡献。

贸易自由化渐进性与中国外贸政策的适应性[*]

　　经济全球化代表着一种新型的国际经济关系的产生与发展，其最核心的内容包括生产的一体化、贸易的自由化与金融的国际化，而贸易自由化既是经济全球化的先导，又是经济全球化程度加深的主要促动因素。无论是过去还是现在，乃至可预见的未来，贸易自由化的过程都具有鲜明的渐进性特征。本文拟对贸易自由化的渐进性进行历史考察并作出理论解释，以便为我国加入世界贸易组织后外贸政策的调整及体系构建提供一种思路。

一、贸易自由化渐进性的历史考察

　　经济全球化作为一个高频词出现是在 20 世纪 90 年代冷战结束后，这主要是各国经济体制的变迁，现代科学技术尤其是高科技的发展和生产力的巨大进步，国际经济组织的建立、发展和完善，全球化生产体系和跨国公司的迅速发展，各类国家积极参与经济全球化，国际贸易的迅猛发展和世界统一大市场的形成等诸多因素共同作用的结果。贸易自由化是经济全球化对贸易领域的要求，是以全球市场经济的形成为前提、以生产社会化程度的提高为背景、以国际间经济贸易行为为基础、以政府行政干预弱化为标志的贸易发展

---

　　[*] 本文原载于《经济理论与经济管理》2002 年第 3 期，由中国人民大学复印报刊资料收录。

过程，是伴随着资本的诞生应运而生的一种力量，贸易自由化的内在动力来自贸易给各国所带来的静态利益（比较优势引发的比较利益和专业化分工获得的收益）和动态利益（规模经济效益、竞争效应和学习效应）。

从国际贸易发展的实际进程来看，在世界经济发展平稳、国际贸易增长迅速的时期，各国贸易政策比较宽松，贸易自由化的进程加速；而在世界经济出现衰退现象、国际贸易增长速度放慢时，各国贸易政策都趋向严厉，贸易自由化也就会遇到更大的障碍。

18世纪到19世纪中叶，资本主义自由竞争时期，欧美的一些国家先后完成工业革命，生产力的发展出现了巨大飞跃，国际分工从工业和农业之间的分工，向工业内部的垂直分工发展，从而极大地推动了国际贸易的发展。1850～1875年，国际贸易和经济发展的迅猛扩张多半归因于蒸汽机应用于海陆交通运输。1875～1914年，各国普遍降低关税，铁路与轮船的发展使运输费用大幅下降，国际与洲际间的贸易、金融、人员流通很快，刺激了整个经济的增长。第二次世界大战之后建立的国际金融体制是以美元为基础货币，实行汇率固定但可调整的布雷顿森林体系，关贸总协定则勾勒了多边贸易体制的框架。这套国际经济体制促进了西方国家在战后的经济复兴，也带动了进出口贸易尤其是制成品贸易的增长。随着社会生产力的不断发展，国际贸易的参与主体也发生了较大变化，主动与被动卷入世界市场进行国际交易的国家与地区越来越多，除了极个别的国家由于各种原因仅在较低层次、较小范围参与国际交换外，世界上进行贸易和投资的国家有230多个，从而使贸易及投资的规模、结构、流向、地区分布、贸易利益的分配等均发生了较大变化，国际贸易领域出现了减少与消除人为贸易障碍（包括关税、过境税等关税壁垒和数量限制、外汇管制、技术壁垒和海关监察等非关税壁垒）的现象与趋势。随着国际贸易壁垒不断削减，国际商品贸易高速增长，1980～1995年平均增长率达到5.6%，服务贸易更是异军突起，年均增长速度达到9.3%，均高于同期世界经济增长速度。发展中国家在20世纪80年代普遍经历了发展战略的改变，采取出口导向的发展战略，更多地依靠私营部门和市场机制的东亚国家和地区成功地实现了经济的持续增长，一跃成为新兴工业化国家和地区。随着国际贸易和投资规模扩大，各国生产活动之间的相关程度提高。WTO、IMF等多边组织，国际政策协调集团，非政府组织的国际网络和区域性经济组织，在全球范围进行区域内贸易和投资自由化安排；发达国家贸易份额占全球贸易的70%~80%，推动贸易自由化并保持其在国际贸易中的主导支配地位是其自身经济发展的需要。而发展中国家也要求获得平等贸易机会，要求发达国家拆除阻碍最贫困国家出口的贸易壁垒，提供更大的市场准入机会；电子化贸易手段的普遍使用，如电子数据交换、电子商务、电子贸易结算和电子资金转账等，以及商品标准趋同和贸易合同的标准化均为贸易提供便利条件，有利于打破因信息和渠道垄断造成的壁垒，贸易自由化在21世纪可预见的时期内将继续推进。

GATT产生和存在的47年历史及其八轮多边贸易谈判，以及1995年以来WTO做出的努力，既显现出贸易自由化程度逐渐加深的特征，也反映了各成员为维护自身利益，在谈判中尽力将本成员采取的某些保护性措施纳入WTO所允许的合理保护范围之内，从而力求运用WTO所规定的例外或紧急保障条款来保护本成员市场和产业发展的要求。实际上，WTO遵循着一条倡导贸易自由化渐进性发展的路线。它一方面要求逐步削减关税和非关税壁垒，开放市场，取消国际贸易中的歧视待遇，以促进自由贸易的发展；另一方面也强调通过关税手段来保护本国的生产，在不允许数量限制等政府的行政干预的同时，允许对发展中成员实行差别和更优惠待遇并实施保障措施。首先，WTO通过逐步削减关税和非关税壁垒、取消国际贸易中的歧视待遇等手段来促进各成员间发展自由贸易。譬如，八轮谈判的关税降幅分别为35%、35%、6%、15%、20%、35%、25%~33%和40%。其次，谈判从货物贸易延伸到服务贸易、知识产权、国际投资三个重要的经济领域，甚至诸如劳工标准这样的社会问题，充分反映了WTO在不断地拓展自由贸易的范围，加深贸易自由化的程度。最后，贸易谈判历时越来越长、参与方越来越多（见表1），显示出自由贸易与贸易保护的激烈论争。

表 1　　　　　　　　　　　　　八轮谈判概况

谈判轮次	谈判历时	参与方
第一轮	一年内（1947 年）	23
第二轮	一年内（1949 年）	29
第三轮	一年内（1951 年）	32
第四轮	一年内（1956 年）	33
狄龙回合	两年（1960～1961 年）	39
肯尼迪回合	四年（1964～1967 年）	46
东京回合	七年（1973～1979 年）	102
乌拉圭回合	七年半（1986～1994 年）	123

资料来源：根据龙永图《世界贸易组织知识读本》（2001）、王福明《世贸组织机制与规则》（2000）中数据整理。

　　贸易自由化符合社会生产力和生产社会化发展的客观规律，因而是世界经济发展的客观要求和必然趋势，也是 WTO 的基本贸易规则和主要目标。然而，贸易自由化的发展轨迹却清晰地反映出：第一，贸易自由化过程具有鲜明的渐进性；第二，在世界经济发展的不同阶段，在同一阶段的不同国家，贸易自由化的程度具有鲜明的差异性。

二、贸易自由化渐进性的理论解释

　　通过对贸易自由化所进行的历史考察，可以看出，由于贸易自由化的渐进性逻辑与国家的存在，在世界经济与贸易发展史中，自由贸易与保护贸易总是交织在一起的，既没有完全的自由贸易也没有完全的贸易保护。而我们从贸易理论的嬗变中亦可看出，自由贸易理论本身的发展也是一个渐进的过程，对贸易动因的研究经历了绝对优势—比较优势—要素禀赋—竞争优势的过程。对贸易理论的回顾可以帮助我们更清楚地认识到贸易自由化渐进性与贸易保护存在的理论基础与现实客观性，从而为我们制定适时的外贸政策提供理论支撑。

　　第一，传统自由贸易理论成立的前提条件与国际贸易运作的现实所存在的矛盾显示出贸易自由化的渐进性。以比较优势理论和要素禀赋理论为核心的传统自由贸易理论以其优美的模型和严密的逻辑性证明了自由贸易的必要性和最优性。然而，传统的自由贸易理论关于贸易的原因、形式和利益获得等问题的论述，只有建立在一系列与现实经济不相符合的假定和前提条件下才能成立。这些条件主要是：（1）两个国家、两种产品或两种要素；（2）国家之间存在着某种特征差异，如生产成本上的绝对优势、相对优势或生产要素丰裕程度等；（3）各国的比较利益是静态不变的，不存在规模经济的作用；（4）自由贸易是在完全竞争的市场结构下进行的，以物物交换为形式；（5）生产要素在一国国内可以自由流动，在两国间则不能流动；（6）不存在技术进步、资本积累与经济发展。上述条件导致传统自由贸易理论同国际贸易运作的现实始终存在着矛盾。一是发达国家与发展中国家之间的贸易并不容易得到扩展，战后70%以上的国际贸易发生在发达国家之间，而发达国家与发展中国家之间的贸易在国际贸易中所占比重，20世纪50年代为21%，90年代下降至19%（王俊宜，1998）。二是"里昂惕夫之谜"揭示出具有相对丰富自然资源的国家并不意味着只能成为资源密集型产品出口国，而具有相对丰富资本的国家也并不一定就是资本密集型产品出口国。三是国际贸易从来不曾静态地停留于国际比较优势的某一阶段或状态，而是为更大的市场份额与市场利益进行着激烈的角逐，这符合国际经济史特别是近代国际贸易关系史上各个发达国家经济贸易腾飞的基本事实，也符合发展中国家努力改善其在国际分工及贸易中地位所进行的创造性实践。四是以比较优势为核心的传统自由贸易理论以不存在规模经济的作用和完全竞争的市场结构为基本前提，而当今的市场是以规模经济效益递增现象和市场垄断实力的存在为前提的。因此，迄今为止世界上从来没有完全的自由贸易。

第二，完全自由贸易政策实施的保障条件揭示出贸易自由化过程的渐进性逻辑。根据传统自由贸易理论，实施完全自由贸易政策至少须具备以下因素：（1）各国经济体制以及政治制度完全相同；（2）各国的生产要素能够自由流动；（3）各国的贸易政策完全相同，不存在政策性贸易障碍；（4）各国的宏观经济政策包括货币政策、财政政策完全相同；（5）国际协调机制完全有效。当今世界还不是一个大同社会，因而以上保障条件是不具备的。无论是发达国家还是发展中国家，都是根据自身的经济条件（要素禀赋、经济发展水平、国内市场容量、经济体制及国际环境）来选择贸易政策，即使同为发达国家或发展中国家，其贸易政策取向也不尽相同。比如，日本战后以"贸易立国"为基本国策，具体来讲，就是利用关税、外汇管制等对国内产业进行保护，为提高其国际竞争力创造有利的成长环境。20 世纪 80 年代以后，由于美日贸易摩擦加剧，日本将贸易政策调整为进一步开放市场并促进进口的扩大。美国是资本主义世界经济实力最强的国家，以传统自由贸易理论来分析，它应该有实施完全自由贸易政策的可能性，但 20 世纪美国的贸易政策却经过了一个从贸易保护到自由贸易，又从自由贸易回到贸易保护的过程。至于发展中国家，实行贸易保护则是普遍现象。因为国际贸易虽然能使贸易双方得到贸易利益，但是双方得到的利益并不是均等的。目前发展中国家出口初级产品和劳动密集型产品在对外贸易中已越来越不占优势，并且贸易条件日趋恶化，这表明它们在国际贸易中是受益较小的一方。此外，发展中国家也是相对优势较少的一方，在这种情况下，发展中国家与发达国家之间进行自由贸易，最终受害的必然是发展中国家。现实生活的反映是，只有符合经济发展规律客观要求的贸易政策的选择，才会取得成功。经济发展的规律性表现为生产力发展规律是不以人们意志为转移的客观规律，人们可以推动生产力的发展，却不能逾越生产力的发展阶段。可见，一国贸易政策是随着经济发展适时调整的，要实行某项贸易政策，必须具备与之相适应的贸易体制和经济体制，否则，政策选择就必须从进行体制改革入手。贸易政策的选择应根据每一阶段经济结构的特点，即每一阶段生产力所具有的静态比较优势和动态利益，采用最优的国际经济资源的置换政策——自由贸易政策与贸易保护政策的交替使用，以促进最佳的利用国内经济资源与国际经济资源的现代经济结构的逐步建立。

第三，贸易保护理论的发展从另一个方面反映出贸易自由化的渐进性。

从国际贸易理论的发展史来看，即使是传统的自由贸易理论在观念上也没有走向绝对自由，并不排斥必要的保护（陈飞翔，1995）。贸易保护理论从重商主义—李斯特幼稚产业保护理论—凯恩斯贸易保护理论—"中心—外围"理论，以及其他贸易保护的经济及非经济依据的不断发展中使得以自由贸易理论为主线的国际贸易理论更加丰富，更加贴近现实。20世纪80年代以来，国际贸易发展中出现的由传统的贸易理论所不能完满解释的新现象，通过产业内贸易理论、国家竞争优势理论以及战略性贸易的理论模型得到了比较贴近现实的诠释。不完全竞争条件下的新贸易理论明确提出利润转移和外部经济这两个干预贸易的论点，论证了政府干预贸易的必要性，从而为贸易保护提供了新的理论支撑，使各国贸易政策的选择出现了新取向，正如克鲁格曼所说："新模型提供了这样的可能：政府对贸易的干预……在某些条件下可能符合国家利益。"新贸易理论的倡导者们据此提出的政策主张有别于传统贸易理论所支持的不是自由贸易就是保护贸易的政策建议，导致当代国际贸易政策出现战略性贸易、管理贸易和公平贸易等新趋向。正如西方学者米克奇和费勒尔所言：自由贸易是好的，但当触及国家较大的利益时，却并不受欢迎。

虽然世界贸易总的走向是向自由贸易的方向发展，并且任何一国要想发展经济，实现现代化，必须不断降低保护程度，这也是不争的事实，但是，各国经济尤其是各国对外贸易政策演变的事实表明，贸易自由化属于一个过程，准确地说在总体保护程度上是一个由高到低的演进过程，并没有像有关国家的经济的市场化那样采取一揽子一步放开的方案。例如，蒙古国为加入WTO所承诺的零关税政策及其实践结果带来的并非像自由贸易理论所倡导的那样一定取得正效应。

三、"入世"后我国外贸政策体系的构建

现实中，民族与国家的利益高于一切。各国在进行对外贸易与选择贸易政策时，就要从国家的整体利益出发，不仅要考虑诸如就业、区域发展、产

业结构的完善与幼稚产业的保护等经济因素，还要考虑政治与社会的稳定发展和国防安全等问题。在当前的国际贸易自由化浪潮中，各国仍然根据当前本国发展水平谨慎地制定经济开放战略，事实上尚不存在完全贸易自由化的国家。我国扩大开放不能没有适当的保护，保护是为了更好地参与自由贸易，并在适度竞争中获取比较利益，发展一国的生产力，提高综合国力和人民的生活水平。因此，我国加入 WTO 后的对外贸易政策选择，应当从当前世界经济形势和我国国情出发，趋利避害，既要遵循国际惯例，坚定不移和积极主动地参与贸易自由化及经济全球化，又应寻求在对等的前提下以最小的政治代价即部分主权约束和让渡来换取最大的经济利益。笔者认为，在短时期内我国对外贸易政策定位应为在贸易自由化过程中的合理保护，即开放型有管理的自由贸易政策。

开放型有管理的自由贸易政策的基点是适度的贸易保护，这主要体现在以下三个方面。（1）适度保护的终极目标是建立和发展一个较为健全、合理的产业结构，并要有利于该产业结构的高级化发展，以带动整个经济的腾飞。同时它还应实现维持国内就业和保持国际收支平衡的基本目标。（2）适度保护不是全方位的保护，而是有目的、有差别和有选择的保护。其一，保护的对象有选择性。作为保护对象的产业应是对一国经济发展具有关键性影响并在现阶段面临着严酷的外部竞争的产业。其二，保护的期限要适度并有差别性。贸易保护是过渡性的措施而并非长期方针，它是手段而不是目的，当我国的产业水平与发达国家之间差距缩小并逐步具有竞争力时，就消除保护最终走向自由化。由于不同的行业有不同的生命周期和不同的技术特点，因此不同的保护对象应有不同的保护期限。其三，保护的程度要有差异性。比较成熟、有相当竞争力的行业保护程度低甚至不给予保护，关系国计民生的、竞争力弱的行业保护程度高。（3）适度保护是动态的、主动的保护。动态性表现为逐步向以 WTO 为核心的多边贸易体制靠拢，按照其原则逐步取消关税和非关税壁垒，逐步走向贸易自由化；保护的对象、重点和程度要根据国内产业发展水平和国民经济运行状况以及国际政治经济环境的变化而进行及时的调整。动态保护是有利于产业结构合理化和高级化的保护，这是一国经济发展水平提高的必要条件。主动性是指以培育竞争优势为基点，利用多边规则和双边规则允许的手段和方式进行合理保护。比如，以 WTO 的有关协议为准则，强化进口配额和进口许可证的分配环节管理，灵活运用政府采购、反倾销、反补贴等措施，充分利用例外条款，适当控制贸易自由化的步伐，使之与国民经济的综合实力及发展速度相协调。

开放型有管理的自由贸易政策的目标是扩大出口。"十五"计划纲要提出要积极发展对外贸易，更好地实施以质取胜、市场多元化和科技兴贸战略，努力扩大货物和服务出口，2005 年货物进出口总额达到 6800 亿美元。扩大出口政策体系构建应从以下五方面入手：第一，用产业结构升级带动出口商品结构的进一步优化，提高出口商品的国际竞争力；第二，加快实施市场多元化战略，用海外投资带动出口贸易，积极开辟新的国际市场；第三，恰当发挥政府的推动作用；第四，建立扩大出口的金融促进和支持体系；第五，与产业政策相结合，以真正促进社会资源的有效配置，保证社会经济效益的提高，并促进市场秩序的完善。

开放型有管理的自由贸易政策体系的构建与发挥作用，需要完善的体制作保障，但是这些体制在许多方面尚不到位或很不完善，需要进一步的改革。在建立社会主义市场经济体制的过程中，不断深化外贸体制改革和企业内部机制改革，逐步建立起外贸企业自我积累、自我发展和自我约束的机制，建立健全符合国际通行规则和我国国情的对外经济贸易体制；尽快建立产权清晰、权责明确、政企分开、管理科学的现代企业制度，从根本上转变企业的经营机制，把企业推向市场，在市场竞争中增强企业活力；按世贸组织规范赋予企业更广泛的外贸经营权，实行外贸经营资格登记制度，逐步实现对各类企业进出口贸易的放开经营，让国内具有竞争实力的生产和流通企业早日进入国际市场，也方便外国企业有序地进入中国市场；完善外贸宏观调控体系，用经济手段和法律保障调节对外贸易的发展，增加政策的透明度，使保护措施科学化、规范化；积极参与多边贸易体系和国际区域经济合作，加强和改善双边经贸关系，进一步加强与发展中国家的经济技术合作与交流，积极参与国际经济、贸易、金融等方面的规则制定，维护我国作为发展中国家的正当权益。

开放型有管理的自由贸易政策的制定和实施是一项复杂的系统工程，一方面，涉及健全的市场经济运行体制、完善的外贸宏观调控体系和协调服务机制、产业政策、竞争政策以及适度的具体贸易保护政策措施等一系列相关方面。另一方面，原有贸易政策的调整必然会触及方方面面的利益，甚至涉及经营观念和经营作风的转变，因而会具有一定的风险和难度。即使如此，我们也必须积极主动地迎接挑战，适时地调整贸易政策，使其有利于培育我国企业及产品的竞争优势，有利于促进我国对外贸易的发展和尽快地融入经济全球化的大潮。

参考文献

[1] 陈飞翔：《开放利益论》，复旦大学出版社 1995 年版。

[2] 陈荣辉：《经济开放与产业发展研究》，立信会计出版社 1999 年版。

[3] 龙永图：《世界贸易组织知识读本》，中国对外经济贸易出版社 1998 年版。

[4] 米克奇、费勒尔：《产业经济与贸易重构》（邓伟根、王燕译），暨南大学出版社 1991 年版。

[5] 王福明：《世贸组织运行机制与规则》，对外经济贸易大学出版社 2000 年版。

[6] 王俊宜：《东亚地区经济集团化的进程较为缓慢的原因》，载于《南京经济学院学报》，1998 年第 1 期。

我国外贸政策的适应性调整*

经过 20 多年的外贸体制改革，我国的外贸政策逐渐由隐性保护转为相对性保护，并向贸易制度和贸易战略中性化的方向发展，同时，保护水平的逐渐降低，在一定程度上减少和消除了扭曲现象，使我国商品价格与世界市场价格逐步接近，出口产品越来越能够真实地反映我国的比较优势，从而促进资源配置效率的提高。我国今后对外贸易改革的目标是促进我国工业化水平提高和产业结构的优化，实现由比较优势向竞争优势转变。为实现这一目标，我国必须保持一定的贸易保护水平，以培育我国在国际市场上暂时还未形成优势的产业。因此，政府适度、适时调整外贸政策，对我国经济与外贸的健康发展十分重要。本文认为，利益、经济条件、理论和体制等因素是决定和影响我国外贸政策的主要因素。

第一，利益因素。从经济层面上看，贸易利益的追求不仅在历史上是促使各国经济走向开放的初始动因，在今天仍然是各国在对外开放过程中最为关注的焦点。因此，每个国家的政府都试图在参与国际贸易的过程中制定和实施能为本国争取最大经济利益的贸易政策，从而使利益成为一国制定贸易政策以及制定什么样的贸易政策的经济上的决定因素。从政治层面上看，一国的国际贸易政策形成过程实质上是一个公共选择的过程，国内各种利益集团和政府部门都是追求最大自身利益的"经济人"，都希望通过某种国际贸易

---

* 本文原载于《中国财政》2003 年第 3 期。

政策能够满足和实现他们的利益。因此，国际贸易政策形成过程也就是不同利益集团和政府部门在权力资源基础上的利益表达和利益选择的结果。国家作为一个独立利益体出现在世界经济政治格局中，国家利益也就同样是政府制定政策时首先考虑的问题。为了维护国家利益，就不可能完全开放国内市场，而应对本国战略性产业与幼稚产业采取必要和适度的保护与扶持。

第二，经济条件因素。同样的外贸政策，在不同的条件下会有不同的效果。因此，要根据本国的要素禀赋（自然资源、劳动力资源、资金、外汇和技术等）、经济发展水平（工业发展水平和技术水平）、国内市场容量，以及国际环境等来约束外贸政策的制定与实施。也正是在这一条件约束下，任何国家都不曾实行过完全的自由贸易和完全的保护贸易，都在进行着从保护贸易到自由贸易再到保护贸易的政策交替。

第三，理论因素。发展中国家为了摆脱其在国际经济利益分配中的不利地位，从经济发展出发提出了贸易保护理论，认为贸易保护本身是手段并不是目的，在保护过程中并不排斥竞争，而要通过政府干预来培育本国的竞争优势，最终创造出相对平等竞争、自由贸易的国际经济环境。这就指出了发展中国家的贸易政策演变趋向：保护—开放与适度保护并存—自由贸易政策。

第四，体制因素。外贸政策的选择囿于一国现行的体制。人们常把发展中国家在国际市场中的低竞争力归结于生产力水平低下和产品缺乏竞争力，实际上贸易竞争力在一定程度上也反映了体制的问题。市场调节不发达的国家，关税的调节作用就很难有效发挥。在价格机制不能充分作用的情况下，汇率政策的选择也受到限制。在管制价格下，为了避免国内外价格挂钩冲击国内价格体系，势必要采取各种限制性贸易措施。因此，应加快体制改革，以建立国内经济运行和对外经济联系的更优体制。

综上所述，在开放经济条件下，发展中国家的开放和自由化是长远之计，而保护则为权宜之策。一方面，只有积极参与国际竞争，投身贸易自由化，才能强国富民；另一方面，只有在 WTO 框架允许的范围内适当采取保护性措施，才能培育竞争优势，维护国家利益。根据经济全球化与我国经济发展的客观要求，结合我国对外贸易发展的实践经验进行考察，笔者认为，在短时期内我国对外贸易政策应定位为在贸易自由化过程中的合理保护，即开放型有管理的自由贸易政策，其宗旨是增强国家竞争力。其理由主要包括以下三个方面。

第一，经济全球化、贸易自由化要求各国贸易政策具有自由贸易的属性，WTO 更是要求我们降低关税壁垒和非关税壁垒，实行自由贸易。在此大前提下，贸易政策的目标只能设定为最终的自由贸易，并要求在逐步实行自由贸易的过程中制定更加切合实际的法律和制度，使贸易秩序化。避免无序的自由和随意的保护。但现行国际经济秩序和制度安排存在着严重缺陷，贸易、投资和金融自由化并不能保证各国公平分享经济全球化的利益。因此，我国的对外贸易逐步自由化必须是有管理和有协调的，必须建立一套灵活高效的宏观经济管理机制，做到趋利避害，控制风险，保证经济安全。

第二，我国国情决定了不能一步到位实行完全的自由贸易政策。作为发展中国家，我国工业化发展水平只处于初级阶段，生产技术和生产效率与当今世界先进水平差距较大。如果无条件地开放市场和进行自由贸易，无疑会使外国廉价商品占领本国市场，让外国先进的生产力完全吞食我国民族经济的基础。因此，只有进行动态保护和扶持主导产业，才会在市场和就业等方面产生溢出效应，而且具有持续的规模收益递增的效果，使国内潜在的市场需求不断地转化为现实的购买力。同时，通过保护一些具有竞争优势产品的国内市场，以增加就业及减少劳动力的闲置和促进经济增长，这是符合我国实际的选择。当然在制定和实施政策时，要不断地改进保护国内市场的策略和保护艺术，采取符合国际惯例和国际通行的规范化非关税措施，如进口配额制、反倾销、卫生防疫等安全标准和知识产权保护等措施。

第三，贸易理论和发达国家的实践经验为我国采取开放型、有管理的自由贸易政策提供了依据。传统自由贸易理论以其优美的模型和严密的逻辑性证明了自由贸易的必要性和最优性，但同国际贸易运作的现实始终有着本质上的矛盾，世界各国从来就没有进行过完全的自由贸易。而贸易保护理论的不断发展使以自由贸易理论为主线的国际贸易理论更加丰富。贸易政策的选择应根据每一阶段经济结构的特点，即每一阶段生产力所具有的静态比较优势和动态利益，采用最优的国际经济资源的置换政策——自由贸易政策与贸易保护政策的交替使用，以促进最佳利用国内经济资源与国际经济资源的现代经济结构的逐步建立。美国、德国和日本等发达国家的成功经验也揭示出实施贸易保护政策，利用政府干预培育本国企业和产品的竞争优势（主要指政府在新技术方面的资金投入和政策倾斜），对一国经济发展起着不可估量的作用。开放型、有管理的自由贸易政策的制定和实施是一项复杂的系统工程，一方面，涉及健全的市场经济运行体制、完善的外贸宏观调控体系和协调服务机制、产业政策、竞争政策以及适度的具体贸易保护政策措施等一系列相关方面。另一方面，原有贸易政策的调整必然会触及方方面面的利益，甚至涉及经营观念和经营作风的转变，因而会具有一定的风险和难度。综合考虑我国综合国力、市场成熟度、经济体制和政府的监控能力等因素，我国开放型有管理的自由贸易政策的实施必须建立在社会主义市场经济体制的基础上，让市场机制在国家宏观调控下对资源进行有效配置，重视技术进步，营造国内充分竞争的经济环境，并吸收国际经济文化交流所带来的精神文明成果，促进国民素质的提高，为国民经济的长期稳定发展创造有利的条件。我们必须积极主动地迎接挑战，适时地调整贸易政策，以使其有利于培育我国企业及产品的竞争优势，有利于促进我国对外贸易的发展和尽快地融入经济全球化的大潮。

开放条件下我国外贸政策的定位及体系构建[*]

对外贸易政策从动态过程来看是国家的政策制定和政策执行活动；从物化形态来看是国家对国际贸易活动的意志，国家的这种活动和意志不论是否科学、合理，都对对外贸易活动以及通过对外贸易活动体现的利益全局关系具有直接的影响。对外贸易政策在扶植出口企业、促进出口增长、摆脱外贸困境、提高产业结构等方面无疑产生着积极的作用。本文拟对开放条件下我国外贸政策的确定进行理论层面上的分析，并从实践角度为我国外贸政策体系的构建提供对策性建议。

一、开放条件下我国外贸政策的定位

在经济体制改革和外贸体制改革的过程中，我国一直在调整着自己的对外贸易政策，但其仍然存在着一些缺陷。例如，用"对外开放"来替代外贸政策，缺乏具体的政策属性；在贸易战略上虽然实施出口导向和进口替代相结合，在实际操作中却是过度的进口保护和无序的出口自由；实行自由贸易区的倾斜和优惠政策，充分利用廉价的劳动力和资源优势，短期效果显著，但造成产业结构和布局的不合理以及地区利益分配的不均，进而导致地区之间矛盾加剧以及地区保护严重；在不明确的外贸政策指导下静态比较利益显

---

[*] 本文原载于《当代经济科学》2003年第4期。共同作者：陈子季。

著，动态比较优势却不明显，未能在全球化的大背景下使国际化和主导产业协调发展，也未能充分利用跨国公司的科技条件和自身市场条件和资源优势，实现资源的重新配置和产业结构的升级。一言以蔽之，我国的对外贸易改革是逐步走向自由贸易，但采取的政策仍有高度保护之嫌，致使在加入世界贸易组织的谈判中授人以柄，以美国为首的发达国家也因此不断地抬高我国加入世界贸易组织的门槛，处心积虑地迫使我国以非公平的条件加入。

我国已于 2001 年 12 月 11 日成为 WTO 的正式成员，因此，必须尽快按照 WTO 对发展中成员的要求，结合我国的实际情况，使国家的支持力度、支持方式、支持效果与国际通行做法之间尽力保持平衡和一致，否则，就会受到贸易伙伴的批评甚至报复。我国现在已经是第十大贸易国和第二大外商直接投资的接受国，贸易、外商直接投资和国内高储蓄是我国经济增长的三大动力，因此，我们更应充分认识现有的、潜在的国际经济条件，总结国际经验和教训，明确对外贸易政策的指导思想。而许多发展中国家及我国自身的经验表明，要想通过参与经济全球化实现经济"腾飞"，关键在于制定正确的政策和策略。这里包括正确处理利与弊、局部与全局、眼前与长远、政治与经济、积极主动与步骤稳妥等方面的辩证关系。我国在加入世界贸易组织后及继续扩大对外开放的进程中，应该趋利避害地选择对外贸易政策，既要遵循国际惯例，坚定不移和积极主动地参与经济全球化，又应寻求在对等的前提下以最小的政治代价即部分主权约束和让渡来换取最大的经济利益。

因此，在开放经济条件下，发展中国家的开放和贸易自由化是长远之计，而保护则为权宜之策，一方面，只有积极参与国际竞争，投身贸易自由化，才能强国富民；另一方面，只有在 WTO 框架允许的范围内适当采取保护性措施，才能培育竞争优势，增强国际竞争力，从而维护国家利益。根据经济全球化与我国经济发展的客观要求，结合我国对外贸易发展的实践经验进行考察，本文认为，在短时期内，我国对外贸易政策应定位于贸易自由化过程中的合理保护，即开放型有管理的自由贸易政策。其理由主要有以下三方面。

第一，经济全球化、贸易自由化要求各国贸易政策具有自由贸易的属性，世界贸易组织更是要求我们降低关税壁垒和非关税壁垒,实行自由贸易,而我国对外贸易体制改革也显示出开放的不可逆转。在此大前提下,贸易政策的目标只能设定为最终的自由贸易,并要求在逐步实行自由贸易的过程中制定更加切合实际的法律和制度,使贸易秩序化,避免无序的自由和随意的保护。然而现行国际经济秩序和制度安排存在着严重缺陷,贸易、投资和金融自由化并不能保证各国公平分享经济全球化的利益。因此,我国的对外贸易逐步自由化必须是有管理和有协调的,必须建立一套灵活高效的宏观经济管理机制,做到趋利避害,控制风险,保证经济安全。

第二,我国国情决定了我们不能一步到位地实行完全的自由贸易政策。作为发展中国家,我国工业化发展水平只是处于初期阶段,生产技术和生产效率与当今世界先进水平差距较大,单位劳动力价格低廉的优势常常被素质和效率的低下所抵消,往往抵不过发达国家同类产业先进技术设备和高劳动生产率的优势。如果无条件地开放市场和进行自由贸易无疑会使外国廉价商品占领本国市场,让外国先进的生产力完全吞噬我国民族经济的基础。因此,只有进行动态保护、扶持主导产业,才会在市场和就业等方面产生溢出效应,而且具有持续地规模收益递增的效果,使国内潜在的市场需求不断地转化为现实的购买力。同时,通过保护一些目前没有竞争优势但经过国内自由竞争后会具有优势的产品的国内市场,以增加就业及减少劳动力的闲置和促进经济增长,也是符合我国实际的选择。当然在制定和实施政策时,要不断地改进保护国内市场的策略和保护艺术,采取符合国际惯例和国际通行的规范化非关税措施,如进口配额制、反倾销、卫生防疫等安全标准和知识产权保护等措施。

第三,贸易理论和发达国家的实践经验为我国采取开放型有管理的自由贸易政策提供了依据。传统自由贸易理论以其优美的模型和严密的逻辑性证明了自由贸易的必要性和最优性,然而却同国际贸易运作的现实始终有着本质上的矛盾。世界各国从来就没有进行过完全的自由贸易。而贸易保护理论的不断发展使以自由贸易理论为主线的国际贸易理论更加丰富。贸易政策的选择应根据每一阶段经济结构的特点，即每一阶段生产力所具有的静态比较优势和动态利益，采用最优的国际经济资源的置换政策——自由贸易政策与贸易保护政策的交替使用，以促进最佳利用国内经济资源与国际经济资源的现代经济结构的逐步建立。事实已经证明，曾为后进国的美国、德国和日本等发达国家的成功经验也揭示出实施贸易保护政策，利用政府干预培育本国企业和产品的竞争优势（主要指政府在新技术方面的资金投入和政策倾斜），对一国经济发展起着不可估量的作用。

二、我国开放型有管理的自由贸易政策的基点：
贸易保护的适度性

尽管保护可以使国内工商业免受外来的影响，使之得到相对稳定地发展。但是发展中国家在经济发展过程中普遍存在着过度保护的现象，这从长远来看是缺乏生命力的，而且对社会经济运行有着相当广泛和深刻的不良影响。因为，过度保护不利于国内企业形成规模经济，从而影响到整个国民经济发展水平的提高；过度保护导致企业技术创新不足，效率低下；过度保护会影响到资源的合理配置；过度保护还会招致他国的贸易报复；过度保护不符合国际贸易规则。

一个非常明显的例证就是我国高关税过度保护下长期处于落后状态的汽车工业所产生的负面影响。（1）过高的关税使国内汽车市场被人为地保护起来，造成供不应求，推动汽车价格上涨成为暴利行业，刺激了各地盲目扩建组装厂，规模经济低，造成资源浪费。（2）高关税保护并未推动汽车工业的高速增长，甚至其成长速度比其他产业还要慢，产量低、质量差，至今未形成国际竞争力。除一两家企业外，整体而言，技术水平相当落后，企业设备中的相当一部分是20世纪五六十年代的水平，产品质次价高，在国际市场上缺乏竞争力。（3）过高的关税刺激了走私活动，大量走私汽车涌入国内市场，造成国家税收的大量流失。

因此，我国开放型有管理的自由贸易政策所允许实施的贸易保护必须是适度的贸易保护。其特点主要体现在以下几个方面。

第一，适度保护的终极目标就是要建立和发展一个较为健全、合理的产业结构，并要有利于该产业结构向高级化发展，以带动整个经济的腾飞。同时它还应实现维持国内就业和保持国际收支平衡的基本目标。

第二，适度保护不是全方位的保护，而是有目的、有差别和有选择的保护。其一，保护的对象要有选择性。作为保护对象的产业应是对一国经济发展具有关键性影响并在现阶段面临着严酷的外部竞争的产业。其二，保护的期限要适度并有差别性。贸易保护是过渡性的措施而并非长期方针，它是手段而不是目的，当我国的产业水平与发达国家之间差距缩小并逐步具有竞争力时，就应消除保护最终走向自由化。同时由于不同的行业有不同的生命周期和不同的技术特点，因此不同的保护对象就应有不同的保护期限。其三，保护的程度要有差异性。比较成熟、有相当竞争力的行业的保护程度低甚至不给予保护，关系国计民生的、竞争力弱的行业的保护程度应适当高一些。

第三，适度保护是动态的主动的保护。动态性表现为逐步向以 WTO 为核心的多边贸易体制靠拢，按照其原则逐步取消关税和非关税壁垒，逐步走向贸易自由化；保护的对象、重点和程度要根据国内产业发展水平和国民经济运行状况以及国际政治经济环境的变化而进行及时的调整。动态保护是有利于产业结构合理化和高级化的保护，这是一国经济发展水平提高的必要条件。主动性是指以培育竞争优势为基点，利用多边规则和双边规则允许的手段和方式进行合理保护。比如，以 WTO 的有关协议为准则，强化进口配额和进口许可证的分配环节，灵活运用政府采购、反倾销、反补贴等措施，充分利用例外条款，适当控制贸易自由化的步伐，使之与国民经济的综合实力及发展速度相协调。

综合考虑我国综合国力、市场成熟度、经济体制和政府的监控能力等因素，我国开放型有管理的自由贸易政策的实施必须建立在社会主义市场经济体制的基础上，让市场机制在国家宏观调控下对资源进行有效配置，重视技术进步，造就国内充分竞争的经济环境，并吸收国际经济文化交流所带来的精神文明成果，促进国民素质的提高，为国民经济的长期稳定发展创造有利的条件。

三、我国开放型有管理的自由贸易政策应遵循的基本原则

开放型有管理的自由贸易政策应遵循开放原则、适度有效的保护原则以及竞争原则。

1. 开放原则

对外开放是我国的基本国策，也是经济全球化、贸易自由化（世界贸易组织）对我国的要求。开放才是主旋律，在开放和竞争中学会生存与发展，才是一个国家、一项产业、一家企业繁荣与兴旺的保证。

早在1848年，马克思和恩格斯就在《共产党宣言》中明确指出："资产阶级，由于开拓了世界市场，使一切国家的生产和消费都成了世界性的了。不管反动派怎样惋惜，资产阶级还是挖掉了工业脚下的民族基础。古老的民族工业被消灭了，并且每天都还在被消灭。它们被新的工业排挤掉了，新的工业的建立已经成为一切文明民族的生命攸关的问题：这些工业所加工的，已经不是本地的原料，而是来自极其遥远的地区的原料；它们的产品不仅供本国消费，而且同时供世界各地消费。旧的靠本国产品来满足的需要，被新的、要靠极其遥远的国家和地区的产品来满足的需要代替了。过去那种地方的和民族的自给自足和闭关自守状态，被各民族的各方面的相互往来和各方面的相互依赖所代替了。物质的生产如此，精神的生产也是如此。各民族的精神产品成了公共的财产。民族的片面性和局限性日益成为不可能，于是由许多民族的和地方的文学形成了一种世界的文学。"① 而且，我们要期望从贸

① 中共中央马克思、恩格斯、列宁、斯大林著作编译局：《马克思恩格斯选集（第一卷）》，人民出版社1972年版，第254~255页。

易伙伴那里获得较好的市场准入条件，就必须相应地开放自己的国内市场。实施开放型有管理的自由贸易政策不仅要有利于发展我国的生产力，充分发挥国内市场机制在提高生产效率和资源配置效率中的作用，而且要与国际市场机制保持有机联系，逐步向 WTO 所要求的国际规范靠拢。然而对于歧视性的国际规则，要从长远考虑，又要以现实的态度提出自己的合理主张，有条件地"接轨"。要力争使国际规则的修改或制定向有利于发展中国家的立场和主张方向靠拢，为国际经济新秩序的建立和在 21 世纪更好地发挥大国作用创造条件。

2. 适度、有效的保护原则

实施贸易保护要与我国经济发展所表现出来的总体阶段特征以及国际经济环境所表现出来的新趋势相一致。在扩大对外开放的同时要坚持对本国经济实行必要的保护，但保护不是闭关自守，保护落后，它是为了更好地获取开放利益而采取的必要手段。贸易保护的目的是有利于培育本国的竞争优势，促使企业提高国际竞争能力。保护政策和措施应符合国际通行做法，符合WTO 的有关规定，实现从非关税保护为主向关税保护为主的转变；保护政策和措施的实施范围和实施办法应有明确的规定，有足够的透明度；保护政策措施应是非歧视的；保护政策措施应纳入法制的轨道，杜绝随意性。

从总体上说，在开放前提下，对我国工业有选择地保护是必要的，也是国际规则所允许的，但是，我国的贸易保护必须符合适度、有效的原则。其一，贸易保护的适度性主要是指在综合考虑我国民族产业承受能力和发展潜力的基础上，形成适度的保护壁垒的高度、保护期限的长短等。贸易保护要着眼于资源的动态优化配置和经济发展的长远利益，以透明度较高的保护壁垒（以关税保护为主）、合理的保护期限为准则，达到既能促进本国幼稚产业和战略性产业的发展，又使国内企业充满活力，具有较强的竞争力和自我发展的能力。随着我国经济发展水平的提高和产业结构的变动，将逐步调整和降低关税的总体水平，针对不同产业的发展和各时期的特殊情况，实施相应的保护。其二，保护的有效原则是指根据 WTO 中透明度原则的要求，保护应以关税手段为主，各国在实际应用中，确定不同的关税结构，注重保护效果的做法。在贸易自由化潮流下，发达国家及一些发展中国家摒弃了过去那种设置高关税率的名义保护手段，转而采取较低关税下的实际保护手段，实行有效保护。按照有效保护理论，由于进口商品分为制成品和投入品，对它们的征税方式不同，其保护效果也不同。对原材料和中间产品征收较高关税将提高关税对非农产品贸易的保护水平，而降低最终产品的保护水平。当原料和投入品税率降低时，一方面造成关税总水平下降，另一方面又会使加工制成品的有效保护程度提高。这样，当一国降低关税总水平时，确定合理的关税结构反倒会增强对国内生产者的保护，特别是若对出口导向型生产企业所使用的投入品征收的关税率降低，反倒使它们受到有效保护。这种保护不仅不会受到贸易对象国的报复，而且有利于进口结构和产业结构的合理化。因而，适度保护应分别对中间产品和最终产品制定不同的关税税率。

3. 竞争原则

虽然我国仍然对引进竞争机制顾虑重重，但是经济开放必然要求一国国民经济在世界市场上应具有竞争性，与世界市场接轨从另一层面上说本身就是利益与压力并存，合作与竞争同在。所以开放型有管理的自由贸易政策并不意味着抵制、排斥竞争，而是要为参与国际合作创造条件，为赢得国际竞争提供可能。贸易政策和竞争政策的目标是一致的，两者都是为了增加消费者福利和提高经济效率。通过扩大市场准入，引进和建立竞争机制，促使我国广大企业按国际标准体系、市场需求来组织营销活动，推动技术进步和提高管理水平，这是提高我国企业整体素质的有效途径。值得注意的是，保护必须适度，应以提升国家整体竞争力为目标，实行竞争与保护相结合的政策，努力把握竞争无害和保护有度的原则是开放型有管理的自由贸易政策的核心逻辑。必要的竞争和适当的保护是一种动态的平衡，随着经济实力的增强和国内产业竞争力的提高，前者力度逐步加强和后者力度相应减弱是必然的趋势。

四、我国开放型有管理的自由贸易政策体系的构建

开放型有管理的自由贸易政策的制定和实施是一项复杂的系统工程，一方面，涉及健全的市场经济运行体制、完善的外贸宏观调控体系和协调服务机制、产业政策、竞争政策以及适度的具体贸易保护政策措施等一系列相关方面。另一方面，原有贸易政策的调整必然会触及方方面面的利益，甚至涉及经营观念和经营作风的转变，因而会具有一定的风险和难度。即使如此，我们也必须积极主动地迎接挑战，适时地调整贸易政策，以使其有利于培育我国的竞争优势，有利于促进我国对外贸易的发展和尽快融入经济全球化的大潮。因此，结合我国外贸发展的实际情况和外贸体制改革的走向，本文在最后对构建开放型有管理的自由贸易政策体系框架提出对策性建议。

1. 体制保障

开放型有管理的自由贸易政策体系的构建与发挥作用，需要完善的体制作保障，但是这些所需体制在许多方面尚不到位或很不完善，需要进一步的改革。具体是指：在建立社会主义市场经济体制的过程中，不断深化外贸体制改革和企业内部机制改革，逐步建立起外贸企业自我积累、自我发展和自我约束的机制，建立健全符合国际通行规则和我国国情的对外经济贸易体制；尽快建立产权清晰、权责明确、政企分开、管理科学的现代企业制度，从根本上转变企业的经营机制，把企业推向市场，在市场竞争中增强企业活力；按世界贸易组织规范赋予企业更广泛的外贸经营权，实行外贸经营资格登记制度，逐步实现对各类企业进出口贸易的放开经营，让国内具有竞争实力的生产和流通企业早日进入国际市场，也方便外国企业有序地进入中国市场；完善外贸宏观调控体系，用经济手段和法律保障调节对外贸易的发展，增加政策的透明度，使保护措施科学化、规范化；积极参与多边贸易体系和国际区域经济合作，加强和改善双边经贸关系，进一步加强与发展中国家的经济技术合作与交流，积极参与国际经济、贸易、金融等方面的规则制定，维护

我国作为发展中国家的正当权益。

2. 外贸政策的主要目标：扩大出口

贸易保护的主要正效应体现在出口的扩大对整个国民经济的带动作用上。"十五"计划纲要提出要积极发展对外贸易，更好地实施以质取胜、市场多元化和科技兴贸战略，努力扩大货物和服务出口，2005 年货物进出口总额达到 6800 亿美元[①]的外贸发展目标。笔者认为，构建扩大出口的政策体系应从以下几方面入手。

（1）用产业结构升级带动出口商品结构的进一步优化，提高出口商品的国际竞争力。第一，我国最具竞争优势的纺织品、服装、鞋类、玩具等出口商品要切实采取提高产品质量、增加花色品种、加强售后服务等相关措施，巩固原有出口市场并争取开拓新市场。第二，尽快组织、落实国内机电产品的生产，保证机电产品出口货源充足，并在相关优惠政策的带动下，大力提高机电产品出口份额（2005 年机电产品出口比重提高到 50% 左右[②]），力争在整体出口不景气的情况下，实现外贸出口的适度增长。世界市场具有替代性极强的特征，因此，应根据对世界市场行情的研究与预测，及早考虑机电产品的替代产品问题，以防患于未然。第三，加强加工贸易管理，提高加工贸易增值率，扩大加工贸易出口。第四，继续规范发展边境贸易。第五，大力发展承包工程、设计咨询、技术转让、国际旅游、国际运输、航天发射、教育文化和金融保险等领域的服务贸易出口，逐步缩小服务贸易逆差。第六，积极实施"科技兴贸"战略，促进高新技术产品出口，充分发挥高新技术产业的带动作用，并将高新技术渗透到传统产业中，提高出口商品的技术含量、档次及附加值，加快实现出口商品由目前的初级工业制成品为主向高附加值、高技术含量的工业制成品为主的飞跃。高科技、高附加值产品出口创汇能力强，不易受市场配额的限制及影响，对国民经济的带动作用大于一般商品出口，因此成为我国出口商品结构调整中的重点扶植对象。在"科技兴贸"战

[①②] 《北京日报》，2001 年 3 月 18 日。

略的执行中，对外经济贸易部、科技部、信息产业部等通力合作，制订了促进高技术产品出口的行动计划。在产业层面上，选择了信息、生物医药、新材料、消费类电子、家电五种有一定产业基础且出口前景较好的行业；在区域层面上，选择了北京、天津、上海、深圳、大连、厦门、西安、广州等高新技术产业基础较好的 15 个城市作为重点，利用中央和地方两方面的鼓励政策，大力促进这些区域的高科技产品出口。

（2）加快实施市场多元化战略，用海外投资带动出口贸易，积极开辟新的国际市场。对于发展中国家来说，努力改变依赖少数传统商品出口的局面，逐步实现出口商品和出口市场的多样化，应当被看作经济发展战略的需要。在世界各国经济交往日益频繁和市场变数增大的今天，实现市场多元化可以减少风险和损失，减轻外部条件的变化对本国经济的冲击。

（3）恰当发挥政府的推动作用。外贸企业要扩大出口离不开政府的支持，政府按照国际惯例，运用出口退税①、出口信贷、出口信用保险等政策性手段加大对出口的支持力度，帮助、鼓励和扶持外贸企业特别是名牌企业出口名优商品、高技术或高附加值商品；加强银贸合作，加大金融对外贸的支持力度，逐步改进出口信用保险服务，对部分亏损企业提供封闭贷款；加强有关出口立法，使促进出口的政策和措施规范化、制度化，使企业通过出口逐步实现国际化；严厉打击走私、逃套汇、骗取出口退税等不法行为，维护对外经济贸易秩序。

（4）建立扩大出口的金融促进和支持体系。在解决企业融资的问题上，既要加大对企业融资，又要为企业融资提供必要的制度和技术保障；在降低企业出口风险上，要健全完善出口信用保险，保障企业收汇安全；在市场开发方面，应建立市场开发和促进基金，推进我国产品和企业走向国际市场；在海外投资方面，设立海外投资促进基金，鼓励有能力、有成熟技术的企业

---

① 中国出口退税机制应该加快向国际惯例靠拢，对于以出口为主的流通企业的出口货物实行免税购买，对于出口企业免税购进的货物未能内销时再照章补缴税款，以内销为主的企业出口货物时实行免抵退的方式。

到海外投资，带动国产设备、产品、劳务、技术等出口；在鼓励高科技产品出口方面，除了要充分利用现有的政策，如出口信贷政策、信用保险政策外，还要设立高新技术产品及服务出口促进基金，为这些企业和产品走向国际化增加推动力。对外经济贸易促进和服务体系的建立和完善，中介组织作用的充分发挥，将会进一步提高我国对外开放的水平。

3. 适度保护措施的选择

适度保护措施应以关税为主、非关税为辅，制定合理的关税结构，进一步深化非关税措施的改革。

（1）保护必须以世界贸易组织要求的透明度高的关税手段为主。征收关税可以对进口国在价格、消费、生产，财政收入和收入再分配等方面产生正效应。运用关税保护符合国际贸易惯例，有利于贯彻非歧视原则，也有利于利用关税的价格机制，使国外价格变动信息更容易通过关税输入到国内经济中，在国内市场与国际市场之间建立起较密切的联系。但是关税保护也应遵循适度原则，要求制定适宜的关税税率，进一步降低关税总水平，使其达到发展中国家的平均水平，一般 12%~15% 比较合适；合理调整关税结构，建立合理的关税阶梯结构，特别是拉开原材料与半成品之间的税差，同时缩小半成品与制成品之间的税差。从国际经验看，由于产业之间大多前后关联，因此，上游产业的关税率较低，下游产业的关税率较高，形成原材料、半制成品、制成品税率梯度升高的关税结构是比较合理的，这样就会实现关税的有效保护。同时还需灵活运用差别税率，根据产业政策的要求实行差别保护。

（2）合理选择非关税措施。非关税措施可分为两大类：一类是指进口国直接对进口商品的数量或金额加以限制，或迫使出口国直接限制商品出口，如进口配额、"自动"出口限制等；另一类是指进口国对进口商品制定严格的条例和标准，间接地限制商品进口，如进口押金制、苛刻的技术标准和卫生检验规定等（高成兴，1993）。与关税措施相比，非关税措施具有有效性、隐蔽性和灵活性的特点，目前被世界各国普遍采用并产生广泛影响的非关税措施主要有反倾销、反补贴、进口数量限制、海关估价制度、贸易技术壁垒以及绿色贸易壁垒等。世贸组织要求各成员规范非关税措施的管理行为，避免对一种商品实施多种贸易保护措施。根据 1994 年关贸总协定第 19 条进口保障措施，认为当一成员履行世贸组织义务时，如果出现不可预见的情况，使其进口大量增加，并因而引致国内生产同类产品工业的重大损害或有重大损害威胁时，可以向货物贸易理事会提出，经一定程序后可采取合理保护措施。如果进口商品存在补贴或倾销，还可按《反倾销协议》《补贴与反补贴协议》对其征收反倾销税和反补贴税，以维护公平竞争。因此，运用非关税措施实施保护时应做到合理合法，符合国际规范。首先，完善反倾销、反补贴及保障措施等手段。开展以反倾销为核心的反不正当竞争执法及宣传活动，以国际公认的反倾销法则来规范自己的竞争行为；接受国际反倾销法为自由贸易条件下的竞争规则，建立我国的反倾销法律体系并严格执法，积极应诉，引导企业竞争观念的更新和实现非价格竞争的市场经济秩序，维护我国企业的合法权益。其次，主动采用绿色贸易壁垒，保护我国的生态环境，努力提高环保技术，防止国外的环境污染转嫁。借鉴和采用国际标准并争取早日与国际标准接轨，推进技术性贸易措施体系建设，有效实施健康、安全、卫生、环保等方面的检验检疫和疫情监控，防止有害物质和生物入境；推行严格的技术规则与环保标准，以增强我国出口商品的竞争力，使之能够顺利地进入国际市场，避免引起贸易纠纷，造成不必要的损失。再其次，对确属幼稚产业的少数商品提供一定期限的保护，取消不符合世界贸易组织规则要求的一切其他非关税措施，合理运用保护性补贴调整国内的成本结构，使国内的成本结构与国际市场的价格结构相适应，提高本国商品的国际竞争能力，减缓对外开放对本国经济带来的冲击力，推动开放经济条件下国内资源的合理配置。最后，要根据我国外贸体制改革的总体目标和对外承诺，尽可能地减少行政性审批，逐步缩小配额、许可证等行政措施管理的商品范围，取消政府对进口商品的微观管理措施。同时要减少进口指令性计划指标，特别是中央进口计划比重要相应减少，逐步扩大市场调节的范围。

4. 综合运用贸易政策与产业政策

开放型有管理的自由贸易政策应与产业政策结合，以真正促进社会资源的有效配置，保护社会经济效益的提高，并促进市场秩序的完善。

在经济国际化过程中，我国产业政策的基本思路是全面加强农业，加快基础工业、基础设施的建设，大力改组并改造加工工业，努力发展主导产业和高新技术产业，加快第三产业的发展。因此，保护对象的选择应结合产业政策，对关系国计民生的战略性产业如农业、石油化工、航空航天、电子等，以及幼稚产业（指根据国民经济结构的动态变化，当时尚处于不成熟、经不起国际竞争的，又具有潜在比较优势和动态外部经济效应，同时具有规模经济递增效应的支柱产业）给予适当的重点保护，培育竞争优势。我国在发展高技术产业方面已经取得了显著的成效。由 400 多位科研人员、200 多家科研院所、100 多所高校参与的我国"八六三"计划，自 1986 年实施至今 15 年来，共投入了 57 亿元人民币，但累计创造新增产值 560 多亿元人民币。通过该计划的实施，我国培育了一批高技术产业生长点，同时为传统产业的改造提供了高技术支撑，仅产生的间接经济效益就高达 2000 多亿元人民币。[①] 幼稚产业的选择是开放型有管理的自由贸易政策实施的关键，应立足于经济的长远发展和产业结构的合理化和高级化，在明确合理的保护期限内有选择地逐步降低保护程度，适度引入竞争机制，及时将已具竞争优势的幼稚产业推向国际市场，争取更大的生存空间；逐步降低对服务贸易的保护程度，有步骤地推进商业、外贸、航空运输、工程承包以及旅行社、会计师事务所、评估机构、商检、质检等社会中介机构等服务贸易领域的对外开放；对经过长期发展并已具竞争力的产业，如纺织服装业、家用电器业等不必再保护，而应进一步放开搞活，通过扩大竞争来刺激其焕发出勃勃生机，创造更大的经济效益。

---

① 《2001 年中国高技术产业十五年新增产值 560 多亿元》，中国新闻网，2001 年 2 月 15 日。

参考文献

［1］陈漓高：《经济全球化与中国的对外开放》，经济科学出版社 2001 年版。

［2］陈荣辉：《经济开放与产业发展研究》，立信会计出版社 1999 年版。

［3］狄昂照等：《国际竞争力》，改革出版社 1992 年版。

［4］高成兴：《国际贸易教程》，中国人民大学出版社 1993 年版。

［5］任烈：《贸易保护理论与政策》，立信会计出版社 1997 年版。

［6］熊贤良：《国内扭曲、国际竞争与对外开放》，云南大学出版社 1997 年版。

［7］杨圣明：《中国对外经贸理论前沿》，社会科学文献出版社 1999 年版。

［8］尹翔硕：《中国对外贸易改革的进程和效果》，山西经济出版社 1998 年版。

［9］赵东荣：《中国经济国际化政策研究》，南京大学出版社 2000 年版。

对外开放与适度保护[*]

中国加入 WTO 已整整一年了。实践证明，中国的发展离不开世界，对外开放有利于促进我国产业的发展，也有利于我国经济体制改革的不断深化。那么，在新的背景下，对国内相关产业是不是不需要适度保护了？有人认为，在中国已正式加入世界贸易组织的今天，再谈适度保护会授人以柄。其实，这是一个误解。

加入 WTO 有助于提高我国政府在国际社会中的政治地位；推动我国社会主义市场经济的发展，使我国尽快建立统一、开放、竞争和有序的大市场；有效消除我国在国际贸易中遇到的歧视性待遇，大大增加中国在世界事务，特别是国际贸易方面的发言权和主动权；有利于引进外资和扩大出口。因此，加入世界贸易组织有助于中国的改革开放，使中国成为世界经济的重要力量，并为完善和加强多边贸易体制作出更大的贡献。然而，对外开放在促成经济增长的同时，也会使一国在商品销售、资本积累、技术进步等诸多方面越来越依赖世界市场。同时该国的货币、财政和国际收支政策也将面临越来越大的内外目标的冲突。如果不能合理把握好对外开放与独立自主、世界市场与国内市场、经济全球化与国家利益甚或经济安全之间的关系，改革开放就可能遭受挫折。因为，发展中国家与发达国家存在着经济发展水平上的巨大差距，特别是当这种差距表现为在短期内不易改变的生产技术方面的差距时，

＊ 本文原载于《光明日报》2003 年 12 月 17 日。共同作者：王稳。

如不实行适当保护，就会让发达国家的商品占领自己的国内市场，并使国内明显处于落后阶段的工业受到早就具备低成本生产方式的强大竞争对手的摧残，致使整个经济都难以顺利发展。因此，应当从当前世界经济形势和我国国情出发，在扩大对外开放的同时处理好自由贸易与适度保护的关系问题。

对外开放使我国占据了一定的世界市场份额，但同时也让出了相当可观的国内市场，我国面临着对世界市场的融入风险，如果改革开放使民族工业分享到的世界市场的份额小于其让出的国内市场份额，则表明这种改革开放已经在一定程度上影响了民族经济的发展。而且，我国加入世界贸易组织就得承认它所制定的全球范围内的多边贸易规则，这在我国国力还不十分强大的条件下，显而易见地会付出一定的代价，比如会对我国民族工业造成冲击，加剧我国国有企业的困难，出现国内市场生产过剩，企业亏损等诸多问题，并会使我国决定贸易政策以及改革贸易制度的自主性和灵活性大大削弱。因此，扩大开放也不能没有适当的保护，保护是为了更好地参与自由贸易，并在适度竞争中获取比较利益，发展一国的生产力，提高综合国力和提高人民的生活水平。与此同时，我们也应清楚地看到，世界贸易组织虽然倡导贸易自由化，但也并不反对合理保护。问题的关键在于，作为发展中大国的中国，在参与经济全球化和进行自身对外贸易体制改革的过程中，既要遵循世界贸易组织的基本原则，又要利用它对发展中国家提供的优惠待遇，制定出既符合国情，有利于发展我国的生产力，又逐步向世界贸易组织所要求的国际规范靠拢的外贸政策，利用世界贸易组织规则范围内的保护手段趋利避害，使我们加入该组织的风险最小化。

对外贸易政策在扶植出口企业、促进出口增长、摆脱外贸困境、提高产业结构等方面无疑产生着积极的作用。加入 WTO 后，必须尽快按照 WTO 对发展中国家的要求，结合我国的实际情况，使国家的支持力度、支持方式、支持效果与国际通行做法之间尽力保持平衡和一致，否则，就会受到贸易伙伴的批评甚至报复。因此，我们要明确对外贸易政策的指导思想，总结国际经验和教训，充分认识现有的、潜在的国际经济条件，走出一条全球化的发展之路。而许多发展中国家及中国自身的经验表明，要想通过参与经济全球化实现经济"腾飞"，关键在于制定正确的政策和策略。这里包括正确处理利与弊、局部与全局、眼前与长远、政治与经济、积极主动与步骤稳妥等方面的辩证关系。

在经济体制改革和外贸体制改革的过程中，我国一直在调整着自己的对外贸易政策，但其仍然存在着一些有待改进的地方。例如，用"对外开放"来替代外贸政策，缺乏具体的政策属性；在贸易战略上虽然实施出口导向和进口替代相结合，在实际操作中却是过度的进口保护和无序的出口自由；实行自由贸易区的倾斜和优惠政策，充分利用廉价的劳动力和资源优势，短期效果显著，但造成产业结构和布局的不合理以及地区利益分配的不均，进而导致地区之间矛盾加剧以及地区保护严重；在不明确的外贸政策指导下静态比较利益显著，动态比较优势却不明显，未能在全球化的大背景下使国际化和主导产业协调发展，也未能充分利用跨国公司的科技条件和自身的资源优势，实现资源的重新配置和产业结构的升级；等等。

当然，在开放经济条件下，发展中国家的开放和自由化是长远之计，而保护则为权宜之计。一方面，只有积极参与国际竞争，投身贸易自由化，才能强国富民；另一方面，只有在 WTO 框架允许的范围内适当采取保护性措施，才能培育竞争优势，维护国家利益。根据经济全球化与我国经济发展的客观要求，结合我国对外贸易发展的实践经验进行考察，我国加入 WTO 后在进一步扩大对外开放的进程中，应该在既要遵循国际惯例，坚定不移和积极主动地参与经济全球化，又应寻求在对等的前提下以最小的代价换取最大的经济利益的基础上，合理制定对外贸易政策。我们认为，在较短时期内我国对外贸易政策的定位应为在贸易自由化过程中的合理保护，即开放型有管理的自由贸易政策，其宗旨是增强国家竞争力。

我国外贸体制改革进程的特点与政策性思考[*]

对外贸易是国民经济的重要组成部分，贸易的发展本身就是经济的发展，通过贸易可以更好地发挥我国的比较优势，优化资源配置，建立与国际市场及海外资源的联系通道。作为整个经济体制改革的一个有机组成部分，我国对外贸易体制改革在 1980 年以后才真正起步，而且其改革的方向和进程与整个经济体制改革相一致，对外贸易政策也在适时地进行调整。改革开放以后，我国对外贸易获得了高速发展，在 1997 年底跻身世界贸易十强，目前已位列第四，对外贸易成为我国经济向现代化、国际化发展的核心力量之一。加入世界贸易组织的过渡期内，我国面临着对外贸易政策的选择与明确的问题。本文拟通过回顾我国外贸理论与实践发展的历史过程，探寻中国经济体制改革进程的特点、对外开放与适度保护的关系，从而为制定适当的外贸政策提供一种分析框架。

一、我国外贸理论的回顾与思考

新中国成立五十多年来，外贸理论的发展具有阶段性、突破发展性和实践性的理论特色。

---

* 本文原载于《产业经济研究》2005 年第 1 期。

1. 与经济发展相联系的外贸理论发展的阶段性

新中国成立后，我国根据不同时期经济发展的重点提出了不同的外贸理论。第一阶段是在新中国成立以后到改革开放以前，采取的是一种国家统制型的保护贸易理论和政策。第二阶段是在党的十一届三中全会以后至今，采取的是开放型的贸易理论和政策。20世纪80年代初，我国经济体制进行了从产品经济到有计划的商品经济进而到社会主义市场经济的改革。与此相对应，对外贸易的基本原则是在自力更生的基础上，把视野逐步从国内扩展到国际，利用国内外资源，打开了国内国外两个市场，学会了组织国内建设和发展对外经济关系两套本领。同时，还改革了高度集中的外贸经营管理体制，实行外贸经营承包责任制，逐步扩大了外贸企业的经营自主权，在出口政策体制方面运用汇率、外汇留成、奖励、部分商品出口退税等办法，促进外贸出口的发展。但是进口体制改革却严重滞后，行政手段管理与多头管理并存，不仅政府主管对外贸易的部门要干预进口，国家经济综合部门和各工业部门也都对进口实施管理。其时主要推崇扩大出口、限制进口。1992年以后，随着社会主义市场经济的逐步建立，中国开放型的对外贸易理论和政策进一步深入，新型的对外贸易体制也开始确立。在1995年9月28日中国共产党第十四届中央委员会第五次全体会议上通过的《中共中央关于制定国民经济和社会发展"九五"计划和2010年远景目标的建议》中首次提出，"九五"期间，要适应我国社会主义市场经济发展需要和国际经济通行规则，初步建立统一规范的对外经济体制。1992年以来，在建立开放型外贸体制理论的指导下，采取了一系列措施以建立新型外贸体制，这些措施主要包括增强进口管理透明度，建立有利于改善进口结构、促进技术引进消化、创新的机制；降低关税税率总水平直至WTO所要求的发展中国家的水平；实现汇率并轨，从1994年1月1日起，我国企业和居民个人用汇均以同一种价格向银行购买，1996年7月1日起实行银行结售汇制，实现人民币经常项目的可自由兑换；加快经贸立法，制定了《中华人民共和国对外贸易法》《中华人民共和国反倾销条例》等，完善和实施涉外经济贸易的法律法规，采用国际通用办法对国内幼稚产业进行必要的保护。21世纪，我国作为WTO成员，外贸理论的研究一方面应侧重于充分运用WTO推动的多边自由贸易政策条件发展对外贸易，积极有效地参与全球经济一体化进程，以分享到最大的经济利益；另一方面也应着重研究WTO框架中的贸易保护机制，充分运用反倾销、贸易技术性壁垒、绿色贸易壁垒等合理合法的措施以及其他创新保护形式，以有效地降低自由化带来的负面效应。

2. 突破发展性

改革开放以来，经济理论界的思想进一步得到解放，理论工作者针对不同时期外贸发展的客观情况，从不同角度对传统的外贸思想进行反思，推动了我国外贸理论的突破性发展。其一，从社会生产力发展的角度认识了国际分工存在和发展的历史必然性，论证了国际分工能够节约社会劳动的原因和条件——比较成本说，国际分工从剥削转向社会进步，强调社会主义国家必须充分利用国际分工。其二，打破了国营外贸公司独家经营对外贸易的外贸垄断论，形成了国有企业、"三资"企业、乡镇企业和私营企业共同经营外贸的竞争格局。其三，从传统的单纯商品贸易理论转向以商品货物贸易为主、服务贸易为辅的外贸理论，并逐渐提升服务贸易的认识地位，以适应国际贸易发展的大趋势。其四，形成了有中国特色的比较科学的关税理论，并由此确定了鼓励与保护并重的开放型的关税政策。首先，改革了关税征管制度，充分发挥关税的经济调节职能和财政职能；其次，实施关税优惠政策，有力地支持了对外开放和国民经济发展；最后，大幅度降低关税税率并合理调整关税结构，促进了中国经济与世界多边经济贸易体制接轨。

3. 实践性

我国对外贸易理论的阶段性发展均立足于中国国情和国际经贸环境的发展与变化。20世纪90年代以后，中国外贸发展面临的国内经济环境及所处国际环境都有了很大改变，对外贸易在国内经济发展中的地位和影响进一步增强。在此条件下，我国对外贸易观念正在发生着深刻的变化，外贸政策也在进行着相应的调整。从我国外贸政策走向看，外贸政策逐步趋向自由化，符合经济全球化大趋势的要求，符合 WTO 的要求。同时鲜明地指出对外贸易要有利于发展社会主义的生产力，有利于增强社会主义国家的综合国力，有利于提高人民的生活水平，这是我国国情的客观要求。

然而，自对外开放以来，主张自由贸易的观点在理论界一直占主导地位，对自由贸易理论的研究也是以资本主义市场经济国家所组成的完全竞争市场为基础，而且并未能解决诸如贸易比较利益对一个发展中大国来说究竟是什么，发展中大国如何才能获得此利益并将在贸易国之间如何进行分配这样一些根本性的问题。对贸易保护则更是讳莫如深，似乎将其与闭关锁国等同起来，对其缺乏系统深入的研究。因此，外贸理论的研究实际上并不能充分发挥其对改革开放实践的指导作用，也使得我国外贸政策的选择仍存在模糊认识（郑超愚和韦伟，1994），缺乏明确的对外贸易总政策，要么实施否认整合全国外经贸活动参与国际竞争的必要性，进行无度竞争，从而大爆价格战，忽视了国家的整体利益；要么对国内企业过度保护，致使其国际竞争力低下，不能积极参与国际分工。其结果是我国进出口体制改革的不对称，外贸发展政策仍然面临着重大调整。因此，迫切要求形成统一规范的外经贸宏观体系，逐步制定出科学、合理、符合国际规范的配套的宏观管理措施。

二、中国外贸体制改革进程的特点

中国的改革从农村到城市，从农业到工业和服务业，涉及每一个经济领域，而 1980 年 1 月 1 日起正式启动的我国对外贸易改革是这一伟大变革中的一个重要组成部分。同时，中国从一个基本封闭的国家逐步对外开放，从经济特区到内陆省份全面地大量引进海外资本、技术、管理经验乃至商业惯例、市场意识等，而贸易改革又是这种全面开放中的一个主要内容。可以说，中国对外贸易体制改革使得经济改革更加深刻，因为它将内部改革与对外开放连接在一起。我国对外贸易体制改革的进程呈现出渐进性、法制化和市场化的特点。

1. 渐进性

国际上贸易改革的步骤一般都遵循公平竞争的非歧视原则，即第一步先把配额等各种数量控制措施转变为关税；第二步降低高关税商品的税率，使之与低关税看齐，逐步统一关税税率；第三步再统一降低关税，使关税全面降低到零水平，实现自由贸易。我国根据国情进行适当的调整，但实际上也是依此进行对外贸易改革。中国国际贸易研究所课题组认为，外贸体制转型的首要目标是建立既具有中国特色，又与国际贸易惯例所规范的外贸体制接轨的自由贸易制度。杨圣明（1999）认为，我国外贸体制改革的渐进性表现在以下方面：一是简政放权，政企分开；二是外贸承包，财政包干；三是取消补贴，自负盈亏；四是汇率并轨，宏观调控。通过渐进性改革，深化了外贸企业内部机制的改革，推动了外贸企业转换经营机制，完善了外贸宏观管理，加强了外贸经营的协调服务机制。在非关税措施方面的变化最为引人注目。1993 年以来，中国政府对 150 多项非关税措施进行清理和逐步取消，使非关税措施减少 30% 以上。例如，以前实行进口配额许可证的商品有 1247 个税号，约占进口商品全部税号的 20%。经过清理，现仅存 384 个税号，约占进口商品全部税号的 5%（陈家勤和倪月菊，1998）。

2. 法制化

中国外贸体制改革以来，原来十几家国营外贸公司垄断进出口的体制被打破了，全国直接从事进出口业务的企业达到 18 万家，其中有外贸经营权的内资企业 7000 多家，外商投资企业 17 万家（仲鑫，2005）。虽然制定了许多"管理条例"和"暂行办法"，仍不能管理好这么多企业，以致各类"商品大战"年年发生，既造成了肥水外流，又引发了国外反倾销诉讼。这就迫切需要在法律上确立新型外贸管理体制的地位。1994 年 7 月 1 日，《中华人民共和国对外贸易法》正式施行，它标志着中国在外贸管理上靠行政管理和一事一议时代的结束，以法律为准绳的规范统一时代开始。这部法律的出台正处于我国"复关"谈判过程中，其特点之一就是与关贸总协定的原则接轨，这也为我国外贸管理体制符合国际惯例打下了基础。

3. 市场化

从社会主义市场经济体制建立的角度看二十多年改革开放所取得的成果，是从市场主体培育、价格市场化、市场体系培育和市场化区域推进四个方面积极稳妥地推动计划经济向市场经济转轨。所谓市场化，是指经济资源由计划配置向由市场配置的根本性转变，以及由此所引起的企业行为、政府职能等一系列经济关系与上述转变相适应的过程。市场化过程的重要标志包括非国有工业产值的增加、国内交易的市场化和劳动者就业的市场化。从对外贸易角度来讲主要是指自由化。世界银行以权重分别为0.3、0.3、0.4的国内交易自由化、外部交易自由化和新企业的准入三项指数的估计数的加权平均数来计算各国的自由化指数。一般认为，分析中国国民经济总体市场化应包括以下五个重要方面。（1）产品的市场化。（2）生产要素的市场化。（3）企业的市场化。体现在企业制度自主选择度，企业对其经营者的市场选择率，企业自主权落实率，利润最大化目标居第一的企业比重等。（4）政府对市场的适应程度。体现在政府从微观经济领域退出的程度和宏观调控方式由"直控"向"间控"转变的程度等。（5）经济的国际化程度。作为一国经济市场化向外延伸部分的经济国际化，可用贸易依存度、资本依存度和投资结构三项指标来判断经济对国际市场、国际资本等的依赖程度，另外也体现在进出口调节制度的市场化上。1994年实行汇率并轨制度，使中国对进出口的行政性控制转变为利用汇率工具的市场化调节，这是外贸管理控制与激励方式上的一个重大变革。此外，在"复关"和"入世"的十五年谈判的过程中，我国经济体制改革的市场化程度逐渐提高。特别是在加入WTO后，国际市场对中国进一步开放，同时也意味着中国的国内市场进一步对外开放，中国各类企业将更加广泛地参与国际市场竞争。这将有利于打破地区封锁、地方保护主义和行业保护，促进公平竞争，从而推动国内经济秩序的整顿和统一、规范的全国性市场体系的建立，并按照现代企业制度的要求改组国有外贸企业，企业也必须作出战略上的调整，按照国际企业的管理规范、国际标准体系、市场需求和经销惯例来组织生产经营活动，才能具有应变能力，提高竞争能力。

可以看出，中国对外贸易体制改革经历了先用商业政策手段取代计划手段来调节进出口贸易，继而为避免其偏向性以发展对外贸易、推动经济增长，国家采用了大力鼓励出口的措施，最后在价格和企业的配套改革下，逐步减少国内的各种关税和非关税保护以及取消各种优惠措施和倾斜政策，达到建立一个比较自由的对外贸易体制的最终目标。其间，贸易政策也逐渐由隐性保护转为相对显性保护并最终使贸易制度和贸易战略中性化。保护水平的逐渐降低，在一定程度上减少和消除了扭曲现象，我国商品价格与世界价格逐步接近，我国的出口产品越来越真实地反映我国的比较优势，从而促进了我国的资源配置效率，并促使我国经济进一步对外开放。然而对外贸易改革还有一个重要的目标就是促进我国工业化水平的提高和产业结构的优化，即促进我国比较优势向竞争优势的转变，这就要求我们必须保持一定的贸易保护水平，以培育我国在国际市场上暂时还未形成优势的产业的发展，因此政府适当地干预贸易就显得尤其重要。

三、我国外贸政策的基石——对外开放与适度保护相结合

对外贸易政策从动态过程来看是国家的政策制定和政策执行活动；从物化形态来看是国家对国际贸易活动的意志，国家的这种活动和意志不论科学、合理与否都对对外贸易活动以及通过对外贸易活动体现的利益全局关系具有直接影响。对外贸易政策在扶植出口企业、促进出口增长、摆脱外贸困境、提高产业结构等方面无疑产生着积极的作用。"入世"后，必须尽快按照WTO对发展中国家的要求，结合我国的实际情况，使国家的支持力度、支持方式、支持效果与国际通行做法之间尽力保持平衡和一致，否则，就会受到贸易伙伴的批评甚至报复。因此，我们要明确对外贸易政策的指导思想，总结国际经验和教训，充分认识现有的、潜在的国际经济条件，走出一条全球化的发展之路。而许多发展中国家及中国自身的经验表明，要想通过参与经济全球化实现经济腾飞，关键在于制定正确的政策和策略。这里包括正确处

理利与弊、局部与全局、眼前与长远、政治与经济、积极主动与步骤稳妥等方面的辩证关系。

对外开放是我国的基本国策，实行对外开放是我国经济体制改革的过程得以不断深化的重要诱导因素。世界银行《1999/2000年世界发展报告：迈进21世纪》中指出，贸易、外国直接投资以及国内高储蓄率这三者之间的联系已经成为中国经济快速增长的一个关键因素。著名经济学家黄达在"中国经济适度快速稳定增长国际研讨会"的发言中也指出：闭关锁国有可能敝帚千金，自我欣赏，自我满足；对外开放，天天在比较中生活，一个历史悠久的民族必然迸发不甘落后的潜能。这是最具深远意义的动力。人类世界正在进行着世界经济结构的调整和世界市场的重新构建，这对任何一个国家来讲都面临着无法回避的决策和选择——如何重新定位自己的外贸政策，即依据哪些条件正确地选择外贸政策。我国作为正处于社会主义市场经济体制建立时期的发展中大国尤其应审时度势，综合考虑各方面因素以做出符合国情、顺应世界经济贸易发展大趋势的正确选择。笔者认为利益、经济条件、理论和体制等因素是决定和影响我国外贸政策的主要因素。我们要清醒地认识到，扩大开放不能没有适当的保护，保护是为了更好地参与自由贸易，并在适度竞争中获取比较利益，发展生产力，提高综合国力和提高人民的生活水平。与此同时，我们也应清楚地看到，世界贸易组织虽然倡导贸易自由化，但也并不反对合理保护。加入WTO后，其他成员都必须降低针对我国产品的进口关税，减少其他贸易壁垒，我国产品的出口机会进一步加大。从近期的情况看，最突出的是纺织品服装的出口。2002年，我国对欧美出口的纺织品和箱包等被动配额限制已部分解除，大约40亿美元，2003年上半年我国纺织品服装出口262.5亿美元，同比增长6.8%，增幅比上年同期提高3.9个百分点，表现比较突出。然而，美国东部时间2003年11月17日，美国商务部纺织品协议执行委员会作出决定，对从中国进口的针织布、胸衣、袍服三种纺织品提出磋商请求。这实际上意味着，中国加入世界贸易组织23个月之后，对美国的纺织品出口再次遭遇配额限制。其实，不仅是纺织品，2003年以来，美国已对中国多种商品提出贸易设限要求，如彩电的反倾销、电池的知识产权调查等，中美贸易摩擦逐步升级。与此同时，中国加入WTO后的大部分过渡保护措施将在2004年底到期，从2003年12月起，分销、保险、银行、运输等服务部门的开放地域扩大，准入门槛降低，2004年将取消成品油、天然橡胶、部分汽车及零部件等50个税号产品的非关税措施，农产品及化肥的关税配额量将进一步增加。此外，作为WTO成员，我国已承诺到2005年将平均关税降至10%，关税壁垒作用已日渐削弱，而非关税壁垒问题越来越凸显。除反倾销、保障措施外，技术壁垒、检验检疫、知识产权等正在成为其他WTO成员制约我国出口的主要手段。

不可否认，我国对外贸易尤其是外贸出口压力越来越大。这就需要我们根据经济全球化与我国经济发展的客观要求，结合我国对外贸易发展的实践经验，合理地制定对外贸易政策。笔者认为，我国在WTO后过渡期内，在进一步扩大对外开放的进程中，应该在既要遵循国际惯例，坚定不移和积极主动地参与经济全球化，又应寻求在对等的前提下以最小的政治代价即部分主权约束和让渡换取最大的经济利益的基础上，积极主动地实施以有目的、有差别和有选择的适度保护为基点的，遵循开放和竞争原则的开放型有管理的自由贸易政策；灵活有效地运用WTO有关协议中的保护条款及其框架内许可的非关税壁垒措施，以降低自由化带来的负面效应；客观、辩证地看待贸易技术壁垒及绿色贸易壁垒所带来的良好机遇和潜在利益，主动采用它们以保障本国的权益；引导企业竞争观念的更新和实现非价格竞争的市场经济秩序，维护本国企业的合法权益。

值得一提的是，开放型有管理的自由贸易政策所允许实施的贸易保护必须是适度的贸易保护。其特点主要体现在以下几个方面。（1）适度保护的终极目标是建立和发展一个较为健全、合理的产业结构，并要有利于该产业结构的高级化发展，以带动整个经济的腾飞。同时它还应实现维持国内就业和保持国际收支平衡的基本目标。（2）适度保护不是全方位的保护，而是有目的、有差别和有选择的保护。其一，保护的对象要有选择性。作为保护对象的产业应是对一国经济发展具有关键性影响并在现阶段面临着严酷的外部竞争的产业。其二，保护的期限要适度并有差别性。贸易保护是过渡性的措施而并非长期方针，它是手段而不是目的，当我国的产业水平与发达国家之间差距缩小并逐步具有竞争力时，就消除保护最终走向自由化。同时由于不同的行业有不同的生命周期和不同的技术特点，因此不同的保护对象就应有不同的保护期限。其三，保护的程度要有差异性。比较成熟、有相当竞争力的行业保护程度较低甚至不给予保护，关系国计民生的、竞争力弱的行业保护程度应适当高一些。（3）适度保护是动态的主动的保护。动态性表现为逐步向以 WTO 为核心的多边贸易体制靠拢，按照其原则逐步取消关税和非关税壁垒，逐步走向贸易自由化；保护的对象、重点和程度要根据国内产业发展水平和国民经济运行状况以及国际政治经济环境的变化进行及时的调整。动态保护是有利于产业结构合理化和高级化的保护，这是一国经济发展水平提高的必要条件。主动性是指以培育竞争优势为基点，利用多边规则和双边规则允许的手段和方式进行合理保护。

综上所述，在开放经济条件下，我国的开放和自由化是长远之计，而保护则为权宜之策，一方面，只有积极参与国际竞争，投身贸易自由化，才能强国富民；另一方面，只有在 WTO 框架允许的范围内适当采取保护性措施，才能培育竞争优势，维护国家利益。综合考虑我国综合国力、市场成熟度、经济体制和政府的监控能力等因素，我国开放型有管理的自由贸易政策的实施必须建立在社会主义市场经济体制的基础上，让市场机制在国家宏观调控下对资源进行有效配置，重视技术进步，造就国内充分竞争的经济环境，并吸收国际经济文化交流所带来的精神文明成果，促进国民素质的提高，为国民经济的长期稳定发展创造有利条件。

参考文献

［1］陈家勤、倪月菊：《东亚金融危机对我国近期进出口的影响及对策》，载于《财贸经济》，1998 年第 3 期。

［2］杨圣明：《对外经贸理论的十大突破》，载于《经济研究参考》，1999 年第 65 期。

［3］郑超愚、韦伟：《开放经济中的我国贸易政策的定位考察》，载于《财贸经济》，1994 年第 5 期。

［4］仲鑫：《我国外贸体制改革进程的特点与政策性思考》，载于《产业经济研究》，2005 年第 1 期。

全球技术贸易格局中的中国技术贸易政策[*]

对全球技术贸易的格局作出准确分析，正确判断中国技术贸易与技术发展的现状，了解和把握美国、欧盟等发达国家推进科技发展的自主创新政策及其措施，有利于我们在技术贸易和技术发展过程中坚持自主创新，促进中国的科技进步及其经济增长。

一、中国技术贸易政策面临的困难

最近几年，随着中国经济和科技力量的迅速发展，许多中国顶尖的IT、家电企业，推出了许多行业技术标准，成立了许多标准联盟。由信息产业部牵头，吸引企业参与的标准组制定了相关标准，如3G手机技术TD-SCDMA、无线电频率识别标签标准RFID、中国自主的DVD换代标准EVD、无线局域网（WLAN）鉴别和保密基础结构国家标准WAPI等，且大多成为国家标准。除此之外，中国正在进行微处理器"龙芯"、3G手机技术TD-SCDMA的自行研制，以及开发取代微软操作系统等与标准相关的实践。可见，中国企业和政府已经认识到标准在国家经济发展中的巨大作用，标准已经作为企业和国家核心竞争力的来源之一而受到中国企业、政府和学界的高度重视，开始进入

＊ 本文原载于《中国科技论坛》2006年第2期。文章署名：对外经贸大学国际科技与金融战略研究中心课题组。本文是中国软科学计划项目"国际金融战略研究"的阶段性成果，执笔人为仲鑫、王稳。

尝试发展阶段。

中国标准的迅速崛起，也引起了拥有大量成熟标准的跨国公司和发达国家的警觉和反对。2004 年 5 月美国的全美亚洲研究所就在其研究报告《中国入世后的技术政策：标准、软件及技术民族主义实质之变化》中，指责我们违背了"入世"承诺，要求警惕中国的"新技术民族主义"。所谓"新技术民族主义"就是中国利用全球化所提供的机遇，追求有利于国家经济和安全利益的技术发展，在国际竞争中为国家利益服务，就是用政治手段来确保国防技术进步和中国产业的经济优势。不仅包括国家增加对技术开发的投入，还包括更为积极的与私营企业的合作、在国家科技项目上对外国更加开放，并且更重视国际规则的制定和政策协调。就在全美亚洲研究所这份报告发布之前，中国自主创立的无线网络连接协议标准 WAPI 被扼杀在摇篮中。2003 年 5 月，中国宽带无线 IP 标准工作组起草的无线局域网两项国家标准正式颁布。12 月，国家认证认可监督管理委员会发布公告，宣布自 2004 年 6 月 1 日起，对无线局域网产品实施强制性认证。公告发布之后，遭到英特尔、微软等跨国公司乃至美国政府的极力反对。2004 年 4 月 22 日，在华盛顿召开的中美商贸联合委员会第 15 次会议传出信息，WAPI 在 6 月 1 日的强制执行底线将往后无限期推延。类似的例子很多，如美国曾指责休斯公司向中国"违法转让"敏感技术，胁迫以色列终止同中国所有的军事装备和军事技术联系，等等，这一系列事件皆源于某些发达国家的技术霸权主义，也深刻地揭示出西方主要国家对华政策中戒备和防范中国和平崛起的意图。在世界经济发展不均衡的背景下，全球贸易保护主义重新抬头。美国的制裁大棒不仅指向中国，还指向了欧洲和日本。中美之间的争端不过是美国国内贸易保护主义的聚焦点。

从国际贸易角度讲，比较优势是进行双边贸易的基础，美国的比较优势是技术和资本密集型产品，其中高科技产品则是美国具有全球竞争力的产品，但美国出于冷战思维，一直坚持限制高技术产品的对华出口。2001 年 1 月布什政府上台后，更为严厉地限制对中国的技术出口。许多在中国开拓市场的美国公司，例如 IBM、惠普、SUN 等大公司都认为其在华商业利益因为美国政府严厉的技术出口管制而深受其害。2001 年美国商务部总共收到了 1294 件对华技术出口申请，其中 72% 被通过，3% 被拒绝，25% 不予受理，也就是说，被美国政府"腰斩"的对中国的技术转让项目竟然高达 38%（对外经贸大学国际科技与金融战略研究中心课题组，2006）。

20 世纪 90 年代以来，中国一直在积极争取美国能多少改变在对华技术出口方面极为苛刻的控制，促进两国经贸关系的深入发展。但由于美国政府继续对中美在技术合作方面的进展采取"打压"的措施，中美技术转让与合作成为两国经贸关系中最为滞后的领域。这些限制措施不仅实质性地降低了中美技术贸易的水平，而且对中美经贸联系的扩大和发展也是一大制约因素。因为一般的出口产品竞争力较差，难以开拓中国市场，所以美国采取贸易保护主义政策，不断对中国产品进行反倾销诉讼或是采取进口限制措施。美国多年来的对华出口限制实际上是捆住了自己的手脚，其从根本上并不能阻止中国的技术进步。美国政府所实施的对华恶意性质的技术出口管制体制，客观上已经成为中美经贸发展和两国互利合作深层次进行的最大障碍，直接削弱了美国公司在中国市场的销售份额和市场影响力，也是中国争取技术进步基础上的工业化努力的一大挫折。

二、全球技术贸易的格局及中国所处的地位

贸易自由化符合社会生产力和生产社会化发展的客观规律，是世界经济发展的客观要求和必然趋势，也是世界贸易组织的基本贸易规则和主要目标。从国家的角度出发，贸易自由化不但有利于实现国民经济增长方式从粗放型向集约型的转换，而且有利于拓展国民经济发展的空间，并产生诸如带动产业结构的优化和高级化发展、增加对外投资、引发技术进步、促进国民生产总值的增长等联动效应；更有利于提高市场经济运行机制的效率，从而加速经济体制的改革和创新、充分发挥现代企业制度的功能并推动现代化企业的成长。然而，国际贸易的重要组成部分——技术贸易并未沿着自由化的轨迹

发展。随着科技和经济的发展，国际技术贸易额和重要性都在不断增加，但全球技术贸易的格局却严重不合理。发达国家垄断了核心技术，处于整个产业链的最上端，而国内厂商只能挣取微薄的组装费和加工费。更可怕的是，利用其技术标准，国外厂商已划定了游戏圈子和规则，国内厂商只能亦步亦趋，没有任何胜出的机会。据测算，国际技术市场的 80% 是集中在西方发达国家，发展中国家与发达国家的交易额一般仅占 10% 左右，而发展中国家之间的贸易额比例往往更低（对外经贸大学国际科技与金融战略研究中心课题组，2006）。

国际技术市场这种不合理的格局，不仅影响了发展中国家科技水平的提高，而且也制约了国际技术贸易本身进一步的发展。这种结果的产生，源于欧美等发达国家一直以来奉行的技术自主创新政策，以及它们对发展中国家高新技术出口的限制，这不仅阻碍了发展中国家在技术发展方面的学习能力，也严重制约了发展中国家技术贸易对经济增长的贡献度。

新中国成立 50 多年来，中国技术贸易取得了巨大的成就。在技术进口方面，1950 年中国共引进 450 个项目，总金额 37 亿美元。而在 2004 年，中国共登记技术引进合同 8605 份，合同总金额 138.56 亿美元，分别是 1950 年的 19.1 倍和 3.7 倍（对外经贸大学国际科技与金融战略研究中心课题组，2006）。技术进口为促进中国工农业技术进步，提高科学技术水平，增强中国自力更生的能力，缩小中国与发达国家经济技术水平的差距，加快社会主义现代化建设进程以及提高人民生活水平发挥了重要作用。在技术出口方面，虽然中国起步较晚，但经过十多年的努力，也逐渐发展起来。仅高新技术出口一项，2005 年全年进出口额首次突破 4000 亿美元，达到 4159.6 亿美元，比上年同期（下同）增长 27.2%，占全国外贸的比重达到了 29.2%。①

---

① 《2005 年高新技术产品进出口总量实现三个首次突破》，中国政府网，2006 年 1 月 9 日。

总体来说，中国技术贸易的发展相当迅速，前景良好。从绝对数值来看，进出口发展基本均衡；从速度来看，出口的增长明显高于进口的增长。

虽然中国技术贸易发展迅速，在中国对外贸易中的比重不断上升，对国民经济发展的贡献也越来越大，但是与发达国家相比还存在着较大的差距。

1. 中国高新技术产品的进出口概况及与发达国家之间的比较

如图1、图2所示，近年来，中国高新技术产业发展迅速，无论在出口还是在进口方面，均取得了较大的进步，且占商品进出口额、工业制成品进出口额的比重逐年增高，为中国产业结构的升级与优化作出了一定的贡献。但是，由于中国整体技术水平不高，仍需要大量引进国外的先进技术、进口先进设备来提高中国的整体竞争力，所以，每年中国的高新技术产品贸易均出现逆差。但从贸易特化系数①来看，其值越来越接近于零，由1992年的 −0.457 上升到 2003 年的 −0.039，也就是说中国高新技术产品的国际竞争力虽然较弱，但也在迅速提高。

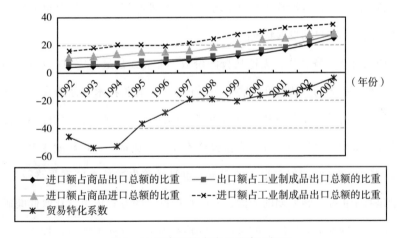

图1　中国高新技术产品进出口概况

资料来源：中华人民共和国科学技术部，《中国科技统计数据》（2004年），http://www.sts.org.cn/sjkl/kjtjdt/data2004/2004 −4. htm。

———————————————

① 贸易特化系数（trade specialization coefficient，TSC），它的值等于出口与进口的差额除以进出口总额。本文为了分析方便，均将贸易特化系数扩大了100倍，以使贸易特化系数的变化曲线更加清晰。

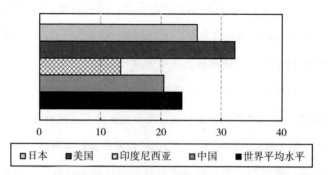

图2 2001 年四国高新技术产品的出口额占工业制成品出口总额的比重比较

资料来源：中华人民共和国科学技术部，《中国高技术产业数据》（2004 年），http：//
www. sts. org. cn/sjkl/gjscy/data2004/2004 – 1. htm。

虽然如此，但中国高新技术产业发展的总体水平仍然落后于发达国家，
在一定程度上也制约了中国高新技术产品贸易的发展。

2. 中国对外经济合作和外商直接投资的情况及与发达国家之间的比较

虽然对外经济合作不是直接的技术贸易，但是一项合同的签订往往是资
金和技术的结合，也涉及技术的流动。所以对外经济合作的情况也从侧面反
映出中国技术贸易的发展状况。

中国对外经济合作，无论从合同份数、金额或是最终完成的数量来看，
都是呈增长趋势的。从而可以推断，其中完成的有关技术方面的合作也是逐
渐增加的。另外，外商直接投资也可以从侧面反映出中国技术引进的情况。
因为在经济增长过程中，外商直接投资不仅对形成资本、提高就业率、国际
收支调整等宏观经济有着很大的贡献，也是转移先进技术的重要路径之一。
特别是对于正处于转型期的中国，外商直接投资的方式正由以获取低廉成本
为目的和导向的资源导向型的直接投资转变为市场导向型的直接投资，而这
主要是通过母公司对子公司的技术转移实现的。

虽然中国利用外国直接投资的金额逐年升高，但是来源却十分集中，主
要来自亚洲国家的直接投资，年均在60% 以上。虽然欧洲和北美洲地区发达
国家相对集中，但他们的对外直接投资主要在发达国家之间进行，对中国的
投资力度不大，从而带来的技术外溢效应也不大。

3. 中国在世界高新技术产品贸易中所处的地位

以美国为参照物，用中国在其2004年高新技术产品进出口贸易中所占的份额来反映。

图3反映出美国高新技术产品主要出口到欧盟、加拿大、日本、韩国等发达国家和地区，而出口到中国、印度这样的发展中国家和地区的较少。中国所占的份额为4.67%，不及欧盟的1/5、加拿大和日本的1/2，分享到高新技术的成果相当少。另外，由于中国在计算机与通信类及电子信息类产品的出口上具有一定的优势，从而使中国成为除欧盟外的美国高新技术产品进口的第二大来源国。但在光电技术、生物技术、核技术和航空航天等中国的弱势领域，由于中国遭受发达国家的技术出口管制和出口歧视相当严重，无法引进国外领先的技术，致使在上述领域中，中国与发达国家之间的技术差距还相当明显。

2004年美国高新技术产品出口流向　　2004年美国高新技术产品进口来源分布

▫ 欧盟	■ 日本	▨ 中国
☑ 韩国	▧ 中国台湾	☒ 加拿大
▫ 印度	▨ 其他	

图3　2004年美国高新技术产品进出口流向

资料来源：美国商务部的统计数据（http：//www.census.gov/foreign - trade/statistics/counyrt/index.html）。

对全球技术贸易格局的数据分析可以直观地看到，发展中国家处于极度弱势地位；对中国与发达国家技术贸易方面的比较又能看到，一直以来，我们受到的是不公正的待遇。虽然在近期内，中国不会改变在技术贸易中的弱势地位，但是对技术进口还要长期坚持，这对于加快中国产业结构的升级和工业化进程是十分重要的。引进技术是为了运用，并最终促进中国工业的健康快速发展，但不可盲目地无计划地引进。与此同时，我们更要清醒地认识到，中国企业应当加强对世界贸易组织关于技术贸易的规定的研究和了解，尽量减少贸易摩擦。尤为重要的则应加强自主创新，拥有自有技术标准，提高高新技术产品的竞争力，扩大技术出口。

三、中国技术贸易政策的必然选择：自主创新

技术自主创新和技术贸易的发展对一国经济发展的作用重大。欧美等发达国家不仅拥有自主技术创新的研发实力，而且充分利用 WTO 框架中的贸易保护机制，运用各种技术性贸易壁垒，既扩大技术出口，又保护最新技术不为他人所用，从而占据高新产品技术贸易的优势地位。大力加强原始性创新、集成创新和在引进先进技术基础上的消化、吸收、创新，努力在若干重要领域掌握一批核心技术，拥有一批自主知识产权，造就一批具有国际竞争力的企业和品牌，为中国经济社会发展和国防现代化建设提供强大科技支撑，这是中国经济技术发展的必由之路。

从提高中国对外技术贸易水平角度，我们可以采取以下对策。

1. 将高新技术产品出口作为政府扶持的重点

政府及有关部门一方面要加强对国际市场高新技术产品需求情况及发展趋势的调研，另一方面要对中国现有高新技术产业和各类企业的发展情况及出口潜力进行摸底，并确定应该重点扶持的高新技术产品门类和高科技企业，加强规划指导、跟踪服务和重点扶持。要选择一批有市场竞争力、附加价值高、对开拓中国出口市场有重大影响的高新技术产品，创造各方面的有利条件，力争在较短时间内形成较大的出口规模；要根据各地科技经济的发展水平和区域特点，在高新技术园中选择一批作为高新技术产品出口创业的基地，提供各种优惠政策，加速培育出口导向型高新技术企业；要把高新技术产业的整体发展规划与高新技术产品开拓国际市场、扩大出口工作有效地结合起来，加快科工贸结合，形成相互促进的良性循环，争取通过一段时期的努力，在高新技术产品出口方面取得较大突破。

2. 建立技术进步的良性循环机制

建立技术引进、消化、吸收、创新的良性循环机制。按照中国产业结构调整和技术升级的需要，通过政策引导，积极引进国外先进技术和必要的关键设备，提高引进技术中专有技术、技术咨询、技术服务等软技术的比例，引导和组织企业与研究机构加强对高技术含量、高附加值产品关键技术的消化吸收，促进引进技术消化吸收再创新后形成竞争能力，参与国际竞争。鼓励跨国公司在华设立研发中心，通过提高外商投资质量，促进中国引进技术和开发创新技术。要强化知识产权的保护，这是实现技术引进战略的法律保障。加快知识产权保护立法的进程，加强对进出口产品商标的保护，为中国国际技术贸易规模扩张创造好的制度环境。

3. 使用多种灵活的贸易方式开展技术贸易

在技术引进方面，可采取许可证贸易、技术服务、合作生产、合作设计、工程承包、补偿贸易等，并根据具体情况确定引进方式。技术进口的重点是为改造现有企业服务，鼓励引进产品的设计、工艺、制造和生产管理技术，并积极争取利用外国政府贷款、混合贷款、出口信贷、国际金融组织贷款及商业贷款，筹集资金。在出口方面，鼓励出口成熟的工业化技术，实行国际上通行的扶持技术出口的信贷政策，设立技术和成套设备出口的卖方信贷和买方信贷，银行按照贷款原则优先安排技术出口资金，并实行优惠贷款利率。

4. 在信息技术方面推进技术贸易工具的创新

国际电子商务利用信息网络技术，向所有交易主体提供先进的交易模式和平等的交易机会，能够大大减少中间环节，简化贸易流程，降低贸易成本，提高贸易效率。通过电子政务的建设与应用，逐步将国际贸易所涉及的各政府部门和服务机构形成一个有机整体，提供电子化、一站式的对外贸易信息与交易服务，使得贸易过程大大便利。虽然国际电子商务的应用还有赖于各相关管理部门、中介机构和企业的密切配合与协调，以及各有关支持体系（网上支付等）的完善。但随着电子商务的日益成熟与广泛应用，国际电子商务应用必将成为提高中国对外贸易效率的重要手段，为中国在日趋激烈的国际技术贸易中带来新的发展机遇。

5. 利用世界贸易组织规则，积极参与国际技术贸易

中国政府应该积极制定鼓励中国企业参与全球竞争的规则，利用世界贸易组织对发展中国家的差别待遇，融入全球科技体系之中，并在参与中争取主动，避免边缘化。从长远来看，能否顺利融入国际贸易体系，最大限度享受参与国际分工所带来的好处，从根本上取决于中国能否尽快提高对外贸易的科技含量和附加值，从而获取国际交换的最佳效益，增强抵御各种外部风险与冲击的能力，逐步实现由贸易大国向贸易强国跨越的目标。

参考文献

[1] 对外经贸大学国际科技与金融战略研究中心课题组：《全球技术贸易格局中的中国技术贸易政策》，载于《中国科技论坛》，2006 年第 2 期。

[2] 郭友群：《实施科技兴贸战略 提高外贸竞争水平》，载于《经济论坛》，2002 年第 21 期。

[3] 梁洪波、许长江：《从统计数据看欧盟的技术创新》，载于《全球科技经济瞭望》，2000 年第 6 期。

[4] 齐景升、陈忠培、王翰铭：《国际技术贸易实务教程》，中国海关出版社2003 年版。

[5] 赵永宁：《中国国际技术贸易的问题及对策研究》，载于《云南财贸学院学报》，2003 年第 5 期。

[6] 中华人民共和国商务部科技发展和技术贸易司："高新技术产品进出口统计数据"，http：//kjs. mofcom. gov. cn/article/bn/bs/20050620050600138524. html。

[7] 中华人民共和国商务部科技发展和技术贸易司："技术贸易统计分析"，http：//kjs. mofcom. gov. cn/article/ztxx/dwmyxs/u/200501/20050100338084. html。

第三篇
"入世"专题研究

谨慎乐观地对待"入世"问题[*]

本着互谅互让、平等协商的精神，以互利双赢的原则，中美双方进行了长达 6 天的就中国加入世界贸易组织问题的最终谈判，于 1999 年 11 月 15 日签署了关于中国加入世界贸易组织双边协议。这一协议的签订，扫除了中国加入世界贸易组织的一个主要障碍，为中国"入世"铺平了道路，具有重大的现实和历史意义。在为中国"入世"进程迈出重要一步而感到欣慰的同时，我们应对世界贸易组织机理进行透视，从而找出中美谈判历时 13 年之久的症结，并再次认真考虑中国加入世界贸易组织的受益和代价，以符合自身利益的条件进入世界贸易组织。

一、世界贸易组织机理透视

世界贸易组织追求贸易的自由化、稳定化、透明化和公平化，以使各成员之间达到义务和权力平衡。它要求各成员降低贸易壁垒，商定规范国际贸易的游戏规则，调整各国贸易关系，从而使各国能更充分地发挥比较优势，通过贸易的发展带动经济增长。世界贸易组织具有如下特点：不仅关心发达国家的商业利益，也考虑发展中国家的经济发展；关心其成员的食品安全、健康安全；建立了一套贸易投资自由化下的保障机制而非放任自流；不强制

---

[*] 本文原载于《当代经济研究》2000 年第 1 期。

性要求成员出让经济主权。截至 1999 年 10 月底，世界贸易组织的成员已由原 GATT 的 23 个缔约方增至 135 个成员，全球 95% 的贸易额在世界贸易组织成员之间进行。在世界贸易组织 135 个成员中，发达国家和地区仅有 28 个，发展中国家和地区达 107 个，约占 80%，如果按照重大决策 3/4 成员通过的原则，从理论上讲，发展中国家和地区已具备对世界贸易组织的发展方向及重大问题自己当家作主的能力。虽然，发展中国家经过几十年的艰苦努力，使得 GATT/WTO 制定出对发展中国家贸易的特殊原则：差别和更优惠待遇；世界贸易组织应确保所有成员不分大小，无论贫富都能在经济全球化的进程中获得公平的利益。但是，在新的国际经济环境下，乌拉圭回合产生的世界贸易组织协定，是对所有发达国家极为有利的国际规则，一旦与发达国家发生利益冲突，"遵守规则"一词就会成为其尚方宝剑。世界贸易组织在实施乌拉圭回合各种协议与协定时存在不平衡发展，贸易大国操纵多边贸易体制决策过程的现象未得到根本改善，这在很大程度上抵消了发展中国家从差别和更优惠待遇中所获得的利益，对广大发展中国家来说，透明度和参与讨论和决策的可能性是远远不到位的。在目前世界贸易组织的规则和议事日程受到发达国家严重影响的情况下，作为发展中的转型经济大国的中国，有资格帮助它恢复平衡。

中国政府从 1986 年开始要求恢复在 GATT 中的合法地位（1995 年后改为"入世"），拖了 13 年之久仍未能解决，这首先与世界贸易组织现行的接纳新成员的谈判机制即所谓的"一票否决制"有关。世界贸易组织现行谈判机制要求申请国不仅要满足该组织的有关进入规则，而且要满足该组织现有每一个缔约方的要求，因此，可使一个缔约方，尤其是一个大的缔约方（比如美国、欧盟等发达成员）轻而易举地阻止一个非成员国家和地区的进入。其次，这也与美国采取的极其短视的贸易政策——只想得不想失有关。美国是我国"入世"的最大障碍，在中美进行的多次世贸谈判中，美国都表现出了不信任中国、不愿平等地对待中国的态度，不断地抬高对我国"入世"的要价。这对其他谈判方起到了很大的示范效应，给我国加入世界贸易组织造成了极大困难。

1999 年 4 月，朱镕基总理访问美国，达成了《中美农业合作协议》，但是未能达成加入 WTO 的正式协议，主要症结表现在最惠国待遇、对技术出口的限制、保障条款、金融保险业开放、电讯业开放和耐用消费品关税水平六个方面。可是美国却单方面公布了"承诺"内容，在中国国内引起了激烈的争论。美国开出的新要价高昂而苛刻，超出了我国的实际承受能力。由于各种原因，中美双方曾一度中断谈判。11 月 9 日，克林顿总统派巴尔舍夫斯基等来我国就"入世"问题再次进行谈判，历时 6 天，于 15 日终于达成了市场准入协议，为中国加入世界贸易组织扫除了"一块大石头"，大大提高了中国成为世界贸易组织成员的机会。

二、我国"入世"的受益与代价

加入这个组织，不能期望立竿见影地得到看得见的眼前利益，重要的是，通过全面参与其活动，结合本国的经贸发展，积极作出战略调整，获得更大的、动态的、长远利益。加入世界贸易组织是一个双向过程，在我们对外国产品和企业开放国内市场的同时，为中国具有国际竞争优势的企业和产品带来进入世界市场的商业机会。毋庸置疑，加入世界贸易组织，对于我国政治、经济、文化和社会的发展具有积极意义。

1．"入世"的益处

最近达成的中美市场准入协议，将有助于加快中国"入世"的进程和中美两国经贸合作关系的发展，并将使中国进一步推进改革开放。中国加入世界贸易组织是对完善和加强多边贸易体制的贡献，更可使中国成为世界经济的重要力量。据有关部门预测，我国"入世"后至 2005 年，GDP 会提高 5%，进出口贸易量将由 1998 年的 3200 亿美元增加至 6000 亿美元，外商直接投资由 1998 年的 450 亿美元增加至 1000 亿美元。据外国专家测算，中国"入世"将使中国的 GDP 增加 2.94 个百分点，而每增加 1 个百分点就能新增 400

万个就业机会。① 具体表现在以下几个方面。

（1）加入世界贸易组织，有助于提高我国政府在国际社会中的政治地位。中国作为联合国安理会的常任理事国，在一切国际问题上都应具有重要的发言权和决策权。而 WTO 现在实际上已是名副其实的"经济联合国"，中国本应该在其中占有重要席位，但由于"入世"谈判的长期拖延，中国迄今还是观察员的身份，还未能取得正式成员的地位。现在中国的香港、澳门已"入世"，中国台湾正以单独关税区身份申请"入世"，而我国"入世"问题仍不解决，是不正常的。

（2）加入世界贸易组织，有利于我国积极参与世界经济，使我国在平等的条件下参与国际竞争，实现国际资源的优化配置；也有利于促进我国企业转换经营机制，增强成本意识和竞争意识，提高管理水平和技术水平，增强活力，从而推动我国社会主义市场经济的发展，使我国尽快建立"统一、开放、竞争和有序的大市场"。

（3）加入世界贸易组织，将有效消除我国在国际贸易中遇到的歧视性待遇，大大增加中国在世界事务，特别是国际贸易方面的发言权和主动权，使之能与一个世界政治经济大国的地位相称，更重要的是，我国作为 WTO 的正式成员将直接参与国际贸易的决策过程，摆脱别人制定规则，我国被动参赛，处于不利地位的情况。另外，加入世界贸易组织后，我国不必再在最惠国问题上每年一次遭到美国非难，并将结束一年一度同美国关于延长最惠国待遇的争论，从而使我国享受多边的、永久性的最惠国待遇。如果我国作为一个发展中国家"入世"，就可以享受 WTO 所规定的发展中国家特别享受的贸易优惠待遇。

（4）加入世界贸易组织，有利于引进外资和扩大出口。为"入世"，我国会增加法律的透明度，要求一切按国民待遇，此外，我国作为发展中国家

① 蔡凯如、张卓：《WTO + INTERNET：中国媒介整合展望》，载于《产经评论》，2001年第 12 期。

会享受到"普惠制"的利益，从而改善投资环境，所以，有利于引进外资。在商品和服务贸易上，由于我国不是 WTO 成员，在出口市场上不仅不能享受到 WTO 的一些优惠，反而在不同程度上受到西方发达国家的歧视性对待，例如滥用不合理的反倾销、反补贴措施，对我实行技术出口管制，等等。我国"入世"后可依据 WTO 有关条款逐步消除这些歧视性的贸易行为和壁垒，扩大出口。

（5）中国老百姓将因加入世界贸易组织享受到显而易见的实惠。降低关税，开放市场，这就给中国消费者提供了一次重新衡量购买力的机会，就是在进口商品与国产商品的较量中，消费者能得到更大的实惠。

但是，我国参加世界贸易组织就得承认它所制定的全球范围内的多边贸易规则，这在我国国力还不十分强大的条件下，将付出一定的代价是显而易见的。

2．"入世"的代价

在对世界贸易组织机理透视中，笔者已谈到世界贸易组织现行的谈判机制所存在的问题，这里不再赘述。经过 13 年的谈判，我国已经作了极大的让步，但是以美国为首的发达国家不断地抬高我国"复关"及"入世"的门槛，处心积虑地迫使我国付出沉重的代价——以非公平的条件加入，将使国家利益遭受损害。这样就会使我国陷入因越来越不利的外部条件而被迫退回到闭关自守的两难境地。

按照我国"入世"谈判的原则，加入世界贸易组织后，我国应尽诸如削减进口关税、逐步取消若干非关税措施、取消被禁止的出口补贴、开放服务贸易、放宽对引进外资的限制、扩大对知识产权的保护范围、增加贸易政策的透明度等义务。然而，由于东南亚金融风暴的巨大冲击，我国从大局出发坚持人民币不贬值，出口竞争力客观上已有所损失，而且从 2000 年 1 月的统计数据看，损失的程度还将继续加大。虽然出口下降的相当大部分是因为全球需求萎缩，但不可否认，这里也包含着出口份额下降的因素。因此，我国今后越来越难以凭出口带动经济增长，必须更多地转向以国内需求促进经济增长，而"入世"后又会对我国产生一些负面影响。

（1）加入世界贸易组织将会对我国民族工业造成巨大冲击，加剧国企困难，出现国内市场严重生产过剩，各类企业大面积亏损等诸多问题，大大加剧国有企业所面临的困难。由于国有企业仍是城镇居民的就业主渠道，维系着数亿企业职工及其家属的生活来源，如果国有企业的困难进一步加重，则不仅难以消化迅速增长的新劳动人口，还会迫使更多的国有企业职工下岗待业。虽然外资大量涌入会增加就业机会，但并不能解决根本问题。这必然影响到人民生活水平和购买力的提高，加大内需不足和生产过剩，从而影响整个社会的长期稳定。

（2）加入世贸组织后将会使我国决定贸易政策以及改革贸易制度的自主性和灵活性大大削弱。这主要体现在两方面。其一，我们的关税减让均具有约束性。也就是说，以后在任何时期、任何情况下，我们绝对不能增加关税水平。因此，政策上我们应付突发事件的能力将大大减弱。这对于中国这样一个发展中大国来讲，其潜在影响绝不可小觑。尤其是在目前情况下"入世"，中国面临的风险很大，政策的变通性减弱，无异于作茧自缚。其二，我们承诺，加入世贸组织后，外资的进入将不会再附加任何纯净要求。这会大大削弱中国经济自立发展的能力。总之，制度上的限制将捆住我们的手脚。中国是一个大国，经济上的自立发展必须拥有政策制定上的充分自主权。

从以上分析我们可以看出，加入世界贸易组织对我国来说是机遇与挑战并存。今后，在与 23 个尚未达成协议的成员（主要是欧盟）进行谈判时，还需要慎重对待，采取乐观的态度低点切入世界贸易组织。

三、低点切入世界贸易组织

正是由于注意到加入 WTO 将会给我国经济带来长远利益，在"复关"与加入世界贸易组织的谈判进程中，我国政府根据自己改革开放的需要和考虑其他谈判方的合理要求，在降低关税、取消非关税壁垒、扩大市场包括服务业市场的开放范围方面采取了重大措施。但是由于以美国为首的一些发达国家谈判方不切实承认中国是个发展中国家，提出苛刻的谈判条件，把我国长期拒于世界贸易组织大门之外。目前中美虽已达成协议，但是由于世界贸易组织现行的机制，我国还需要与欧盟、加拿大、挪威、瑞士、巴西、智利、印度、哥伦比亚、委内瑞拉、波兰、菲律宾、乌拉圭、危地马拉、秘鲁、摩洛哥、厄瓜多尔、墨西哥、古巴和泰国等 23 个 WTO 成员进行双边市场准入谈判，其中有些成员刚刚提出要价，还未与我方开始实质性的谈判，而有的成员虽与我们谈判数年，但因要价过高，始终未能达成协议。

在上述 23 个谈判方中，困难最大的是欧盟，其"开价"有时甚至比美国还高。在美国同中国已经签署了关于中国加入世界贸易组织的市场准入协议之后，欧洲业内人士指出，欧洲联盟在中国"入世"问题上向其开放绿灯之前先要捍卫自己的商业利益。不过，在中国加入世界贸易组织问题上，美国和欧盟一直是密切协调立场的，而且后者常常是唯前者马首是瞻。更何况中国"入世"也将给欧盟带来巨大的经济利益，欧盟一直觊觎着中国 13 亿人口的巨大市场，希望通过中国"入世"后关税的降低，增加其化妆品、陶瓷艺术品、玻璃制品、皮货、鞋类以及部分农业机械的出口，扩大其金融、保险业的市场份额，从而进一步提高其经济增长率，降低长期居高的失业率。因此，中国加入千年回合谈判只是个时间问题。

笔者认为，此时更应明确我国加入世界贸易组织的原则立场，谨慎乐观地对待"入世"问题。争取低点切入，并做好各方面的准备，使"入世"后的利益达到最大。

第一，我国加入世界贸易组织的原则立场。最近我国政府有关部门已明确表示：中国绝不会牺牲自己的根本利益来加入 WTO，中国也绝不会超过自己出价的底线进行任何新的承诺。中国是一个转型中的大国，这样的原则立场符合现实，可使我们逐步适应更加开放的经济环境，保证经济的平稳过渡，同时促进中国根本利益的实现。

第二，对我国加入世界贸易组织持谨慎乐观的态度，力争低点切入。中

第三篇 "入世"专题研究 谨慎乐观地对待"入世"问题

国加入世界贸易组织是大势所趋，主要发达国家如法国、德国等，以及世界贸易组织总干事穆尔均称中国谋求加入世界贸易组织合情合理，"世界贸易组织需要中国"。另外，如果发达国家继续提出各种我们所不能接受的条件阻碍中国加入世界贸易组织，将会使广大发展中国家对世界贸易组织建立的多边贸易体制的公正性、公平性、世界性、广泛性和权威性提出质疑和挑战，并使许多想进来的国家和地区犹豫不决，进而影响到贸易全球化的发展以及国际经济格局的变化，因此，我们相信世界贸易组织一定会认真考虑并作出正确的选择。在这样的大环境下，我们在与其他成员谈判时，更应根据我国是发展中的转型经济大国的实际，采取灵活务实的态度承担与我国经济发展水平相适应的义务，尽量低点进入（既指政府在宣传上的低调处理，也指像股民进入股市那样低进高出），争取达成双赢互利的协议，以获取更大的长远利益。

第三，为早日"入世"，我国应做好以下几方面的准备工作：一是加快推进国有企业和银行的市场化改革，对此，要大幅度地减少行政性干预和市场管制，让国有企业在市场竞争中优胜劣汰；二是为减少市场化改革产生的剧烈不稳定，逐步根据不同领域的特点和中国企业的竞争力状况，对国内不同所有制成分的企业采取不同的市场准入条件，如在金融、保险、电信等传统垄断领域，可以考虑放宽进入标准，允许国有和民营企业从事这些领域的经营活动，以增加这些领域的竞争强度；三是改善国内政策环境，增加透明度，创造良好的市场竞争环境。

"入世" 对我国主要产业的影响及对策[*]

一、我国主要产业的现状及竞争力

1. 农业

农业是中国国民经济的基础，中国农业的对外开放是中国经济国际化进程中的重要内容。目前，我国农业主要表现出以下一些特点。（1）农业基础和自身积累能力非常薄弱。作为传统的农业大国，我国农民的勤劳、精耕细作的生产方式有着极强的生命力，但在现代市场经济的低成本竞争面前将会受到很大的冲击。同时，由于自新中国成立以来我国长期实行的是"农业支持工业，农业为工业提供资本积累"的产业政策，农业为工业提供的巨额积累大大超过了本身的承受能力，从而造成我国农业基础薄弱。（2）各省（自治区、直辖市）粮食和农业的发展状况是非均衡的。农业生产既有传统的生产方式，也有半现代和现代的生产方式，各种作物和畜禽产品生产的集约水平也参差不齐。各地农业经济效益、农产品自给状况和实施可持续发展情况也差别很大，较多省（自治区、直辖市）农业经济效益不高，农产品求大于供，农业生态环境破坏严重；多数省（自治区、直辖市）处于中间过渡状态，

＊ 本文原载于《南京经济学院学报》2000 年第 1 期，并由中国人民大学复印报刊资料收录。

农产品供求可基本平衡；只有少数省（自治区、直辖市）的农业经济效益有所提高，农产品供大于求，可持续发展受到重视。（3）农业发展面临着严重的资源约束。我国农业人均资源非常贫乏，耕地面积持续减少且破坏严重；水利基础设施的数量、质量都不达标；农业防御自然灾害的能力很弱；森林覆盖率低，植被稀少，水土流失严重；农业剩余劳动力滞留于农村，土地要素几乎无法流动，不能形成有效的规模经营；农业技术水平低下，劳动生产率提高缓慢，农业投入、农业融资都十分匮乏。（4）在国际市场上，我国农业的比较优势格局堪忧。从我国农产品的价格走势来看，我国粮食、棉花的生产成本在近十年来平均每年以 10% 的速度递增，使粮棉价格也随之快速增长，在国际市场上失去了以往的竞争优势。但我国的油料、糖料、水果、蔬菜等农业经济作物和水产品、肉类却在国际市场上具有较强的竞争优势。

2. 工贸领域①

综合分析钢铁、有色金属、石油石化、建材、医药、煤炭、电力、机械、汽车、轻工、纺织、烟草以及流通等若干行业的现状与实际竞争力，可以归纳为以下四点。一是确立了可观的产业经济规模。上述行业不仅在我国国民经济中处于重要地位，而且主要产品产量在世界经济排名中跃入前列，具体排列位次如下：煤炭、水泥、平板玻璃、烟叶、服装、自行车、电冰箱、电风扇、洗衣机、日用陶瓷、塑料地膜等产量居世界第 1 位；钢铁、有色金属、发电量、合成洗涤剂、啤酒、盐等产量居世界第 2 位；机制纸及纸板、糖、房间空调器、手表等产量居世界第 3 位；原油等产量居世界第 4 位；汽车产量居世界第 10 位。二是优势行业、优势企业、优势产品在市场竞争中逐步形成并得到发展。在市场竞争中，从产品、企业到行业表现出一定综合竞争力的首推家电行业。1999 年 1～4 月，在我国出口下滑的情况下，家电行业与 1998 年同比增长了 8.3%。国产家电产品以其品种多样、稳定的质量和性能、相对的价格优势和较为良好的售后服务，主导了 80% 的国内市场。特别是海尔、

---

① 本部分数据由作者根据国家统计局公布的数据整理所得。

科龙、春兰、格力、小天鹅等一批优势企业在激烈的市场竞争中，不仅在国内市场站稳了脚跟，而且开始进入国际市场。三是劳动密集型产业及其产品表现出一定的竞争优势。我国劳动力资源丰富，劳动力价格相对低廉，因而劳动密集型产业及其产品表现出一定的比较优势。如纺织、服装和普通日用消费品工业，这些行业在生产诸要素组合中，劳动同资本、技术相比，所占份额偏重，劳动力成本价格较低，因而显示出其成本优势。据德国 Werner 公司提供的 1998 年 59 个国家纺织业劳动力成本资料，我国劳动力工资成本居第 52 位，人均工资仍处于较低水平。"入世"后，较低的劳动力成本和逐步提高的劳动力素质是我国纺织业特别是服装工业保持比较优势的一个重要条件。四是产业集中度偏低。以汽车为例，1996 年世界汽车生产厂家已达到 630 多家，其年产量超过 100 万辆的汽车公司有 13 家。而我国汽车整车生产企业就达 130 多家，其中具备年产万辆以上生产能力的企业仅 20 家。全国一年的汽车产量不及国外一个大的跨国公司的产量。轿车生产厂家没有一个生产能力达到规模经济水平。五是技术开发力量薄弱，生产设备陈旧落后。这是多数行业存在的共性问题。例如机械工业制造技术及设备与国外存在 15～20 年的差距。据抽样调查，自主开发新产品的力量十分薄弱，新开发产品的技术 75% 来自国外，在一些领域可以说基本没有掌握产品开发的主动权，因而产品更新周期长，新产品开发周期较工业发达国家长一倍以上。六是出口工业制成品档次偏低，尤其是高技术含量、高附加值产品比重偏低。以服装为例，我国已是世界服装出口大国，1998 年服装出口创汇达到 248.7 亿美元，但出口的服装基本上属于中低档产品，尚未能创出饮誉世界的服装品牌。

3. 服务业①

我国服务贸易发展虽然取得了较大的成就，但与世界服务贸易发展水平相比，我国目前的服务贸易发展仍处于落后阶段，具体表现在以下几个方面。

---

① 本部分数据由作者根据世界银行公布的数据整理所得。

第一，服务业发展严重滞后。我国服务业占 GDP 的比重相当低。据世界银行统计，发达国家服务业产值占 GDP 的比重一般都在 60% 以上，中等收入国家平均达到 50% 左右，而我国 1996 年仅为 31.2%，不足美国的一半，接近于一般低收入国家的平均水平。此外，我国服务业虽然有了长足的发展，但还主要集中在传统服务业上，如旅游、劳务出口、远洋运输等劳动密集型部门和资源禀赋优势部门，而在全球贸易量最大的金融、保险、咨询、邮电等技术密集型和知识密集型服务行业，我国仍处于初步发展阶段，与其他产业发展的需要很不适应。第二，服务贸易总体水平较低，出口结构不合理。目前，我国服务贸易额仅占世界服务贸易额的 1%，而且服务贸易对货物贸易的匹配程度大大低于世界水平。同时，我国服务贸易出口中货运和旅游两项的比重接近 50%，而金融、保险、商贸、电信等知识密集型、科技密集型和资本密集型领域则很少。第三。服务贸易法律法规不健全。近年来，我国先后颁布了《中华人民共和国保险法》《中华人民共和国商业银行法》《中华人民共和国外资金融机构管理条例》等一批涉及服务贸易领域的重要法律法规，对构筑适应社会主义市场经济和国际通行规则需要的统一开放、有序竞争、规范管理的服务贸易体制起了重要作用。但是，这些法律法规比较抽象，缺乏可操作性，对在华外国服务机构服务提供者的规定较少或没有规定；有的规定主要表现为各职能部门的规章和内容规范文件，不仅立法层次低，而且影响到法律的统一性和透明度，一些规定与国际经贸规则还存在一定的差距。第四，服务贸易管理和协调主要由对外经济贸易部负责，因而存在诸如中央和地方在服务业国际贸易政策和规章方面有差别、服务业各有关职能部门职责不明确、容易造成行业垄断等问题。

二、"入世" 对我国主要产业的影响

加入 WTO 意味着贸易自由化进程将向前推进，会给我国经济带来重要影响。具体到每一个产业，由于开放程度、外贸依存度和劳动、技术、资本密

集程度不同，因而受影响的强度也会不一样。

1. 农业及农产品贸易

1999 年 4 月 10 日，中美签署了《中美农业合作协议》，包括小麦、柑橘在内的农产品将对国外开放，我国农产品关税将在加入 WTO 后降低到 14.5%。中国农业将直接面对国际生产者的竞争和冲击。综合起来分析，"入世"将会对我国农业造成以下影响。

（1）为我国农业今后发展提供一个良好和宽松的空间。据介绍，WTO 制定的规则对农业生产的国内补贴有着明确的支持条款，按照这些条款的规定，我国今后对农业的资金投入将达 480 多亿元。就近三年我国对农业基础设施建设、粮食储备、贫困地区扶持、自然灾害救济、生产资料的国内补贴等方面的投入平均每年只有 270 多亿元来讲，两者之间有相当可观的差额，因此为我国农业提供了难得的发展空间。

（2）有利于深化我国正在进行的粮食流通体制的改革，同时，由于增加进口大量占用资源的基本农产品，将有利于土地资源短缺的沿海发达地区进行农业结构调整。

（3）国内有竞争力的农产品如油料、糖料、水果、蔬菜，以及水产品、肉类等的出口将会增加。这是由我国的自然条件、生产成本、廉价劳动力等因素决定的。

（4）城市消费者可以享受到质优价廉的进口粮食。国内食品市场上使用低面筋的软质小麦生产出来的面包易掉渣，挂面易烂，而用进口的硬质小麦生产的同种食品质量较好。

（5）农产品市场逐步扩大开放，对我国农民的收入将会有一定程度的冲击。因为目前我国农业领域中存在的一个主要问题就是卖农产品难、卖蔬菜难，致使农民增产不增收。"入世"后，进口美国农产品将挤占我国农产品的一部分市场，将会使卖农产品难的问题更加突出，农民增收更为困难，这对启动农村市场造成不利影响。

（6）国内通过出口削减 2000 亿公斤的仓储计划难以实现，不利于长期稳定粮食生产。

2. 工贸领域

按照 1999 年 11 月 15 日达成的中美市场准入协议，"入世"后，中国整体关税将从 22.1% 削减到 17%，到 2006 年我国汽车关税水平将从目前的 80%~100% 降至 25%，出口补贴也将取消。据此，受影响较大的行业有汽车、石油石化等，受影响较小的行业有电力、煤炭、有色金属等。

（1）有利于优化配置资源，进行产业结构调整。"入世"后，随着贸易、投资领域的全方位开放，随着价格与国际市场接轨，国内市场将成为国际市场的重要组成部分，国民经济将更大程度地融入全球竞争体系之中。工贸领域主要行业将根据国内国际两种资源，面向国内国际两个市场，组织生产和经营，通过参与国际分工与协作，更加合理地配置资源，提高资源的使用效率。同时，加入 WTO 将进一步扩大开放，集约化、规模化生产的跨国公司的涌入和价廉物美商品的输入，不仅将对国内低质产品提出挑战，而且将对低水平重复建设形成压力，有效地遏制其投资冲动，并促使资源流向新兴产业、优势行业、优势企业和优势产品，推动产业结构、企业组织结构和产品结构的调整。

（2）有利于发挥比较优势，扩大出口。我国出口商品的相当部分是劳动密集型产品，随着这些劳动密集型产品生产规模的扩大和技术含量的增加，劳动力成本的比例还会进一步降低。例如，我国汽车组装成本中，劳动成本比重只有 3%~5%，低于国际平均水平；烟草行业由于劳动力成本低廉，以烟叶为主的部分烟草制品具有明显的比较优势；轻工、纺织等以劳动密集型为主的行业中，劳动力成本低的比较优势也较为突出。另外也还将会有其他方面的比较优势进一步得到发挥。例如，医药行业不仅拥有十分丰富的中药原料，而且还有独特的制作工艺和秘方；有色金属行业具有资源丰富的比较优势。由于 WTO 遵循互不歧视、公平贸易、取消关税保护和数量限制、简化进口手续等原则，以及对发展中国家的例外条款、"照付不议"合同模式等国际通行的市场规则，有利于我国争取平等竞争的出口环境，扩大上述具有比较优势的商品以及其他商品的出口，增加创汇，缓解国内产品供大于求的局面，推动经济持续增长。

（3）有利于吸引外资并引进国外先进的技术设备。"入世"后，我国将进一步扩大对外开放，市场潜力更加显现，国内法律将更具透明度，外商投资享受国民待遇，投资环境将进一步改善，带动外资注入。同时，由于加入WTO，我国与各国的技术经济合作必将在广度和深度上向前推进，为我国工业进一步突破国外技术封锁、引进国外先进技术和设备创造条件。

（4）有利于扩大信息渠道。WTO是一个稳定性强、透明度高的国际贸易组织，我们可以通过这个"窗口"，获得世界范围的经济贸易信息。它对成员有较强的透明度要求，各缔约方有效实施的关税、外贸政策与措施，以及普遍援引的司法判例，都应迅速公布，以便各国政府与贸易商了解。因而在加入WTO后，钢铁等若干行业可以方便地获得和利用这些资料，极大地扩大信息源，及时了解和掌握市场的变化，指导生产和销售。同时，也有助于我国加强对外经济技术合作与交流。

（5）对幼稚工业带来冲击。"入世"后，对汽车工业等幼稚工业的冲击最为强烈。这些幼稚工业不仅产业集中度低，而且基础十分薄弱，尚处在初步成长阶段，没有形成一批成熟和独有的核心技术，抵御市场风险的能力十分脆弱。国外相关产业大公司的进入和相关产品的输入，对它们都是严峻的挑战。

（6）对国内市场带来冲击。"入世"后，由于关税的降低以及非关税壁垒的消除，外国商品进口量必然增加，特别是与国内同类商品相比具有相对品质优势和相对价格优势的商品，在市场需要量不变的情况下，这类商品的进入，就意味着国内市场中原有这类国产商品的退出，这种冲击使流通和生产企业都将蒙受损失。轿车、造纸机械、涡旋压缩机、上开盖滚筒洗衣机、空调压缩机、化纤产品、纸品、食糖、薄荷、皂片、甘油、乳制品、葡萄糖、味精、碳酸饮料、二次电池、异氰酸酯等产品的大量涌入，将对国内市场形成一定程度的冲击。

3. 服务业

按规定，"入世"两年后，美国银行可以向中国企业提供服务，五年以后可以给个人提供服务；目前仅可以进行设备交易的美国电话公司，可以在中国"入世"时拥有49%的中国电信企业的股份，两年后可增至50%。因此在服务业中受影响最大的是电信和金融服务业。

（1）电信。信息是重要的战略资源，目前94%的全球电讯市场已经开放。电信产业是我国通过引进、开发逐步建立起来的具有高新技术特点的新兴工业，基础电信由政府垄断经营，其兴衰关系到国民经济发展的全局。"入世"后，电信市场将进一步开放，外商进入不会承担"普通服务"的义务，不会去边远地区架设电线，而是在大城市开展业务，以获得丰厚的利润，会对国内市场产生巨大的冲击；同时，由于产权明晰，服务质量提高，将会使用户受益。

（2）金融。"入世"后，我国金融服务业将面临空前的挑战和机遇。第一，外资银行和保险公司的进入，将促使我国金融业加快改革步伐，用现代企业制度包括股份制改革国有商业银行，建立全社会的信用体系，增强机构和个人的守信度，改善服务质量，提高竞争能力，通过外在压力和内在动力相结合，逐步建立起适应国际规则、具有国际竞争力的中国金融企业，推动我国金融业整体素质的提高。第二，加入WTO将有利于中国银行业国际化的发展。在外资银行不断进入的同时，加快中资企业和银行"走出去"的步伐是中国对外开放的重要内容，特别是通过海外中资银行业的发展来促进海外中资企业的发展，使更多的中资企业在海外设立分支机构，直接参与国际竞争。第三，进入WTO可能会使我国商业银行遇到强大的人才竞争压力。外资银行在中国拓展业务，首先需要的是大量熟悉银行业务、拥有众多客户关系的资深银行职员，他们会以高薪、出国培训机会以及优越的工作环境等条件，吸引大量国内银行的优秀人才，通过人才竞争占据优势。中国四大国有独资银行与外资银行在个人收入方面的巨大差距将导致许多优秀业务骨干"跳槽"，而人才的流失又将恶化中资银行的相对竞争地位。

（3）旅游业。"入世"将有利于旅游业的可持续发展，有利于旅游业在开放中深化改革，规范秩序。世贸组织对环保产业有各种保护条款，我国环保产业将因此进入黄金时代，旅游环境得到改善，将吸引更多国外游客。此外，开放可以为我国赢得更有利的外部国际环境，而国际市场的进入，需要形成真正的市场主体，对于体制、管理与经营尚有差距的旅游企业，是调整和完善的机遇，有利于我国建立比较稳定的国际服务贸易秩序，将国内旅游贸易与世界旅游贸易融为一体。但是我国旅行社行业、饭店行业以及旅游业效益将会受到冲击。

三、"入世"后我国主要产业应采取的对策

第一，增加农业科技投资，改革我国农产品流通体制，建立高效的运销体系和农业保险制度，提高农业和农民的抗风险能力。这是缓和加入世贸组织对我国粮食生产和市场冲击的最有效措施。高效率的运销体系可以缩短流程，可以降低中间费用，树立本国产品形象，强化国际农产品促销活动。通过设立全国性的农业保险公司，在实行农村保险互助体制的省区建立保险互助联合会等方式提高农业和农民的风险防御能力。

第二，加快企业技术创新和技术进步步伐，大力实施名牌战略，切实加强对幼稚工业的保护。我国工贸领域主要行业的优势主要集中在运用劳动密集方式和资源密集方式生产的中低档产品，如果这些行业及其所属企业不进行技术上的创新，不能把别人的技术加以吸收和再创新，那么，实现产业升级和产品的升级换代就不可能落到实处，在经济全球化、一体化过程中，这些行业同发达国家同类行业在技术上的差距就难以缩小。"入世"为企业创造了学习的机会，使它们能够借鉴国外先进技术，加快企业技术进步的步伐。有条件的企业可以开展跨国经营，像海尔集团那样，奋力创造国际名牌产品。而对像汽车、信息等幼稚工业，应采取诸如提高关税、实行进口许可证制度、临时征收附加税、实行进口限制等保护措施。

第三，认真研究和掌握 WTO 的各项规则，认真调查、研究各成员新的贸易保护措施。WTO 是一个大的竞技场，要参加竞技，就必须懂得它的竞技规则，才能不因违规而受罚，达到用它的规则保护自己的目的。另外，WTO 虽要求各成员实行市场准入和公平贸易等各项原则，但并不反对本国市场进行合理的保护。我国过去是封闭的，但并不谙于设防，因此需要向贸易保护主义的鼻祖学习，了解他们的贸易保护措施，以其人之道还治其人之身。

第四，抓紧开展各行各业的人才培训工作，争取尽快拥有大量符合国际市场需求的专业人才，并积极为他们发挥作用创造外部条件。

参考文献

［1］《国际贸易》，1999 年第 1～12 期。

［2］《世界经济》，1999 年第 1～12 期。

［3］薛荣久：《世界贸易组织与中国大经贸》，中国对外贸易出版社 1997 年版。

纺织品服装贸易：迎接"入世"挑战 *

一、我国纺织品服装贸易的现状及竞争力

我国劳动力资源丰富，劳动力价格相对低廉，使得纺织服装业这种劳动密集型产业及其产品表现出一定的比较优势。改革开放以来，我国纺织品服装工业持续迅猛发展，据关贸总协定发表的统计资料显示，自 1994 年始，中国内地已超过香港成为世界上最大的纺织品服装出口方，1998 年服装产量超过 150 亿件，棉纱产量 542 万吨，化纤 510 万吨，纺织品服装的出口额为 429 亿美元，占我国外贸出口额的 21.54%。根据海关统计，1994～1998 年我国纺织品贸易顺差每年都在 200 亿美元以上，1998 年达到了 284.96 亿美元，占该年度全国贸易顺差总额的 65.2%。截至 1999 年 9 月末，服装行业增长 25.8%。1999 年 11 月纺织产品生产加快，纱、布分别同比增长 18.6% 和 8.8%，丝织品增长 14.9%。纺织品的进口增长规模也在不断扩大。纺织品工业的进口依存度由 1988 年的 12% 上升到 1995 年的 19.9%，由 1985 年的 27.4 亿美元增至 1995 年的 168.9 亿美元，10 年净增 141.5 亿美元，年均增长率为 19.9%，比同期全国商品总进口年增长率高出约 7 个百分点。

目前，我国纺织品出口和进口都有各自的特点，并受到不同的限制，表

* 本文原载于《甘肃社会科学》2000 年第 2 期。

现在以下几方面。

第一，从国际竞争力的比较和纺织业这个大类的分布来看，纺织品出口的优劣势明显，出口产品结构虽有所优化，但仍不尽合理。据德国 Werner 公司提供的 1998 年 58 个国家纺织业劳动力成本资料，我国劳动力工资成本居第 52 位，人均工资仍处于较低水平。就纺织品大类结构而言，世界上一些经济发达的国家衣着用、装饰用和产业用纺织品三大领域的比例约各占 1/3，而我国的比例为 70：20：10 左右。因此，劳动力成本低廉决定了纺织业中较具竞争力的是服装的出口，其次是针织、棉麻纺织和丝绢织品出口。而世界新的纺织业发展，已经出现了争相应用高科技的趋势，纺织业的上游行业是资金密集型并对规模经济要求甚高的行业，因此，我国毛纺织、染整、化纤和纺织机械等出口相对处于劣势。此外，我国具竞争优势的服装出口多属中低档，缺乏名牌，价格低廉，效益不高，正所谓"中档质量，低档价格，无名氏品牌，低效益增长"。

第二，政府大力扶持纺织服装的出口。1986 年 12 月，国务院就批准了扩大沿海地区轻纺产品出口的有关政策，并划出专项资金用于轻纺出口产品生产企业的技术改造，由有关部委联合组成轻纺产品出口生产基地项目招标评审领导小组，对参加投标的出口生产企业进行反复筛选，最后 343 家轻纺产品出口生产企业中标，共获国家优惠专项贷款 27 亿元，大大促进了轻纺产品的出口生产。1996 年，根据纺织等行业出口困难较大的情况，国家税务总局于 6 月发出了《关于加快纺织、机电、丝绸货物出口退税的紧急通知》。此外，在财政部的支持下，国家税务总局又专门追加了 15 亿元的纺织、丝绸产品专项退税计划。1999 年 1 月 1 日起，纺织原料及其制品的出口退税率被提高到 13%。同年，对外贸易经济合作部公布了在全国开展创名牌出口商品活动中首批"重点支持和发展的名牌出口商品"名单，其中服装类包括鄂尔多斯、黎明、雅戈尔和三枪，将采取有效措施进行扶植和鼓励。

第三，我国纺织品出口贸易的发展仍然受到国际纺织品贸易体制和国内现行的外贸出口体制的严重制约。我国于 1984 年 1 月作为纺织品生产和出口大国之一，正式加入了关贸总协定主持下的"国际纺织品贸易协定"，或称"多种纤维协定"。虽然此举保证了我国纺织品出口的持续增长，但是也产生了一定的副作用。比如，生产列入配额的纺织品的国内厂家或公司得不到配额则不能出口，并且配额的品种从棉扩大到化纤又扩大到毛、丝、麻和服装。同时，传统的外贸出口收购制严重挫伤了生产企业的出口积极性，而出口经营权的缺乏也严重限制了纺织企业的经营活动。

第四，我国国内仍对纺织业实行关税和非关税保护措施以限制国外纺织品的进口。关税结构上，除纺织原料如棉花、羊毛、麻纤维外，所有的纺织半成品、制成品均在 20% ~ 80% 的高关税范围之内；非关税措施表面上看只有进口许可、进口配额、计划审批等少数几种，仅涉及羊毛、棉花、化纤、新型纺机四大类产品，但在商品目录背后却限制了近 200 个品种的进口，约占我国纺织品进口 60% 的份额。因此，我国对纺织业的保护结构很不合理，容易引起贸易纠纷。

二、"入世"对我国纺织品服装贸易的影响

在纺织品贸易上，中美双方分歧的焦点主要在于，WTO 成员已签署的多边《多种纤维协定》规定，在未来五年内取消国际纺织品贸易配额的限制，但美国却坚持要求对中国维持 10 年的纺织品进口配额制。据路透社的报道及美国贸易代表办公室公布的信息，对大量进入美国的中国产品，美国可以采用一种特殊防卫机制，该机制在中国加入世界贸易组织后 12 年内有效；允许美国公司和工人对纺织品和服装进口的增加作出回应，并将保留至 2008 年 12 月 31 日。因此，加入 WTO 对我国的纺织品服装贸易可谓是喜忧参半。

第一，根据 WTO 乌拉圭回合达成的纺织品服装协议，世界纺织品服装贸易将用 10 年的时间取消其贸易限制，以达到完全的贸易自由化，中国加入WTO 将会享受到此待遇，这为我国纺织品服装的出口铺平了道路。加入 WTO后，在实现全部纺织品与服装贸易一体化的情况下，我国向其他国家输出纺

织品与服装出口将会增加，并将与其他国家享受同样的平等竞争机会，提高在国际市场所占的份额，这无疑为困境中的国内纺织行业提供了新的发展机遇。同时，由于受多种纺织纤维品协定的保护，某些国家所采取的歧视性政策将大大减少，将有利于我国通过正常渠道扩大出口规模。据此测算，到2005 年，我国纺织品服装在欧美市场的份额将从现在的 15% 上升到 30%。更有人预测，一旦加入 WTO，我国的纺织品服装出口额最终可达到每年 120 亿美元。纺织行业的 H 股经纬纺机（350）的管理层日前在香港对媒体表示，在中国加入 WTO 以后，估计可以促进中国纺织业出口增长一成以上。纺织业下游产品如棉纱、针织、丝绢织品等，由于仍能保持劳动力优势，配额数量增长和配额制的最终取消以及永久最惠国待遇的取得，将促进它们的出口。

第二，国外纺织品进口的扩大将促使纺织企业尤其是国有企业更加关心市场竞争力，加快转换经营机制的步伐，提高企业整体素质；促使国内生产企业能方便、适时、对路、价格适当地挑选并获取进口投入品，如棉花、羊毛、化纤、新型纺机、高级面料等，从而有效地支持企业生产和技术进步的发展；促使国内纺织品服装的设计师、工程师能够接触更多的外来产品，直接获取或储备更多适合国内消费者和国际市场需求的商品信息，推进国内纺织业产品多样化的进程和出口产品的发掘和创新；不仅有利于取消进料加工进口与内销进口的差别待遇，而且有利于减少纺织品走私，减轻"水货"对国内市场的冲击。

第三，对消费者而言，衣着类纺织用品进口增加将会促进纺织品消费的高层化、多层化和多样化，从而提高消费水平、福利水平，优化消费结构。

第四，加入 WTO 后并不意味着我国纺织品服装可以畅通无阻地进入欧美市场。首先，中国输美纺织品配额到"入世"后 10 年才能全部取消；其次，在国际纺织品服装贸易中，配额仅是 2000 余种非关税壁垒中数量限制的一种，原产地规则就是发达国家和地区保护本国的纺织品市场非常有效的非关税壁垒。而且，我国对配额市场的出口只占 20% 左右，80% 的产品是对非设限国家的出口。

第五，相对处于劣势的上游产品，如化纤、染整、纺织机械等，可能会受到来自进口产品的更大规模冲击，这些行业或者起步时间不长、竞争力较弱，或者供给缺乏效率、进口依存度较高。此外，它们是技术密集型、资金密集型行业，目前工艺和技术等都跟不上世界水平，关税的降低，进口的增长，无疑会使其受国外同类行业及产品的更大威胁。

三、我国纺织服装贸易的应对策略

第一，认真研究和掌握 WTO 的各项规则，特别是《国际纺织品贸易协定》，认真调查、研究各成员新的贸易保护措施。WTO 是一个大的竞技场，要参加竞技，就必须懂得它的竞技规则，不因违规而受罚，达到用它的规则保护自己的目的。另外，WTO 虽要求各成员实行市场准入和公平贸易等各项原则，但并不反对对本国市场进行合理的保护。中国过去是封闭的，但并不谙于设防，输往设限国的纺织品经常遭到反倾销指控，因此需要向贸易保护主义的鼻祖学习，了解他们的贸易保护措施，研究乌拉圭回合"最后文件"中的反倾销条款，以其人之道还治其人之身。

第二，加快产业结构调整步伐，适应新的贸易格局。积极发展纺织高新技术，用高新技术改造传统产业，改善出口产品的结构，增加产品的附加值。纺织品和服装出口中，应坚持不断降低初级加工产品如纱布的比重，加大制成品服装的比重，使国际、国内纺织原料市场全面接轨。此外，需调整纺织企业组织结构，在提高大企业生产集中度的同时，实现大中小企业的合理分工和协调。

第三，充分利用国际资金，推动纺织企业转换经营机制，建立适应"小批量、多品种、准交期"的快速反应体系，加快企业技术改造和技术进步的步伐。外资企业与内资企业相比，除具有同样的廉价劳动力优势外，还有先进的技术与设备优势，有先进的管理方式以及政府给予的优惠待遇。尽快落实国家有关部门及银行对以服装面料为核心的纺织技术改造的政策支持，确定推进纺织产业的结构调整和增强国产面料的替代进口能力。

第四，实施创名牌、保名牌的发展战略。品牌是一个企业的文化和一个民族精神的体现，服装行业应由加工贸易转向自创名牌。要创名牌首先是积极利用高新技术，开发新面料、新产品，一改以往的中低档质量水准；其次是抓好人才培养，进一步强化设计师队伍；最后是扩大经营规模，组建大型企业集团。创名牌不容易，但倒牌子却很快，因此纺织服装行业不仅要创名牌，还要采取必要的措施保护已建立的名牌，避免再次出现诸如"绅士"领带事件，为纺织服装名优产品走向世界创造前提条件。

"入世"对我国服务业的影响及对策[*]

一、我国服务业发展现状

改革开放以来我国服务业发展迅速，服务贸易已成为我国大经贸的重要组成部分，服务出口占我国外贸出口的比重逐年上升。但是，与发达国家相比，我国的服务业还存在着很大的差距，主要表现在以下几个方面。

第一，服务业基础薄弱，发展严重滞后。我国服务业占 GDP 的比重相当低，不仅大大低于发达国家，而且也低于发展中国家的平均水平。据世界银行统计，发达国家服务业产值占 GDP 的比重一般都在 60% 以上，中等收入国家平均达到 50% 左右，而我国 1996 年仅为 31.2%，接近于低收入国家的平均水平。此外，我国服务业的发展主要集中在旅游、劳务出口、远洋运输等传统的劳动密集型部门和资源禀赋优势部门上，而全球贸易量最大的金融、保险、咨询、邮电等技术密集和知识密集服务行业在我国还处于初步发展阶段，是一个薄弱环节，与其他产业发展的需要很不适应。

第二，服务贸易总体水平较低，出口结构不合理。目前，我国服务业内部行业结构不合理，新兴行业少，生产性服务行业发展不足，严重阻碍生产

＊ 本文原载于《投资研究》2000 年第 4 期，并由中国人民大学复印报刊资料收录。共同作者：李宏凯。

的专业化、社会化进程。表现在服务贸易上，世界银行公布的数据显示，我国服务贸易额仅占世界服务贸易额的1%，而且服务贸易对货物贸易的匹配程度大大低于世界平均水平。

第三，服务市场体系发育程度低，服务的社会化、商品化、产业化程度低，地区间发展也不平衡。从总体上看，农村落后于城市，内地落后于沿海，劳动力资源丰富的广东、四川、上海、河南、北京等省市的服务业比较发达。

第四，服务业法律法规不健全。近年来，我国先后颁布了《中华人民共和国对外贸易法》《中华人民共和国外资企业法》《中华人民共和国保险法》《中华人民共和国商业银行法》《中华人民共和国外资金融机构管理条例》等一批涉及服务贸易领域的重要法律法规，但是缺少一部统一的服务贸易基本法，一些重要的服务部门如旅游、卫星发射等领域尚无立法或立法不完备。此外，已有的法律法规缺乏可操作性，对在华外国服务机构服务提供者的规定较少或没有规定。有的规定主要表现为各职能部门的规章和内部规范文件，不仅立法层次低，而且影响到法律的统一性和透明度，一些规定与国际经贸规则还存在一定的差距。

二、"入世"对我国服务业的影响

加入 WTO 意味着服务贸易自由化进程将向前推进，会给我国服务业带来重要影响。具体到每一个行业，由于开放程度、竞争力、劳动、技术、资本密集程度不同，因而受影响的强度也会不一样。

1. 电信

电信产业是我国通过引进、开发逐步建立起来的具有高新技术特点的新兴工业，基础电信由政府垄断经营，其兴衰关系到国民经济发展的全局。我国的电信产业主要集中在以南京、上海为龙头的长江三角洲经济区和以北京、天津为核心的环渤海经济区，特别是南京的电信产业在国内外都享有盛名。国家统计局公布的数据显示，截至 1998 年底，包括移动电话在内，我国拥有电话用户总数 1.1 亿户，全国电话普及率达 10.64%，1998 年通信业务收入达 2295 亿元，成为国民经济支柱之一。信息是重要的战略资源，西方发达国家的跨国公司一直觊觎着我国巨大的电信市场，急于利用直接投资的方式兼并我国电信工业的精华。"入世"后，电信市场将进一步开放，例如目前仅可以进行设备交易的美国电话公司，在中国"入世"时可以拥有中国电信企业 49% 的股份，两年后这一比例可增至 50%。可以预见，"入世"将对我国电信业的发展产生深远影响，具体表现在以下方面。一是对国内市场产生巨大的冲击。外商进入不会承担"普通服务"的义务，不会去边远地区架设电线，为获得丰厚的利润，他们将在大城市开发业务，因此，中国电信、中国联通、中国移动等处于主导地位的电信运营商就会面临转变观念、提高竞争力的紧迫问题，关键技术的缺乏和管理机制的转变，将是困扰我国民族通信产业发展的主要障碍。二是可为设备制造企业创造新的商机。中国电信设备市场对外开放程度和透明度都很高，在引进设备和技术时遵循了公平竞争的市场原则。在与诺基亚、摩托罗拉、爱立信等著名跨国企业的合作中，中方积累了一定的经验，培养了相应的技术人员，因此有助于设备制造企业生产能力和科研能力的提高，从而开发新产品，开辟新市场，扩大效益。三是由于产权明晰、服务质量的提高将使用户受益。从国际电信发展经验来看，电信市场自由化进程将导致电信资费迅速下调。如 1994 年英国的国有企业——英国电讯在实行开放和民营化的过程中，电话费平均下降 50%。

2. 金融业

《中华人民共和国外资银行管理条例》规定，"入世"后两年，外资银行可以为中国企业办理人民币业务，五年以后可以向个人提供服务；允许外国金融公司在基金管理企业中持股 33%，三年后增至 49%。我国目前已经形成了以中国人民银行为领导、三大政策性银行和四大国有商业银行为主体，包括多家股份制的全国性和区域性商业银行在内的银行体系。但是中国人民银行的金融监管能力比较弱，监管范围窄，力度小，标准不统一，风险预警和监控机制远未建立，四大国有商业银行资产质量不高，资产回报率远低于西方银行平均2%的水平，国际竞争力与外资银行相距甚远。因此，"入世"后我国金融服务业将面临空前的挑战和机遇。第一，导致中国金融格局呈现巨大的变化。开放后中国金融市场不会在短期内出现剧变，因为现有商业银行在全国拥有14万个网点，国企在改革期间对中资银行的依存度较大，预期外资银行不可能在短期内从中资银行手中抢走大量客户。但是，在华外资银行在税务、经营体制和管理经验以及分配激励制度上较国内银行更有优势。随着我国加入WTO的步伐加快，外资金融机构将越来越多地享受国民待遇，而市场的进一步开放也意味着在华外资金融机构的数量将不断增加。预期外资银行进入大陆市场，将在今后5～10年改变我国的金融格局。第二，外资银行和保险公司的进入，将促使我国金融业加快改革步伐，用现代企业制度改革国有商业银行，建立全社会的信用体系，增强机构和个人的守信度，改善服务质量，提高竞争能力，通过外在压力和内在动力相结合，逐步建立起适应国际规则、具有国际竞争力的中国金融企业，推动我国金融业整体素质的提高。第三，加入WTO将有利于中国银行业国际化的发展。在外资银行不断进入的同时，加快中资企业和银行"走出去"的步伐是中国对外开放的重要内容，特别是通过海外中资银行业的发展来促进海外中资企业的发展，使更多的中资企业在海外设立分支机构，直接参与国际竞争。第四，加入WTO可能会使我国商业银行遇到强大的人才竞争压力。外资银行在中国拓展业务，首先需要的是大量熟悉银行业务、拥有众多客户关系的资深银行职员，他们会以高薪、出国培训机会以及优越的工作环境等条件，吸引大量国内银行的优秀人才。中国四大国有商业银行与外资银行在收入方面的巨大差距将导致许多优秀业务骨干"跳槽"，而人才的流失又将恶化中资银行的相对竞争地位。

3. 旅游业

从我国的国情来看，发展国际服务贸易的优势资源是劳动力资源、文化资源、自然资源，这些都是难以转移到国外去的，因此吸引消费者前来我国接受服务的"消费者流动"的旅游业前景将十分广阔。从目前旅游业开放程度来看，我国加入 WTO 对于一些开放程度相当高的行业，特别是饭店业基本没有什么影响，对旅行社行业影响最大的可能是目前获利颇丰的入境和出境旅游业务。具体反映在以下几个方面。第一，"入世"将有利于旅游业的可持续发展，使旅游业在开放中深化改革，规范秩序。进入国际市场，需要形成真正的市场主体，而开放可以为我们赢得更有利的外部国际环境，这就为体制、管理与经营尚有差距的旅游企业带来了调整和完善的机遇，有利于我国建立比较稳定的国际服务贸易秩序，将国内旅游贸易与世界旅游贸易融为一体。第二，有利于入境旅游市场的扩大。世界贸易组织对环保产业有各种保护条款，我国环保产业将因此进入黄金时代，从而改善旅游环境，吸引更多外国游客。此外，"入世"后，国外企业会抓住商机，进军中国市场，由此带动商务旅游的繁荣。第三，我国旅行社行业受到冲击，将会影响旅游业效益。WTO 要求国际贸易对等服务，在旅游业表现为人员要有进有出，因此我国将逐步放开公民出境旅游。同时，随着旅游业的扩大开放，行业竞争加剧，外方旅行社将撇开我方旅行社，形成海外客源"一条龙"服务体系，这些都会引起收入的境外转移，从而影响我国旅游业的效益。

三、"入世"后我国服务业应采取的对策

第一，认真研究和掌握 WTO 的各项规则，特别是《服务贸易总协定》，认真调查、研究各成员新的贸易保护措施。WTO 是一个大的竞技场，要参加竞技，就必须懂得它的竞技规则。另外，WTO 虽要求各成员实行市场准入和公平贸易等各项原则，但并不反对对本国市场进行合理的保护。我国过去是封闭的，并不谙于设防，因此需要向贸易保护主义的鼻祖学习，了解他们的贸易保护措施，以其人之道还治其人之身。

第二，鉴于中国经济市场化中的时空差异，我们应对电信业进行必要的、有力的保护与扶持。电信业是集先导产业、基础产业和支柱产业于一身的行业，其国际竞争力的大小直接关系到我国的经济和国家安全，因此国家应自

主开发和经营如通信卫星、程控交换机等事关国家和经济安全的电信工业部门，不能实施贸易和投资自由化；要大幅度地增加对国有电信企业等民族电信产业的投入，制定必要的政策，鼓励商业银行对电信工业发放风险贷款；国家要加强对电信服务业发展的规划、调控和监管，制止无序竞争和行业垄断。

第三，加强金融监管，加速整顿金融秩序、防范金融风险的工作，努力拓宽我国银行和非银行金融机构的业务覆盖面，抢在外资大规模进入前占领制高点和新阵地。这就要求建立有效的外部监管机制和严格的内部控制机制，建立金融机构风险预警系统和风险特别报告制度，建立科学的金融业内竞争规则，以消除恶性竞争带来的金融风险。中国人民银行和中国保险监督管理委员会应该加快存款保险制度的建立，这样既可以减少存款人因为金融机构倒闭而造成的损失，防止金融机构因经营困难发生挤兑而失去渡过难关的机会，还有利于丰富我国金融保险机构开拓新业务的经验。

第四，摒弃传统式工作思路和常规化工作方法，在营销理念、金融工具、管理体制、传导机制等方面推陈出新。随着 WTO 范围的扩大，经济全球化的进程也将进一步加快，中国银行业要在这个大潮中勇立潮头的唯一出路就是抓好金融创新，这样才能构建新的操作模式，才能形成自身经营特色，才能适应经济发展要求，才能开拓生存发展空间，也才能应付 WTO 带来的许多挑战。当前，首先要面向市场积极开拓，在经营理念上创新，建立起与市场经济相适应的整体营销体制，加大金融产品的市场营销力度，主动向客户推荐和出售自己的服务；其次要大力发展中间业务，在金融工具上创新。

第五，积极创造条件，使上海、深圳、香港等地成为外资银行和大跨国公司在中国的集结地。吸引跨国公司投资是中央最近作出的重要决策之一，吸引跨国公司是我们获取知识和技术的重要来源，也是缩小我们与发达国家知识与技术差距的重要途径。上海、深圳、香港等地应把吸引大跨国公司的投资、技术与自己的地域优势、人才资源优势和巨大的消费市场优势结合起来，鼓励大跨国公司与自己的大企业联合。应采取得力措施，加快为外资银行和大的跨国公司落户，为上海、深圳等地创造条件。

第六，根据 WTO 透明度原则的规定，完善立法规范问题，把原来主要依靠内部行业部门行政条令进行管理的做法，向国际通行的依靠公开的行政法规和法律来管制市场的方向靠拢，使中国服务市场管制走上法制化、规范化的道路。

第七，抓紧人才培训工作，尽快拥有大量符合电信、金融保险市场需求的专业人才，并积极地为他们发挥作用创造外部条件。竞争是人才的竞争，建立服务业人才高地是当务之急，而健全人才政策来保护人才以防止人才流失是重中之重。

WTO——贸易保护机制与发展中成员 *

WTO 追求贸易的自由化、稳定化、透明化和公平化，以便各成员之间达到权利和义务的平衡。然而，WTO 成员之间在政治、经济、文化等多方面存在着巨大的差异性，因此，不论是 GATT 还是 1995 年以来的 WTO，都没有也不可能对纳入框架的所有贸易产品和服务实现完全的自由贸易，其推行的贸易自由化具有渐进性的特征。为了不致使成员间差距进一步拉大，WTO 在其规则中作了灵活、特殊的规定，允许各成员实行合理的保护，并给予发展中成员一定的优惠待遇。问题的关键在于，发展中成员是否能因此有效地分享到保护带来的利益。本文拟通过对 WTO 机理实质的透视剖析，进而分析其框架中允许的合理保护对发展中成员产生的影响，并针对不利面提出对策性建议。

一、WTO 的实质

WTO 自 1995 年成立以来，通过执行乌拉圭回合协定与协议，并通过达成若干个部门贸易自由化的协议，在更广泛的领域内有力地推动了贸易自由化。它通过贸易政策审议机制、争端解决机制、补贴纪律、可持续发展、服务贸易自由化、知识产权保护等手段，把协调管理的触角从边境措施延伸到国内

＊ 本文原载于《河北师范大学学报》2003 年第 4 期。共同作者：王稳。

决策与立法领域，监督职能空前强化，已成为名副其实的"经济联合国"。其活动有效地促进了各成员之间的经贸合作，有利于技术进步，减少贸易壁垒，有利于改善人民的生活水平，有利于增加就业。同时，为协调各成员间经贸政策，减少对抗，以避免因政策冲突而恶化全球经贸环境，WTO 加紧多边贸易谈判并不断地进行贸易政策审评①，以确保与国际规则与惯例保持一致。

然而，在 GATT 与 WTO 交替之时，许多著名的团体和知名人士并不把 WTO 看作 GATT 的简单演变，并对 WTO 提出质疑。比如，环境学家和保守派担心 WTO 会影响联合国通过自己的法律和制定其环境与健康标准的特权；一些行业的代表也担忧 WTO 对解决争端程序的改革是否能建立一种较正规的合法程序，并据其审核和解决争端；世界公民农业和贸易政策研究所、拯救主权组织、保守派专栏作家帕特·巴恰纳，以及美国民主党议员杰朗，共和党参议员兰尼·普诺斯勒、杰西·哈雷姆斯、拉里·克雷格等，对新的 WTO 可能会不民主、独断专行，充斥着冷漠迟钝、平平庸庸的官僚做法表示了关注。即使到了现在，对 WTO 的认识还存在着很大的偏差。因此有必要根据 WTO 的运行深刻剖析其实质。

首先，WTO 根据其基本规则运作，为各成员在更大范围内维护经贸利益创造了条件。但同时也存在片面性。从 GATT 到 WTO，制定了一系列规范贸易及相关行为的基本规则。在货物贸易方面的规则主要有《农业协议》、《纺织品与服装协议》、海关估价、原产地规则、《贸易技术壁垒协定》、动植物卫生检疫措施、装运前检验规则以及进口许可证制度等；在服务贸易方面的基本规则有《服务贸易总协定》、《金融服务协议》、《基础电讯服务协议》及《信息技术协议》；在与贸易有关的知识产权制度方面有《知识产权协定》；在与贸易有关的投资措施制度方面有《与贸易有关的投资措施协议》；在紧急

---

① 贸易政策审评的目标是通过经常性和系统的审议和监督，增强 WTO 成员贸易政策和措施的透明度，以及各成员的商务人员对它们的理解，提高对某些问题公开的和政府间的辩论质量，以便更好地评估各成员贸易政策对多边贸易体制的积极和消极影响，借此鼓励各成员政府更加严格地遵守 WTO 的规则与纪律，履行他们的义务，更好地享受作为成员的权利。

保护的规则方面有《倾销与反倾销守则》、《补贴与反补贴协议》、《保障措施协议》和国际收支条款等。各成员在进行经贸活动时必须严格遵循这些规则、协议及制度。而且 WTO 采取"完全协商一致"的方式和"一成员一票制"作出决策，这虽然为贸易大国操作或控制争端解决结果提供了方便，但也有利于增强小国的谈判力量，更好地维护其自身的利益。争端解决机制也为其成员保持权利与义务的平衡起到了一定作用，有利于维护各成员方的合理经济利益。

但是，乌拉圭回合产生的 WTO 一揽子协定及其规则，在新的国际经济环境下，对所有发达成员更为有利，发展中成员一旦与发达成员发生利益冲突，遵守规则一词就会成为发达成员的"尚方宝剑"。乌拉圭回合各种协议与协定的实施很不平衡，贸易大国操纵多边贸易体制决策过程的现象未得到根本改善，因而 WTO 面临着当主要工业化贸易大国在缺乏竞争力或在自身短期经济利益受到威胁时凭借其经济实力去破坏规则的严峻考验。而且 GATT/WTO 在制定规则时本来就存在着片面性。这主要是因为在制定 GATT/WTO 规则和制度时是以发达成员在国（地区）内已经实行且已证明对其有利的规则为蓝本，并且由于发达成员与发展中成员在经济发展阶段与技术进步程度上存在着很大的差距，因而在运用形式上平等但实际上不平等的规则进行竞争时，发展中成员明显处于劣势地位，透明度和参与讨论和决策的可能性远远不到位。

其次，WTO 在提倡贸易自由化的同时也主张合理保护。随着国际分工与交换的不断拓展和深化，以市场经济为主导的经济模式席卷全球，世界经济相互依赖程度的增强，自由贸易成为世界经济贸易发展的客观要求和必然趋势。二战后国际贸易在 GATT/WTO 推动下发展的历史轨迹，正是这种客观要求与必然趋势的反映。通过 GATT 八轮多边贸易谈判，世界工业品贸易的关税平均税率由 1947 年的 40% 减至目前发达成员的 4% 和发展中成员的 12%。WTO 成立后的运作更为世界贸易自由化带来多层次的发展，表现为各成员之间共同市场的扩大与贸易依存度的提高，各成员在商品、服务方面的分工进一步加强。在国际经济不平衡发展（不仅发达国家之间存在不平衡发展，发展中国家也存在不平衡发展）的过程中，为了防范贸易自由化的风险，WTO制定了一系列条款或协议，允许其成员利用WTO规则的保障机制，对本国产业实行合理与适度的保护。这些规则包括：《1994年关税与贸易总协定》第十九条促进特定产业调整，避免大量进口冲击的紧急措施，第十八条规定发展中成员政府对经济发展尤其是对特定工业的兴建与发展提供援助，第六条和第十六条反对不公平贸易的反倾销税和反补贴税，第二十五条在WTO授权下不执行GATT的特定规则，第十二条当国际收支不平衡时实施限制的规定，第二十条世贸组织成员可援引的普遍例外，第二十一条维护成员安全的例外，以及《服务贸易总协定》第十条有关进口的紧急保障措施等。

最后，WTO的如下特点在一定程度上也反映了在某些领域保护本国利益的合理性。一是WTO不仅关心发达成员的商业利益，也考虑发展中成员的经济发展。GATT/WTO制定了对发展中成员贸易的特殊原则——差别和更优惠待遇。WTO现有成员144个，其中发展中成员占近80%的比例，如果按照重大决策3/4成员通过的原则，从理论上讲，发展中成员已具备对WTO的发展方向及重大问题自己当家作主的能力。二是WTO关心其成员的食品和健康安全并关注环保事业。《1994年关税与贸易总协定》第二十条规定，允许各成员依据本国（地区）的具体情况和国际惯例、制度或采取相关措施保护人民、动植物的生命或健康。有些协议或条款也涉及产品标准，并规定了食品和动植物产品的健康和安全标准，对保障人民的健康发挥了积极作用。WTO还加强与世界卫生组织、联合国粮农组织及国际标准化组织的合作，力图使决策协调一致。与此同时，WTO在处理产品标准、食品安全、知识产权等问题时，环保被视为重要目标。三是WTO机构设置合理，权限和职责分明，各负其责，便于操作。决策制度上将原则性与灵活性有效地结合在一起，根据不同情况，WTO分别采用一致同意、简单多数通过、2/3多数通过、3/4多数通过、必须接受规则和反向一致等方式进行表决。争端解决机制方面WTO规定了严格的程序期限，增设了上诉程序等内容，使争端能尽快得到解决。四是WTO选择部门谈判作为推进贸易自由化进程的主要方式，因此能否列入谈判议程以及部门安排的先后顺序、轻重缓急就极大地影响着相关领域市场开放的程度和顺序。WTO 开始运作以后即先后达成《基础电信协议》、《信息技术协议》和《金融服务协议》，这是因为发达成员在知识产权、投资措施、服务贸易等 WTO 新增加的管辖领域占有显著的优势，所有这些领域取得的实际成果都是发达成员积极倡导和推动的结果，而这些协议的陆续付诸实施给发达成员带来了更为完善的权益保护和巨大的贸易利益。

二、WTO 框架中的贸易保护机制对发展中成员的影响

WTO 的宗旨和目标都是倡导贸易自由化，但由于受政治、经济等条件的制约，如果某个成员完全取消关税和非关税贸易限制，将会使该成员某行业面临外国效率更高的同一行业产品的竞争而陷入困境，在影响行业利益的同时也减少了就业，这无疑会损害该成员的利益。考虑到无关税和非关税限制的自由贸易不可能完全实现，WTO 选择了次优的贸易政策，即一方面强调只有通过关税来保护本国的生产，在不允许数量限制等政府的行政干预的同时，又允许存在例外；另一方面要求逐步削减关税和非关税壁垒，开放市场，取消国际贸易中的歧视待遇，以促进自由贸易的发展。因此，GATT 47 年的历史、八轮多边贸易谈判既是贸易自由化程度逐渐加深的过程，也是各成员为维护自身利益，在谈判中尽力将自身采取的某些保护性措施纳入 WTO 所允许的合理保护范围之内，从而力求运用 WTO 所规定的例外或紧急保障条款来保护自身市场和产业发展的过程。在这一过程中，自由贸易与贸易保护的争论更加激烈，表现为贸易谈判历时越来越长、参与方越来越多及使用隐蔽性的非关税壁垒措施越来越具体。与 WTO 框架外的贸易保护相比，WTO 框架中贸易保护机制呈现出贸易保护程度的多边对等性、贸易保护形式的统一性、贸易保护措施的公开性以及差别待遇的合法性等主要特点。因此，WTO 的运行实际上是对成员贸易政策进行的国际协调，它好比一道防火墙，防止各成员发生剧烈的贸易摩擦。特别是乌拉圭回合达成了一系列促进国际贸易进一步自由化

的措施和协议，并将国际贸易规则的适用范围拓展到农产品、纺织品以及投资措施、知识产权和服务贸易三个新领域。然而，WTO 是由发达成员和发展中成员组成的，由于它们之间存在的巨大差距，在经济全球化的大趋势和世界性的产业结构调整的过程中，分析 WTO 框架中的贸易保护机制对发展中成员产生的影响就显得尤为重要。

1964 年肯尼迪回合谈判中首次将贸易与发展纳入了 GATT 的第四部分，并因此成立了贸易与发展委员会，负责讨论对发展中成员有利的条款如何执行，指导发展中成员与发达成员的技术合作，加大发展中成员参与 WTO 的多边贸易体制，以及确定最不发达成员的地位问题。这标志着作为 WTO 重要组成部分并占绝大部分比例的发展中成员在 WTO 中地位的上升和谈判能力的增强。经过发展中成员的不懈努力，在 1979 年结束的 GATT 东京回合谈判中达成了《关于差别和更加优惠的待遇、互惠及发展中国家更充分参与的决定》，使发展中成员的"差别和更优惠待遇"的要求在 GATT 的法律框架内取得很大的进展。这也反映了发展中成员的一种新的发展理念，即为了达到实质上的主权平等，不仅要从政治角度考虑，而且要从经济角度对传统原则和传统观念加以更新、丰富和发展。

"差别和更优惠待遇"具体表现为：（1）发达成员应给予发展中成员更加优惠的差别关税待遇，主要通过普惠制待遇加以体现；（2）发展中成员之间的优惠贸易安排可以不给予发达成员缔约方，也不需按第二十四条规定进行审批；（3）发达成员应给予最不发达成员特殊优惠；（4）在涉及发展中成员缔约方的贸易争端时，应充分考虑其特殊利益，不能损害其正当的贸易利益。不仅如此，WTO 在运行规则的制定中还对发展中成员规定了较少的义务、执行程序中的灵活性以及与发达成员不一致的、更灵活的执行时间表，这就为发展中成员对关系到成员发展、人民生活水平等方面采取保护措施提供了一定的保障。例如，在国际社会普遍对来自发展中成员低成本的纺织品和服装采取保护的情况下，经过艰难的谈判，《纺织品和服装协议》作为乌拉圭回合的一揽子协议得以签署并生效，使得发展中成员在开放与公平的基础上与发达成员就纺织品与服装贸易展开竞争。

然而，自 1947 年 GATT 成立以来，即使给予了发展中成员一定的优惠待遇，但由于发展中成员与发达成员在政治、经济和社会制度上存在较大差异而使得利益分配极不公平，发展中成员始终处于不利地位。

第一，随着 WTO 的正式运行，关税水平的全面下降，给予发展中成员优惠关税待遇的普惠制原则的作用已被严重削弱，而且发达成员也拒绝将普惠制扩大到新的贸易领域，如服务贸易、知识产权和投资等。

第二，与发展中成员利益联系紧密并已成为扩大货物贸易重大障碍的诸如原产地规则、配额、反倾销反补贴税的管理等议题却被长时间搁置或者进展迟缓，削弱了发展中成员在贸易自由化进程中获利的能力。例如，大多数发展中成员都是农产品的净进口国，因此农产品贸易自由化在近期将加重发展中成员的负担。据世界银行估计，《农产品协议》充分实施后，小麦价格上涨 6.3%，稻米价格上涨 4.2%，糖类上涨 10.2%，牛羊肉上涨 6.1%，其他肉类上涨 3.2%，咖啡、可可和茶叶分别上涨 0.4%、0.1% 和 2.3%，油籽上涨 4.5%，乳品上涨 10.1%，羊毛上涨 2.0%，棉花上涨 262%，其他农产品上涨 2.2%。又如发达成员利用 WTO 规则透明度的欠缺，迫使金融机制尚不健全、资本也不雄厚的发展中成员开放金融市场，致使发展中成员在全球性金融危机中资本大量缩水、外逃，经济遭受严重打击。发达成员还滥用反倾销法，以达到有效消除发展中成员在劳动密集型产品中的比较优势的目的。

第三，在 GATT/WTO 的法律框架下，发达成员一直推行在其具有绝对竞争优势的高新技术产业、服务贸易、知识产权、国际投资领域实行贸易自由化，借公平之名，利用 GATT/WTO 规则及一些例外规定，通过关税升级和关税高峰并设置重重非关税壁垒对劳动密集型和资源密集型产业实施保护贸易政策。不仅如此，在发达成员进行新一轮产业结构调整过程中，它们一方面将劳动和资源密集型产业转移到发展中成员，另一方面使用非关税壁垒阻止发展中成员将具有比较优势的劳动密集型和部分资本密集型产品，特别是纺织品与服装、钢铁、造船等敏感性商品进入本国市场，使发展中成员的唯一优势也很难发挥。

第四，发达成员提出贸易与环境的问题，利用绿色贸易壁垒迫使发展中成员在短期内迅速提高环保标准，否则就实施贸易限制。广大发展中成员正面临贫困与环境恶化的双重挑战，无力承担进一步改善环境的高昂费用，而发达成员却根据自身的生产力和科学技术水平制定了发展中成员很难达到的绿色技术标准，使发展中成员面临两难选择：要么失去进入世界市场的机会，要么被迫采纳超出其资源偿付能力的环保标准。结果使发展中成员的国际贸易地位降低，经济增长和发展受到影响。

第五，发达成员将贸易与劳工标准挂钩，目的是利用 WTO 来减弱发展中成员在劳动密集型产业上的比较优势，从而解决发达成员内部所普遍存在的高失业率，进而保护国内市场。各国社会制度和经济发展阶段、水平、文化、宗教信仰等情况不同，而劳工标准是取决于一国社会经济发展阶段、水平、民族传统、宗教信仰、自然条件和法律环境的，因此必然会存在劳工标准的差异，特别是在发达成员与发展中成员之间还存在着较大的差距。如果借"公平贸易"之名行贸易保护之实，将对发展中成员和发达成员都会带来不利影响。这实际上背离了 WTO 的宗旨，为发达成员实现强权政治和强权经济创造条件。

三、发展中成员应采取的对策

综上所述，当前发展中成员在国际贸易规则的制定中的地位虽然有所改观，但仍然是被动的接受者，很难利用 WTO 的规则来有效地保护自身有实力或有发展潜力的产业。为了在全球性的经济结构调整中使产业结构升级，为了在新的国际分工中获取利益，本文认为，发展中成员应采取相应对策保护本国战略性产业与幼稚产业，培育其竞争优势，提高国家的综合国力，以在全球性竞争中生存。

第一，发展中成员应将其贸易政策与产业政策有效结合，从而对本国战略性产业与幼稚产业实施有目的、有差别和有选择的保护。对确属幼稚产业的少数商品提供一定期限的保护，取消不符合 WTO 规则要求的一切其他非关税壁垒，合理运用保护性补贴调整国内的成本结构，使国内的成本结构与国际市场的价格结构相适应，提高本国产品的国际竞争能力，减缓对外开放对本国经济带来的冲击力，推动开放经济条件下国内资源的合理配置，从而提高国家的综合国力，在全球性竞争中得以生存。

第二，发展中成员应积极树立法律意识，完善反倾销、反补贴及保障措施等法律手段。开展以反倾销为核心的反不正当竞争执法及宣传活动，以国际公认的反倾销法则来规范自己的竞争行为；接受国际反倾销法为自由贸易条件下的竞争规则，建立本国的反倾销法律体系并严格执法，积极应诉，引导企业竞争观念的更新和实现非价格竞争的市场经济秩序，维护本国企业的合法权益。

第三，发展中成员应抓住贸易技术壁垒及绿色贸易壁垒带来的良好机遇和潜在利益，主动采取应对措施以保障本国的权益。借鉴和采用国际标准并争取早日与国际标准接轨，推进技术性贸易措施体系建设；有效实施健康、安全、卫生、环保等方面的检验检疫和疫情监控，防止有害物质和生物入境；推行严格的技术规则与环保标准，以增强出口商品的竞争力，使之能够顺利地进入国际市场，避免引起贸易纠纷，造成不必要的损失；保护生态环境，努力提高环保技术，防止国外的环境污染转嫁。

第四，发展中成员应灵活有效地运用 WTO 有关协议中的条款以降低自由化带来的负面效应。利用 WTO 赋予发展中成员的种种优惠，运用保障措施防止发达成员利用其在产业结构、技术条件上的优势，对发展中成员某一刚建立或即将建立的相关产业造成损害；依据例外条款，通过保持关税的较大弹性对国内幼稚工业进行保护，从而达到提高生活水平和经济发展的目的；利用经济发展计划可能造成持续高水平的进口需求的条件，以维持国际收支平衡为理由，实施 WTO 许可的数量限制。

参考文献

[1] 曹建明、贺小勇:《世界贸易组织法》,法律出版社1999年版。

[2] 陈荣辉:《经济开放与产业发展研究》,立信会计出版社1999年版。

[3] 蒋德恩:《世界贸易组织中的争端解决》,对外经济贸易大学出版社1999年版。

[4] 任烈:《贸易保护理论与政策》,立信会计出版社1997年版。

[5] 王福明:《世贸组织运行机制与规则》,对外经济贸易大学出版社2000年版。

[6] 徐兆宏:《世界贸易组织机制运行论》,上海财经大学出版社1999年版。

[7] 朱榄叶:《关税与贸易总协定国际贸易纠纷案例汇编》,法律出版社1995年版。

第三篇 入世 专题研究

WTO——贸易保护机制与发展中成员

第四篇
国际投资相关问题研究

- 金融危机对近期中国对外直接投资的影响
- 中国对外直接投资特点及趋势展望
- 外商直接投资对我国出口长期影响的实证分析
- 对外直接投资缓解贸易失衡的实证研究
- 外商直接投资区域差异的泰尔指数分解及其影响因素分析
- 外商直接投资区域差异及影响因素的比较研究
- 开放创新与跨国资本流动技术扩散的门槛效应研究
- 开放式创新与外资"技术市场化"的新机理
- 基于空间视角的中国制造业 OFDI 的东道国影响因素实证研究

金融危机对近期中国对外直接投资的影响[*]

2006 年美国房地产市场的信贷危机逐渐显露出来，随后通过金融市场和贸易渠道向世界各国蔓延，形成了当前新一轮世界性的金融危机。直接投资是各国经济联系的重要纽带之一，也是国际资本流动的基本途径。以跨国公司为主导的国际直接投资正在改变当前世界生产、消费和分配格局，对世界经济的前景起着举足轻重的作用。中国对外直接投资正处于一个发展拐点，虽然基数很小，但 21 世纪以来处于一个快速上升的趋势。本文将尝试探讨金融危机影响对外直接投资的传导机制，并就本次金融危机对中国近期对外直接投资的影响展开论述。

一、金融危机影响对外直接投资的传导机制

理论上说，金融危机是指一个国家或几个国家与地区的全部或大部分金融指标（如短期利率、货币资产、证券、房地产、土地价格、商业破产数和金融机构倒闭数）的急剧、短暂和超周期的恶化和混乱。金融危机对直接投资的影响渠道大多是间接的，即金融危机通过其他经济变量影响直接投资。我们可以从两方面来分析金融危机影响相关国家直接投资的传导机制，以探讨其对中国对外直接投资的可能影响。

---

[*] 本文原载于《国际贸易》2009 年第 7 期。共同作者：马光明。

1. 负面影响机制

（1）危机国金融服务业直接投资因金融市场混乱而减少。一方面，大多数金融危机是由金融市场失控引起，例如，本次金融危机的重要原因之一就是美国房地产市场的金融过度，而在东南亚金融危机中资本市场的过分自由是危机产生的诱因之一。另一方面，金融危机带来的货币汇率剧烈波动、利率管制、资本流动管制等并发效应会在短时间内严重扰乱危机国金融市场，使得银行和非银行金融机构运营陷入混乱。这两方面都会使得危机国金融业出现严重衰退，影响其预期投资利润率，直接减少外国对危机国金融服务业的直接投资。

（2）金融市场及相关行业收入效应导致投资者降低投资意愿。金融危机往往导致金融产品投资者实际收入减少，从而导致消费需求降低。例如在本次金融危机中，由于很多次级债及其衍生金融产品价值在金融危机中严重缩水，导致通过世界金融市场购买了含次级债券成分的金融产品的国际投资者（包括机构和个人投资者）的实际收入出现大幅度下降。而股票市场也相应在金融股引领下大幅度下跌。从危机发生的 2007 年初到 2007 年 8 月，美国主要股票价格指数下跌超过 1 个百分点的就有 4 次。不仅是本次，在以往的几次金融危机，例如东南亚金融危机、墨西哥金融危机中，危机国乃至其波及的国家债券市场和股票市场无一例外地出现大幅度下跌。这直接影响其国内投资者以及国际直接投资者在这些国家的投资意愿和销售、利润前景，从而影响国际直接投资流入。

除了金融市场收入效应导致的居民实际收入减少之外，危机国与金融业联系密切的行业如建筑、房地产业等遭受打击以及危机发生后生产性资本的撤离同样导致危机国产出减少，并通过乘数效应影响居民就业和收入，从而导致危机国消费减少，并使得国内投资和外国直接投资流入减少，导致许多国家尤其是以美国为代表的欧美消费大国的消费和投资需求在危机中出现大幅回落。此外，2008 年底美国制造业指数为 32.4，降至 1980 年 6 月以来的最低水平，制造业活动萎缩程度加剧导致当月失业率创下 16 年来新高，消费者信心指数因此降至 38，为历史最低点。其他遭受金融危机困扰的国家也不同程度上处于需求衰退的困境。这种国内需求的下降必然导致国内以及国际投资预期利润和投资意愿下降。

20 世纪 90 年代的东南亚金融危机是反映危机减少危机国直接投资的最好例子。根据联合国的统计数据，1997 年金融危机发生后，东南亚几个受金融危机影响最大的国家在危机前后，主要是 1997 年至 2001 年，其吸收直接投资都出现了不同幅度下滑。例如马来西亚和印度尼西亚吸收直接投资自 1997 年开始下降，分别由 1997 年的 63.23 亿美元、46.78 亿美元下降到 2001 年的 5.54 亿美元和 −32.79 亿美元；而泰国和菲律宾反应稍慢，吸收对外直接投资从 1998 年开始下降，分别由 1997 年的 74.91 亿美元、17.28 亿美元下降到 2001 年的 38.13 亿美元和 9.82 亿美元。与此同时，未受到东南亚金融危机影响的地区在这几年中吸收直接投资没有下降，甚至还有所上升。例如欧盟吸收外国直接投资由 1997 年的 1279 亿美元上升到 2001 年的 3894 亿美元；北美吸收外国直接投资由 1997 年的 1149 亿美元上升到 2000 年的 3808 亿美元；非洲吸收外国直接投资则由 1997 年的 107 亿美元上升到 2001 年的 188 亿美元。

2. 正面影响机制

（1）金融危机创造基础设施类直接投资机会。危机国政府往往会通过扩张财政产生新的需求，以刺激经济的恢复。例如增加政府采购、开展大规模工程项目招标等，这些项目产生了交通运输、仓储、建筑等行业的产品需求，这就给相关行业的国际直接投资者带来了新需求和市场进入机会。

（2）危机国货币币值变动降低对危机国的直接投资成本。一般而言，主要危机国的货币在金融危机初期会贬值。这一方面是因为初期人们对其经济发展趋势的消极预测，另一方面是因为危机国政府往往会降低利率刺激经济。危机国货币贬值降低了直接投资的成本，理论上会促进直接投资流入。以美国为例，受金融危机的影响，美元对欧元、加元、澳元、日元等世界主要国家货币保持着贬值的趋势，降低了这些国家企业对外直接投资的外汇成本，成为促进企业对外直接投资的积极因素。关于东道国货币汇率贬值会造成对东道国直接投资的增加，20 世纪 80 年代日元在"广场协议"之后对外直接投资迅速上升就是一个典型的例子。而许多学者如弗鲁特和斯坦（Froot & Stein，1991）就用实证方法证明了美元的贬值确实引发了外商直接投资在美国的增加；胡建绩和楚永（2008）也用多元回归模型证明了东道国货币汇率的变化对中国对外直接投资有显著正面影响（东道国货币贬值会增加中国对外直接投资）。

（3）金融危机可能引发贸易替代型的直接投资。金融危机对国际贸易有三方面的消极影响，可能引发对危机国贸易替代的直接投资。首先，危机国人民由于金融市场收入效应和相关行业的负乘数效应导致收入和进口需求下降，其他国家产品难以通过出口进入其市场。其次，其他国家货币关于危机国货币的升值导致其价格上升，使得产品价格竞争力下降，增加出口难度，导致出口国企业转而采取直接投资进入危机国市场。最后，金融危机引发贸易保护，加大了他国企业通过贸易方式进入危机国市场的难度，从而采用直接投资的形式进入危机国市场，导致吸收外国直接投资增加。这对于国内市场潜力较大、经济实力雄厚的危机国来说引发贸易替代型的直接投资可能更为明显。

一言以蔽之，金融危机对对外直接投资的负面与正面影响是相互交织、相互作用的。危机初期往往是消极影响大于积极影响，表现为其他国家对危机国直接投资大幅下降。随着政府行为和经济自动调节效果的显现，对危机国的直接投资又会逐渐回升。

二、金融危机对中国近期对外直接投资的可能影响

根据联合国《世界投资报告 2008》的统计数据，2003 年至 2007 年中国吸收外国直接投资流量分别达到 535 亿美元、606 亿美元、724 亿美元、727 亿美元、835 亿美元，大约占全部流入发展中国家对外直接投资（FDI）流量的 17%～30%，稳居发展中国家首位。2003 年还曾一度超过美国，成为世界

吸收外商直接投资最多的国家。与此同时，从 20 世纪 90 年代初开始，中国企业也逐步开始了国际化的进程，中国对外直接投资也开始逐步发展，尽管规模不大，但近期出现快速增长的势头。然而，相比发展迅速的国际贸易和外商直接投资流入而言，作为对外开放的重要组成部分的中国对外直接投资的发展却相对缓慢，难以与经济大国的地位相符。考察我国改革 30 年来对外直接投资的数据，可以将我国近 30 年来对外直接投资的特点归纳为以下四点：增长较慢，但处于提速的拐点；绝对规模较小；投资产业结构偏向严重；投资地区结构集中且发达国家比重不高。这些特点也是我们分析金融危机对我国对外直接投资影响的基础。

1. 金融危机对我国对外直接投资的消极影响有限

我们可以根据中国对外直接投资区位结构的特点来分析本次金融危机对中国对外直接投资的冲击。根据商务部 2008 年发布的《2007 年度中国对外直接投资统计公报》的数据，截至 2007 年末中国对外直接投资存量（包含金融类）为 1179.1 亿美元，其中 50 亿美元以上的仅有三个地区，即中国香港687.8 亿美元，开曼群岛 168.1 亿美元，英属维尔京群岛 66.3 亿美元，三者共占中国对外直接投资存量的 78.2%。在其余国家（地区）中，对发达国家的直接投资存量仅为约 105.2 亿美元，占总存量的 8.9%，其中对经济最为发达的七国集团（美国、日本、英国、法国、德国、意大利、加拿大）直接投资存量仅为 57.4 亿美元，占总存量的 4.9%。其余发展中国家约占据中国对外直接投资存量的 13%。据此，中国现阶段对外直接投资大部分流向中国香港、开曼群岛和英属维尔京群岛。在这样的区位结构下，金融危机对我国直接投资的消极影响是有限的。

首先，中国香港、开曼群岛和英属维尔京群岛都是世界金融中心，金融服务业十分发达，居民收入高，但面积小、人口少（例如英属维尔京群岛仅有 2 万人口，开曼群岛仅有 4 万人口）、市场规模小。我国企业大规模投资于这些地区，一方面是利用其金融税收和公司管理方面的宽松政策，通过注册离岸公司进行转移定价以减少企业税收；另一方面则是以离岸公司的身份再投资于内地以享受外商投资企业的各种税收优惠，此外，也有通过这些国家的离岸公司出口产品到其他国家以规避贸易壁垒的动机，实质用于该地区生产性资本并不多。因此金融危机至少在数据上并不会使得我国对这些地区直接投资出现明显降低。

其次，我国对人口众多、内部市场广阔的发达国家直接投资占比并不高。因此，尽管这些东道国的消费、投资在危机中出现大幅下降，会减少中国对这些国家的直接投资，但由于所占比重不大，对整体规模不会造成太大影响。

最后，我国对发展中国家对外直接投资比重同样不大，主要集中于亚非拉第三世界国家，投资于采矿、仓储、交通、租赁和商业服务、邮政、商业等产业。由于这类发展中国家金融市场很不发达，受金融危机影响程度要远小于发达国家（主要是出口受到影响），加之中国对这类国家的金融类以及相关行业直接投资很小，对中国对外直接投资的整体规模无法产生太大影响。

2. 金融危机给我国企业对外直接投资提供了发展契机

根据商务部的最新统计数据，2008年中国对外直接投资流量达到521.5亿美元，创历史新高。可以看出，中国对外直接投资不但没有因金融危机出现较大衰退，反而出现大幅度增长，这可能就是利用人民币相对美元升值的时机、抓住危机国扩张基建以及投资替代贸易方式进入他国市场的结果。

第一，金融危机使得美国等进口大国经济出现衰退，其居民收入下降，我国产品通过贸易进入其市场的难度增加，反过来加强了中国企业通过直接投资进入市场的主观积极性和可能性。以美国为例，根据美国经济分析局的数据，由于金融危机对美国房地产市场和相关行业的影响，美国2006年、2007年、2008年实际经济增长率仅为2.8%、2.0%和1.3%，其收入效应导致美国居民消费增长率由2006年的3.0%降至2008年的0.3%。反映到进口方面，2006年至2008年美国货物和服务进口增长率分别为6.0%、2.2%、-3.3%，出现明显下降趋势，2008年进口甚至出现显著负增长。美国是中国最大货物出口国，美国金融危机直接导致中国对美出口增长率明显降低，2005～2008年，中国对美货物出口增长率分别为30.2%、24.9%、14.4%、

8.4%，下降幅度十分显著。目前危机已导致美国和其他国家贸易保护主义抬头，对我国企业产品出口而言更是雪上加霜。例如，美国参议院不顾国际媒体"贸易保护"的指责，于 2009 年 2 月初以口头投票方式通过了"购买美国货修正案"作为美国经济复苏计划的重要部分；印度也于 2009 年初无理由地宣布半年内禁止中国玩具进口，并在两个月后宣布全面杜绝中国玩具进口渠道，强调包括经由第三国进口的途径。在这样的背景下，有条件的中国企业减少出口形式的商品输出，转而采取对外直接投资的方式进入美国等主要出口国家市场，不失为一条解决当前困难的有效途径。

第二，金融危机引发的经济衰退导致世界主要国家降低利率来刺激经济恢复，这为我国对外直接投资提供了便利。以美国为例，2006 年底爆发金融危机，美国联邦基金利率高达 5.26%，随后为了对抗经济衰退，美联储在之后两年连续多次降息，到 2008 年底达到了 0.09% 的极低水平。2009 年初联邦基金利率稍有上升至 0.23%，同时美联储表示近期将利率维持在 0~0.25% 这一区间内以促进经济恢复；而一向重视通货膨胀、严格控制货币政策的欧盟央行自 2008 年 10 月以来也进行了四次降息，至 2009 年 1 月中旬降至 2.0%，累计降息 2.25 个百分点；中国仅在 2008 年一年中，央行将对金融机构一年期贷款利率由年初的 4.68% 降至 3.33%，将再贴现率由 4.32% 降至 1.80%。世界范围内的降息使得对外直接投资融资的成本大幅降低，客观上对我国企业对外直接投资将起到一定程度的促进作用。此外，由于金融危机的影响，欧洲一些发达国家开始奉行所谓金融重商主义，即将银行给海外的贷款调回国内，例如，把发放给新兴国家和发展中国家政府和企业的贷款和资金收回，用于国内企业的经济项目。这就使得企业通过直接投资进入东道国更有融资的优势。

第三，金融危机使得美元对人民币短期内保持贬值趋势，在增加我国货物出口困难的同时降低了对外直接投资的成本。关于投资国货币升值会否促进投资国对外投资，理论界意见是不统一的。一般观点认为对外投资国货币升值不会影响其对外投资，虽然由于投资国货币升值导致在东道国的投资成本下降，但这笔投资的回报用本币来计算也同比例下降，所以本币收益率是不变的。但事实上这种汇率变化对对外直接投资的中性作用是会改变的：一方面，一笔对外直接投资从开始投资到得到回报需要时间，有的需要几年甚至十几年才能收到回报，而初始投资时由于本币升值导致的成本降低是立即实现的，这十几年期间如果汇率变化，例如，本币又调整回原先的水平，或者只要其有所贬值，则本币收益率就是增加的。也就是说汇率的不稳定性可以使得投资国货币升值对该国对外直接投资起到促进作用。另一方面，先前得出的中性结论是建立在本币收益率的基础上，也就是假设投资国企业会将资本回报换回本币。但在实践中，如果该企业将外汇回报留在本地企业使用，例如进行当地原料采购或人才招聘，则投资成本的减少就不会被回报汇回的汇率损失所抵消。因此，笔者认为投资国货币对东道国货币（或者储备货币）的升值是能够促进该国对外直接投资的。

第四，危机国政府为刺激经济采取的扩张基建政策为中国扩大对外直接投资提供了机会。和21世纪初世界性经济衰退时的情况一样，为了刺激受金融危机影响而衰退的经济，各主要国家政府应用"相机抉择"原理采取了一系列经济政策（不仅包括降低利率、扩张信贷等货币政策，还包括减税、增加政府开支等扩张财政政策）来恢复经济，其中就包括启动大规模基础建设投资以拉动经济恢复。例如美国总统奥巴马就推出经济振兴方案，承诺新政府将进行大规模基础建设投资、更新联邦建筑物的老旧暖气系统、为教室购买新计算机等5项措施，创造至少250万个工作岗位。这是近50年来美国最大的基础设施建设项目。法国总理菲永也于2009年2月初宣布了法国经济振兴方案的具体实施计划，由政府投资265亿欧元用于上千个项目发展，重点投资交通、能源和住房建设等领域以刺激经济增长，应对金融危机。其他受金融危机影响的发达国家和发展中国家政府也或多或少有类似的政策，这些项目产生了交通运输、仓储、建筑等行业的产品需求。而交通运输、仓储、建筑等基础设施类产业是中国目前对外直接投资的主要项目，中国对外直接投资企业可以利用这些机会，扩大在基础设施建设方面的投资力度。当然，前提是中国企业必须在价格和质量两个方面在投资国基建服务提供者中处于优势地位。

尽管我国对外直接投资由于目前经济发展的各方面限制而处于萌芽阶段，我国企业在产品和服务技术上的相对劣势决定其在扩大对发达国家基建等领域的直接投资方面仍然具有一定难度，金融危机对我国对外直接投资大环境有一定的影响，但在不久的将来我们可以乐观地预见，我国企业对外直接投资总额必将逐渐增加，产业和区位选择随着技术和经验的积累也必将向高技术类产业和发达国家偏移，并最终在海外市场占有一席之地。

参考文献

［1］胡建绩、楚永：《影响我国对外直接投资分布的因素及区位差异分析》，载于《商业时代》，2008 年第 31 期。

［2］Froot Kenneth A., Stein Jeremy C., "Exchange Rates and Foreign Direct Investment: An Imperfect Capital Markets Approach", The Quarterly Journal of Economics, Vol. 106, November 1991.

中国对外直接投资特点及趋势展望[*]

1978 年党的十一届三中全会的召开，吹响了中国改革开放的号角，30 年的改革开放成果斐然。从国内来看，随着经济体制改革逐步深入，已经初步建立起符合市场规律的社会主义市场经济体系，各类企业生产能力得到充分提高，现代企业制度逐渐普及完善；从国际来看，对外贸易获得了巨大发展，成为世界第二大货物出口国、第三贸易大国，贸易地位不断提高。在资本流动方面，自 2003 年至 2007 年，中国吸收外国直接投资流量稳居发展中国家首位。然而，作为对外开放的重要组成部分，相对于发展迅速的国际贸易和外商直接投资流入而言，中国的对外直接投资流出却发展缓慢。由于各方面原因的限制，我国对外直接投资流出仍然处于起步阶段，并在规模、增速、投资区位和产业选择等方面呈现出各种鲜明的特点，值得我们认真研究并分析原因，为今后的对外直接投资流出提供政策建议。

一、中国对外直接投资流出的阶段性特点

改革开放 30 年来，为了扩展市场，进一步与国际经济接轨，我国在大量吸收外商直接投资的同时，以联想、华为、奇瑞等为代表的部分实力较强大的国内企业也开始在摸索中迈出了对外直接投资的步伐，使我国对外直接投

---

[*] 本文原载于《理论前沿》2009 年第 10 期。共同作者：冯鹏程。

资从无到有逐渐发展起来，并显现出鲜明的阶段性特点。

1. 对外直接投资流出目前正处于提速拐点

改革开放以来，我国对外直接投资长期处于缓慢增长甚至零增长、负增长的阶段。根据联合国世界投资报告的数据，1978 年至 2004 年长达 26 年的时间里，我国对外直接投资流量一直处于 100 亿美元以下，而这 26 年中除了2001 年和 2004 年，其余 24 年我国对外直接投资金额都在 50 亿美元以下，增长几乎处于停滞状态。进入 21 世纪以来尤其是 2004 年以后，我国对外直接投资出现加速增长的趋势。根据联合国的相关统计数据，2007 年对外直接投资达到 225 亿美元，增长速度很快。

2. 对外直接投资流出绝对规模仍然较小

近年来我国对外直接投资增长很快（部分原因是其基数较小），但远低于世界对外直接投资的平均水平。事实上比较我国世界各主要国家近年对外直接投资的数据，就可以清楚地看到绝对规模上的巨大差距。尽管我国对外直接投资增长速度较快，但 2007 年对外直接投资的金额仅为日本的 30.6%，德国的 13.4%，法国的 10%，英国的 8.5%，美国的 7.2%（根据联合国《2008年世界投资报告》数据计算得出），绝对规模仍然较小。

3. 对外直接投资流出规模与经济大国地位不符

经过改革开放 30 年的经济发展，在很多总体经济指标上我国已经成为名副其实的经济大国。例如，2007 年中国国内生产总值达到 32801 亿美元，位居世界第四，占世界生产总值的 6.03%；2007 年中国货物出口总额达到12180 亿美元，仅次于德国居于世界第二，占世界出口额的 8.76%；总贸易额达到 24292 亿美元，位居世界第三，约占世界贸易额的 14%；截至2008 年 9 月中国外汇储备已经达到 19055 亿美元，稳居世界第一。[①] 各类总体经济指标都反映出中国在世界生产、贸易领域的大国地位。中国的经济贸易政策对世界经济正起着越来越大的作用和影响。但在对外直接投资领

---

① 世界银行数据库、世界贸易组织数据库。

域，中国的对外直接投资规模却难以与经济大国的地位相符。尽管增长很快，2007 年中国对外直接投资金额 225 亿美元①，仅占世界 FDI 流出的 1.1%。这样的比例使得中国难以在国际直接投资领域发挥大国的作用，也不利于国家经济安全。

4. 对外直接投资流出产业结构偏向严重

由于绝对规模较小，国家统计局从 2005 年才开始对我国非金融类对外直接投资的产业结构和金额进行统计。从其公布的 2003～2006 年的数据来看，我国非金融类对外直接投资的产业结构具有明显的偏向性。近年我国非金融类对外直接投资集中分布在采矿业和第三产业领域，二者合计占我国非金融类对外直接投资总额的 70%～90%，而在第三产业内部，对外直接投资主要分布在租赁和商务服务业、批发和零售业以及交通运输、仓储和邮政业中，三者合计约占第三产业对外直接投资金额的 90%。由此可见我国对外直接投资产业分布偏向十分严重，主要集中分布在采矿业、租赁和商业服务、批发零售、交通运输、仓储等领域，这些领域明显是与对外贸易紧密相关的行业，而对技术、科学研究、文化、教育、水利、环境、公共事业等领域的对外直接投资所占比例极小。

5. 对外直接投资流出地区结构中发达国家比重不高

我国企业开始对外直接投资的时间并不长，但已经出现了明显的地区结构集中的问题。根据商务部中国投资指南网站公布的数据，截至 2007 年初，中国非金融类对外直接投资存量最高的前 20 个国家已显现出我国对外直接投资地区结构十分集中，90% 以上集中在中国香港和开曼群岛、英属维尔京群岛，发达国家占比并不高，中国对外直接投资排名前 20 的国家中发达国家仅占 5 个（美国、澳大利亚、德国、新加坡和日本），且金额仅占除中国香港、澳门以外对外直接投资总额的 11.9%。②

---

① 联合国《2008 年世界投资报告》。
② 资料来源：商务部中国投资指南网站。

二、中国现阶段对外直接投资流出特点的成因分析

事实上，中国近年来对外直接投资流出呈现上述特点是与中国现阶段政治经济状况的特殊性分不开的，这也就决定了我国目前对外直接投资流出的规模、增长速度、区域、产业选择。

1. 中国处于经济体制改革的特殊阶段

中国从1978年党的十一届三中全会以来开始进行对外开放、对内发展市场经济体制的改革活动，至今已经30年有余，在市场经济建设方面取得了举世瞩目的成果，基本建立了以市场为主体配置经济资源的体制框架，自主经营、自负盈亏的现代企业制度也逐渐建立起来。但与市场经济发展了几百年的发达国家相比，我国的市场经济体制仍然很不完善，可以说处在一个其他所有制经济迅速发展但大型国有企业在规模和作用上仍然占据核心地位的转型到成型的特殊阶段。该阶段中一个影响中国企业对外直接投资的重要特点就是：我国大企业中自然垄断的国有企业占绝大多数，而这些大型垄断国企有或多或少存在的行政化管理问题，导致其缺乏对外直接投资的压力、动力和竞争力，影响了我国对外直接投资的规模。

2. 中国处于直接投资入大于出、流出快速增长的特殊阶段

我国目前直接投资正处在入大于出，但流出资本正逐步增加的特殊阶段。这是由我国的人均收入和企业实力决定的。中国人均收入在进入21世纪后上升很快，到2007年已经达到2360美元/年①。根据英国经济学家邓宁的投资发展周期理论，中国对外直接投资处于第二阶段的末期，即将进入第三阶段。事实上，我们已经处于直接投资的第三阶段，因为我国早已改变了作为第二阶段特点的进口替代战略，转而发展对外开放和进出口贸易，同时已经具备了一些能够进行对外直接投资的部门和少数优秀企业，但因为在所有权和内

① 世界银行《世界发展指标》数据库。

部化优势方面薄弱的部门依然较多，它们吸引的外资抵消了上述部门的对外直接投资，因此，净对外直接投资依旧是负值；但随着我国各类企业所有权优势和内部化优势的进一步发展，对外直接投资必然呈现迅速上升的趋势，这一点从我国吸收和流出的直接投资对比状况中已经可以看出端倪。

3. 中国企业处于产品和生产技术含量总体低下的特殊阶段

由于历史条件和技术积累等各方面的限制，我国企业尽管在一些产品领域已经取得技术领先的地位，但总体而言仍然处于产品技术含量低下的阶段，企业在产品技术研发方面投资仍然处于严重不足的状态。中国企业联合会、中国企业家协会发布的数据显示，2008 年中国 500 强企业的研发费用占营业收入的比例平均为 1.32%，远低于世界 500 强企业研发费用占营业收入平均 3%~5% 的水平。研发资金的缺乏导致产品技术含量与发达国家差距巨大，这不仅给我国企业通过对外贸易方式进入发达国家市场造成困难，也给通过对外直接投资进入发达国家市场设置了障碍，并在一定程度上影响了我国对外直接投资的地区和产业分布。

4. 中国经济发展处于高能耗高增长的特殊阶段

20 世纪 90 年代以来，由于中国的开放政策和世界范围内的产业转移，大量跨国公司将劳动密集型产业和能源密集型产业转移至中国生产，这种偏向制造业的产业转移一方面促进中国经济在近年来出现高速增长，另一方面也导致了中国对各类原材料和石油、天然气等能源产品需求的不断增长。鉴于国内原材料和能源的稀缺，同时为了保障能源安全，国家偏向于引导企业对外直接投资于原材料、能源产业。同时由于大型国有企业现阶段受政府政策影响巨大且经营规模占据绝对优势，导致了现阶段中国对外直接投资在采矿业和其他原料、能源产业方面的大规模集中。原材料、能源产业具有明显的地区分布规律，这也对我国现阶段对外直接投资的集中性区位选择造成了影响。

三、中国近期对外直接投资流出发展趋势预测

随着我国国有企业改革和对外开放的深化以及生产技术的逐渐积累提高，

我国对外直接投资在未来有望以较快的速度增长。除此之外，就中国现阶段的实际情况来说，促进中国企业对外直接投资的有利条件还包括以下几方面。

第一，中国经济正在加速与国际接轨并加入了众多经济合作组织，为对外直接投资提供了便利和制度保障。无论世界贸易组织，还是上海合作组织与亚太经合组织等都对成员国和地区之间的直接投资提供制度保障和各类优惠，这为中国顺利开展对外直接投资，减少摩擦和争端奠定了基础。

第二，人民币升值降低了对外直接投资成本。根据国家外汇管理局的数据，从 2005 年 7 月汇率制度改革至 2008 年 11 月，人民币对美元汇率已经从 1：8.2765 上升到 1：6.8288，升值幅度巨大。这种升值可以降低对外直接投资的本币成本，促进对外投资的增长。

第三，大量外汇储备为对外直接投资提供了坚实基础。对外汇储备的限制是许多发展中国家对外直接投资的一大瓶颈，而中国经过 30 年的积累，尤其是在进入 21 世纪后，在大量经常项目顺差和资本项目顺差的影响下，外汇储备金额迅速增长，截至 2008 年 9 月已经将近 20000 亿美元，稳居世界第一位。

第四，众多杰出企业和企业家进行海外直接投资的成功案例提供了经验借鉴。以奇瑞、联想、华为、德力西、康奈集团、中石化、格兰仕、北京同仁堂等为代表的部分杰出国有、私营企业已经积极进行了对外直接投资的尝试并取得了良好的效果，这为今后中国企业开展对外直接投资提供了宝贵的经验。

总而言之，尽管我国对外直接投资由于目前经济发展的各方面限制而处于萌芽阶段，但随着改革开放的不断深化，国有企业将取得更大的自主经营权，更直接地面对国内外竞争，这无疑会刺激国有企业提高效率、积极开拓国外市场、有意识地提高产品国际竞争力，从而加大其海外投资的力度。而中国 500 强企业所有制分布变化趋势分析也表明，2003～2008 年，中国 500 强国有及国有控股企业数量呈现逐年下降的趋势，从 368 家下降到 331 家；私营企业数量呈现逐年上升趋势，从 69 家上升到 98 家。① 由此我们可以乐观地预见：在不久的将来，我国企业对外直接投资增长速度将会不断加快，其产业和区位选择也必将向高技术类产业和发达国家偏移，并最终在海外市场占有一席之地。

---

① 资料来源：财富网。

外商直接投资对我国出口长期影响的实证分析*

——基于外部市场容量和外部占有率的分析框架

一、研究背景

自从我国实行对外开放政策以来，出口在我国国民经济中所占的地位逐年提高。根据世界银行《世界发展指标》数据库公布的 GDP 数据和世界贸易组织公布的货物和服务出口数据计算，从 1985 年至 2008 年，出口占我国 GDP 比重迅速增长，由 1985 年的 9.9% 快速增加到 2008 年的 36.5%①，这说明出口部门对我国经济发展起到了越来越大的作用。从 2006 年开始，世界经济逐渐陷入由美国次贷市场引发的金融危机泥潭中，我国出口也出现了明显的增速下降甚至绝对减少：根据中国海关公布的数据，2008 年我国货物出口同比仅增长 17.2%，比 2007 年下降 8.5 个百分点，而截至 2009 年 10 月，我国货物出口甚至比去年同期下降了 20.5%②。出口的下降使得我国不少沿海出口企业出现倒闭、工人失业等现象。因此，有必要对影响中国出口的因素及其影响方式进行实证分析。

在近年来影响我国出口的因素当中，外商直接投资起到了越来越大的作

---

* 本文原载于《北京师范大学学报》2010 年第 3 期。共同作者：马光明。

① 世界银行官网，世界贸易组织官网。

② 中国海关官网。

用。外商直接投资对一国国际收支的影响渠道之一就是贸易渠道，即外商直接投资企业进行的进口和出口贸易对东道国贸易收支产生影响。对于中国来说，外商投资企业出口在我国货物出口中所占比例相当大。根据中国海关的统计数据，2008 年外商投资企业货物出口占我国货物出口总额的 55.3%，其货物进口占我国货物进口总额的 54.7%[①]。进入 2009 年，在金融危机的影响下，我国吸收直接投资出现了绝对金额下降的趋势。商务部 2009 年 12 月 15 日公布的数据显示，2009 年 1～11 月，我国实际使用外资金额 795.77 亿美元，同比下降 10.69%[②]。

我国近期吸收外商直接投资和出口的同步下降不能不使我们考虑二者之间是否存在长期的数量关系的问题，这就需要使用国际投资、国际贸易理论和实际数据进行实证研究。

二、外商直接投资对东道国出口影响的理论与实证研究综述

本文要研究的是东道国吸收直接投资与其出口贸易的相互关系，将从理论模型和实证研究两方面来考察当前理论界对这个问题的研究现状。

1. 关于东道国吸收直接投资与出口的理论模型

从理论模型层面来看，研究贸易与直接投资总体相互关系和影响的一般模型不少，但专门针对一国吸收直接投资与其出口贸易关系的理论模型却并不多。然而很多学说和模型都可以从各自侧面反映一国吸收外商直接投资与出口贸易的相互关系，现简单整理如下。

（1）产品生命周期理论——产品标准化阶段发展中国家出口应随直接投资增长而上升。美国经济学家弗农（1966）认为，产品的生命周期可分为创新、成熟和标准化三个阶段。在产品创新阶段，由于产品的特异性或垄断优

---

① 中国海关官网。
② 商务部中国投资指南网站。

势，价格的需求弹性低，企业有选择在国内生产的倾向，并向后发工业国家出口，以对外贸易的方式满足国外市场。在产品成熟阶段，由于技术的扩散和竞争者的加入，成本因素变得更加重要；同时为避免贸易壁垒、接近消费市场和减少运输费用，对外直接投资比产品出口更为有利，因而企业倾向于到海外需求类型相似的地区投资设厂，以增强产品的竞争能力。在产品标准化阶段，生产厂家所拥有的垄断技术因素已消失，竞争的基础变成了价格竞争，因此企业倾向于把生产业务转移到劳动成本低的发展中国家。根据弗农的理论，在产品的标准化阶段，接受外商直接投资的低劳动成本发展中国家应当出现出口增长。

（2）内部化理论——跨国公司内部交易可能带动东道国出口增长。英国学者巴克莱和卡森（1976）在其专著《跨国公司的未来》中系统性地提出了内部化理论。该理论将科斯的交易成本概念运用于国际直接投资领域，认为市场的不完全性导致了某些产品的特殊性质，或垄断势力的存在致使企业交易成本增加。而国际直接投资正是通过将外部市场交易转化为公司内部的交易，形成一个内部化市场来达到降低成本的目的。根据这一理论，在东道国设立的跨国公司可能会利用自身的内部化优势与母公司进行大量内部交易，这会带动东道国出口的增长。

（3）国际生产折衷论——基于生产的区位优势可能使东道国出口增长。英国经济学家邓宁提出的著名的国际生产折衷理论指出，企业要从事对外直接投资是由该企业本身所拥有的所有权优势（ownership advantage）、内部化优势（internalization advantage）和区位优势（location advantage）三大基本因素共同决定的，其中前两者的基本思想与直接投资的垄断优势理论、内部化理论基本类似，同时，认为东道国具有的区位特定优势是跨国公司进行直接投资的重要因素，而一国的区位优势取决于其关税和贸易壁垒、劳动力成本、自然资源等。根据这一理论，如果跨国企业是被东道国低成本劳动力和自然资源吸引而进行投资，则其在东道国的投资企业就类似海外生产和销售基地，很有可能增加东道国的出口。而如果跨国企业是为打开东道国市场，绕过贸易壁垒而进行直接投资的，则其产品将大量在东道国国内销售，对东道国的出口带动就不明显。

（4）直接投资动机差异论——成本导向型投资可能促进东道国出口增长。英国经济学家帕特瑞提出的 FDI 动机差异论将跨国企业的国际直接投资动机分为市场导向型、生产（成本）导向型、贸易促进型三类。市场导向型直接投资指的是为了绕过东道国严格的贸易壁垒，为了更好占领当地市场而进行的直接投资，其投资对象是市场潜力巨大的国家和地区。成本导向型直接投资指的是跨国公司出于降低生产成本而进行的直接投资，其投资对象是拥有一种或多种廉价生产要素，尤其是劳动力、土地等相对难以流动的生产要素拥有国。贸易促进型直接投资指的是跨国公司出于更好地配合母公司的出口贸易活动的目的、提供各种服务所进行的直接投资，一般认为出于这种动机的直接投资比重较小。帕特瑞的这一理论对东道国出口影响的分析与国际生产折衷论中的区位优势类似，即生产导向型、贸易促进型直接投资会带动东道国出口增长，而市场导向型直接投资对东道国出口增长没有明显作用。

（5）边际产业替代论——东道国基于被直接投资所增强的比较优势可能导致出口增长。日本一桥大学教授小岛清提出的边际产业理论认为，边际产业就是投资国处于比较劣势的产业，但对于东道国来说，却是具有潜在比较优势的产业。该理论认为，日本式的对外直接投资不是取代贸易（替代贸易），而是补足（互补关系）贸易、创造和扩大贸易的，美国式的对外直接投资则是逆贸易型的。该理论对这两种直接投资进行了解释：从边际产业开始进行投资，可以使东道国因缺少资本、技术、经营管理技能等未能显现或未能充分显现出来的比较优势显现出来或增强起来，从而扩大两国间的比较成本差距，为实现数量更多、获益更大的贸易创造条件。显然，根据这一理论，如果东道国吸收了旨在扩大其比较优势的直接投资，并积极地与投资国进行互补性质的国际贸易，其出口必然会被拉动。

（6）马库森和斯文松的贸易投资互补模型——直接投资流入出口部门带动出口增长。马库森和斯文松在其20世纪80年代一系列论文中提出的贸易和投资互补模型认为，如果资本的流入不是关税所致（蒙代尔的贸易投资替代模型所反映的问题），而且主要流入出口部门而不是进口替代部门，则东道国吸收直接投资和出口贸易之间就将呈现互补趋势。他们还考察了导致贸易投资互补关系的 5 种情形，即技术差异、对生产征税、垄断、外部规模经济和要素市场的扭曲等（然而这几种情形分析的都是一国对外直接投资和出口的关系，而非吸收直接投资与出口的关系）。

（7）克鲁格曼不完全竞争国际贸易理论——投资流入创造新的垄断性贸易比较优势。克鲁格曼 20 世纪 80 年代提出的国际贸易理论放松了传统贸易理论完全竞争假设，从不完全竞争和规模经济的视角来看贸易和投资问题，认为由于存在不完全竞争和规模经济，国际贸易和国际资本流动无法完全消除国际间资源禀赋差异，即使实现了要素均等化，替代了产业间贸易，但国际直接投资带来的技术创新和垄断优势也会导致新的竞争优势产生，从而带动东道国出口，尤其是产业内贸易出口。

可见，已有理论基本支持东道国吸收直接投资与出口贸易的正相关关系。

除了以上理论外，还有一些理论和学说对贸易和直接投资的关系进行了探讨，但却不是针对东道国接受直接投资与东道国出口的关系，例如蒙代尔（1957）提出的著名的贸易与投资替代模型、巴格瓦蒂和迪诺普洛斯（1992）的补偿投资模型、赫奇（1976）基于企业成本核算角度建立的赫奇模型等，主要分析的都是投资国对外直接投资和投资国出口的相互替代关系；各类发展中国家直接投资理论，例如刘易斯·威尔斯提出的小规模技术论、拉奥的技术地方化理论等也都是分析作为投资国的发展中国家的投资和贸易行为，而我们这里讨论的是作为东道国的发展中国家出口贸易和接受直接投资的关系。

2. 关于中国吸收直接投资与出口贸易的实证研究

基于这些理论，国内外许多学者都对我国吸收外商直接投资和出口贸易之间的关系进行了各种角度的实证研究，这些研究大多从我国进出口贸易总体与吸收直接投资的角度进行实证研究，但其中也涉及了我国吸收外商直接投资与出口贸易的关系。

　　绝大部分学者研究的是我国吸收直接投资与进出口贸易总体的关系。例如张谊浩和王胜英（2004）使用格兰杰非因果检验对我国吸收直接投资和对外贸易（进口和出口）进行了实证检验，发现二者存在互为因果的反馈关系，外商直接投资的增长对我国的对外贸易（包括出口）具有显著带动效应，且表现为外商投资企业本身出口额的扩大以及国内外向型企业由于管理效仿、技术扩散和竞争压力引发的效率提高导致的出口增加两方面；向铁梅（2003）运用协整模型分"八五"计划时期前、"八五"计划时期和"九五"计划时期三个阶段对我国吸收外商直接投资进行了研究，其结论是：外商直接投资对我国出口的影响根据时期不同而呈现不同方向。例如在"八五"计划时期前我国吸收直接投资对贸易（包括出口）起到替代作用，而"八五"计划时期吸收直接投资对贸易（包括出口）则起到促进的作用。但总体而言，我国吸收直接投资与贸易是相互促进的互补关系。谢冰（2000）对我国1981～1998年吸收直接投资与进出口贸易进行的实证研究则说明，我国吸收直接投资对我国进出口贸易无论是规模还是结构方面都起到正面促进作用；张小蒂和李晓钟（2001）使用1983～2000年的数据进行研究，结论与谢冰的研究十分类似。

　　除分析吸收直接投资与进出口贸易整体关系的实证研究之外，少部分学者从其他更为直接的研究角度探讨外商直接投资与我国出口贸易的关系：例如钟晓君（2009）、史小龙（2004）利用协整技术分析了外商直接投资分别对我国商品出口、进口的作用。陈继勇和秦臻（2006）运用国际贸易引力模型对外商直接投资与我国商品进出口的关系进行了分析。胡求光和黄平川（2008）分析了浙江省吸收外商直接投资与进出口贸易之间的关系。许和连和赖明勇（2002）、王晨钟（2004）则单独对我国外商直接投资和出口贸易的关系进行了实证研究。几乎所有的研究得出的结论都类似，即外商直接投资对我国出口具有显著的推动作用。

　　通过文献综述，我们发现已有研究还可在方法和细节上进行改进，主要包括以下几点。

（1）模型自变量可突破简单化。上述许多实证研究简单地将出口作为因变量，而仅将吸收的外商直接投资（或最多加上其滞后项）作为自变量进行回归。这样的简单模型说服力很弱。因为出口或进口绝不仅由外商直接投资决定，还包括很多相关变量，不能仅仅因为研究外商直接投资和出口的关系就直接将其单独提取出来进行分析。否则，即使是毫不相关的两个经济数据时间序列（只要其是同阶单整序列）也可能成功地进行协整回归，这会使得模型本身失去意义。

（2）应考虑到变量的滞后项。除少数研究外，大多数研究仅将直接投资当期变量作为自变量进入模型，而忽略了直接投资转化为生产能力，并更进一步变为出口能力需要的时间。此外，如果模型中还含有其他变量，例如汇率，也应当考虑其是否存在滞后效应。

（3）考虑中国加入世界贸易组织的影响。2001 年中国加入世界贸易组织，为我国出口带来了新的机遇和挑战，成员间关税和非关税壁垒的大幅度削减必然要对我国出口产生巨大的影响，这种突发的影响应该在出口决定模型中体现出来。

（4）模型中一些变量的选择有待改进。就因变量而言，绝大多数研究仅仅将货物出口贸易作为我国出口的代表，没有考虑到服务贸易的作用。根据世界贸易组织 2009 年的数据，目前我国服务贸易约占总贸易额将近 10% 的比重，而世界服务贸易在世界贸易总额中占到约 30%，不能简单忽略不计。此外，一些研究除了将外商直接投资列为决定出口的自变量以外，还将他国GDP 作为外国购买力的代表作为自变量。但事实上，我们还可计算出比 GDP更合适的代表外国购买力的自变量，具体方法将在下文描述。

综上所述，我们将总结前人研究的长处和不足，重新设计一个包含外商直接投资变量在内的出口决定模型，以分析我国吸收外商直接投资对我国商品和服务出口的影响。

三、近年外商直接投资对我国出口影响的协整检验

根据最简单的逻辑，一国出口增长无外乎两大类原因：其一是其外部市场的商品和服务总体需求量上升（也就是一般模型中试图使用国外 GDP 来反映的经济变量），其二是在外部总体需求量不变的情况下对某国产品和服务的偏好上升，或者我们可以称之为外部市场占有率的上升。[①] 这一方面可能取决于外部市场居民对该国产品的偏好上升导致的偏好主动转移（例如，由于该国产品质量上升，价格竞争力提高，或是国外市场居民偏好的突发性改变），另一方面可能是由于该国产品和服务由于技术、原材料等的垄断或是由于国际生产资本大幅集中导致的偏好被动转移。从逻辑上来看，某特定国家出口的增长必定是出于以上原因之一，或二者皆有。因此我们应当围绕这两方面来构建出口决定模型。

1. 模型设定与变量选择

基于以上的讨论，对于出口来说，包含外商对外直接投资在内的以下自变量必须列入考虑。

（1）中国的外部市场容量。中国的外部市场容量是指除却中国以外他国居民每年的产品和服务需求，或者叫作他国的国内吸收。一般而言，其他条件不变时，外部市场容量越大，对一国的出口就越有利，即与出口应呈正相关关系。从经济意义而言，某国的国内吸收这个概念比该国的 GDP 和进口总额更能反映其居民的总体需求能力。因为就 GDP 而言，它包含了一国的出口并减去了进口，而出口不是该国的需求却被计入 GDP，进口是本国居民的需求但却被剔除了。就进口总额而言，它本身只是一国居民产品和服务需求的一部分，即通过外国产品满足的部分，不能体现其整个国家居民的总体需求

---

① 关于内外市场容量、外部市场占有率的理论研究，参见马光明和仲鑫：《中国产品内外市场占有系数研究——模型、测量与国际比较》，载于《北京师范大学学报（社会科学版）》，2007 年第 2 期。

能力，还需考虑其通过国内产品满足的产品和服务需求。因此，他国的国内吸收之和，也就是本文所称的一国的外部市场容量才是真正反映其外部市场需求总量的更合理的变量。如果我们将外部市场容量设为 AO，则其计算方法如下：

由于一国的国内吸收（也就是市场容量的概念）等于一国支出法 GDP 减去净出口。那么我们将全球除中国以外的国家看作一个整体，则这个统一国家的 GDP 就是世界 GDP（用 GDPW 来表示）减去中国 GDP（用 GDPL 表示），其进口额就是世界进口总额（用 IMW 表示）减去中国进口额（用 IML 表示），其出口额就是世界出口额（用 EXW 表示）减去中国出口额（用 EXL 表示）。根据以上方法，则中国外部市场容量可以用以下公式得到：

$$AO = (GDPW - GDPL) - (EXW - EXL) + (IMW - IML) \tag{1}$$

（2）人民币实际有效汇率的一期滞后量。这是可能影响中国出口产品竞争力从而影响外部市场占有率的指标。在外部市场容量不变，以及马歇尔—勒纳条件被满足的时候，人民币实际有效汇率的变化可能影响到外国对中国产品的偏好程度，从而影响中国出口。一般而言，在其他条件不变时，人民币越升值，意味着中国出口产品的外币报价越高，出口就越容易减少。这里我们使用 S 作为人民币实际有效汇率的标识。由于数据获取的原因，我们只能从国际清算银行数据库获得 1994～2008 年的人民币实际有效汇率，但这也要比使用相对容易获取的人民币兑美元名义汇率要更有说服力，因为它考虑了中国使用美元以外的各种其他货币的贸易，以及价格因素对汇率和出口的影响。而之所以要使用人民币实际有效汇率的一期滞后量，是因为汇率对出口的影响往往有时间滞后，例如，出口产品数量不能迅速对价格变化进行反应，即 J 曲线效应可能存在等。一般认为发达国家时滞约为 9 个月，而发展中国家约为 1 年。例如，刘龙庭（2002）曾经对中国进出口中的 J 曲线效应进行了实证研究，发现确实存在进出口对汇率调整的反应滞后。

（3）吸收外商直接投资及（或）其若干期滞后。从已有的国际投资和国际贸易理论分析可以看到，外商直接投资对东道国出口可能具有一定影响，从而可能影响东道国的贸易收支，但方向可能因国家特性不同和时期差异而发生变化。同时，由于生产性投资转变为生产能力以及出口能力需要一定时间，外商直接投资对出口的影响也不一定限于当期，这需要我们通过实证分析进行确定。同样，外商直接投资也可以看作改变了特定商品生产能力在世界范围内的分配，从而强制改变外国对吸收直接投资的东道国产品的偏好程度或选择比例，也就是外部市场占有率，因为这些产品的生产能力已经借由发达国家跨国公司直接投资转移到了东道国。

（4）分段虚拟变量——加入世界贸易组织。中国于 2001 年底加入世界贸易组织，从此得以享受世贸组织成员的关税优惠待遇和其他贸易壁垒减少的好处，这必然要大大促进中国出口，增加我国的出口产品价格竞争力，增加他国对我国产品的选择偏好。因此我们在模型设计时加入虚拟变量 D，其在 2002 年及之前取 0，2002 年之后取 1。

综上，如果用 LFDI、LEX、LAO、LS 分别表示外商对华直接投资流量、中国货物和服务出口流量、中国外部市场容量、人民币实际有效汇率的对数形式（这是为了减小异方差性并兼顾数学意义），D 表示反映加入世贸组织的虚拟变量，则一个出口决定模型可表述如下：

$$LEX_t = \sum_i^n \alpha_i LFDI_{t-i} + \beta_1 LAO_t + \beta_2 LS_{t-1} + \beta_3 D + \varepsilon_t \qquad (2)$$

我们将在建模过程中对 FDI 对我国出口和进口的影响时滞（滞后期数）以及影响程度进行比较，从而得出中国吸收外商直接投资对出口的影响方向和程度。

2. 数据及其来源

我们将 1985～2008 年相关变量取自然对数列出，如表 1 所示。其中，外商直接投资和汇率数据取自国家统计局历年中国统计年鉴；贸易数据取自中国海关和世界贸易组织数据库；用于计算 AO 的中国和世界 GDP 数据取自世界银行数据库，2008 年的 FDI 数据取自商务部中国投资指南网站；人民币实际有效汇率取自国际清算银行数据库。

表 1 1985～2008 年相关经济数据的对数形式

年份	LFDI	LEX	LAO	LS	D
1985	2.995732	5.713733	11.70335	N/A	0
1986	3.091042	5.843544	11.87424	N/A	0
1987	3.135494	6.075346	12.00885	N/A	0
1988	3.465736	6.257668	12.11948	N/A	0
1989	3.526361	6.345636	12.16716	N/A	0
1990	3.555348	6.777647	12.27993	N/A	0
1991	3.784190	6.669498	12.32823	N/A	0
1992	4.700480	6.845880	12.39337	N/A	0
1993	5.616771	6.934397	12.40710	N/A	0
1994	5.823046	7.225481	12.47499	4.401584	0
1995	5.926926	7.421776	12.57590	4.509650	0
1996	6.033086	7.447751	12.59296	4.611152	0
1997	6.115892	7.636752	12.58718	4.688868	0
1998	6.120297	7.638198	12.57674	4.747364	0
1999	5.998937	7.701200	12.61043	4.695285	0
2000	6.008813	7.934872	12.63685	4.699480	0
2001	6.150603	8.003029	12.62516	4.744584	0
2002	6.267201	8.202482	12.66150	4.720105	0
2003	6.282267	8.485909	12.77703	4.646216	1
2004	6.226537	8.787831	12.89480	4.615418	1
2005	6.401917	9.031094	12.96928	4.605170	1
2006	6.445720	9.269081	13.04196	4.618876	1
2007	6.617403	9.506511	13.14844	4.655768	1
2008	6.828712	9.658546	13.24522	4.736812	1

3. 单位根检验

由于涉及时间序列数据，为了防止虚假回归，需要先对 LFDI、LEX、LAO、LS 及其一阶差分进行单位根检验。使用 Eviews 5.0 的 ADF 检验结果如表 2 所示。

表 2 相关变量的 ADF 单位根检验

变量	形式	ADF 值	临界值（1%，5%，10%）			平稳性
LEX	(C, 0, 1)	0.882	−3.770	−3.005	−2.642	不平稳
LFDI	(C, 0, 2)	−1.872	−3.788	−3.102	−2.646	不平稳
LAO	(C, 0, 1)	0.199	−3.770	−3.005	−2.642	不平稳
LS	(C, T, 0)	−0.678	−4.416	−3.622	−3.249	不平稳
ΔLEX	(C, 0, 0)	−5.842	−3.770	−3.004	−2.642	平稳***
ΔLFDI	(C, 0, 1)	−3.105	−3.788	−3.012	−2.646	平稳**
ΔLAO	(C, 0, 0)	−2.982	−3.770	−3.004	−2.642	平稳*
ΔLS	(C, T, 0)	−5.031	−4.441	−3.633	−3.255	平稳***

注：* 表示在 10% 的水平上拒绝存在单位根假设，** 表示在 5% 的显著水平上拒绝假设，*** 表示在 1% 的显著水平上拒绝假设，下同。(C, T, K) 分别表示截距项、趋势项和滞后阶数（由 SIC 信息原则自动检测决定）。

从表 2 的检验结果可见，所有序列变量都具有单位根，而其一阶差分在不同显著性水平上拒绝了存在单位根的假设，其中 LAO 的一阶差分虽然仅在 10% 的显著性水平上拒绝单位根假设，但原假设成立的概率仅为 5.24%，并不高，因此都属于一阶单整时间序列，这是变量之间能够进行协整回归的必要条件。

4. LFDI 滞后阶数的确定

为了将相关变量进行协整回归，我们需要确定模型中外商直接投资（LFDI）对出口的影响滞后期数。为了确定阶数，我们采取先简单后复杂的"试错"方法，即先将 LFDI 加入上面的协整方程进行回归，如果效果不好，则使用 LFDI1（一期滞后）进入模型，如果效果仍不好，则将 LFDI、LFDI1 都代入方程进行回归。如果效果还是不好，则考虑让 LFDI2（二阶滞后）进入模型，如果效果仍不好，再考虑使用包括 LFDI、LFDI1、LFDI2 的各种组合进入模型，如果仍然不好，则继续考虑试用 LFDI3（三阶滞后）及其与前面各个滞后项的组合进入模型。我们将从中选择参数显著性最高、整体拟合优度最高、同时赤池信息量（AIC）和施瓦茨信息量（SC）相对较小的模型作为最后采用的协整模型。多次测试的结果如表 3 所示。

表 3 LFDI 不同滞后阶数模型的相关参数——出口决定模型

模型所含滞后变量	R – Squared	各参数的 T 检验							AIC 值	SC 值
		LAO	LS1	D	LFDI	LFDI1	LFDI2	LFDI3		
LFDI	0.913	×	×	***	**	**			0.412	0.594
LFDI1	0.918	×	***	**		×			0.352	0.534
LFDI、LFDI1	0.925	×	***	**	×				0.401	0.630
LFDI2	0.960	×	***	**			***		− 0.360	− 0.178
LFDI1、LFDI2	0.962	×	***	**		×	*		− 0.280	0.052
LFDI、LFDI1、LFDI2	0.973	×	***	**	×	×	***		− 0.469	0.195
LFDI3	0.960	***	***	***				***	− 0.375	− 0.193

注：*表示在10%的水平上拒绝存在原假设，**表示在5%的显著水平上拒绝原假设，***表示在1%的显著水平上拒绝原假设。×则表示无法拒绝原假设（无关的概率在10%以上）。

为了选择出最合适的回归模型，我们首先排除某参数的 T 值为"×"的模型，其次再依次排除显著性水平为"*""**"的模型，最后若仍未能筛选出唯一的模型，则选取 AIC 和 SC 值相对较小的模型作为最后的协整模型。根据上述方法，不难筛选出唯一的出口决定模型含 *LFDI* 三阶滞后（*LFDI*3）。事实上，在尝试让外商直接投资二阶滞后项（*LFDI*2）进入模型时，仅变量 *LAO* 的 T 检验未能通过，而其概率仅为 10.5%，也就是说差一点就能通过 10% 水平的 T 检验。而将三阶滞后引入模型后，效果相当不错，所有变量都在 1% 的水平上通过检验，且赤池信息量（AIC）和施瓦茨信息量（SC）都很小。这充分显示了当年外商直接投资进入国内，并转化为生产和出口能力有相当长时间的滞后期。

5. 模型参数估计及显著性检验

决定了所有变量后我们便可以使用 Eviews 给出含 *LFDI* 三阶滞后变量的出口决定模型，所得结果如下所示：

$$LEX_t = 1.127\ LAO_t + 0.614D + 0.877\ LFDI_{t-3} - 2.506\ LS_{t-1} + \varepsilon_t \tag{3}$$

$$(7.048) \quad\quad (4.748) \quad\quad (4.919) \quad\quad (-4.780)$$

$$(0.0000) \quad\quad (0.0008) \quad\quad (0.0006) \quad\quad (0.0007)$$

R – Squared = 0.960，DW = 1.6149，AIC = − 0.375，SC = − 0.193

第四篇 国际投资相关问题研究 外商直接投资对我国出口长期影响的实证分析

从式（3）可见，这个出口决定模型较为理想，外部市场容量对我国出口的影响方向为正，说明了外部市场容量对我国出口有带动作用。虚拟变量的符号为正，说明加入世界贸易组织对我国出口有正面的影响。直接投资滞后项的符号为正，说明吸收外商直接投资对我国出口有积极作用。一阶滞后实际有效汇率的符号为负，说明人民币实际有效汇率升值会导致我国出口下降。所有参数的 T 检验都在 1% 的显著水平上获得通过，方程拟合效果也很不错。

6. 残差单位根检验

通过最小二乘法得出回归结果之后，我们再对协整模型的残差进行单位根检验。这是恩格尔和格兰杰在 1987 年提出的单方程协整模型的"两步法"。检验结果如表 4 所示。

表 4　　　　　　　　　　残差的 ADF 单位根检验

变量	形式	ADF 值	临界值（1%，5%，10%）			平稳性
ε	(0, 0, 0)	-3.017	-2.755	-1.971	-1.604	平稳***

注：*** 表示在 1% 的显著水平上拒绝原假设。

可见残差属于平稳序列。这便说明了外商直接投资与我国货物和服务出口长期中存在协整关系。至此模型实证部分结束。由于本文仅研究外商直接投资对中国出口的长期影响，因此就不使用向量误差纠正模型（VECM）来研究短期影响了，有兴趣的读者可以利用数据自行研究。

四、实证研究结果的进一步讨论

实证研究得出的我国出口决定模型式（3）的检验结果至少可以给我们以下几点信息。

第一，实证研究表明近年外商直接投资对我国出口确实具有显著的促进作用，参数为 0.877，意味着我国吸收对外直接投资每上升 1 个百分点，长期而言我国货物和服务出口就上升 0.877 个百分点。由于我国目前货物和服务出口金额比吸收外商直接投资金额大得多（2008 年总出口额 15655 亿美元，约是当年吸收直接投资的 17 倍），可见其带动出口的效应还是相当大的。且由于目前阶段我国出口增长速度比吸收直接投资增长速度要大得多，外商直接投资对我国出口的绝对带动金额还可能越来越大。从帕特瑞的国际直接投资动机论以及邓宁的区位优势理论而言，这也从一个侧面反映了目前进入中国的直接投资仍有相当的比例是生产导向型，目的是利用低成本劳动力和资源进行生产和出口。在这一点上，尽管我们采取了与已有研究不同的模型框架和不同的变量，但得出的结论与已有研究，例如，钟晓君（2009）、史小龙（2004）、陈继勇和秦臻（2006）等学者的研究结论是大致相同的。

第二，外商直接投资对我国出口的带动具有较长的时滞性，大约要到 2～3 年后才能转化为出口。这可能是由于投资后要进行厂区建设、机器购置、人力资源招聘和培训、海外市场开辟等一系列过程，因此导致了较长时间的滞后。在这一点上，已有研究由于较少考虑滞后因素，并未体现出来。需要提出的是，本文使用的是外商直接投资流量数据作为影响出口的自变量，因此可以体现出时滞的效果，如果有学者利用我国吸收直接投资存量进行研究，可能会得出不同的结果。

第三，模型结果还说明我国出口显著受到外部市场容量和实际有效汇率的影响，外部市场容量的上升对我国出口起到促进作用，而实际有效汇率升值则会抑制我国的出口，这也与已有实证研究结果是一致的，只不过大多数已有研究使用 GDP 而非外部市场容量作为自变量。因此，尽管近年来我国吸收直接投资总体而言在上升（2009 年也出现了下降），但由于金融危机导致的外部市场容量的下降，以及近年来人民币实际有效汇率的较大幅度升值，2008 年以来出口出现了增速下降，甚至 2009 年绝对金额减少。

五、结论与政策建议

综上所述，包括本文在内的众多实证分析证明，我国确实在长期中存在外商直接投资——出口——整体经济的传导机制。在全球尚未从经济危机中摆脱、世界直接投资出现停滞势头、我国吸收直接投资出现下降趋势的背景下，考虑到我国高于70%的外贸依存度，我国政府应当充分认识和重视直接投资对出口的这种拉动作用，继续吸收外商直接投资促进我国出口。

此外，需要提出的是，尽管模型实证检验结果说明我国出口与外商直接投资长期存在显著正相关的协整关系，但这并不意味着我国就应该不加区分地大规模引进外资。政府应当在保持外资流入总量有序增长的前提下调整和改善外资流入行业、方式和地区结构，引导外资进入增值率高、对相关产业带动能力强、技术含量较高的产业，同时引导其流入资金缺乏的中西部地区，从而一方面发挥外资对我国出口的拉动作用，另一方面更好地利用外资促进我国宏观经济整体绩效的改善。

参考文献

［1］陈继勇、秦臻：《外商直接投资对中国商品进出口影响的实证分析》，载于《国际贸易问题》，2006年第5期。

［2］胡求光、黄平川：《外商直接投资对浙江省进出口贸易影响的实证分析》，载于《国际贸易问题》，2008年第11期。

［3］李荣林：《国际贸易与直接投资的关系：文献综述》，载于《世界经济》，2002年第4期。

［4］刘龙庭：《汇率变动对一国进出口贸易的影响》，载于《云南财贸学院学报（经济管理版）》，2002年第3期。

［5］马光明、仲鑫：《中国产品内外市场占有系数研究——模型、测量与国际比较》，载于《北京师范大学学报（社会科学版）》，2007年第2期。

［6］史小龙、张峰：《外商直接投资对我国进出口贸易影响的协整分析》，载于《世界经济研究》，2004年第4期。

［7］王晨钟：《FDI对我国出口贸易及出口商品结构影响的实证分析》，载于《黑龙江对外经贸》，2004年第5期。

［8］向铁梅：《国际贸易与直接投资的关系及其中国情况的实证分析》，载于《世界经济研究》，2003年第3期。

［9］谢冰：《外国直接投资的贸易效应及其实证分析》，载于《经济评论》，2000年第4期。

［10］许和连、赖明勇：《外商直接投资对中国出口贸易影响的实证分析》，载

于《预测》, 2002 年第 2 期。

[11] 张二震、方勇:《国际贸易和国际投资相互关系的理论研究述评》,载于《南京大学学报(哲学、人文科学、社会科学版)》,2004 年第 5 期。

[12] 张小蒂、李晓钟:《外商直接投资对我国进出口贸易影响的实证分析》,载于《数量经济技术经济研究》,2001 年第 7 期。

[13] 张谊浩、王胜英:《国际贸易与对外直接投资相互关系的实证分析——基于我国数据的 Granger 非因果检验》,载于《国际贸易问题》,2004 年第 1 期。

[14] 赵春明、焦军普:《当代国际贸易与国际直接投资的交叉发展趋势》,载于《北京师范大学学报(社会科学版)》,2003 年第 2 期。

[15] 钟晓君:《外商直接投资对我国进出口贸易影响的实证分析》,载于《温州大学学报(社会科学版)》,2009 年第 4 期。

[16] Barkley, Peter. J., Casson, Mark C. *The Future of the Multinational Enterprise*, London: Macmillan, 1976.

[17] Mundell R., "International Trade and Factor Mobility", *The American Economic Review*, Vol. 47, 1957.

[18] Vernon R., "International Investment and International Trade in the Product Cycle", *Quarterly Journal of Economics*, Vol. 80, 1966.

第四篇 国际投资相关问题研究

外商直接投资对我国出口长期影响的实证分析

对外直接投资缓解贸易失衡的实证研究[*]

——以 20 世纪 80 年代日美贸易失衡为例

一、问题的提出

改革开放以来，由于出口能力迅速增长，中国成为世界上遭遇贸易保护最多的国家之一。金融危机发生以后，以美国为代表的各发达国家甚至少数发展中国家纷纷加强了贸易保护。2009 年 9 月的"输美轮胎贸易特保案"以及之后美国对中国出口的无缝钢管、油井管、铜版纸等产品的反倾销、反补贴措施更是把对华贸易保护推上了新高潮。印度、阿根廷等发展中国家也纷纷采取了类似的对华贸易保护措施，以上事实都反映了近期中国正面临着严重的贸易摩擦问题。

贸易摩擦是指贸易双方在某类或某几类产品或服务的进出口方面产生的抵触和对立行为。其表现有进口国单方面限制进口、针对性提高关税、采取反倾销、反补贴、技术性贸易壁垒等非关税措施、针对性汇率调整或打压，以及由此产生的政治、外交行动，或另一国采取的类似报复行为等。贸易摩擦产生的原因有很多种，但其根源是两国全局性或局部性贸易失衡。就本轮贸易摩擦而言，其产生的根源也在于近年中国对欧美国家不断累积的大量贸

---

* 本文原载于《统计研究》2010 年第 5 期。共同作者：马光明。

易顺差。

由于我国近年外贸依存度较高，国际贸易对我国宏观经济和人民就业等方面影响巨大，因此我们应当针对如何解决贸易摩擦问题进行深入思考。从理论而言，解决两国贸易摩擦最理想的方法是相互协作减小贸易失衡，即摩擦双方本着友好合作、相互妥协的态度共同致力于减小贸易差额。例如，从全局而言，贸易顺差方主动采取扩张财政、货币政策，并将货币适当升值以引致增加进口、减小顺差，同时逆差方采取反向政策减小进口、增加出口，或双方通过贸易合作协定共同减小全局或局部产业的贸易失衡。这种合作方法能够有效避免摩擦，但这种方法一方面对贸易顺差方的宏观经济和出口企业而言较为不公，需要其做出一定程度的牺牲；另一方面通过财政、货币、汇率政策机制调节进出口需要较长时间，且其调节贸易的效果要受到诸如国内通货膨胀和失业状况、产品的价格弹性等因素的制约，因此历史上能够成功相互合作妥协减小贸易差额从而解决贸易摩擦的例子并不多见，需要我们寻找其他的行之有效的方法，在损失最小的前提下减小对主要贸易顺差国的贸易差额，进而缓解贸易摩擦。

二、理论综述

从理论上说，对外直接投资可以起到缓解贸易失衡的作用：顺差国在主动或被动减少对逆差国货物和服务出口的情况下，采取向逆差国进行相关产业的直接投资，直接在逆差国生产和销售相关产品。这种做法一方面可以有效减少出口（和/或增加进口）从而起到减小贸易失衡、缓解贸易摩擦的作用，另一方面则不妨碍顺差国产品的国际化和占领海外市场的进程。

理论界针对直接投资与贸易平衡关系的研究较少，但论述对外直接投资与该国出口贸易关系的理论研究却很多，它们可以从各自侧面论证对外直接投资对投资国与东道国贸易的影响、对减小贸易失衡的作用。总体而言，直接投资会对贸易起到替代性作用和互补性作用。由于本文研究的内容是作为投资国的顺差国对外直接投资对缓解投资国与东道国之间贸易失衡的作用，因此这里仅将前者，即支持对外直接投资会导致投资国贸易顺差减小，从而缓解贸易失衡的经典理论简单整理如下。

1. 边际产业替代理论

日本一桥大学教授小岛清提出的边际产业替代理论认为，边际产业就是投资国处于比较劣势的产业，但对于东道国来说，却是具有潜在比较优势的产业。该理论认为，日本式的对外直接投资不是取代贸易（替代贸易），而是补足（互补关系）贸易、创造和扩大贸易的，而美国则是逆贸易型的。该理论对这两种直接投资进行了解释：从边际产业开始进行投资，可以使东道国因缺少资本、技术、经营管理技能等未能显现或未能充分显现出来的比较优势显现出来或增强起来，从而扩大两国间的比较成本差距，为实现数量更多、获益更大的贸易创造条件。显然，根据这一理论，对外投资国输出比较优势，而东道国吸收了旨在扩大其比较优势的直接投资，并积极地与投资国进行互补性质的国际贸易，必然导致对外投资国出口减少而进口增加，从而导致贸易顺差减小。

2. 产品生命周期理论

美国经济学家弗农（1966）认为，产品的生命周期可分为创新、成熟和标准化等阶段。在产品创新阶段，由于产品的特异性或垄断优势，价格的需求弹性低，企业有选择在国内生产的倾向，并向后发工业国家出口，以对外贸易的方式满足国外市场。在产品成熟阶段，由于技术的扩散和竞争者的加入，成本因素变得更加重要；同时为避免贸易壁垒、接近消费市场和减少运输费用，对外直接投资比产品出口更为有利，因而企业倾向于到海外需求类型相似的地区投资设厂，以增强产品的竞争能力。在产品标准化阶段，生产厂家所拥有的垄断技术因素已消失，竞争的基础变成了价格竞争，因此企业倾向于把生产业务转移到劳动成本低的发展中国家。根据弗农的理论，在产品的成熟和标准化阶段，一国企业通过对外直接投资转移成熟产业，变出口为进口，很可能会降低该国贸易顺差。

3. 国际生产折衷理论——对外直接投资国基于区位优势的 OFDI 可能导致贸易顺差减小

英国经济学家邓宁提出的著名的国际生产折衷理论指出，企业要从事对外直接投资是由该企业本身所拥有的所有权优势、内部化优势和区位优势共同决定的，其中东道国具有的区位特定优势，即其关税和贸易壁垒、劳动力成本、自然资源等，是跨国公司进行直接投资的重要因素。根据这一理论，如果某国对外直接投资是被东道国低成本劳动力和自然资源吸引而进行生产性投资，则其在东道国的投资企业就类似海外生产和销售基地，很有可能增加东道国的出口，同时由于其中有向投资国返销的部分，从而使得投资国进口增加；而投资国的出口由于生产能力的输出而相应减少，从而使得对外投资国贸易顺差减小。而如果该国对外直接投资是被东道国市场潜力所吸引，大量产品留在东道国内销售，则同样会减少投资国对该东道国的出口，使得贸易顺差减小。

4. 克鲁格曼不完全竞争国际贸易理论——对外直接投资为东道国创造垄断性比较优势

克鲁格曼 20 世纪 80 年代提出的国际贸易理论放松了传统贸易理论完全竞争的假设，从不完全竞争和规模经济的视角来看贸易和投资问题，认为由于存在不完全竞争和规模经济，国际贸易和国际资本流动无法完全消除国际间资源禀赋差异，即使实现了要素均等化，替代了产业间贸易，但国际直接投资带来的技术创新和垄断优势也会导致新的竞争优势产生，从而带动东道国出口，尤其是对投资国的产业内贸易出口。这也会导致投资国的贸易顺差降低。

以上理论分析了对外直接投资减小投资国贸易顺差的理论机制，可以作为顺差国扩大对外直接投资，通过缓解与东道国的贸易失衡，从而应对贸易摩擦的理论基础。此外，一些经典模型和学说还直接给出了对外直接投资应对贸易保护、缓解贸易摩擦的作用。主要包括以下两点。

（1）蒙代尔贸易与投资替代模型。蒙代尔（Mundell，1957）在其经典论文中创立了著名的贸易与投资替代模型，该模型建立在标准的 2×2 模型基础之上，认为在生产要素不能自由流动而不存在贸易障碍的前提下，两国必然会产生国际贸易，并导致商品和生产要素价格均等化。而当贸易障碍阻碍商品自由流动，并引起资本要素边际收益的差异，一国企业则会以对外投资（这里包括了直接或间接投资）的方式绕过贸易壁垒，代替出口达到商品和资本要素价格的均等化，也称为关税引致投资。蒙代尔这一模型反映了对外直接投资对出口贸易的替代作用，它本是用于考察存在贸易壁垒的环境下资本要素如何通过对外投资实现其边际收益均等化的理论机制，但其中潜藏了其作为应对东道国贸易保护主义的政策建议：通过直接投资来替代出口。

（2）巴格瓦蒂和蒂诺普洛斯的补偿投资模型。巴格瓦蒂和蒂诺普洛斯等学者从政治经济学角度，通过一系列的研究创立了补偿投资学说，即认为对外直接投资并非全部如同蒙代尔模型中所述是仅仅为了当期"绕过"东道国的贸易壁垒，而是从长期利润最大化的角度，考虑到下一个时期东道国继续采取贸易保护主义的损失，而在当期采取对外直接投资的方式，即所谓的补偿投资，旨在减少东道国继续采取贸易保护的可能性，是为了化解关税或其他贸易保护（Dionpoulos & Bhagwati，1986；Bhagwati et al.，1987；Bhagwati et al.，1992）。

三、实证研究

在从理论层面分析了对外直接投资缓解贸易失衡的可能性之后，我们将从实证研究的角度来验证对外直接投资对减小投资国与东道国之间的贸易失衡，从而应对贸易摩擦的有效性。由于中国开展对外直接投资时间较短，21世纪以前对外直接投资流量基本处于 100 亿美元以下的区间内，并缓慢上升。进入 21 世纪后增长趋势有所加快，但总体流量规模仍然不大，根据国家统计局、商务部、外汇管理局《2008 年中国对外直接投资统计公报》的统计数据，2002～2008 年中国对外直接投资流量分别为 27 亿美元、28.5 亿美元、55 亿美元、123 亿美元、212 亿美元、265 亿美元、559 亿美元，2008 年对外直接投资存量也仅为 1840 亿美元，这与我国 2008 年 25616 亿美元的货物贸易进出口总额相比规模过小，因此利用之前年份的数据对中国对外直接投资对贸易顺差的影响进行计量研究不具有太大说服力。有学者，例如王迎新（2003）等使用规范分析的方法对中国海外投资与出口关系进行过研究，但对应的实证研究则较为缺乏。然而，我们可以通过考察日本这个资本输出大国在 20 世纪 80 年代为了应对日美贸易摩擦所采取的对外直接投资战略的效果，来检验理论，并为中国今后加大直接投资缓解贸易失衡以应对贸易摩擦提供经验和借鉴。

1. 考察时期选择

根据世界贸易组织的数据，日本在 20 世纪 70 年代处于贸易顺差和逆差交替状态，而进入 20 世纪 80 年代后则一直处于贸易顺差，且顺差增长迅速，由 1981 年的不到 100 亿美元上升到 1986 年的 832 亿美元，成为当时世界主要贸易顺差国。其中美国是日本的第一大顺差国，尤其到 20 世纪 80 年代中期，根据世贸组织与美国统计局的统计数据计算，1985 年日美整体货物贸易顺差已经达到将近 500 亿美元，占日本整体顺差的 90% 以上。这使得以美国为代表的世界各逆差国纷纷对日本施加压力并采取各类贸易保护措施。为了解决日美贸易顺差，1985 年日美签署了著名的广场协议，日元对美元大幅度升值，这使得日本出口受到一定影响。另外，为了从另一角度缓解贸易摩擦，同时利用日元升值的机会，日本在 20 世纪中期以后明显加快了对外直接投资步伐。根据联合国贸发会议的统计数据，1985～1990 年短短 5 年内，日本对外直接投资流量由 65 亿美元猛增到 480 亿美元，其增长幅度在世界范围内也是较为罕见的。这种对外直接投资既有为避开、缓解贸易摩擦的贸易替代以及补偿投资的性质，同时又可以帮助日本企业国际化。因此，考察 1985 年之后日本对外直接投资对日美贸易差额的影响，对了解顺差国通过对外直接投资缓解贸易失衡从而应对贸易摩擦具有借鉴意义。

2. 模型形式设定与数据来源

本文希望考察日本在 1985 年之后对外直接投资对日美贸易失衡的影响，因此应当设立贸易差额的决定模型，即以日本对美国货物贸易差额为因变量，而把影响日本对美国进口、出口的因素（应当包括日本对外直接投资在内）设为自变量，考察日本在这一阶段对外直接投资对日美贸易顺差的影响程度和方向。

根据国际经济学基本原理，影响日本对美国出口的因素包括两个方面：第一个方面是美国总体产品需求量；第二个方面是美国从日本进口的比例，而这一比例则取决于日本产品的相对价格以及产品的不可替代性等。我们可以用美国的 GDP 来近似表示美国总体产品需求能力，而用日元名义有效汇率的变化来反映其产品相对价格的变化。同时，根据前文的理论研究，日本对外直接投资可能使得日本生产和出口能力向外转移，会减小其他国家（包括美国）从日本进口产品的比例，也可能会增加日本从其他国家（包括美国）的进口。类似地，影响日本从美国进口的因素则可以归结为日本的总体产品需求量及其从美国进口的比例，本例中也可用日本 GDP 以及日元名义有效汇率、日本对外国直接投资来反映。此外，由于对外直接投资要转化为生产能力乃至出口能力需要一定过渡时间，因此我们将把当期日本对外直接投资流量及其若干阶滞后项的线性组合，而不一定是当期流量作为自变量进入模型，并通过模型调试选取合适的滞后期或其线性组合进入模型。我们根据赤池原则和施瓦茨原则，以及相关变量的 T 检验，最终确定仅将日本对外直接投资的 1 期滞后引入模型时模型效果最佳。限于篇幅，这里暂不列出调试过程。

综上所述，我们根据日本和美国在 1985 年之后的相关经济数据设立以下贸易差额决定模型：

$$\ln BOP = \alpha + \beta_1 \ln GDPJ + \beta_2 \ln GDPU + \beta_3 \ln e + \beta_4 \ln OFDI_{-1} \tag{1}$$

其中，$\ln BOP$、$\ln GDPJ$、$\ln GDPU$、$\ln e$、$\ln OFDI_{-1}$ 分别表示日美货物贸易顺差、日本国内生产总值、美国国内生产总值、日元名义有效汇率、日本对外直接投资流量 1 期滞后项的自然对数形式①。日本货物贸易顺差数据根据世界贸易组织相关数据计算得到；日本和美国国内生产总值取自世界银行数据库；日元名义有效汇率取自国际清算银行数据库；日本对外直接投资存量数据取自联合国贸发会议（统计手册）网络版数据库。

3. 单位根检验

由于涉及到时间序列数据，需要首先对其进行单位根检验以确定平稳性。使用 Eviews 5.0 的 ADF 检验结果如表 1 所示。

表1 相关变量单位根检验

变量	形式	ADF 值	临界值（1%，5%，10%）			平稳性
$\ln BOP$	$(C, 0, 4)$	0.2102	-3.8315	-3.0300	-2.6552	不平稳
$\ln GDPJ$	$(C, 0, 1)$	-2.3890	-3.7696	-3.0049	-2.6422	不平稳
$\ln GDPU$	$(C, 0, 0)$	-1.8512	-3.7529	-2.9981	-2.6388	不平稳
$\ln e$	$(C, 0, 1)$	-2.1098	-2.6797	-3.0049	-2.6422	不平稳
$\ln OFDI_{-1}$	$(C, 0, 2)$	0.9032	-3.7696	-1.9580	-1.6078	不平稳
$\Delta\ln BOP$	$(C, 0, 3)$	-5.8693	-3.8315	-3.0300	-2.6552	平稳***
$\Delta\ln GDPJ$	$(C, 0, 0)$	-3.9831	-3.7696	-3.0049	-2.6422	平稳***
$\Delta\ln GDPU$	$(C, 0, 0)$	-2.7110	-3.7696	-3.0049	-2.6422	平稳*
$\Delta\ln e$	$(C, 0, 2)$	-4.9921	-3.8085	-3.0207	-2.6504	平稳***
$\Delta\ln OFDI_{-1}$	$(0, 0, 1)$	-2.1915	-2.6797	-1.9581	-1.6078	平稳**

注：* 表示在 10% 的显著水平上拒绝存在单位根假设，** 表示在 5% 的显著水平上拒绝假设，*** 表示在 1% 的显著水平上拒绝假设，下同。(C, T, K) 分别表示截距项、趋势项和滞后阶数（由 SIC 信息原则自动检测决定）。

由检验结果可以看到，以上相关变量都属于不平稳时间序列，但其一阶差分都属于平稳序列，因此可能存在长期的协整关系。

4. Jonansen 协整检验

单位根检验给出了变量存在长期协整关系的可能性，下面我们针对模型

---

① 严格来讲，日本吸收直接投资也应当列为自变量，因为这可能增加日本生产和出口能力，包括对美国出口；同时也可能减少日本对外进口，包括对美国的进口。但由于日本吸收直接投资流量规模极小，例如，1981~1996 年均未超过 20 亿美元，与日本的进出口以及对外直接投资相比规模过小，且有正有负无法取对数，因此这里未将其列为模型自变量。

295

第四篇 国际投资相关问题研究

对外直接投资缓解贸易失衡的实证研究

变量 $\ln BOP$、$\ln GDPJ$、$\ln GDPU$、$\ln e$、$\ln OFDI_{-1}$ 进行 Johansen 协整检验，以考察其是否真实存在长期协整关系。检验结果如表 2 所示。

表 2 　　　　　　　　　　**Jonansen 协整检验**

迹检验（trace test）			
0 假设中协整关系的个数	CC = 0	CC ≤ 1	CC ≤ 2
特征值迹统计量	165.9612***	84.9225**	38.6605
最大特征根检验（maximum eigenvalue test）			
0 假设中协整关系的个数	CC = 0	CC ≤ 1	CC ≤ 2
最大特征根统计量	81.0386***	46.2621***	19.8465

注：** 表示在5%的显著水平上拒绝假设，*** 表示在1%的显著水平上拒绝假设。

由检验结果可以看到，无论是迹检验还是最大特征根检验，都得出了这 5 个变量存在 1 个以上、最多 2 个协整关系的结论。

5. 协整回归模型及其参数检验

基于以上检验的结果，我们使用 Eviews 5.0 对模型

$$\ln BOP = \alpha + \beta_1 \ln GDPJ + \beta_2 \ln GDPU + \beta_3 \ln e + \beta_4 \ln OFDI_{-1} \tag{2}$$

应用最小二乘法进行协整回归，回归参数及其显著性检验如下所示：

$$\ln BOP = 1.3149 - 0.4811\ln GDPJ + 0.7607\ln GDPU + 0.534\ln e - 0.1519\ln OFDI_{-1} \tag{3}$$

T – ststistics：(-2.2161^{**}) (7.4181^{***}) (1.3956) (-2.3547^{**})

R – Squared：0.8591

F – ststistic：27.4362***

AIC：−1.7546

SC：−1.5078

从参数检验结果可见，20 世纪 80 年代中期以后，日本对外直接投资（1 期滞后）对日美贸易顺差起到显著负面影响，日本对外直接投资每上升 1 个百分点，日美贸易顺差就会减小约 0.15 个百分点。日本国内生产总值与美国国内生产总值分别对日美贸易顺差具有显著负面和正面影响，这也都符合国际经济学模型的基本结论。此外，参数检验还说明，日元名义有效汇率的变

化对日美贸易顺差所起作用并不显著，其可能原因将在后文进行解释。

6. 残差单位根检验

为了确保回归模型正确反映因变量与自变量的长期协整关系，我们还须对回归方程残差进行单位根检验（见表3），如其不存在单位根，则说明此协整模型是有效的。可见残差属于平稳序列，这便说明了日本对外直接投资与日美贸易顺差长期存在协整关系。由于本文仅研究长期影响，因此就不使用向量误差纠正模型（VECM）来研究短期影响了。

表3 残差的 ADF 单位根检验

变量	形式	ADF 值	临界值（1%，5%，10%）			平稳性
ε	$(C, 0, 2)$	-4.9644	-3.8085	-3.0207	-2.6504	平稳 ***

注：*** 表示在1%的显著水平上拒绝原假设。

四、结论与启示

我们通过实证研究考察了日本20世纪80年代中期后对外直接投资对日美贸易差额的影响。实证结果可以对我国应对贸易摩擦提供以下几方面的信息。

首先，根据日本20世纪80年代中期后的经验，加快对外直接投资确实可以对投资国的贸易顺差起到抑制作用，实证结果符合各类经典模型的基本结论。这一方面可能是由于转移生产和出口能力导致投资国出口减少，另一方面也可能是由于在东道国生产的产品返销国内产生的进口增加。由于当前我国贸易摩擦对象主要是美国，且其根本原因是中美不断扩大的整体性和局部性贸易失衡，因此我们也可以在协商合作的基础上，考虑增加对外直接投资规模，在促进我国企业国际化的同时缓解中美贸易失衡，从而应对贸易摩擦。

其次，从实证模型结果可以看出，日元名义有效汇率的变化对日美贸易顺差的影响并不显著，这反映了日美"广场协议"对调节日美贸易失衡的效果是有限的。换句话说，摩擦国货币汇率的调节，即支出—转换政策对摩擦国贸易失衡的影响可能并不明显。名义汇率变动对日美贸易差额调节的失效可能有如下解释。

从理论而言，一方面，汇率调节贸易收支的实质是通过改变进出口产品价格来调节贸易收支，其效果必须考虑总体价格水平变动的因素。如果一国货币对内升值（通缩）大于对外升值幅度，则货币升值带来的出口产品价格上升将被国内物价下降带来的产品价格下降抵消（黄卫平和彭刚，2004），使得贸易顺差难以减小。而日本从 20 世纪 80 年代后期开始，尤其是 20 世纪 90 年代后经济进入"平成萧条"，出现了长期通货紧缩，这可能减弱日元升值对日本贸易顺差的抑制作用。另一方面，汇率调节贸易差额要受到进出口产品弹性的影响，即要满足马歇尔—勒纳条件。如果某国出口产品在世界上替代品较少，价格弹性较小，便可能导致汇率调整贸易差额失效。而 20 世纪 80 年代后期的日本在电子产品、汽车、钢铁等产品方面具有相当大的技术领先甚至垄断优势，甚至使得美国等国家不得不要求日本采取各种类型的自动出口限制（萨尔瓦多，1998）。这说明日本的这些产品具有较小的价格弹性，这可能使得马歇尔—勒纳条件不一定得到满足，从而使汇率调节贸易收支失效。

从近期实践来看，不仅是 20 世纪 80 年代中期后的日美贸易失衡，名义汇率调整对当前中美贸易失衡效果也不明显。例如，根据国家外汇管理局的数据，自从 2005 年 7 月人民币汇率形成机制改革之后至 2009 年末，美元兑人民币名义汇率已由 1∶8.1936 下跌到 1∶6.8283。然而通过美元贬值减小对华贸易逆差的效果似乎并不好：根据美国统计局公布的数据，2005～2008 年美国对华贸易逆差分别为 2016 亿美元、2325 亿美元、2563 亿美元、2663 亿美元，逆差不但没有减少反而有继续上升的趋势。其原因可能是美国对华贸易逆差很大程度上是由于世界分工结构变化产生的，中国出口美国产品需求价格弹性很小，美元贬值难以起到抑制进口的作用（即马歇尔—勒纳弹性条件不满足）。因此，我们可以采取其他方法，如通过对外直接投资来取代传统的汇率调节贸易收支机制，更有效且主动地减小贸易失衡。

最后，由实证模型结果还可以看到，日本国内生产总值的增长能够很显著地对日美贸易顺差起到抑制作用，这是通过收入—进口途径解决贸易失衡问题，即支出—改变政策，且其抑制幅度比通过对外直接投资减小顺差的幅度要更大。本文实证分析可知，日本 GDP 每增长 1 个百分点，日美贸易顺差就减少 0.48 个百分点，这比通过对外直接投资的 0.15 个百分点相比幅度更大。这对我国缓解当前中美贸易顺差也有借鉴作用。根据世界银行的数据，尽管我国国内生产总值总体规模暂时不如日本，但其差距已经越来越小，其差距已由 2000 年的将近 35000 亿美元缩小到 2008 年的小于 6000 亿美元，因此我们在尝试促进对外直接投资解决中美贸易失衡问题的同时，必须把扩大国内需求，从而按照边际进口率增加进口作为解决贸易失衡的根本途径。

关于日美贸易摩擦的理论和实证研究都说明，通过促进对外直接投资缓解投资国与东道国之间的贸易失衡具有一定效果。现阶段中国对外直接投资规模较小，长期在 100 亿美元以下徘徊，但近年增长速度较快，例如，根据《2008 年中国对外直接投资统计公报》，2008 年我国对外直接投资流量首次超过 500 亿美元，随着世界经济从金融危机中复苏，未来增长潜力巨大。同时，近年来世界各国为了恢复经济纷纷采取相对宽松的货币政策，这为我国企业海外融资创造了条件；人民币近年较大幅度的升值降低了我国企业海外投资成本；积累的超过两万亿美元的外汇储备为企业对外直接投资提供了资金保障。因此中国扩展对外直接投资正面临较好的历史机遇，政府应当借鉴日本经验，在增加国内收入和需求的基础上，重视并抓住机遇加大对外直接投资力度，以应对近期金融危机带来的新一轮贸易摩擦。

参考文献

［1］黄卫平、彭刚：《国际经济学》，中国人民大学出版社 2004 年版。

［2］萨尔瓦多：《国际经济学》，第五版中译本，清华大学出版社 1998 年版。

［3］王迎新：《论海外投资与贸易的关系》，载于《财贸经济》，2003 年第 1 期。

［4］小岛清：《对外贸易论》，南开大学出版社 1987 年版。

［5］杨洪恩：《边际优势战略下国际投资与国际贸易的关系——来自日本对东亚投资与贸易的证据》，载于《财贸经济》，2007 年第 9 期。

［6］赵春明、焦军普：《当代国际贸易与国际直接投资的交叉发展趋势》，载于

《北京师范大学学报（社会科学版）》，2003 年第 2 期。

［7］Bhagwati, Dionpoulos, Kar – Yiu Kong, "Quid Pro Quo Foreign Investment", *American Economic Review*, Vol. 82, 1992.

［8］Bhagwati, Richard A. Brecher, Dionpoulos, Srinivasan, "Quid Pro Quo Foreign Investment and Welfare: A Political Economy Theoretical Model", *Journal of Development Economics*, Vol. 27, 1987.

［9］Dinopoulos, Bhagwati, "Quid Pro Quo Foreign Investment and Market Structure", *Unpublished Manuscript Presented at the 61st Annual Western Economic Association Conference, San Francisco*, 1986.

［10］Dunning, *The Theory of Transnational Corporations*, London: Routledge 1993.

［11］R. Mundell, "International Trade and Factor Mobility", *American Economic Review*, Vol. 47, 1957.

［12］R. Vernon, "International Investment and International Trade in the Product Cycle", *Quarterly Journal of Economics*, Vol. 80, 1966.

外商直接投资区域差异的泰尔指数分解及其影响因素分析[*]

一、引言

长期以来外商直接投资一直是我国利用外资的重要方式。统计数据显示，截至 2009 年底，我国累计利用外商直接投资达 9375.39 亿美元①，其中，2009 年实际外商直接投资额为 900.3 亿美元。虽然我国整体利用外资保持快速增长，但外商直接投资区域分布却极不均衡（见图 1）。图 1 显示 20 世纪 90 年代前外商对华直接投资总体处于低位徘徊，区域间外商直接投资的绝对差异波动较小。但从 1992 年起，外商对华直接投资进入跳跃式快速增长时期；同时，三大地区利用外资开始出现明显分化②，地区间绝对差异逐步扩大。东部地区利用外资的变化趋势几乎与全国相一致，保持快速发展的态势，中部地区外商直接投资呈缓慢小幅上升趋势，而西部地区外商投资却没有明显起色，多年来一直处于低位徘徊。全国外商直接投资中超过 80% 集中于东

---

* 本文原载于《北京师范大学学报》2012 年第 3 期。共同作者：陈相森、王海平。

① 外商直接投资指实际利用外商直接投资额，除特别说明外，本文数据 2008 年以前均来自《新中国 60 年统计资料汇编》，2009 年数据来自全国及各省（区、市）统计公报。

② 1985 年，中央在《关于制定国民经济和社会发展的第七个五年计划的建议》中将中国划分为东部、中部和西部三大经济区域，本文遵循此标准。

部沿海发达省份，投资于中西部地区外资不足 20% ，其中投资西部地区外资
最高年份不足 7% 。

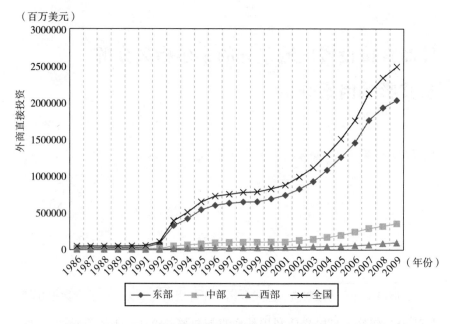

（百万美元）

图1　1986～2009 年全国及东中西部地区外商直接投资变化趋势

如果我们以省份为单位考察会发现这种差异更加明显①。统计数据显示，
截至 2009 年累计利用外资最多的省份是广东，实际利用外资总额为 2321 亿美
元，利用外资最少的是新疆，实际利用外资额为 13.1 亿美元，两者相差 191
倍。利用外资排名前七位的依次是广东、江苏、上海、山东、福建、浙江、
辽宁，七省市实际利用外资额占全国利用外资总额的比例高达 70% ，且全部
来自东部地区，而排名后七位的省份利用外资额占全国外资总额的比例仅为
1.84% ，从区域分布看，这些省份均来自西部地区。FDI 投资区域差异不断扩
大的事实，引起了国内外学者的关注，他们开始从不同的角度分析 FDI 投资
区位变化的原因及影响因素。冯和萧（2005）对比分析了中国软硬基础设施
对来自美国、日本、韩国，以及中国香港和台湾地区的 FDI 投资区位选择差

---

① 由于数据可得性，本文考察的省（区、市）未包含西藏，同时对重庆与四川进行合并
处理。

异,结果发现不同来源 FDI 对二者的反应不同。库格林(2000)从空间经济计量角度研究了 1983~1997 年我国 FDI 的区域分布状况,研究表明经济规模、劳动生产力和工资水平对 FDI 区域分布影响较大。国内学者鲁明泓(1997)利用 1988~1995 年 29 个省(区、市)面板数据,分析了投资环境对外商投资区域差异的影响,结果表明,地区生产总值、第三产业产值比重、城镇人口比重、特殊经济政策优惠程度和地区经济外向度与各地区的 FDI 呈正相关,而地区劳动力成本和国有工业产值比重与外商投资呈负相关。贺灿飞和梁进社(1999)考察了 1986~1994 年我国 FDI 投资区域差异的变化,通过因素分析发现劳动力成本、经济发展水平、基础设施、FDI 集聚以及地缘因素是导致 FDI 区域变动的主要力量。林略(2000)利用变异系数等测算发现 1988~1998 年我国东部与西部地区 FDI 差异较大,进一步分析认为导致地区间 FDI 差异的因素有环境因素、政策性因素、结构因素和效率因素。刘荣添和林峰(2005)利用 1986~2003 年的地区面板数据分析东、中、西部地区 FDI 投资差异的影响因素,认为集聚效应、劳动力成本、第三产业比重、产业基础设施、聚集程度、政策优势、市场规模和科技研发投入等因素是影响各时期、各地区 FDI 的主要因素,影响程度依不同时期、不同地区而异。金雪军等(2009)利用 1986~2004 年全国 FDI 数据,通过计算变异系数认为全国 FDI 地区发展差异呈现逐渐缩小的趋势。

尽管现有文献对我国 FDI 区位差异进行探讨研究,但对 FDI 区域差异变动事实及其差异来源鲜有文献涉及。因此与既往研究不同,本文首先利用泰尔(Theil)指数考察 1986 年以来外商在华直接投资区域差异变动事实,通过指数分解考查 FDI 区域差异来源,以弥补现有文献不足,在此基础上分析探究影响 FDI 投资差异的关键因素,同时本文将研究时间跨度延伸到 2009 年。

二、外商在华直接投资区域差异演化轨迹

实证研究中学者们积累了大量测度区域差异的指标,主要有基尼系数法、

泰尔指数法和变异系数法，还有其他一些方法如 β 系数收敛法、回归分析法等。本文基于研究需要主要选取泰尔指数来衡量 FDI 投资区域差异的事实。泰尔指数优点在于它不仅可以用来解释 FDI 投资区域差异变动事实，而且对于差异来源可以进行区域内部和区域间的分解，从而较好刻画 FDI 投资区域差异的演变轨迹；并且，泰尔指数公式中总存在同一类型指标的比值，因而消除了量纲的影响，可以减少计算工作量，而且相对于基尼系数法，泰尔指数更容易分解。FDI 地区差距的泰尔指数计算公式为

$$T = \sum_i \sum_j (GDP_{ij}/GDP)\ln[(GDP_{ij}/GDP)/(FDI_{ij}/FDI)] \qquad (1)$$

其中，GDP_{ij} 表示 i 地区 j 省份的 GDP，GDP 代表全国 GDP 总量，FDI_{ij} 表示 i 地区 j 省份的 FDI 流量，FDI 代表 FDI 总量。对于泰尔指数可以进一步分解为东、中、西部地区三大地带间的差异 T_{BR}，以及三大地带内部的总差异 T_{WR}：

$T_{BR} = T_{BR} + T_{WR}$ 三大地带间的差异计算公式为：

$$T = \sum_i (GDP_i/GDP)\ln[(GDP_i/GDP)/(FDI_i/FDI)] \qquad (2)$$

其中，GDP_i 与 FDI_i 分别代表第 i 地带的 GDP 与 FDI。三大地带内部差异则是三大地带内各省份区域间差异的加权平均，计算公式为：

$$T_{WR}T = \sum_i (GDP_i/GDP)T_i \qquad (3)$$

其中，T_i 为第 i 地带内省份间的差异，计算公式：

$$T_i = \sum_i \sum_j (GDP_{ij}/GDP_i)\ln[(GDP_{ij}/GDP_i)/(FDI_{ij}/FDI_i)] \qquad (4)$$

图 2 和表 1 分别给出了 FDI 的泰尔指数变化趋势及分解结果。从图 2 可以看出，1986 年以来全国 FDI 区域差异总体呈现逐渐缩小的趋势，其中，1987～1993 年是地区间 FDI 差异急剧下降时期，这一时期 FDI 差异下降幅度和速度最快，1993 年后地区间 FDI 差异保持平稳波动，总体上未有大的变化，2004年起再次进入快速下降通道。FDI 地区差异这一变动趋势与我国改革开放进程基本吻合。1992 年以前是我国利用外资的初级阶段，国家实行沿海开放战略，这一时期的外资主要集中于东部地区，投资中西部地区的外资微乎其微，导致这一时期内地区间 FDI 差异较大，1992 年我国提出建立社会主义市场经济

体制，外资政策不断深化，同时开放战略向中西部延伸，所以1992年后外商直接投资快速增长同时投资地域呈现多元化，使得FDI地区差异比改革开放初期小得多。2001年加入WTO后，我国利用外资进入全新的阶段，特别是服务业利用外资逐步开放，使得外商直接投资快速上升的同时进一步缩小了地区间利用外资的差异。

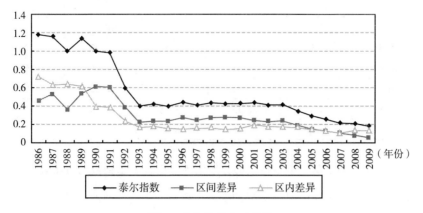

图2 泰尔指数变动趋势

表1　　　　　　　　1986～2009年FDI地区差距的静态分解

| 年份 | T_{WR} | 对地区差距贡献率（%） | | | T_{BR} |
		东部	中部	西部	
1986	61.19	43.62	10.26	7.31	38.81
1987	54.13	32.91	12.91	8.31	45.87
1988	64.17	44.83	10.15	9.18	35.83
1989	53.57	29.61	8.50	15.46	46.43
1990	39.02	28.65	4.35	6.03	60.98
1991	38.77	27.63	5.37	5.77	61.23
1992	37.70	27.35	5.84	4.50	62.30
1993	42.88	32.13	4.55	6.19	57.12
1994	43.29	29.52	5.60	8.17	56.71
1995	39.14	30.73	4.79	3.62	60.86
1996	35.07	27.22	4.61	3.25	64.93
1997	39.74	26.10	3.55	10.09	60.26
1998	37.64	26.23	4.32	7.08	62.36
1999	35.00	25.62	4.52	4.86	65.00

年份	T_{WR}	对地区差距贡献率（%）			T_{BR}
		东部	中部	西部	
2000	37.18	25.70	4.25	7.23	62.82
2001	43.59	25.10	9.10	9.39	56.41
2002	43.37	24.39	11.25	7.74	65.63
2003	42.36	20.84	13.69	7.83	57.64
2004	47.78	17.75	19.41	10.62	52.22
2005	49.00	19.21	15.56	14.23	51.00
2006	49.41	24.31	11.14	13.96	50.59
2007	48.32	29.85	6.32	12.15	51.68
2008	63.31	38.13	7.85	17.33	36.69
2009	74.28	44.86	6.74	22.67	25.72

表 1 给出的是基于泰尔指数的分解结果。通过泰尔指数的分解发现，20世纪90年代以来，FDI 地区差异的变动主要由三大地区间的差异引起，三大地区间差异对泰尔指数平均贡献率在 1986～2009 年达到 53.3%，整个 90 年代贡献率达 61.2%，进入 21 世纪，三大地区间的贡献率有所下降但仍高达50.4%。三大地区内部差异方面，东部地区内部差异贡献最大，整个样本期内东部地区内部差异平均贡献为 28.8%，中西部地区内部差异的贡献相对较小，两地区内部差异合计平均贡献在整个样本期间为 17.4%，这说明整个样本期间内 FDI 地区差异主要由三大地区间的差异和东部地区内部差异引起，这一结论对于我们理解 FDI 地区差异来源以及制定针对性的促进 FDI 区域协调发展战略具有极强的价值。图 2 和表 1 的分解结果还表现出两个值得关注的现象：第一，虽然全国 FDI 区域差异总体上是逐步减小的，但区域间差异长时间主导地区间 FDI 差异，而且进入 21 世纪三大地区间差异对 FDI 地区差异的贡献开始下降，地区内的差异贡献上升较快。第二，尽管东部地区 FDI 差异缩小的速度与幅度最大，但其绝对差异始终比中部与西部地区大，且 2004年后又呈逐渐拉大的趋势；中部地区内部差异波动较大，在经历 20 世纪的缓慢下降后，进入 21 世纪地区内部差异经历先上升后下降的趋势；西部地区差

异贡献表现出波动中逐年扩大的趋势。

三、外商在华直接投资区域差异影响因素分析

1. 计量模型设计与变量说明

纵观国内外文献，对 FDI 区域差异考察主要是选择典型解释变量建立多元线性或非线性模型来分析影响 FDI 区位选择的因素（Bagchi-sen & Wheeler，1989；鲁明泓，1997；贺灿飞等，2005）。本文在充分借鉴已有文献研究基础上，构造如下计量回归方程：

$$\ln FDI_{it} = \alpha_i + \beta_1 \ln GDP_{it} + \beta_2 \ln CFDI_{it-1} + \beta_3 \ln WAGE_{it-1} + \beta_4 \ln TER_{it}$$
$$+ \beta_5 \ln OPE_{it} + \beta_6 \ln POL + \varepsilon_{it} \tag{5}$$

其中，下标 i 为省份，T 为年份，α_i 为截距项，β_i 为变量系数，ε_{it} 为随机误差项。为避免内生性，借鉴贺灿飞等（2007）、刘荣添和林峰（2005）做法，解释变量 $CFDI$ 和 $WAGE$ 各滞后一期，其余变量取当期值。模型中各变量的含义如下：

被解释变量：FDI，以各省份实际利用外商直接投资金额表示（单位：万美元），该变量取对数。

解释变量的含义分别是：

GDP：此变量反映各省份经济发展水平，同时也可以一定程度上反映市场容量。我们以各省份消除通胀因素的实际国内生产总值表示（单位：亿元人民币）。由于外资产品需要寻找更大的市场空间，因此从理论上分析，GDP 与 FDI 呈正相关关系，该变量取对数。

$CFDI$：反映外商直接投资的积聚效应。现有研究已证实 FDI 具有很强的聚集效应，FDI 增量的区位选择受到特定区位 FDI 存量的影响，一个地区已有的外资企业越多，新的外资就越倾向于投资该地区。聚集效应采用累计 FDI 水平衡量。

$WAGE$：此变量反映各地区外商直接投资的劳动力成本水平，以各省份上一年人均工资表示（单位：元人民币）。一般认为工资水平与 FDI 是负相关

的，工资水平越高，外商直接投资可能越少，但是对于人力资本要求较高的高科技外资企业则倾向于向高知识、高技术密集的地区投资，而这些地区劳动者的工资水平也相对较高，因此，劳动力成本和 FDI 存量的关系并不明确。

TER：反映基础设施对 FDI 区位选择的影响。通常一个地区的基础设施状况、产业配套能力等对外商直接投资的区位选择起着重要的作用。基础设施包括能源、交通、运输、通信等多个方面。我们以第三产业产值占 GDP 比重来衡量一个地区基础设施的总体水平。

OPE：反映各省份对外开放度。对外开放度反映一个地区与国际市场融合程度，研究表明 FDI 的区域选择要求有一定的开放程度，要求经济与国际市场有一定的联系，且联系越密切，对外依赖度越高，越有利于吸引外资。我们以各省份进出口贸易规模占 GDP 比重考查对外开放度对 FDI 影响。

POL：政策优惠变量。优惠的外商投资政策激励是导致 FDI 投资区域出现差异的重要变量。改革开放以来，我国不同区域在不同时期享受到一系列吸引外商投资的优惠政策，为准确反映优惠政策对 FDI 区位选择的影响，本文借鉴刘荣添和林峰（2005）的做法，根据不同时期、不同区域政策变化进行赋值。具体做法是未实行优惠政策激励的各年其虚拟变量值为 0，同时每新增优惠政策激励的第一年的虚拟变量值增加 0.5，滞后期累计增长 0.25，变量赋值如表 2 所示。

表 2　　　　　　　　东中西三大地区优惠政策虚拟值

地区	1986~1991 年	1992 年	1993~1999 年	2000 年	2001~2009 年
东部	1	1.5	1.75	1.75	1.75
中部	0	0.5	0.75	0.75	0.75
西部	0	0.5	0.75	1.25	1.5

2. 数据来源说明

本文选取全国 29 个省份 1986~2009 年的相关数据为样本，实证考察影响 FDI 地区差异的相关因素[①]。本文所用 1986~2008 年数据来自《新中国六十

---

① 由于西藏未有可得 FDI 数据，本文考察省（区、市）未包含西藏，同时对重庆与四川进行合并处理，共 29 个省（区、市）。

年统计资料汇编》，2009 年数据来自全国及各省份 2010 年统计年鉴。相关变量的统计分析如表 3 所示。

表3   变量及描述性统计结果

变量	最大	最小	均值	标准差	观察值
FDI	14.7366	1.2241	9.8719	2.8885	696
GDP	11.1999	6.1463	8.4933	1.0713	696
CFDI	14.5991	1.6094	9.8696	2.1521	696
TER	0.7325	0.1938	0.3600	0.7222	696
WAGE	10.7474	6.8565	8.5523	0.9409	696
OPE	3.7093	0.0000	0.2980	0.4514	696
POL	1.7500	0.0000	0.9295	0.5323	696

3. 计量结果分析与讨论

表 4 报告了以外商直接投资金额为因变量的随机效应和固定效应的回归结果。可以看出，瓦尔德检验和 F 检验认为随机效应和固定效应方程都是显著的，且回归方程的组内 R^2 值分别为 0.707 和 0.693，表明方程拟合效果较好，Hausman 检验接受了固定效应方程，分析结果以固定效应为准。

表4   FDI 与地区差异影响因素估计结果

解释变量	固定效应模型			随机效应模型		
	系数	标准差	概率	系数	标准差	概率
GDP	2.2182	0.4697	0.0000	0.3792	0.0902	0.0000
CFDI	0.5146	0.0639	0.0000	0.7062	0.0473	0.0000
WAGE	− 2.2194	0.4948	0.0000	− 0.1699	0.1350	0.2080
TER	4.3770	1.6098	0.0070	1.7573	1.2219	0.1500
OPE	0.5887	0.2974	0.0480	− 0.0818	0.1532	0.5940
POL	1.4858	0.2490	0.0000	0.9568	0.1830	0.0000
CON	4.3603	1.0899	0.0000	0.0739	0.6967	0.9160
F	254.19					
Wald chi^2(6)				2302.13		
Hausman	591.99					
Within − R^2	0.707			0.693		

具体看，地区经济发展水平与 FDI 呈显著的正向关系，表明地区发展水平是影响 FDI 的重要因素。根据经济发展与 FDI 因果关系研究，一个地区经济发展水平越高，潜在市场需求就越大，该地区对于市场寻求型 FDI 的吸引力就越大（Andrews & Morisset，2004）。改革开放以来，我国国民经济取得突飞猛进的发展，2010 年我国经济总量跃居世界第二位，随着我国经济快速发展，越来越多在我国的 FDI 从效率寻求转向市场寻求，谋求利用中国广阔的市场前景，寻找最佳的市场发展机会。长期以来，东部地区始终保持较高的发展水平，自然成为吸引 FDI 在东部集聚的重要因素，相比之下，西部地区落后的经济发展水平和较低的消费能力限制了市场规模的扩张，难以吸引市场导向型的 FDI。为进一步考察经济发展水平对 FDI 区位选择的地区差别影响，我们以三大地区虚拟变量与经济发展水平交互作用反映经济发展水平对 FDI 影响的地区差异（见表 5，Hausman 检验接受固定效应），结果显示经济发展水平对不同地区 FDI 有着显著差异，东部地区影响最大，估计系数为 2.285；中部地区次之，估计系数为 1.911；西部影响最小，系数为 1.332。由此可见，地区经济发展不平衡性，是导致外资流向不平衡的一个重要原因。

表 5　　　　　经济发展影响 FDI 地区差异估计结果（固定效应）

解释变量	系数	标准差	概率
GDP	2.2855（东部地区）	0.1669	0
	1.9117（中部地区）	0.1421	0
	1.3322（西部地区）	0.4909	0.007
CFDI	0.4527	0.0648	0
WAGE	−2.0448	0.4863	0
TER	2.4586	1.6502	0.137
OPE	0.4421	0.2975	0.138
POL	2.4333	0.3082	0
CON	5.8944	1.1199	0
F = 201.66			
Within − R^2 = 0.7192			

外商直接投资集聚效应与 FDI 表现出非常显著的正向关系，显示存量 FDI 对后续 FDI 投资具有非常明显的集聚效应，集聚效应的存在强化了 FDI 区域分布不平衡的格局。对于 FDI 集聚效应产生原因现有研究主要集中于规模经济和外部性上。但刘荣添和林峰（2005）认为随着我国利用外资规模扩大，受规模效应边际递减规律的制约，集聚效应对 FDI 的影响将逐渐弱化，对此不做探讨。本文试图利用经济地理学的理论对 FDI 外部性影响 FDI 区位分布作初步分析。根据新经济地理学的解释，由于受到地域分布连续空间过程的影响，许多区域经济现象在空间上具有自相关性，外商直接投资也是如此，如果不同地区间存在空间溢出效应，则区域差异和地理位置对 FDI 增长具有不可忽视的作用（Anselin，1988；Rey & Montouri，1999）。李国平和陈小玲（2007）指出我国各省份 FDI 的区位分布存在正向的空间相关性，即相邻地区吸引外资的增加能够带动本地区吸引更多的外商投资。简单起见，我们采用经典空间相关指数对 FDI 空间依赖性进行测度。表 6 列出了以邻接空间权矩阵为基础的 Moran I 指数计算值。[①]

表 6　　　　　1986～2009 年各省份 FDI Moran I 指数及统计检验值

年份	Moran I	Z	年份	Moran I	Z
1986	0.171	3.56	1998	0.282	3.894
1987	0.162	3.32	1999	0.284	4.039
1988	0.152	2.364	2000	0.275	3.872
1989	0.214	3.606	2001	0.287	3.864
1990	0.197	4.467	2002	0.329	4.005
1991	0.246	4.649	2003	0.354	4.269
1992	0.299	4.233	2004	0.452	4.984
1993	0.319	4.608	2005	0.458	5.084
1994	0.303	4.24	2006	0.437	4.953
1995	0.302	4.238	2007	0.428	4.918
1996	0.306	4.288	2008	0.38	4.437
1997	0.308	4.183	2009	0.401	4.322

----

① Moran I 指数具体计算公式见 Goodchild M. F.，"Spatial Autocorreltation"，*Norwhich*，*Gebooks*，1986.

外商直接投资区域差异的泰尔指数分解及其影响因素分析

表 6 显示 Moran I 指数的正态统计量 Z 值在所有年份均大于正态分布函数在 0.01 水平下的临界值 (1.96), 表明全国 29 个省份的 FDI 在空间分布上具有明显的正自相关关系。从变动趋势看,1986～1993 年空间自相关性一直呈加强的趋势,1994～2000 年这种自相关性有所减弱,但进入 21 世纪,空间自相关性再次呈现加强的趋势。计算结果表明 2001 年以来 Moran I 指数平均值为 0.39, 远高于 20 世纪 90 年代 0.28 的平均水平。这说明,与 20 世纪 90 年代相比,进入 21 世纪以来 FDI 空间自相关性进一步加强了,具有更高 FDI 水平的省份其周边省份往往有较高的 FDI 水平,较低 FDI 水平的省份其周边省份 FDI 水平往往较低,即 FDI 在空间分布上表现出空间集群的特性,空间集群可能是影响 FDI 地区差异变化的不可忽视因素。

工资水平对 FDI 影响表现为显著负向效应,即工资水平越低,吸引 FDI 规模越大,这也支持了大多数的研究结论 (Cheng & Kwan, 2000; Belderbos & Carree, 2002)。事实上,低劳动力成本优势一直是我国吸引 FDI 的重要因素。这是因为长期以来,港澳台外资一直都是我国 FDI 的主要来源地,港台投资企业主要集中于服装、电子装配等劳动密集型行业,这些行业投资规模小,技术含量低,劳动力成本在很大程度上影响到港台企业的区位选择。改革开放之初,香港正处于经济转型之际,由于我国内地相对于香港劳动力成本十分低廉,因此,大量劳动密集型的加工装配业、制造业从香港转移到珠江三角洲及广东各地。但是随着改革深入,20 世纪 90 年代末期,欧美等发达国家的资本技术密集型跨国公司开始大量进入中国,劳动力成本对 FDI 区位选择影响开始发生微妙的变化。欧美企业一般投资规模较大,技术含量相对较高,对劳动者素质要求较高,这些企业高技能、高素质、高学历的员工比例较大,外企必须对这些员工支付较高的工资水平。徐康宁和王剑 (2002) 研究美国在华投资发现美国跨国公司更偏好高素质的科研人员和熟练劳动力,工资差距并非美国对华直接投资的决定因素。因此,中西部地区虽然拥有廉价的劳动力,但高素质劳动力匮乏,劳动力素质不能满足外企现代化生产的要求,难以对外资产生强烈的吸引力。这也是进入 21 世纪以来,虽然东部地区劳动力成本不断提升，但外资并未出现大规模西迁的重要原因。

第三产业占 GDP 比重与 FDI 之间呈现显著的正向相关关系，说明第三产业越发达、基础设施越完善的地区，对外资的吸引力也越大。同时我们注意到该变量的系数在所有解释变量中是最高的，说明反映基础设施状况的第三产业对 FDI 流动产生影响最大。具体来看，第三产业占 GDP 比重每增加 1 个百分点，FDI 增加 4.37 个百分点。基础设施对 FDI 影响主要体现在较高的基础设施水平能够降低交通运输成本，提高企业的经营效率，增加企业的投资收益，所以在其他条件相同的情况下，外资倾向于投资基础设施完善的地区。改革开放以来，东部地区在交通运输条件、通信设施、金融服务等方面奠定了良好的基础，满足了外资对投资区位选择的基本要求，从而吸引大量外资在东部投资。例如，欧美日在我国制造业投资向长三角地区集中，主要就是看中了这一带拥有的完善的基础设施和集聚经济状况。相比之下，中西部地处内陆，远离沿海，市场相对封闭，基础设施落后而且运输成本高昂，西部地区不具备东部地区拥有的优越的基础设施条件，从而在很大程度上成为制约西部地区引进外资的瓶颈因素。何和梁（1999）也认为落后的基础设施严重阻碍外资在内陆城市的投资。

市场开放度与 FDI 在统计上显著相关，说明市场开放度也是影响对我国 FDI 投资区位选择的重要变量之一。由于我国外商直接投资主要由来自香港和台湾地区从事服装、电子器材装配等劳动密集型产品生产加工企业构成，主要从事"两头在外"的产品组装加工贸易活动，① 这些产品在内地经过加工组装后，再将制成品转运世界市场出口。"两头在外"的加工贸易活动使得外商需要便利的交通运输条件和良好的与世界市场沟通的渠道，而东部沿海地区一直是我国对外联系的桥梁和纽带，这些地区开放度高，港口设施完善，交通便利，与国际市场联系紧密，能够满足外商获取国际市场信

---

① 即使进入 21 世纪，加工贸易仍占据我国对外贸易的半壁江山。2000～2008 年，除个别年份外，我国加工贸易比例仍稳定在 50% 左右，且其中大部分由我国香港、台湾的中小外资企业完成。

息和开展国际贸易的便利性要求，因此，东部开放的地区市场和进出口贸易的便利性适应了港台外商大进大出的国际化运作模式，从而在很大程度上使得东部省份成为 FDI 投资区位的首选。优惠外资政策对外商直接投资区位分布有着显著的影响力。改革开放之初，外资大规模在东部省份集聚，主要受益于我国从沿海到内陆逐步推进的对外开放政策，东部地区在时间上率先享受到了各项外资优惠政策，从而吸引大量外资涌入，也拉大了东部和中西部地区利用外资的差距。1986～1992 年我国东部地区实际利用外资占全国实际利用外资总额的比例高达 89.33%，中部为 6.78%，西部仅为 3.89%，东部与中西部地区差距约为 9 倍，而与西部差距达 23 倍。外资政策对东部地区的倾斜，不能不说是造成我国利用外资区域分布失衡的重要原因之一。值得注意的是，近年来随着我国对外开放深化，优惠的外资政策向中西部地区延伸，外资政策对 FDI 吸引力在逐渐弱化，金雪军等（2009）、闻媛（2005）也得出类似的结论。本文认为出现这一结果的原因与我国外资来源国结构变化不无关系。改革开放之初，我国利用外资主要来自港澳台劳动密集型的中小投资者，这些投资者对外资优惠政策更加敏感，吸引力也更大，因此，这些区域性的优惠政策在我国改革开放初期确实起到了吸引外资的作用。随着我国经济持续发展，20 世纪 90 年代末期，欧美一些资本密集型跨国公司开始快速进入中国市场，与港澳台企业相比，欧美的大型跨国公司更为看重的是中国国内市场，更注重对市场的占领和公司的长远发展，通过战略性投资和调整提升企业利润和竞争力水平，税收优惠政策不再那么有效，相反市场基本面因素才是这些外资企业最关心的，在区位选择上欧美跨国公司更倾向于投资基础设施完善、经济前景良好、市场化程度更高的东部地区。这也很好地说明了为什么 21 世纪我国实施西部大开发、中部崛起战略以来，外商在华直接投资并没有像人们所预计的那样借助我国西部大开发的政策优势，大步向西部挺进，相反，东部地区与中西部利用外资的绝对差异不但没有减少，反而逐年扩大。

参考文献

［1］贺灿飞、梁进社：《中国外商直接投资的区域差异及其变化》，载于《地理学报》，1999 年第 2 期。

［2］贺灿飞、梁进社、张华：《北京市外资制造企业的区位分析》，载于《地理学报》，2005 年第 1 期。

［3］贺灿飞、潘峰华、孙蕾：《中国制造业的地理集聚与形成机制》，载于《地理学报》，2007 年第 12 期。

［4］金雪军、金建培、卢佳：《中国 FDI 发展地区差异的收敛性分析》，载于《财贸经济》，2009 年第 1 期。

［5］李国平、陈小玲：《我国外商直接投资地区分布影响因素研究》，载于《当代经济科学》，2007 年第 5 期。

［6］林略：《外商在华直接投资的区域差异分析》，载于《经济体制改革》，2000 年第 4 期。

［7］刘荣添、林峰：《我国东、中、西部外商直接投资（FDI）区位差异因素的 Panel Data 分析》，载于《数量经济技术经济研究》，2005 年第 7 期。

［8］鲁明泓：《外国直接投资区域分布与中国投资环境评估》，载于《经济研究》，1997 年第 12 期。

［9］闻媛：《税收差别政策与外商直接投资——税收优惠政策调整对 FDI 影响分析》，载于《经济理论与经济管理》，2005 年第 11 期。

［10］徐康宁、王剑：《美国对华直接投资决定性因素分析（1983－2000）》，载于《中国社会科学》，2002 年第 5 期。

［11］Andrews, K., Morisset J., "The Effectiveness of Promotion Agencies at Attracting Foreign Direct Investment", Foreign Investment Advisory Service, http://rru. worldbank. org/Documents, PapersLinks/2545, 2004.

［12］Anselin L, *Spatial Econometrics: Methods and Models*, Kluwer Academic Publishers, Dordrecht, The Netherlands, 1988.

［13］Bagchi Sen S., Wheeler J. O., "A Spatial and Temporal Model of Foreign Direct Investment in the United States", *Economic Geography*, Vol. 65, 1989.

［14］Belderbos R., Carree Martin., "The Location of Japanese Investments in China: Agglomeration Effects, Keiretsu, and Firm Heterogeneity", *Journal of the Japanese And International Economies*, Vol. 16, 2002.

［15］Cheng L. K., Kwan Y. K., "What Are the Determinants of the Location of Foreign Direct Investment? The Chinese Experience", *Journal of International Economics*, Vol. 51, 2000.

［16］ Coughin C. , "Foreign Direct Investment in China: A Spatial Econometric Study", http: //research. stlouisfed. org/wp/1999/1999 – 001, 2000.

［17］ Fung K. C. , Siu A. , "Hard or Soft? Institutional Reforms and Infrastructures Spending as Determinants of Foreign Direct Investment in China", *The Japanese Economic Review*, Vol. 56, 2005.

［18］ He C. F. , Liang J. S. , "Changing Patterns of FDI in China and Location Distribution", *Geography*, Vol. 54, 2005.

［19］ Rey S. J. , Montouri B. D. , "US Regional Income Convergence: A Spatial Econometric Perspective", *Regional Studies*, Vol. 33, 1999.

外商直接投资区域差异及影响因素的比较研究[*]

改革开放以来，外商在华直接投资实现跨越式发展，同时外商直接投资的地区差异问题也日益突出。根据国家统计局公布的数据测算，全国外商直接投资中85%的外资集中于东部沿海省份，投资于中西部地区的外资不足15%，其中投资西部地区的外资更是微乎其微。与此同时，随着我国外商直接投资规模进一步扩大，关于调整外资战略，优化外资结构，提升利用外资质量的问题引起各界广泛关注。"十一五"时期国家明确提出利用外资注重从数量型向质量型的转变，进一步提升外资质量成为下一步我国引资战略关注的重点问题。那么目前我国利用外资质量如何？除了存在较大的数量差异，区域间 FDI 质量差异究竟有多大？在实现外资快速增长的同时如何进一步提高利用外资质量？这些问题都成为我们不得不面对的现实。本文利用我国地级城市 FDI 数据，将 FDI 区域差异分为数量差异和质量差异，尝试从数量和质量两方面对上述问题进行定量分析，为我国城市制定差异化引资战略，优化利用外资结构和方式，提升利用外资质量和规模，提供理论证据。

一、文献综述

FDI 地区差异问题很早就引起国内外有关学者的关注。他们从不同角度分

---

* 本文原载于《统计研究》2012 年第 3 期。共同作者：陈相森。

析我国 FDI 区域差异的演化过程。鲁明泓（1997）利用 1988～1995 年 29 个省份面板数据，分析了影响省级 FDI 数量差异的因素。其中，地区生产总值、第三产业产值比重、城镇人口比重、特殊经济政策优惠程度和地区经济外向度与各地区的 FDI 呈正相关，而地区劳动力成本和国有工业产值比重与外商投资呈负相关。贺灿飞和梁进社（1999）分析影响 FDI 投资区域分布的因素，包括 FDI 规模、区域市场容量和开放程度、经济发展水平、劳动力成本、基础设施等，认为上述因素影响外资在我国投资区域选择和地区间 FDI 数量差异。金雪军（2009）利用收敛分析法，考察 1986～2004 年全国 FDI 地区差异的现状与成因，认为地区间 FDI 数量差异总体呈收敛的趋势并表现出俱乐部趋同现象，进一步指出区域经济增长不平衡、空间依赖性、地区内部的环境、优惠政策等是影响 FDI 在华区位分布的主要因素。

除对 FDI 数量差异研究外，近年来 FDI 研究的重点由量的因素扩展到质的因素，更多学者开始关注 FDI 质量问题。库玛尔（Kumar，2002）认为高质量的 FDI 对东道国技术、出口、产业结构、R&D、企业管理知识等方面具有积极的促进影响。巴克利等（Buckley et al. ，2004）从项目平均规模、劳动密集型产业向资本密集型产业转移、FDI 企业与本地企业前后向关联角度肯定了中国在 1995～2001 年利用 FDI 的质量。傅元海（2008）从利用外资质量和引资质量两个方面，考察我国利用外资质量状况，认为我国利用 FDI 是数量型而非质量型。汪春和杨晓优（2011）利用因子分析法考察我国 1995～2008 年 FDI 质量状况，发现总体上我国利用 FDI 质量呈先升后降的态势。因子分析表明一般因子和制度因子对利用 FDI 质量的作用较大，但是随着时间推移其作用在下降；科技管理因子和经济质量因子对利用 FDI 质量的作用不断增大。

尽管 FDI 区域差异问题引起了有关学者的关注，但目前的研究成果主要集中于数量差异上。然而我们认为外商直接投资的区域差异不仅表现在数量上而且体现在内在质量上。事实上，由于 FDI 的来源地不同，其技术含量（质量）也有所差异，而且 FDI 在东道国不同的市场导向以及创新活动，与当地经济部门有千丝万缕的联系，从而表现出质量上的差异。众多研究把所有

FDI 项目视为同质的，对于东道国具有同等的重要性，忽视 FDI 质量差异，这是现有文献的重要不足之处。另外，既有文献对外商直接投资的数量差异的描述（刘荣添，2005；黄强胤，2006；胥丽娜，2009）主要基于省级 FDI 数据，研究的是省际 FDI 差距，对于地市或县级小尺度更微观层面的研究较少。虽然省级层面的研究有助于我们在宏观上认识 FDI 空间分布差异，但我国地域辽阔，不同地区资源禀赋、历史条件、经济发展水平差异巨大，即使在同一省份内部 FDI 的分布也有显著差别。基于省级尺度的研究，由于其本身尺度相差悬殊，以此为基础得出的研究结论事实上很难满足我国地区差异化外资政策制定所需要的空间粒度要求（文余源，2008）。因此，有必要将研究尺度从省级层面延伸到城市级层面。本文在前人研究基础上，利用我国 206 个地级城市（包括北京、天津、上海、重庆）1983～2008 年的 FDI 数据，从数量和质量两个方面对比探究我国 FDI 区域差异现状及其影响因素，以弥补现有文献的不足。

本文的特点在于：（1）针对我国 FDI 区域差异不断扩大的事实，提出将 FDI 差异区分为数量差异和质量差异，同时考察 FDI 数量差异和质量差异的变动趋势及其影响因素；（2）以我国地级城市为研究对象，分析 FDI 数量差异和质量差异变动与影响因素。由于城市的地域尺度、空间范围相对于省级而言其差异较小，更加接近 FDI 微观区位选择尺度要求，所得结论会有更加明确的意义。

二、统计描述

本文将外商在华直接投资区域差异分为数量差异和质量差异，以下将分别考察样本城市 FDI 差异变动的事实。本文地级城市数据来源于《中国城市统计年鉴》，考察样本期间为 1993～2009 年。选择 1993 年为研究起点，主要是因为 1993 年后随着市场经济体制的逐步建立，我国利用外资无论从数量上还是质量上都发生了显著变化，以 1993 年为研究起点具有实际的现实意义。

基于统计数据的可得性，最终我们选择 206 个地级城市作为样本城市。206 个地级城市分布于全国除西藏外的 30 个省（区、市），其中东部城市 94 个，中部城市 84 个，西部 28 个，利用外资占同期地级城市利用外资总额的比例各年份均在 90% 以上。因此，无论是 FDI 区域分布还是外资规模，206 个地级城市能够充分反映我国城市 FDI 分布的基本事实。

1. 外商在华直接投资区位分布数量差异

数量差异是外商直接投资地区差异的最直观表现。1993～2008 年地级城市 FDI 数量差异的描述性统计如表 1 所示。

表 1　　　　　　　　地级城市 FDI 数量差距的描述性统计

年份	均值	标准差	90%/ 10%分位	年份	均值	标准差	90%/ 10%分位
1993	11153.94	18973.76	66.91	2001	16890.13	32943.92	88.42
1994	13357.04	23698.17	99.52	2002	20092.10	36712.79	69.65
1995	12086.43	21071.21	86.06	2003	27259.85	46949.09	80.35
1996	14218.91	23413.49	92.66	2004	28542.68	48889.61	76.79
1997	14258.21	23971.78	126.94	2005	30202.58	51817.38	79.61
1998	15585.73	26506.32	120.98	2006	35660.67	59066.91	50.93
1999	14888.52	26317.14	108.15	2007	42502.64	67466.44	42.73
2000	14442.33	25124.19	99.50	2008	50565.77	77131.36	34.53

从统计数据看出，1993～2008 年 206 个地级城市利用 FDI 数量呈逐年增加的趋势，尤其是进入 21 世纪，外商直接投资增长迅速，年均增速达到 16.9%。但不同城市间 FDI 差异巨大而且具有阶段性特征。2000 年以前城市间 FDI 差异远高于 2000 年之后，其中 1997 年外商直接投资差异达到高峰值，90% 分位城市的 FDI 均值是 10% 分位的 126 倍，随后这种差异开始递减下降，2008 年达到最低值。进一步，从 FDI 标准差看，研究期间内地级城市 FDI 标准差均大于均值，表明城市 FDI 差异波动较大，但是标准差与均值之比表现的变异系数却是波动下降的，这与我们以分位数衡量的 FDI 数量差异的结论是一致的。

2. 外商直接投资的质量差异

外商直接投资质量衡量是一个复杂的问题,国内外学术界对 FDI 质量内涵进行系统研究的较少。根据上文关于 FDI 质量文献讨论看出,FDI 质量包含 FDI 的各个方面,既有 FDI 规模、FDI 数量和 FDI 层次的扩展,又有 FDI 结构、技术、功能的改善,基于 FDI 质量衡量的复杂性,本文无意构建全面的 FDI 质量评价体系,结合数据可获得性,本文以项目平均规模和外资业绩指数来衡量外资质量差异。虽然这些指标无法反映城市间 FDI 质量差异的全貌,但它为我们理解 FDI 质量差异提供了量化分析的方法。一般而言,外资投资项目越大,技术含量就越高,对当地经济发展、就业水平、上下游产业的带动作用就越明显,因此以外资项目平均规模衡量 FDI 质量具有现实意义,我们以样本城市实际利用外资规模除以合同数表示。对于业绩指数,我们根据联合国外资业绩指数,构造地级城市利用 FDI 业绩指数,计算公式如下:

$$FDI 业绩指数 = (FDI_{it}/FDI_t)/(GDP_{it}/GDP_t) \qquad (1)$$

其中,FDI_{it} 表示 i 城市 t 年利用 FDI 流量,FDI_t 表示 t 年全国吸引 FDI 总量;GDP_{it} 表示 i 城市 t 年的国内生产总值;GDP_t 表示 t 年全国 GDP 总量。若指数小于 1,表示该地区利用的 FDI 与全国 FDI 总量之比较其 GDP 所占规模小,即利用效果差,相反就是利用效果好。利用上述公式测得地级城市利用 FDI 质量差异的描述统计如下(见表 2)。

表 2　　　　　　　　地级城市 FDI 质量差距的描述性统计

年份	项目平均规模			年份	项目平均规模		
	均值	标准差	90%/10%分位		均值	标准差	90%/10%分位
1993	95.65	51.38	3.80	2001	250.59	167.60	5.27
1994	115.71	72.77	5.75	2002	300.26	201.36	4.53
1995	165.20	121.31	8.36	2003	343.57	184.32	4.44
1996	224.18	165.75	7.68	2004	361.83	169.72	3.62
1997	170.01	129.28	8.90	2005	432.14	239.29	4.09
1998	183.56	148.57	7.19	2006	476.78	251.79	3.74
1999	208.29	150.33	7.91	2007	708.55	436.24	4.60
2000	197.84	133.35	6.54	2008	804.96	624.05	7.65

年份	外资利用绩效			年份	外资利用绩效		
	均值	标准差	90%/10%分位		均值	标准差	90%/10%分位
1993	0.68	0.87	19.91	2001	0.50	0.53	19.44
1994	0.54	0.59	22.26	2002	0.52	0.52	17.11
1995	0.55	0.60	20.34	2003	0.57	0.54	17.82
1996	0.50	0.53	16.18	2004	0.58	0.52	16.02
1997	0.54	0.62	34.40	2005	0.59	0.54	15.69
1998	0.50	0.55	30.44	2006	0.61	0.51	10.11
1999	0.52	0.57	20.39	2007	0.64	0.50	8.60
2000	0.54	0.58	18.31	2008	0.65	0.49	8.50

表 2 统计特征表明，无论以项目平均规模还是利用外资业绩指数衡量的 FDI 质量差距都具有明显的阶段性特征，2000 年以前，城市间 FDI 质量差异逐渐增大，2000 年以后质量差异呈加快下降趋势，整个样本期间 FDI 质量差异是逐渐下降的，而且相对于数量差异，城市间 FDI 质量差异小得多。比较 90%/10% 分位值发现，FDI 数量差距远高于项目平均规模和业绩指数衡量的质量差距，其中 FDI 数量差异最大，其次是业绩指数差异，项目平均规模的差异最小。但是考察 FDI 质量发现，整个样本期内 FDI 质量表现出渐进上升的趋势。特别是项目平均规模上升尤其显著，1993 年外资项目平均规模为 95 万美元，2000 年上升到 200 万美元，到 2008 年数飙升至 800 万美元的水平，15 年间 FDI 项目规模增长了 8 倍。相对于项目平均规模，外资业绩指数的变动幅度较小，2008 年外资业绩指数甚至低于 1993 年水平，相对于 2000 年仅上升 30%，而且外资业绩指数的统计均值多年均小于 1，说明当前我国地级城市整体利用外资规模相对于 GDP 要小得多，利用外资的效果较差。

三、实证分析

1. 面板模型设定和变量说明

我国幅员辽阔，不同城市利用外资在规模和质量方面差异较大，为进一步考察 FDI 在数量和质量差异上的影响因素，根据 FDI 理论和实证研究文献，构造如下两类计量模型：

$$\ln FDI_{it} = \alpha_i + \beta_1 \ln PGDP_{it} + \beta_2 \ln FDI_{it-1} + \beta_3 \ln WAGE_{it} + \beta_4 TERA_{it} + \beta_5 INVE_{it}$$
$$+ \beta_6 WTO + \varepsilon_{it} \tag{2}$$

$$\ln NFD_{it} = \alpha_i + \beta_1 \ln PGDP_{it} + \beta_2 \ln NFD_{it-1} + \beta_3 \ln WAGE_{it}$$
$$+ \beta_4 TERA_{it} + \beta_5 INVE_{it} + \beta_6 WTO + \varepsilon_{it} \tag{3}$$

其中，下标 i 为城市（$i=1,\cdots,206$），t 为年份（$t=1993,\cdots,2008$），α_i 为截距项，表示地级城市的个体差异，$\beta_i(i \geqslant 1)$ 为变量系数，ε_{it} 为随机误差项。

计量模型中各变量的含义如下：

被解释变量分为两类：第一类代表各地级城市实际利用外商直接投资金额，以 FDI 表示，用以反映各地级城市利用外资规模差异；第二类代表各地级城市实际利用外商直接投资项目平均规模和外资绩效，以 NFD 表示，用以反映城市间利用外资的质量差异，两类变量均取对数。

解释变量的含义分别是：$PGDP$ 表示城市经济发展水平，在一定程度上反映当地市场容量。我们以地级市消除通胀因素的实际人均国内生产总值表示（单位：元）。$WAGE$ 反映各城市的劳动力成本水平，以城市人均工资表示（单位：元）。$TERA$ 代表地级市的城市化水平，以城市第三产业产值占 GDP 的比重表示；$INVE$ 反映基础设施投资对 FDI 区位选择的影响，以各城市固定资产投资占当年 GDP 比重表示。以上变量均取对数。WTO 属于虚拟变量，反映入世后我国外部制度的变化对 FDI 区域差异的影响，2000 年以前取值为 0，2000 年以后取值为 1。本文数据来自中国城市统计年鉴。

2. 模型检验和计量结果分析

由于解释变量中存在因变量的一阶滞后项，使得解释变量和随机扰动项可能相关，产生内生性问题，这会导致估计结果发生偏差，从而使得根据估计参数进行的统计推断无效。为此，阿雷拉诺和博韦尔（1995）提出采用广义矩估计（GMM）解决这一问题。本文采用系统 GMM 估计方法解决这一问题。系统 GMM 估计是对差分 GMM 估计的改进，好处在于通过使用工具变量来控制未观察到的时间和个体效应，而且使用前期的解释变量和滞后的被解释变量作为工具变量克服内生性问题。以下估计结果使用 Stata11 中 Xtabond2 命令进行估计。表 3 报告了以外商直接投资数量差异和质量差异为因变量的 GMM 估计结果，从表 3 的检验统计量看，Sargan 检验结果说明工具变量是有效的，即工具变量与误差项不相关，AR（2）的检验说明一阶差分后的残差不存在二阶自相关，说明模型设定是合理的。

表 3　　以 FDI 数量差异和质量差异为因变量的 GMM 估计结果

解释变量	FDI 数量差异为因变量	FDI 质量差异为因变量	
	模型 1	模型 2	模型 3
$PGDP$	2.6087 ** (1.0589)	2.2769 ** (1.0252)	0.9190 (1.1262)
FDI_{it-1}	0.7600 * (0.1484)		
NFD_{it-1}		0.5737 * (0.1563)	0.8717 * (0.1344)
$WAGE$	-2.9367 * (1.1113)	-2.1597 *** (1.1488)	-1.8638 *** (1.0593)
$INVE$	0.3098 (0.2299)	0.0150 (0.1732)	0.3505 ** (0.1647)
$TERA$	0.0563 * (0.0174)	0.0225 (0.0171)	0.0026 (0.0073)
WTO	0.2758 *** (0.1633)	0.4682 * (0.0441)	0.4194 ** (0.1828)
CON	-1.1384 (1.2471)	-0.5188 (1.4595)	4.0835 * (1.1271)
Arellano—Bond 检验 AR(1)	Z = -6.56 *	Z = -5.89 *	Z = -6.42 *
Arellano—Bond 检验 AR(2)	Z = 1.87	Z = 3.02	Z = 1.61
Sargan 检验 p 值	0.75	0.36	0.526
差分工具变量的外生性检验	不拒绝	不拒绝	不拒绝

注：①*、**、***分别代表在 10%、5%、1% 的水平上显著，括号内的数值代表标准差；模型 1、模型 2、模型 3 分别表示以 FDI 数量、项目平均规模和外资业绩指数为因变量的回归结果；变量的下角标 $it-1$ 表示滞后一期。

②Sargan 检验的零假设是过度识别是有效的，即工具变量是有效的。

③工具变量的外生性假设是工具变量是外生的。

具体来看，城市经济发展水平与外商直接投资规模表现出显著的正相关性，表明经济发展水平是影响 FDI 的重要因素，经济越发达的地区吸引外资的规模也越大，这与大多数的实证研究结论相一致（鲁明泓，1999；魏后凯，2001）。从回归系数看，人均 GDP 每增加 1 个百分点，外商直接投资增加 2.61 个百分点。经济发展水平对项目平均规模表现出显著的正向影响，对业绩指数影响虽未通过显著性检验，但其影响仍为正向，说明经济发展水平也是影响 FDI 质量的重要因素。总之，可以认为城市经济发展水平是影响我国地级城市利用 FDI 数量和质量的关键因素。

滞后一期的外商直接投资规模与 FDI 之间表现出非常显著的正向关系，相应系数估计值为 0.76，即前期 FDI 存量每增加 1% 会引起后续 FDI 增量投资增加 0.76%，证明我国城市间 FDI 分布具有明显的集聚效应，即 FDI 存量越大的城市，每年新增加的 FDI 投资额也越高，这也进一步支持了众多文献研究结论（李国平，2006）。同时反映外商投资质量的项目平均规模和业绩指数的滞后一期，均通过 1% 显著水平检验，相应系数估计值分别为 0.57 和 0.87 表明前期 FDI 项目平均规模和业绩指数有利于提升一个城市 FDI 质量水平，也就是说利用外资项目平均规模越大、外资绩效越高的城市，越有可能吸引到大型的外商直接投资项目，进而推动利用外资绩效的提升。对此，何（2003）给出的解释是前期外资存量的示范效应、信息溢出效应以及经验效应，使得 FDI 的产业流向可能受前期外资业绩的影响，从而引起外资产业内集聚。

工资水平变化与 FDI 规模之间呈显著的负向关系，表明较高的工资水平阻碍了地级城市吸引 FDI 能力，这一结论符合我国目前利用外资的产业结构现状。长期以来，我国 FDI 主要来源于港澳台地区。港澳台投资企业以中小企业为主，主要集中于服装、电子装配等劳动密集型行业，这些行业投资规模小，技术含量低，对劳动力成本变化较敏感，因此工资水平较低的地区对其吸引力往往更大，而我们发现地级城市通常工资水平较高，因此，较高的工资水平对港澳台劳动密集型企业吸引力相对有限，从而对 FDI 投资流向产生显著的抑制作用。工资水平对 FDI 质量的影响同样表现出显著负向效应，也就是说较高的工资水平不利于吸引到大型 FDI 投资项目，而且较高工资水平降低了城市利用外资绩效。主要原因在于目前我国利用外资仍处于以劳动密集型 FDI 为主的阶段，技术含量高、附加值高的外资项目难以成为我国利用外资的主流。但应看到，20 世纪 90 年代末期以来，随着欧美企业加快对我国直接投资的步伐，外商投资结构进一步优化，外资质量进一步提升，因此，工资水平提高可能会提升一个城市利用外资的质量。徐康宁和王剑（2002）研究美国在华投资发现美国跨国公司更偏好高素质的科研人员和熟练劳动力，高工资水平并非阻碍美国对华直接投资的决定因素，认为美国对华直接投资较多地集中在资金技术密集型行业，投资区域集中在如北京、上海、深圳等工资水平不断上涨的发达地区，之所以选择在这些地区投资，是因为其更为看重的是人才的供给、宽松的经济环境以及当地的经济发展水平，因此工资水平提高没有降低美国 FDI 对这些地区投资。为进一步揭示工资水平对 FDI 质量影响的动态演变特征，我们将 1993～2008 年的数据按每 7 年划分为一个时间段，划分为 9 个滚动时间段，考察工资水平对 FDI 质量影响的动态演变过程，系统 GMM 估计结果如表 4 所示。

表 4 　　　　　　　　1993～2008 年分时段 GMM 估计结果

时间段	项目平均规模	外资业绩指数
1993～2000 年	−1.5717 * (0.5654)	−1.0377 (0.6683)
1994～2001 年	0.4991 (0.607)	−1.1997 *** (0.6178)
1995～2002 年	1.4596 * (0.4271)	−0.7258 *** (0.4077)
1996～2003 年	1.9128 * (0.7399)	0.2944 (0.5945)
1997～2004 年	1.5727 *** (0.9146)	−0.0768 (0.8422)
1998～2005 年	1.9286 * (0.9208)	−0.3225 (0.8206)

时间段	项目平均规模	外资业绩指数
1999~2006 年	1.1389 ** (0.4808)	0.6947 (0.7367)
2000~2007 年	5.6910 ** (2.4921)	-1.1194 (1.1086)
2001~2008 年	2.2251 ** (1.0080)	-1.9485 * (0.5999)

注：①＊、＊＊、＊＊＊分别代表在10%、5%、1%水平上显著，括号内的数值代表标准差；②为节省篇幅仅给出工资水平（WAGE）的回归系数，其他变量的回归系数没有给出。

从表4估计结果发现，早期阶段工资水平确实阻碍了利用外资的项目平均规模，但20世纪90年代末期以来，工资水平提升不但没有阻碍反而显著提高了地级城市利用FDI项目平均规模，即工资水平越高的城市越有可能吸引到较大规模的外资项目，而且这种影响总体上呈上升的趋势。由此可以判断，随着我国利用外资结构优化，工资水平提升有利于提高我国利用外资的质量。但工资水平对于FDI业绩指数影响在统计上并不显著，而且表现出很大不稳定性。

反映基础设施变动的固定资产投资率显著影响利用外资的业绩指数，即固定资产投资越大，城市利用外资的绩效越好。具体系数估计值为0.35，固定资产投资率每提高1个百分点，利用外资绩效提升0.35个百分点。但固定资产投资率对于提升一个城市利用FDI规模和项目平均规模方面作用并不显著。其中原因有二：首先，改革开放以来，我国各地区加大对基础设施的投资力度，基础设施逐步完善，不同地区间基础设施差异越来越小；其次，随着我国利用外资结构优化，越来越多外资更加看重一个城市的经济发展潜力、人力资本水平、科技竞争能力等软实力，二者综合使得基础设施在城市引资竞争中的作用逐渐弱化。但固定资产投资推动了一个城市经济发展，增加了对FDI的吸引力，从而固定资产投资显著影响到FDI业绩指数。

第三产业比重与FDI数量规模呈显著的正向关系，说明第三产业发展有利于吸引更大规模外资，估计系数为0.06，即第三产业比重每提高1个百分点，利用外资规模会增加 0.06 个百分点。第三产业比重对于项目平均规模和外资业绩指数具有正向影响，但在统计上并不显著，说明第三产业发展水平在提升外资质量方面没有发挥积极的作用。究其原因，我们认为这与我国第三产业发展水平以及外商直接投资的产业分布有关。根据商务部的数据，改革开放以来，来华外商直接投资中大约 70% 流向第二产业，投向第三产业 FDI 比例约为 30%，且第三产业中以房地产业和社会服务业为主，对金融保险、科学研究、综合技术服务以及教育文化等较高层次的服务业部门，外商投资仍然很低。因为这些服务部门一般为资本密集型、技术和知识密集型产业，在我国发展水平较低，难以对外资产生有效的吸引力。显然第三产业发展水平严重滞后和外商直接投资价值取向的错位，使得第三产业发展在提升 FDI 质量方面难以发挥其应有的作用。

WTO 制度变化无论对于 FDI 投资数量还是投资质量均产生显著正向影响，而且从估计系数看，WTO 制度对于 FDI 质量的影响远高于对数量的影响，表明加入世贸组织对于提高我国利用外资规模，尤其外资质量方面具有更加积极的意义。根据估计结果测算，加入世贸组织后我国地级城市利用 FDI 规模增长 31.89%，项目平均规模增长 58.98%，利用外资业绩指数增长 52.33%。加入世贸组织后来华 FDI 迅猛增长印证了我们的结论。可见，WTO 制度变迁对于我国扩大利用外资规模和提升利用外资质量具有积极的作用。

四、基本结论和政策建议

本文利用全国 206 个地级城市 1993～2008 年的 FDI 数据，将 FDI 区域差异分为数量差异和质量差异进行对比考察，得出以下几点结论：（1）1993～2008 年我国地级城市利用 FDI 的数量和质量均有较大幅度的提高，但城市间 FDI 数量差异和质量差异却表现出缩小的趋势，表明城市间 FDI 非均衡事实得到明显改善。相比之下，城市间 FDI 数量差异远高于质量差异，说明我国城市 FDI 差异更多表现在数量上。（2）以 FDI 数量差异和质量差异为因变量，对比考察影响我国地级城市吸引 FDI 因素发现：城市经济发展水平对 FDI 数量规模和项目平均规模具有显著的正向促进效应，但对 FDI 业绩指数的影响不显著；滞后因变量对 FDI 规模和质量均有显著的正向影响；工资水平对 FDI 数量和质量差异均呈显著负向影响，这与我国利用外资的结构有很大关系。但分时段回归发现，随着时间推移，工资水平对 FDI 项目规模具有显著的促进作用，即工资水平越高的城市利用外资的项目规模也越大；基础设施投资对外商直接投资的规模和质量产生正向影响，但仅对利用外资业绩指数影响在统计上表现出显著性；第三产业比重显著影响 FDI 数量规模，但对质量影响未表现出统计上的显著性；WTO 制度变化对 FDI 投资规模和投资质量均产生显著正向影响。

当前我国利用外资正处于从数量型向质量型转变的关键时期，如何在扩大引资规模的同时，进一步提升外资质量成为我们关注的焦点。根据本文研究结论，提出以下建议：第一，加快推动城市经济协调发展，是缩小城市 FDI 区域差异的关键因素。只有城市自身经济水平不断发展，外商直接投资规模才能不断扩大，外资层次才能不断提高，最终实现外资数量和质量的双提升。第二，发挥 FDI 的集聚效应，努力提高利用外资的规模和质量，为进一步提高引资规模和质量创造良好的示范带动效应。第三，不断推动第三产业的发展，尤其是技术知识密集的高端服务业发展。高端服务业在技术、信息、管理和营销知识方面具有显著优势，对本土服务企业溢出效应较大，而且发展高端服务业符合全球 FDI 产业流向，能够增加对外资的吸引力，这样有利于改善利用外资结构和利用外资的质量。第四，按照 WTO 承诺，继续调整利用外资政策，使利用外资政策更加符合项目的吸引力，是进一步提升外资数量和质量的制度保证。

最后需要说明的是，本文对我国城市 FDI 数量和质量差异进行尝试性探讨，但由于数据的局限，对 FDI 质量的定义仅限于经济含义，忽视环境和社会维度的考察，而从环境和社会纬度考察，更能全面反映我国利用外资质量现状，这也是后续研究需要进一步关注的问题。

参考文献

［1］傅元海：《我国引进 FDI 质量的实证研究》，载于《统计研究》，2008 年第 10 期。

［2］葛顺奇：《中国利用外资的业绩和潜力评析》，载于《世界经济》，2003 年第 6 期。

［3］贺灿飞、梁进社：《中国区域经济差异的时空变化：市场化、全球化与城市化》，载于《管理世界》，2004 年第 8 期。

［4］金雪军、金建培：《中国 FDI 发展地区差异的收敛性分析》，载于《财贸经济》，2009 年第 1 期。

［5］鲁明泓：《外国直接投资区域分布于中国投资环境评估》，载于《经济研究》，1997 年第 12 期。

［6］汪春、杨晓尤：《我国 1995－2008 年利用 FDI 质量的评估——基于因子分析法的研究》，载于《江西财经大学学报》，2011 年第 1 期。

［7］徐康宁、王剑：《美国对华直接投资决定性因素分析（1983－2000）》，载于《中国社会科学》，2002 年第 5 期。

［8］Buckley P. J. et al. , "The Relationship between Inward FDI and the Performance of Domestically－Owned Chinese Manufacturing Industry", *The Multinational Business Reviews*, Vol. 12, 2004.

［9］Klaus E. Meyer. , "Foreign Investment Strategies and Sub－National Institutions in Emerging Markets: Evidence from Vietnam. Forthcoming", *Journal of Management Studies*, 2000.

［10］Nagesh Kumar. , *Globalization and the Quality of Foreign Direct Investment.* Oxford University Press, 2002.

开放创新与跨国资本流动技术扩散的
门槛效应研究[*]

一、问题提出

自 20 世纪 80 年代以来，中国始终致力于通过大规模引进和吸收跨国资本来促进内资企业的技术进步。根据联合国贸易和发展会议发布的《全球投资趋势监测报告》，中国 2014 年吸收外资规模达 1196 亿美元（不含银行、证券、保险领域），同比增长 1.7%，外资流入量首次超过美国成为全球第一。在外资快速进入中国市场的同时，理论界一直存在热点争议：中国内资企业的技术水平是否因为 FDI 的涌入得以提高？围绕这一问题，学者们进行了大量的理论和实证研究。

学者们以往针对外资企业技术外溢与技术转移的研究取得了丰硕的成果，但较少关注企业创新模式本身变化可能带来的影响。思考这一问题的一个重要背景是：直到 20 世纪 90 年代，基于资源基础论构建的封闭式创新模式依然盛行于世界各国企业。跨国公司把自身内部的技术研发部门视为唯一的技术来源。在跨国公司眼中，相对落后的发展中国家是对知识产权保护毫无认识的"技术荒原"，仅能承接劳动密集型产业和处于生命周期末端的成熟技术。

* 本文原载于《经济与管理研究》2018 年第 10 期。共同作者：郑飞虎、谷均怡。

在发展中国家内部，本土的领先企业通常也效法跨国公司，将封闭式创新视为维持自身技术实力的关键，致使区域内优质的技术资源得不到交流。而自20世纪末21世纪初以来，"开放创新"（open innovation）这一模式兴起并逐渐取代封闭式创新的地位。跨国公司逐步认识到技术全球化给自身带来的挑战，并积极寻求与发展中国家优质技术资源的合作。发展中国家内资企业在跨国公司的影响下也逐步融入这一创新模式，内外资掌控的技术资源出现了积极融合的新趋势。

如果忽视了前述微观环境演变带来企业创新模式的变化，就难以针对FDI对内资企业技术进步效应进行深入评估；尤其在当下中国对外投资流量超越外资流入的背景下，很可能无法有效地判断现行FDI引进模式在未来经济建设中可能发挥的完整作用。此外，2006年中国政府提出了发展"创新型国家"的新战略，这一宏观创新政策的实施对于微观创新环境产生了怎样的效果，进而对FDI技术扩散效应影响如何也是理论界非常关心的问题。本文旨在将开放创新模式引进FDI研究领域：一方面，为国内学者后续探讨中国FDI问题提供一个新的研究视角；另一方面也试图进一步拓展开放创新理论的适用范围。

本文的结构安排如下：第一部分介绍了研究背景；第二部分将针对性地回顾国际范围内开放创新理论的研究成果，构建开放创新模式与FDI技术扩散效应的理论联系框架，并提出本文的研究假设；第三部分进行实证分析，利用汉森（Hansen，1999）提出的静态面板门限回归方法对本文提出的假设进行检验；第四部分分析实证研究的结果；第五部分为研究结论与建议。

二、理论回顾与假设提出

一般来讲，FDI促进东道国内资企业技术进步的作用可以归结为技术外溢（technology spillover）和技术转移（technology transfer）两个途径。依据凯夫斯（Caves，1974）的定义，技术外溢是指企业应用了来自外部的知识而无须支付对价的行为。技术转移虽然缺少明确的定义，但依据经典研究可知，技术转移是对外直接投资的替代手段。当 FDI 无法开展时，跨国公司可以通过技术转移提高现有技术的边际收益。为便于阐述，本文将 FDI 的技术外溢效应和技术转移效应统称为 FDI 的技术扩散效应（technology distribution），以此概括 FDI 对内资企业技术进步的贡献途径，并在下文沿用这一称谓。

开放创新（open innovation）的概念源自切萨布鲁夫（Chesbrough，2003；2006）的研究，开放创新模式是指企业可以同时利用内部和外部有价值的知识来加快内部创新，并且利用外部的创新来拓展市场。开放创新模式最大的亮点在于鼓励知识和技术的主动转移（inside outbound）。这一新的创新模式不仅引起了理论界广泛的讨论，也对跨国公司的经营实践产生了深刻影响。开放创新模式可以从以下两方面对 FDI 的技术扩散效应产生影响。

第一，开放创新模式能够增强 FDI 的技术外溢效应，并对内资企业的吸收能力产生直接影响。科恩和利文索尔维斯（Cohen & Levinthal，1990）将吸收能力（absorptive capacity）定义为企业接近外部知识资源并进行学习和模仿的能力，认为正是吸收能力的差别决定了一些企业相比于另一些企业能够更好地从外部知识资源中获取收益，企业的吸收能力和企业自己的研发能力是紧密相关的，企业自身的自主创新能力越强，企业吸收外部知识资源的能力也越强。费和伯金肖（Fey & Birkinshaw，2005）进一步提出，在企业自主创新的过程中，内部创新成果和外部知识资源存在互补关系，当企业的创新活动需要来自不同领域的知识时，这一互补作用带来的收益尤为明显。卡佛洛斯（Kafouros，2008）的研究也显示，对外部知识资源的获取可以促进企业更好地利用来自内部的技术进行自主创新，从而提升自身的知识产出能力。在开放创新模式下，由于跨国公司对内部知识的外部运用持更为积极的态度，这样引进 FDI 的技术外溢效应将大大增强，内资企业在合作过程中通过对外部知识的吸收与消化，可以更好促进自身技术能力的提升。

第二，开放创新模式提高了技术转移的作用。新的创新模式会增加跨国公司向海外 FDI 机构转移 R&D 职能和先进技术的意愿，并鼓励 FDI 机构与东道国内资企业开展技术合作。杰夫等（Jaffe et al.，1993）、阿米德和科格特（Almeida & Kogut，1999）认为，技术的异质性和地理区域相关，特定行业内同一国家的不同企业有较强的技术相似性，这样的外部知识对企业技术水平的促进能力有限，因此企业应该更加积极地寻求获取本国以外的知识资源和技术成果。在此基础上，卡佛洛斯等（Kafouros et al.，2008）提出，外部知识资源的异质性会影响企业开放创新的效果，企业吸收的外部知识资源越有别于自身的技术体系，企业从中获得的收益就越大，形成的新技术也越具备更强的排他性和竞争力。洛维特等（Lovett et al.，2009）提出，随着知识创新的不断扩散，跨国公司原有的"母国至上"观点已经饱受质疑，作为东道国的发展中国家不再是"技术荒原"，而是充斥着异质性知识资源的储备池。荃和切萨布鲁夫（Quan & Chesborough，2010）的研究明确显示，随着知识全球化的发展和开放创新思维的强化，越来越多的跨国公司以 FDI 的形式在发展中国家建立 R&D 机构，而且这些机构正积极地参与母公司的全球市场创新活动。据此，提出假设 1。

假设 1：区域内企业对开放创新模式运用越多，FDI 机构对内资企业的技术扩散效应越强。

除了企业自身运用开放创新模式的影响，区域内创新结构也会影响 FDI 的技术扩散效应。爱茨科维茨（Etzkowitz，2008）将高校、产业和政府并列为促进技术进步的三大结构范畴，并在此基础上提出了国家创新模式的"三螺旋"（triple helix）理论。这一理论认为，在一个成功的创新体系中，高校必须发挥核心作用。相比于跨国公司的 FDI 机构，内资企业往往处于明显的技术劣势，而现有研究已经指出，较大的技术差距不利于内资企业获取 FDI 的技术外溢效应。内资企业之间创新边界的开放虽然可以促进吸收能力的提高，但是其提高程度受到全行业内资企业整体技术水平的限制。在这种情况下，区域内的各大院校可以作为内资企业重要的技术补充。相比于内资企业，高校在技术实力和科研能力上具备优势，如果高校能够积极参与到产业部门的开放创新活动中，有助于提升整个内资产业部门的自主创新能力，从而提高对 FDI 技术的吸收能力。据此，提出假设 2。

假设 2：高校参与区域开放创新的程度越高，FDI 机构对内资企业的技术扩散效应越强。

由于开放创新强调知识与技术的主动转移，这使得知识产权（IPR）保护问题受到学者的高度关注。荃和切萨布鲁夫（2010）针对在华跨国公司的研究指出，为避免给自身技术资源带来威胁，跨国公司倾向于采用内部的层级分隔机制（hierarchical segmentation）替代东道国不健全的知识产权保护制度。在这一机制下，跨国公司依然可能将国际领先的技术转移给在东道国设立的海外 R&D 分支机构，以此利用东道国廉价而优秀的人力资本，但是跨国公司较少参与和东道国内资企业相关的技术合作与技术交易（减少技术转移），更愿意通过独资经营的方式严密监管和控制自身的技术（防备技术外溢），从而使东道国内资企业难以从中获益。与此同时，跨国公司还可能将自身的核心技术研发活动拆分成彼此独立的模块，仅将适应东道国市场需求的独立技术模块转移给当地的 FDI 机构进行研究，其他核心模块依然保留在母公司内部。如此一来，即使东道国企业可以获取正常的技术外溢与技术转移，其得到的技术在缺少互补模块支持的前提下也无法有效应用，不能给自身的技术水平带来显著的提高。据此，提出假设 3。

假设 3：区域内技术市场健康程度越高，FDI 机构对内资企业的技术扩散效应越强。

为便于理解，图 1 直观给出了本文理论框架与研究假设的逻辑关系。[①]

第四篇 国际投资相关问题研究

开放创新与跨国资本流动技术扩散的门槛效应研究

---

① 开放创新这一术语与研发外包、技术外购、跨国搜寻等术语密切相关，其中心意思旨在表明企业通过将外部从事的探索活动与企业内部的研发活动相结合来拓展其创新过程的理念（Hsuan & Mahnke，2011）。上述定义较好描述了本文所研究的开放创新概念实质：即企业打开 R&D 边界开展双向探索活动，并通过公开技术市场开展交易。

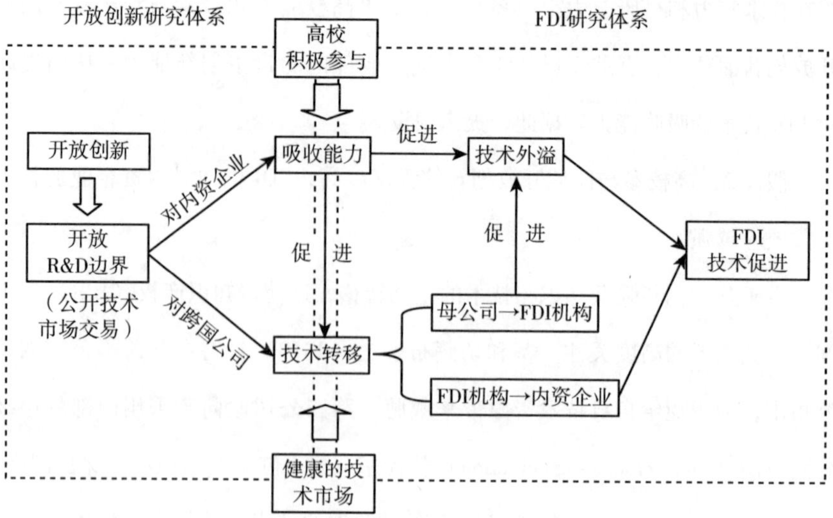

开放创新研究体系　　　　　　　　　　　　　　FDI研究体系

图1　研究假设与理论框架的逻辑关系

三、模型与变量分析

由于工业部门吸收 FDI 的规模较大，针对 FDI 的技术外溢和技术转移效应的相关研究也多集中于工业部门，本文选取 2006~2011 年中国 30 个省级区域工业部门的经济数据作为分析样本（因数据问题，不包括西藏）。选择上述年份，一则考虑与开放创新理论的相关成果建立联系。切萨布鲁夫（2010）指出，开放创新理论自 21 世纪初开始在经济实践中被接受，到 2005 年前后，世界上多数国家的企业已经将开放创新模式作为自身 R&D 活动的普遍形式，因此本文将研究的区间界定在 2006 年以后。二则与国内宏观制度环境保持一致。2006 年中国加入 WTO 保护过渡期结束，完整意义上与国际接轨成为开放常态；此外，这一年我国政府提出建设创新型国家战略，这两方面变化构成了研究开放创新模式非常适宜的背景环境。下文中首先依据现有理论构建本文的基础模型，并对基础模型中相关变量的选取进行阐述和测算。然后，引入汉森（1999）的理论，依据前文提出的假设构建门限回归模型，并解释不同门限变量的选取。

1. 基础模型构建与变量选取

参考费德（Feder，1982）经典研究的基本思路，可以将整个工业分为两大部门，即内资工业部门（N）和外资工业部门（F）。内资工业部门包括国有独资企业、国有控股企业和民营经济，外资工业部门包括外商独资企业、中外合资经营企业以及中外合作经营企业，此处将港澳台商的投资企业视为外资的一部分。本文主要关注的是内资工业部门的技术进步情况，因此，依据常用的柯布－道格拉斯（Cobb－Douglas）生产函数，描述内资工业部门的生产情况：

$$Y_{it}^N = A_{it}^N \times F(L_{it}^N, K_{it}^N) \tag{1}$$

式（1）中，i 表示区域，即不同的省级区域，t 表示年份。Y_{it}^N 代表 i 区域 t 年中内资工业部门的总产值，以此类推，L_{it}^N 代表内资工业部门为获得产值而投入的劳动要素，K_{it}^N 代表内资工业部门为获得产值而投入的资本要素，而独立于函数之外的 A_{it}^N 则反映了内资工业部门的生产技术水平。

在一个开放的经济环境中，内资工业部门技术水平的提升主要源自以下两方面：一方面，内资部门的工业企业自身有科研活动，企业投入的科研经费可以提升企业的自主创新能力。另一方面，内资工业部门的企业会受到外资企业的影响，在单位 FDI 的技术外溢和技术转移效果既定的情况下，区域内工业部门 FDI 的规模越大，内资企业获得的技术扩散就越多。由此，结合张宇（2008）的研究，可以用如下函数表示内资工业部门的技术水平：

$$A_{it}^N = \varphi(R\&D_{it}^N, FDI_{it}^F) \tag{2}$$

式（2）中，$\varphi(\cdot)$ 为一次奇函数，$R\&D_{it}^N$ 表示内资工业部门对自身科研活动的投入，FDI_{it}^F 表示区域内的外商直接投资额度，两者都对内资工业部门的技术水平起到促进作用。

技术水平本身无法直接观测，本文利用 DEA－Malmquist 指数法对内资部门的全要素生产率（TFP）进行分解，得出内资部门的技术进步指数，并以这一指标为基础，构建反映内资部门技术水平的变量。另外，式（2）中两个主要自变量对内资技术水平的影响程度还受到一系列其他因素的干扰，就这一问题国内学者也给予了比较充分的研究和探讨。在此基础上，对式（2）的函数进行一次线性化，可以得到如下的线性方程：

$$\ln TECH_{it}^N = \alpha + \beta_1 \ln R\&D_{it}^N + \beta_2 \ln FDI_{it}^F + \beta_3 \ln X_{it}^N + \mu_i + \varepsilon \qquad (3)$$

式（3）中，$TECH_{it}^N$是根据全要素生产率的分解指标构建的变量，反映了内资工业部门的技术水平，X_{it}^N代表影响内资工业部门技术水平的其他因素。μ_i表示了源自不同省份的固定效应。ε为其他未能明确考虑的因素产生的影响，属于模型的误差项。依据现有的实证研究，上式中其他因素X_{it}^N主要包括如下四个方面：人力资本存量（EDU）、外贸依存度（EXP）、基础设施建设水平（IT）和经济结构（SER）。通过对式（3）进行扩展，可以得到本文实证研究的基础模型，即：

$$\ln TECH_{it} = \alpha + \beta_1 \ln R\&D_{it} + \beta_2 \ln FDI_{it} + \beta_3 \ln EDU_{it}$$
$$+ \beta_4 \ln EXP_{it} + \beta_5 \ln IT_{it} + \beta_6 \ln SER_{it} + \mu_i + \varepsilon_{it} \qquad (4)$$

由于样本期间包括了2008年全球金融危机，而金融危机可能导致微观创新环境演变对跨国资本流入技术扩散效应的影响发生结构性变化，同时也可能引起金融市场对跨国资本流入技术扩散效应的认识发生改变。因此，本文在式（4）的基础上引入反映金融危机的虚拟变量（crisis）以及金融危机虚拟变量和FDI的交叉项（crisis × lnFDI），研究金融危机本身对跨国资本流入扩散效应的影响。本文将2008年以前视为危机前，金融危机虚拟变量为0，将2008年以后（包括2008年）视为危机期间，金融危机虚拟变量为1。回归模型如下：

$$\ln TECH_{it} = \alpha + \beta_1 \ln R\&D_{it} + \beta_2 \ln FDI_{it} + \beta_3 crisis_{it} \times \ln FDI_{it} + \beta_4 crisis_{it}$$
$$+ \beta_5 \ln EDU_{it} + \beta_6 \ln EXP_{it} + \beta_7 \ln IT_{it} + \beta_8 \ln SER_{it} + \mu_i + \varepsilon_{it} \qquad (5)$$

本文实证研究以内资工业部门的技术水平为被解释变量，通过使用DEA – Malmquist指数法分解内资工业部门的全要素生产率来构建相应的指标。继凯夫斯等（Caves et al.，1982）率先将 DEA‑Malmquist 指数法应用于全要素生产率测算之后，这一方法在国内外的相关研究中已经得到了广泛的认可。依据库玛尔（Kumar，2002）的研究，这一方法的优点主要体现在以下两方面：首先，通过这一方法可以对全要素生产率进行分解，从而为更加详细和精确地分析企业技术进步提供了可能；其次，这一方法在测算全要素生产率的过程中不受具体函数形式的限制，有效避免了因为函数形式设定不当而导致的偏差和错误。

为计算 Malmquist 指数，需要对决策单元的投入要素和产出要素进行界定，根据全要素生产率的定义，投入要素应该包括资本投入和劳动投入两种，而产出则是工业生产总值。另外，为提高计算的精准性，还应该考虑工业部门的中间品投入。因为当年的投资存在时滞，影响企业当年产出水平的资本投入主要是企业的资本存量。通过《中国工业经济统计年鉴（2005－2012）》可以获得各区域内资工业部门的固定资产年均余值，借鉴以往研究的做法，利用永续盘存法对数据进行调整，得到各区域当年的资本存量，具体调整方法如下：

$$K_t = (1 - \delta)K_{t-1} + I_t/P_t \tag{6}$$

式（6）中 K_t 表示时期 t 的资本存量，δ 为折旧率，参考以往研究选取 10%，I_t 为当年投资，即 ΔK_t。P_t 为时期 t 对应的固定资产形成价格指数，数据来自历年中国统计年鉴，经过调整后以 2004 年为基期。基期资本存量用 2004 年固定资产年末余值表示。对于中间品投入，因为缺乏私营部门的增加值数据，因此无法利用总产值减增加值的方法得到对中间品投入的估算。以往学者多用企业的流动资产总额表示中间品投入，虽然这一数据相对容易获取，但考虑到流动资产组成情况复杂，并非最优的替代指标。本文中，参考国家统计局统计条目的分类定义，用企业当年存货和产成品的差额表示中间品投入，同时利用设备工具购置价格指数进行平减，同样以 2004 年作为基期。

工业部门的劳动投入用当年从业人员平均人数表示，不同区域的产出用历年的工业总产值表示，二者数据均来自历年《中国工业经济统计年鉴（2005－2012）》。部分相关的研究以区域的工业增加值作为产出变量，黄阳华和夏良科（2013）以及沈能（2006）的研究已经指出了这一做法的弊端和错误，此处不再详述。

依据计算结果（见图2）可知，2006～2011年，中国各省级区域内资工业部门的全要素生产率都有提升，其主要动力来自企业技术水平的不断提高；与此同时，多数省级区域内资工业部门对现有技术的利用效率在不断恶化。这一结果与黄阳华和夏良科（2013）的结果基本一致。

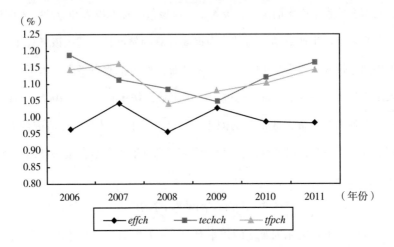

图2　2006～2011年全国全要素生产率和相关指标变动
注：*effch* 代表技术效率指数，大于1表示利用效率增强，*techch* 代表技术进步指数，大于1表示技术进步，*tfpch* 代表全要素生产率指数。

最后，因本文研究关注的是 FDI 对内资部门技术水平的扩散效应，而技术进步指数反映的是内资部门技术水平的变动率，因此需要对这一指标进行调整。具体做法是，以基期（此处为2005年）为准，用 t 年的技术进步指数乘以 $t-1$ 年的技术进步指数得到 t 年技术水平的表示，以此作为回归的因变量（*TECH*）。

结合国内外现有实证研究，本文共选取六个变量作为模型的解释变量，其中变量 *FDI* 是本文中门限回归的目标变量（见表1）。

表1	主要解释变量释义
变量	释义
R&D	以各省级区域内资范畴中规模以上工业企业的人均R&D经费支出表示，来源：中国科技统计年鉴和各地区的省统计年鉴
FDI	各省级区域当年实际利用外资的总量表示区域的外商投资水平，经换算与调整，来源：中国统计年鉴
EDU	各省级区域的人均受教育年限，来源：中国人口统计年鉴
EXP	各省级区域货物出口总额与地区生产总值的比重，来源：中国统计年鉴
IT	各省级区域每平方公里通信光缆长度，来源：中国统计年鉴
SER	各省级区域第三产业总产值占国内生产总值比重，来源：中国统计年鉴

2. 门限回归模型构建与门限变量选取

汉森（1999）指出，门限效应（threshold effect）是一种现实经济中普遍存在的情况。某一经济变量对另外一个变量的影响效果，可能受到其自身强度的影响。开放创新与封闭创新属于相对范畴的概念，切萨布鲁夫（2003；2006）指出，在同一时期同一区域内，这两种创新模式是并存的，即使在同一企业内部，也同时存在开放的创新活动和封闭的创新活动。在中国的任何一个区域内，这两种模式也是并存的，但是如果开放创新活动的数量很少，封闭创新模式依然占主要地位，那么开放创新的诸多益处就无法有效实现，内资企业接受FDI技术扩散的效果也会受到影响。相反，当开放创新活动在整个区域内所占的比重超过某一水平后，其相对于封闭创新的优势就能得到发挥，从而改善内资企业接受FDI机构技术外溢和技术转移的效果。门限效应反映了一个由量变到质变的过程，显然更加符合真实经济的运行情况。高等学校参与程度和技术市场健康程度同样是相对范畴的概念，也应该存在如上所述的门限影响特征。因此，本文提出的假设1至假设3在对FDI技术扩散作用产生影响时，都应存在门限效应。

汉森（1999）的研究提出了面板数据门限回归的思想和方法。对于有固定效应的面板数据，可以考虑将其依照某个门限变量 q 进行分类，从而构建如下的回归模型：

$$
\begin{cases}
Y_{it} = \beta_1 X_{it} + \mu_i + \varepsilon_{it}(q_{it} \leqslant \gamma) \\
Y_{it} = \beta_2 X_{it} + \mu_i + \varepsilon_{it}(q_{it} > \gamma)
\end{cases} \tag{7}
$$

式（7）中，q_{it} 为门限变量，γ 是需要进行估计的门限值，μ_i 表示不同单位的固定效应。在这一模型中，解释变量 X_{it} 不能包括被解释变量的滞后项，即必须采用静态模型。通过定义一个示性函数 $I(\cdot)$ 可以将式（7）简化为如下形式：

$$
Y_{it} = \beta_1 X_{it} \cdot I(q_{it} \leqslant \gamma) + \beta_2 X_{it} \cdot I(q_{it} > \gamma) + \mu_i + \varepsilon_{it} \tag{8}
$$

在短面板数据情况下，依据大样本渐进性展开，通过进一步定义

$$
\beta \equiv \begin{pmatrix} \beta_1 \\ \beta_2 \end{pmatrix} \text{ 和 } X_{it}(\gamma) \equiv \begin{pmatrix} X_{it} \cdot I(q_{it} \leqslant \gamma) \\ X_{it} \cdot I(q_{it} > \gamma) \end{pmatrix} \text{ 可以将式（8）简化，得到：}
$$

$$
Y_{it} = \beta X_{it}(\gamma) + \mu_i + \varepsilon_{it} \tag{9}
$$

对样本的第 i 个个体，将式（9）按时间求平均值，可以得到：

$$
\overline{Y_i} = \beta \overline{X_i}(\gamma) + \mu_i + \overline{\varepsilon_i} \tag{10}
$$

将式（9）和式（10）相减，得到：

$$
Y_{it} - \overline{Y_i} = \beta[X_{it}(\gamma) - \overline{X_i}(\gamma)] + (\varepsilon_{it} - \overline{\varepsilon_i}) \tag{11}
$$

对式（11），采用两步法估计。第一步是给定一个 γ 取值，对式（11）进行组内估计，得到相应的估计系数 $\hat{\beta}(\gamma)$ 和相应的残差平方和 $SSR(\gamma)$。第二步是寻找最合适的门限值。在面板数据中，门限值 γ 一共可以有 $N \times T$ 个可能的取值，筛选的标准是使得残差平方和最小。假定当门限值取 $\hat{\gamma}$ 时，回归的残差平方和 $SST(\hat{\gamma})$ 是所有 $SSR(\gamma)$ 中最小的，则可依据此 $\hat{\gamma}$ 对式（7）进行分组回归，即门限回归。

依据前文提出的研究假设，本文选取以下三个变量作为门限变量。

（1）区域创新开放程度（*OPEN*）。科技部对不同省级区域的技术市场交易有直接统计，但是技术交易额的绝对水平受到区域经济发展水平、区域面积等多方面因素的影响，难以精确地体现不同区域的创新开放程度。因此，本文用各省级区域技术市场交易额占当年总产值的比重表示不同区域的创新

开放程度，比例越高，说明这一区域内的企业更加积极地参与开放创新活动，更加符合开放创新理论的要求。

（2）高校参与程度（*SCHOPEN*）。根据切萨布鲁夫（2010）的研究，高等学校参与产业部门开放创新的方式不限于公开市场的技术交易。企业可以在高校投资设立研究所进行长期的技术合作，可以招募高校教师进入自己的研究队伍，同时高校也可以设立校办企业，从而进入产业部门内部的技术交易网络之中。在"三螺旋"理论中，衡量高校创新开放程度的指标是高校专利保有量和论文发表量的比重，因为专利可以通过多种渠道被产业部门利用，但是论文仅是学术成果（社会科学成果多数不能申请专利），不能对经济建设做出直接贡献。因此，一所高校越倾向于参与技术市场化活动，其对专利申请的重视程度就越高。本文直接采用高校当年专利授权量来衡量高校参与开放创新的程度，相关数据来自历年中国高等学校统计资料汇编。

（3）技术市场健康程度（*INFIP*）。侵犯知识产权的活动具有一定的隐蔽性，难以精确地进行统计，知识产权制度的健康程度也缺乏统一的量化标准。从数据的可获得性出发，本文用区域内立案的各种专利违法案件数量和当年区域内专利授权总量的比值表示区域技术市场的健康程度，这一指标可以反映相关企业的知识产权意识，有效减少了区域经济发展水平等因素带来的干扰。

四、实证结果及讨论

1. 基本回归结果

（1）基础模型。采用 2006～2011 年中国 30 个省级区域工业部门的面板数据，时间跨度 $T=6$，个体数量 $N=30$，属于小样本短面板数据。用固定效应模型和随机效应模型分别对基础模型即式（4）和式（5）进行回归，得到估计结果后，利用豪斯曼（Hausman）检验比较固定效应模型和随机效应模型的估计效果，以此确定汉森理论的适用性。表 2 给出了应用 Stata 15 软件计算的回归结果，其中模型（1）和模型（3）属于固定效应模型，模型（2）和模型（4）属于随机效应模型。

表 2 　　　　　　　　　　　　基础模型回归结果

变量	(1) 稳健固定效应	(2) 稳健随机效应	(3) 稳健固定效应	(4) 稳健随机效应
lnFDI	0.111 * (2.54)	−0.014 (−0.92)	0.009 (0.99)	−0.011 ** (−2.05)
$crisis$			−0.091 *** (−4.32)	−0.046 *** (−5.05)
ln$FDI \times crisis$			−0.011 * (−1.97)	−0.018 *** (−2.61)
ln$R\&D$	0.116 ** (3.15)	0.215 ** (3.05)	0.044 ** (2.12)	0.037 ** (2.26)
lnEDU	3.002 *** (9.72)	1.243 *** (6.75)	1.106 *** (9.02)	0.491 *** (5.45)
lnEXP	−0.074 * (−2.66)	−0.143 *** (−6.37)	−0.049 *** (−2.99)	−0.016 ** (−2.47)
lnIT	0.192 *** (4.54)	0.034 (1.01)	0.111 *** (5.12)	0.024 (0.43)
lnSER	−0.024 (−0.16)	−0.118 (−0.86)	−0.122 (−1.24)	−0.007 (−0.45)
常数项	−8.363 *** (−11.93)	−2.929 *** (−6.50)	−2.569 *** (−5.52)	−1.008 *** (−4.83)
豪斯曼检验	$F = 115.99$ *** (0.0000)		$F = 35.10$ *** (0.0003)	
N	180	180	240	240

注：括号内为 t 值，*、**、*** 分别表示在 10%、5%、1% 的水平上显著。

根据模型（1）和模型（2）的豪斯曼（Hausman）检验结果，本文采用固定效应模型。模型（1）的回归结果与国内学者的以往研究一致。外商投资对内资工业部门的技术水平存在正向的影响，而且其影响强度基本和内资工业部门自身 R&D 投入的影响强度相同，只是显著性水平比较低。对内资工业部门的技术水平影响最强的是区域的人力资本存量，无论是对于企业的自主创新能力还是对于企业的吸收能力，区域的人力资本都发挥着极为重要的作用，印证了以往研究得出的结论。出口依存度和内资工业部门的技术水平负相关，这凸显了中国低层次对外贸易造成的不利影响，生产加工型 FDI 的存在抑制了内资部门的技术进步。区域基础设施建设对内资工业部门的技术水平也存在显著的正影响，证实了互联网发展带来的促进作用。区域内第三产业的发展对内资工业部门的技术水平不存在显著的影响。通过对数据的进一步分析可以发现，区域内第三产业的发展存在两种效应：在有利于工业部门技术进步的同时还可能对工业部门产生挤占作用。北京、上海等经济发达的区域往往将第三产业作为经济支柱，导致其原有工业企业的生产部门逐渐向相邻的其他省份迁移，而相应的工业产出也被记入邻近地区的总产值中。变量 *SER* 的回归系数为负数，有可能受到这种挤占作用的影响更明显。

模型（3）和模型（4）的豪斯曼（Hausman）检验结果显示，在考虑金融危机的冲击后，本文仍采用固定效应模型。回归结果（表 2 模型（3））显示，即使考虑全球金融危机的影响，外商投资对内资工业部门的技术水平仍存在正向的影响，但不显著。此外，模型（3）还产生了两个新的结论：第一，金融危机本身对内资工业部门的技术水平的影响显著为负。本轮金融危机爆发后，内资工业部门的技术水平平均下降 0.091%；第二，金融危机虚拟变量和外商投资交互项的系数显著为负。这表明金融危机爆发后，外商投资对内资工业部门的技术水平的正向促进作用显著削弱。其原因可能是全球金融危机爆发后，微观创新环境和外商投资面临的监管环境日趋严格，跨国资本的流动减少且更为谨慎等。

（2）门限模型。针对模型（3），本文进行了门限回归分析。三个门限变量对 FDI 的影响如表 3 所示。

门限变量	变量名	回归系数(稳健标准差)	标准差	t	P
区域创新开放程度	ln*FDI*（弱开放组）	0.0751	0.0239	3.1417	0.0020
	ln*FDI*（强开放组）	0.6642	0.1273	5.2194	0.0000
	门限值	区域创新开放程度 = 0.0660			
	LM 检验	31.6923（0.0000）			
高校参与程度	ln*FDI*（弱开放组）	0.0436	0.0191	2.2900	0.0240
	ln*FDI*（强开放组）	0.0611	0.0199	3.0700	0.0030
	门限值	高校参与程度 = 26.0000			
	LM 检验	95.87（0.0000）			
技术市场健康程度	ln*FDI*（弱侵权组）	0.1107	0.0314	3.5282	0.0006
	ln*FDI*（强侵权组）	0.1039	0.0315	3.2983	0.0012
	门限值	技术市场健康程度 = 0.0022			
	LM 检验	4.5613（0.0267）			

表 3　　　　　　　　　　　　门限回归结果

注：括号内为 t 值，＊、＊＊、＊＊＊分别表示在 10%、5%、1% 的水平上显著。

由表 3 可知，区域开放创新程度、高等学校参与产业部门开放创新的积极性和区域技术市场健康程度对内资工业部门获取 *FDI* 的技术促进效应均具有显著的正向门限影响。区域开放程度的门限值水平为 6.6%，当区域内技术市场交易额占区域生产总值的比重小于 6.6% 时，样本为低开放组，反之则为高开放组。在低开放组中，变量 *FDI* 对内资工业部门技术水平的边际影响为 0.0751，而在高开放组中，变量 *FDI* 对内资工业部门技术水平的边际影响为 0.6642，两者相差将近 9 倍。LM 检验是汉森（1999）设计的以不存在门限效应为原假设的检验，用以检验门限回归是否适用于相应的数据分析。表 2 显示，可以在极高的显著性水平上拒绝 LM 检验的原假设，因此区域开放创新程度的门限影响特征是显著存在的。

高校参与产业部门开放创新程度的门限值水平为 26.00。在低开放组中，变量 *FDI* 对内资工业部门技术水平的边际影响为 0.0436，而在高开放组中，变量 *FDI* 对内资工业部门技术水平的边际影响为 0.0611，后者为前者的 1.4 倍。LM 检验的结果显示，在极高的显著性水平上，这一回归可以拒绝不存在门限效应的原假设。区域内知识产权受侵害程度的门限值水平为 0.224%。在高侵权组中，变量 *FDI* 对内资工业部门技术水平的边际影响为 0.1039，而在低侵权组中，变量 *FDI* 对内资工业部门技术水平的边际影响为 0.1107，后者略高于前者。LM 检验的结果显示，这一回归可以在较高的显著性水平上拒绝不存在门限效应的原假设，区域技术市场健康程度的门限影响特征是显著的。

实证分析显示，技术市场健康程度对内资工业部门获取 *FDI* 技术扩散效应的门限影响较弱，这一结果主要受到中国总体技术市场健康程度较低的影响。通过对变量的进一步分析可以发现，专利违法案件的数量和专利授权量之间有某种程度的正向联系，专利违法案件极少或者为 0 的样本，仅出现在西部的青海、新疆、广西等经济发展水平和技术水平相对落后的区域，而北京、上海、广东、浙江等东部地区的专利违法案则普遍较多。这一结构使得技术市场健康程度对 *FDI* 技术扩散效应存在"双向"的影响：一方面，在经济发达地区之间，技术市场健康程度的提高有利于增强 *FDI* 的技术扩散效应；另一方面，相比于经济发达地区，技术水平落后的中、西部欠发达地区拥有"更健康"的技术市场。这种"双向"影响削弱了技术市场健康程度的促进作用。

2. 稳健性检验

本文采用两种方法进行稳健性检验：首先，使用进口依存度替换出口依存度重新对原模型（模型（3））进行估计；其次，以 2012～2016 年中国 30 个省级区域工业部门的经济数据为样本单独进行面板分析。

（1）进口依存度。基于 2006～2011 年的面板数据，本文用进口依存度（*INP*）替代出口依存度（*EXP*）重新对模型（3）进行回归，具体结果如表 4 所示。

表 4   基础模型回归结果

变量	(1) 稳健固定效应	(2) 虚拟度量法	(3) 稳健随机效应	(4) 极大似然估计法
ln*FDI*	0. 112 *** (4. 910)	0. 003 (0. 450)	0. 015 (1. 380)	0. 018 (1. 450)
ln*R&D*	0. 009 *** (3. 590)	0. 073 (1. 510)	0. 142 ** (2. 310)	0. 155 ** (2. 360)
ln*EDU*	0. 364 (0. 840)	0. 297 * (1. 800)	0. 564 *** (2. 660)	0. 603 *** (2. 680)
ln*INP*	− 0. 001 * (− 1. 770)	− 0. 000 (− 1. 410)	− 0. 001 ** (− 1. 940)	− 0. 001 ** (− 2. 030)
ln*IT*	0. 282 ** (2. 280)	− 0. 006 (− 0. 320)	− 0. 020 (− 0. 720)	− 0. 023 (− 0. 790)
ln*SER*	0. 086 (0. 840)	0. 000 (0. 110)	0. 004 ** (2. 060)	0. 004 ** (2. 060)
常数项	− 1. 901 ** (− 2. 090)	1. 485 *** (4. 870)	1. 703 *** (4. 100)	1. 716 *** (3. 960)
豪斯曼检验	$F = 16.8800$ *** (0. 0097)			
N	180	180	180	180

注: 括号内为 t 值, * 、** 、*** 分别表示在 10% 、5% 、1% 的水平上显著。

根据豪斯曼检验结果, 本文采用固定效应模型, 即表 4 中模型 (1)。模型 (1) 的回归结果与表 2 中的模型 (1) 基本相同, 外商投资、内资工业部门自身 R&D 投入和区域基础设施建设对内资工业部门的技术水平均存在正向的影响; 进口依存度和内资工业部门的技术水平仍为负相关关系, 再次印证了对中国低层次对外贸易造成的不利影响; 区域内第三产业的发展对内资工业部门的技术水平不存在显著的影响, 说明表 2 中的固定效应模型 (1) 是稳健的。

(2) 基于 2012 ~ 2016 年数据。2011 年以后, 中国规模以上工业企业统计起点标准由主营业务收入 500 万元提高到 2000 万元。标准提高以后, 2000 万元以下的工业企业纳入季度规模以下工业企业抽样调查。基于此, 本文不能对 2006~2016 年的数据直接进行回归。由于工业企业的统计口径发生变化，2012 年及以后的数据均来自各省统计年鉴，所有数据均为规模以上工业企业的数据。在计算 2012~2016 年各省的技术进步指数时，基期资本存量用 2011年固定资产年末余额表示，且在处理变量时所用的所有价格指数均以 2011 年为基期（回归结果见表 5）。

表5

基础模型回归结果

变量	（1）	（2）	（3）	（4）
	稳健固定效应	虚拟度量法	稳健随机效应	极大似然估计法
lnFDI	0.118 *** （5.100）	0.005 （0.690）	0.018 * （1.720）	0.023 * （1.830）
ln$R\&D$	0.067 （0.630）	0.087 * （1.840）	0.151 ** （2.500）	0.163 ** （2.550）
lnEDU	0.327 （0.750）	0.319 ** （2.100）	0.575 *** （2.760）	0.622 *** （2.790）
lnEXP	0.001 （0.340）	−0.001 （−1.500）	−0.002 ** （−2.040）	−0.003 ** （−2.090）
lnIT	0.274 ** （2.170）	0.002 （0.110）	−0.002 （−0.090）	−0.006 （−0.180）
lnSER	0.009 *** （3.560）	0.000 （0.020）	0.003 * （1.910）	0.004 ** （2.090）
常数项	−1.900 ** （−1.990）	1.448 *** （4.260）	1.625 *** （3.970）	1.639 *** （3.730）
豪斯曼检验	$F = 48.4300$ *** （0.0000）			
N	150	150	150	150

注：括号内为 t 值，* 、** 、*** 分别表示在 10%、5%、1% 的水平上显著。

表 5 中，豪斯曼检验检验的结果显示应该采用固定效应模型而不是随机效应模型。表 5 中的模型（2）没有报告虚拟变量法回归中个体虚拟变量的回归系数，在 30 个代表不同省级区域的虚拟变量中，共有 18 个内资工业部门的技术水平存在显著的影响。表 5 中的模型（1）表明，外商投资对内资工业部门的技术水平具有显著的正面影响。而且，估计结果进一步证明，如果外商

投资增加 1%，则内资工业部门的技术水平提高 0.118%。区域基础设施建设对内资部门的技术水平仍存在显著的正影响，且影响程度大于 2006～2011 年，再次证实了互联网发展带来的促进作用，同时影响程度逐渐增大。区域内第三产业的发展对内资部门的技术水平存在显著的促进作用，这与 2006～2011 年的回归结果相反。这表明区域内第三产业发展两种效应发生了可喜的变化：对工业部门的挤占作用逐年减小，而技术促进作用逐年增加，2012 年以后促进作用大于挤占作用。① 此外，内资工业部门自身 R&D 投入、区域人力资本存量和出口依存度对内资工业部门的技术水平存在正向影响，但不显著（门限回归结果见表 6）。

表 6　　　　　　　　　　　门限回归结果

门限变量	变量名	回归系数(稳健标准差)	标准差	t	P
区域创新开放程度	lnFDI（弱开放组）	0.0741	0.0227	4.6200	0.0000
	lnFDI（强开放组）	0.1046	0.0265	2.8000	0.0060
	门限值	区域创新开放程度 = 0.0127			
	LM 检验	699.425（0.0000）			
高校参与程度	lnFDI（弱开放组）	0.0805	0.0229	3.5200	0.0010
	lnFDI（强开放组）	0.1172	0.0213	5.5000	0.0000
	门限值	高校参与程度 = 155.0000			
	LM 检验	668.466（0.0000）			
技术市场健康程度	lnFDI（弱侵权组）	0.1055	0.0229	4.6000	0.0000
	lnFDI（强侵权组）	0.1152	0.0224	5.1200	0.0000
	门限值	技术市场健康程度 = 0.0116			
	LM 检验	605.185（0.0000）			

注：括号内为 t 值，*、**、*** 分别表示在 10%、5%、1% 的水平上显著。

表 6 的回归结果显示，在 2012～2016 年，区域开放创新程度、高等学校

---

① 这一实证结果支持了一个观点：随着制造业服务化程度的加深、生产性服务业在制造业生产中的作用趋强，制造业本身可能较少直接从事 R&D 活动，但从上游行业投入中间接得到了 R&D 投入。本文限于精力与技术没有进一步考虑加权的行业特征，但是开放创新环境下产业之间的联系加强效应是明显的。

参与产业部门开放创新的积极性和区域技术市场健康程度对内资工业部门获取 FDI 的技术促进效应仍具有显著的正向门限影响。

在 2012 ~ 2016 年，区域开放程度的门限值水平为 1.27%，当区域内技术市场交易额占区域生产总值的比重小于 1.27% 时，样本为低开放组，反之则为高开放组。在低开放组中，变量 FDI 对内资工业部门技术水平的边际影响为 0.0741，而在高开放组中，变量 FDI 对内资工业部门技术水平的边际影响为 0.1046，两者相差 1.41 倍。同时，本文可以在极高的显著性水平上拒绝 LM 检验的原假设，因此区域开放创新程度的门限影响特征是显著存在的。

高校参与产业部门开放创新程度的门限值水平为 155.00。在低开放组中，变量 FDI 对内资工业部门技术水平的边际影响为 0.0805，而在高开放组中，变量 FDI 对内资工业部门技术水平的边际影响为 0.1172，后者为前者的 1.46 倍。LM 检验的结果显示，在极高的显著性水平上，这一回归可以拒绝不存在门限效应的原假设。区域内知识产权受侵害程度的门限值水平为 1.16%。在高侵权组中，变量 FDI 对内资工业部门技术水平的边际影响为 0.1152，而在低侵权组中，变量 FDI 对内资工业部门技术水平的边际影响为 0.1055，前者略高于后者。LM 检验的结果显示，这一回归可以在较高的显著性水平上拒绝不存在门限效应的原假设，区域技术市场健康程度的门限影响特征是显著的。

综上所述，两种稳健性检验均显示外商投资对内资工业部门的技术水平具有显著的正面影响，同时区域开放创新程度、高等学校参与产业部门开放创新的积极性和区域技术市场健康程度对内资工业部门获取 FDI 的技术促进效应均具有显著的正向门限影响。因此，可以认为表 2 中的固定效应模型（1）具有较强的稳健性。

五、结论与建议

本文研究的目的旨在分析开放创新模式对中国内资企业获取 FDI 技术扩散效应的影响，通过对中国 30 个省级区域 2006 ~ 2016 年内资工业部门相关数据的门限回归，主要研究结论如下：首先，区域内公开技术市场的发展有助于增强内资企业对 FDI 技术扩散效应的获取。当技术市场的发展规模达到一定程度后，这种增强效果会得到极大幅度的提升。其次，区域内高等学校参与产业部门开放创新活动的积极性对内资部门获取 FDI 的技术扩散效应存在正向的影响。当区域内高等学校申请专利的规模达到一定程度后，高校在产业部门技术进步中发挥的作用也会得到一定程度的提高。最后，区域内技术市场的健康程度同样和内资企业获取 FDI 技术扩散效应的效果正相关。减少区域内各种专利违法案件的发生率，加大知识产权的保护力度，外资企业与东道国内资企业之间的合作意愿就会提升，从而有助于促进内资部门对 FDI 技术的有效获取。当技术市场的健康发展达到一定程度后，这种促进作用同样可以得到一定程度的加强。

此外，从两个时间阶段的门限效应研究来看，开放创新的微观环境对于内资工业部门获取 FDI 的技术扩散效应可能存在倒 "U" 型关系，即从 2006~2011 年，开放创新带来的门限效果非常强烈，这与当时中国加入 WTO 过渡期刚结束，同时国家大力推行创新型国家战略等制度背景的强刺激影响有关；而在 2012~2016 年，当开放创新的制度环境逐步为微观主体适应后，相应的门限效果也就恢复了常态，表现在模型中，强弱开放组的比值差距比前一时期有所降低，但是总体上正向影响作用是非常明显的。由此可见，为了使 FDI 的引入能够更好地惠及中国的经济增长和经济结构转型，建设并发展国内技术市场的重要性不容忽视。在发展这一市场的同时，如果能鼓励各类高等院校不断拓展和产业部门的技术合作，并且不断提高这一市场的健康程度，则可以获取更加积极的效果。

结合相关理论和研究成果，针对性地提出两点政策建议。

第一，加强制度建设，助力技术市场健康发展。

开放创新模式可以给企业带来大幅的收益增加，这一点无论是来自发达国家的跨国公司还是东道国的内资企业都有目共睹。但在中国，由于外部知识产权保护制度尚未健全，相当一部分内资企业依然保留着传统的封闭创新模式。在内资经济部门中，对领先企业的新产品进行仿造的行为屡见不鲜，这使很多具备创新精神的企业不得不选择"专利包围"的传统战略来保护自身的利益，并尽可能阻断外界和自身研发项目的一切接触。相比受政府重视程度较高的国有经济部门，这种"专利包围"在民营经济部门表现得更为显著，从而极大地影响了中国民营企业创新能力的整体提升，使民营企业难以在这方面发挥出活跃市场的作用。

此外，不规范的外部环境降低了跨国公司和中国内资企业进行技术合作和技术交易的积极性，使跨国公司倾向于在中国更多保留传统的封闭创新模式，减缓了母公司向设立在中国的 FDI 机构转移新技术的步伐。有鉴于此，中国政府应该继续加大对专利违法行为的打击力度，常态化地增强对知识产权市场的监督和检查，努力构建一个更加健康的知识产权市场。此举既有利于提高开放创新模式在中国的应用程度，从而提高内资企业的技术水平，又有利于吸引更多的外资先进技术向中国转移。

第二，做好"公共资本家"，促进高等学校积极参与产业部门的技术创新。

本文的研究结果显示出高等学校参与产业部门技术创新的重要作用。从数据来看，中国高校专利授权量和论文发表量的比值普遍较低，最高水平也不足 20%。依据国家创新模式的"三螺旋"理论，中国高校总体上依然是以学术研究和学术人才培养为主要目标的传统授课型高校，而不是以技术创新和助力经济发展为直接目标的"三螺旋"式研究型高校。要想促进高校参与产业部门开放创新的积极性，政府的作用尤为重要。在"三螺旋"理论中，政府扮演着一个"公共资本家"的角色，一方面弥补私人资本对高校科研支持的不足，另一方面不对所支持项目的运行过度干预。只有在这样一种开放自由的环境中，才能使高校最大程度地发挥出促进经济发展和技术进步的能力。

政府应放宽对高校的管制和干预，给予高校更多的自主选择权。构建更加开放的职称评定体系，使高校科研人员能够根据自身的意愿和兴趣积极主动地从事研究活动，自由地和高校体制以外的产业部门进行合作交流，并更多地从技术商业化过程中获取知识回报和激励。在放松干预的同时，政府应加强对高校自主科研工作的支持力度。政府应该鼓励并促进高校的学科建设与经济社会发展紧密结合，着力提高高校对产业转型升级的贡献率。为此应完善包括政府部门在内的中介服务职能，推动健全市场导向、社会资本参与、多要素深度融合的成果应用转化机制，增强高校创新资源对经济社发展的驱动力。

参考文献

［1］陈柳、刘志彪：《本土创新能力、FDI 技术外溢与经济增长》，载于《南开经济研究》，2006 年第 3 期。

［2］傅元海、叶祥松、王展祥：《制造业结构优化的技术进步路径选择——基于动态面板的经验分析》，载于《中国工业经济》，2014 年第 9 期。

［3］葛秋萍、辜胜祖：《开放式创新的国内外研究现状及展望》，载于《科研管理》，2011 年第 5 期。

［4］葛顺奇、罗伟：《跨国公司进入与中国制造业产业结构——基于全球价值链视角的研究》，载于《经济研究》，2015 年第 11 期。

［5］何兴强、欧燕、史卫等：《FDI 技术溢出与中国吸收能力门槛研究》，载于《世界经济》，2014 年第 10 期。

［6］黄菁、赖明勇、王华：《FDI 在中国的技术外溢效应：基于面板数据的考察》，载于《世界经济研究》，2008 年第 10 期。

［7］黄阳华、夏良科：《为什么 R&D 投资没能有效促进中国工业 TFP 快速提升？》，载于《经济管理》，2013 年第 3 期。

［8］鲁晓东、连玉君：《中国工业企业全要素生产率估计：1999－2007》，载于《经济学（季刊）》，2012 年第 2 期。

［9］骆新华：《技术转移：理论与政策述评》，载于《科技进步与对策》，2006 年第 3 期。

［10］毛其淋、盛斌：《对外经济开放、区域市场整合与全要素生产率》，载于《经济学（季刊）》，2012 年第 1 期。

［11］倪海青、张岩贵：《知识产权保护、FDI 技术转移与自主创新》，载于《世界经济研究》，2009 年第 8 期。

［12］邱斌、杨帅、辛塘江：《FDI 技术溢出渠道与中国制造业生产率增长研

究：基于面板数据的分析》，载于《世界经济》，2008 年第 8 期。

[13] 沈坤荣、傅元海：《外资技术转移与内资经济增长质量：基于中国区域面板数据的检验》，载于《中国工业经济》，2010 年第 11 期。

[14] 沈能：《中国制造业全要素生产率地区空间差异的实证研究》，载于《中国软科学》，2006 年第 6 期。

[15] 汤勇：《国际直接投资的技术溢出和吸收效应在中国的实证研究》，载于《华东经济管理》，2005 年第 8 期。

[16] 余泳泽：《FDI 技术外溢是否存在"门槛条件"——来自我国高技术产业的面板门限回归分析》，载于《数量经济技术经济研究》，2012 年第 8 期。

[17] 张建清、孙元元：《进口贸易和 FDI 技术溢出的比较研究：基于技术溢出内生性的实证检验》，载于《世界经济研究》，2011 年第 12 期。

[18] 张宇：《FDI 技术外溢的地区差异与吸收能力的门限特征：基于中国省际面板数据的门限回归分析》，载于《数量经济技术经济研究》，2008 年第 1 期。

[19] 周勤、陈柳：《技术差距和跨国公司技术转移战略》，载于《中国工业经济》，2004 年第 5 期。

[20] Almeida P. , Kogut B. , "Localization of Knowledge and the Mobility of Engineers in Regional Networks", *Management Science*, Vol. 45, 1999.

[21] Caves D W, Chiristensen L R, Diewertw E. , "The Economic Theory of Index Numbers and the Measurement of Input, Output, and Productivity", *Econometrica*, Vol. 50, 1982.

[22] Caves R. , "Multinational Firms, Competition, and Productivity in Host - Country Markets", *Economica*, Vol. 41, 1974.

[23] Chesbrough H. , *Open Business Models: How to Thrive in the New Innovation Landspace*, Boston: Harvard Business School Press, 2006.

[24] Chesbrough H. , *Open Innovation: The New Imperative for Creating and Profiting from Technology*, Boston: Harvard Business School Press, 2003.

[25] Chesbrough H. , *Open Services Innovation: Rethinking Your Business to Grow and Compete in a New Era*, New Jersey York: Jossey – Bass, 2010.

[26] Cohen W. M. , "Levinthal D A. Absorptive Capacity: A New Perspective on Learning and Innovation", *Administrative Science Quarterly*, Vol. 35, 1990.

[27] Etzkowitz H. , *The Triple Helix: University – Industry – Government Innovation in Action*, New York: Routledge Press, 2008.

[28] Feder G. , "On Export and Economic Growth", *Journal of Development Ecomomics*, Vol. 12, 1982.

[29] Fey C. F. , Birkinshaw J. , "External Sources of Knowledge, Governance Mode, and R&D Performance", *Journal of Management*, Vol. 34, 2005.

[30] Hansen B. E. , "Threshold Effects in Non-dynamic Panels: Estimation, Testing, and Inference", *Journal of Econometrics*, Vol. 93, 1999.

[31] Hsuan J, Mahnke V. , "Outsourcing R&D: A Review, Model, and Research Agenda", *R&D Management*, Vol. 41, 2011.

[32] Jaffe A. B. , Trajtenberg M, Henderson R. "Geographic Localization of Knowledge Spillovers as Evidenced by Patent Citations", *The Quarterly Journal of Economics*, Vol. 108, 1993.

[33] Kafouros M. I. , Buckley P. J. , Sharp J. A. et al. , "The Role of Internationalization in Explaining Innovation Performance", *Technovation*, Vol. 28, 2008.

[34] Kafouros M. I. , "Economic Returns to Industrial Research", *Journal of Business Research*, Vol. 61, 2008.

[35] Kumar N. , *Globalization and the Quality of Foreign Direct Investment*. New York: Oxford University Press, 2002.

[36] Lovett S. R. , Perez Nordtvedt L. , Rasheed A. , "Parental Control: A Study of U. S. Subsidiaries in Mexico", *International Business Review*, Vol. 18, 2009.

[37] Quan X, Chesbrought H. , "Hierarchical Segmentation of R&D Process and Intellectual Property Protection: Evidence from Multinational R&D Laboratories in China", *IEEE Transactions on Engineering Management*, Vol. 57, 2010.

开放式创新与外资 "技术市场化" 的新机理[*]

一、引言

在过去 40 年里,中国通过对外开放与引进外资,经济增长发生了很大变化,中国目前已经成为数一数二的世界贸易大国与外汇储备盈余国家。但与此同时,针对中国对外开放经验模式的争议仍在持续,不同产业的实践效果导致国内学术界对外资引进 "技术市场化" 的效果评价不一 (平新乔,2007;高春亮等,2007;夏梁和赵凌云,2012;李翀,2014)。研究外资引进 "技术市场化"[①] 相关文献可以发现,自麦克杜格尔首先提出技术外溢效应后,这一问题吸引了众多学者的关注。目前学术界基本的看法是:FDI 技术溢出效应的存在已经在理论分析上获得了一致性认可,但关于实证研究的结果并不一致。郑秀君 (2006) 对国内学者 (1994~2005 年) 关于 FDI 技术溢出效应的实证研究述评发现,众多研究主要采用了中国工业部门的宏观数据来验证西方经

* 本文原载于《南开经济研究》2019 年第 5 期。共同作者:郑飞虎、蔡宏波。本文受北京市社科基金项目"创新集群、治理规则与首都创新驱动发展研究"(14JGB049) 和北京市技术市场管理办公室专项委托资助。

① 根据切萨布鲁夫 (Chesbrough,2003) 的观点,技术本身无所谓价值,技术的市场化应用才产生价值,本文所讨论的 "技术市场化" 概念具有特定情境,我们将之界定为引进外资技术商业化过程中,东道国企业是否通过技术外溢或技术转移获得新的价值创造。这一概念不仅与 "以市场换技术" 提法有一定联系 (注重考虑东道国政府的影响),而且其本身更注重对微观主体交易意愿与行为动机的分析。

典文献中的模型，但在模型应用、研究方法与手段等方面仍存在较大的局限，从而导致实证结果不甚理想。这之后，国内学者在延续已有研究基础上，在研究标的、技术进步的测算方法以及关于吸收能力的影响机理等方面做了更深入的拓展，从而推进了这一领域的研究进展（陈柳和刘志彪，2006；张宇，2008；毛其淋和盛斌，2012；余泳泽，2012）。

相比技术外溢领域的众多关注，学者们针对"技术市场化"的另一途径——技术转移的研究反而要少得多。这不仅由于国内外学者存在共识定义的困难，① 而且由于跨国公司母子公司内部的技术转移难以直接度量以及外资企业与内资企业之间进行的技术转移数量较少，不是内资企业获取 FDI 红利的重点所在。因此，国内学者现有不多的研究中，除了进行理论模型的推演（周勤和陈柳，2004；倪海青和张岩贵，2009），最近几年才开始出现工业企业层面的实证研究（沈坤荣和傅元海，2010；罗伟和葛顺奇，2015；毛其淋和许家云，2016；盛斌和毛其淋，2017）。

本文梳理日韩国际经验时发现，大量购买引进西方国家基础专利并在此基础上进行二次开发与创新，是日韩"技术市场化"探索出的一条提升本国企业技术能力的重要途径。这一方式显然有别于国内众多学者此前关注的焦点——通过引进外资特别是合资企业达到技术外溢的目的（李晓华，2004；谢建国，2007），从而在实践中展示了"技术市场化"另一重要途径的作用——中间产品市场开放对 FDI 技术转移的基础性激励作用。这一现象也引发了诸多思考：中国的发展背景与日韩相异，"技术市场化"的复杂性需要具备哪些条件？在研究国内这一现象变化时，跨国公司在中间产品市场交易对于"技术市场化"提供了怎样的经验解释？

为回答上述问题，本文尝试从跨国公司在我国研发（R&D）技术合约交

---

① 海外学者将技术转移视为对外直接投资的替代手段，因而更多关注国家层面的宏观技术转移，研究发达国家跨国公司在这两种手段之间的选择问题；而国内学者以东道国和本土企业的福利为出发点，关注跨国公司母子公司以及 FDI 机构与内资企业之间的技术转移对东道国经济的影响，实质上仍在探究 FDI 促进内资企业技术进步的作用。

易这一独特视角展开（中间产品市场开放与激励），为此本文建立了一个研发合约交易匹配的分析框架，给定宏观层面国内外政策与制度环境变化的情境，深入探讨微观层面中外企业在研发技术市场上主动性交易行为及其影响机理。上述设计将引资过程中所涉及的宏观制度环境变化与微观企业创新转型之间的关系做了有机安排，可以从动态视角回溯引资过程中不同发展阶段的政策差异及其与实施主体之间的互动特征，从而有助于推进对外资引进"技术市场化"更深入的分析。

本文研究在以下几个方面做出了贡献：一是对已有外资引进的研究，着眼较多的是相关宏微观因素的影响效应，缺乏对"技术市场化"过程中交易主体之间主动性的匹配行为进行分析。本文则对国内政策环境变化与国际跨国公司创新转型背景给予了有机联系的考察，在宏微观交互联系的背景下探讨了技术市场上的交易匹配行为。二是关于"技术市场化"既有实证研究中，技术外溢领域偏向宏观数据，技术转移领域集中于行业与企业层面数据，有关微观项目层面的数据分析几乎空白（郑飞虎和常磊，2016）。从国际经验来看，日韩等国"技术市场化"的成功，很大程度上是得益于专利技术等项目合约交易，因此，基于项目合约交易的微观实证是理解"技术市场化"的关键。本文基于跨国公司与在我国企业 R&D 合约项目交易的大样本数据，从更精细的层面对相关问题展开了深入研究。三是现有研究较多考虑外资企业技术外溢视角，这类研究更多是基于跨国公司封闭式创新背景下的思维；但在开放式创新背景下，技术市场的交易转移应该成为"技术市场化"的关注重心（郑飞虎和唐蕊，2017），包括对"技术市场化"预期目标实现的关键因素的分析。本文实证研究的结论揭示了市场时机、结构化主体、规模化水平等因素匹配的重要作用，上述研究发现既是对中国情境下 FDI 技术推动作用的新梳理，也是对相关前沿文献的一个重要补充。

本文第二部分回顾开放式创新背景下跨国公司技术转移行为等相关文献，并据此提出相关假设；第三部分介绍研究的数据和方法；第四部分讨论研究结果，最后是结论和未来研究思路。

二、文献回顾与研究假说

1. 开放式创新模式下的主动技术转移

美国学者切萨布鲁夫（2003，2006）提出的开放式创新理论在 21 世纪初引起了理论和实务界的广泛关注。根据切萨布鲁夫的研究，自 20 世纪上半期以来，主导跨国公司的创新模式基本上是封闭式创新。这种创新模式把对知识资源的内部控制视为核心，认为企业自身科研机构以外的范围都是"技术荒原"，因此必须对企业自主研发的技术实施严格的保护，并以此建立一道坚固的技术屏障以维持企业的竞争力。跨国公司这一创新思维决定了它不可能进行主动的技术转移，外部企业只能依靠获取被动的技术外溢来提高自身技术水平。这一情形到 20 世纪末出现了新的变化，随着全球创新市场各种"腐蚀"因素（技术成果与核心人才的外流、VC 的兴起等）的出现，传统意义上的封闭式创新遭遇到了较大冲击，开放式创新模式随之兴起。开放式创新模式是指企业可以同时利用内部和外部有价值的知识来加快内部创新，并且利用外部的创新来拓展市场。开放式创新模式最大的亮点在于鼓励知识和技术的主动转移①。切萨布鲁夫指出，企业自主研发的技术成果未必都能在企业内部找到商业化的有效途径，世界主要跨国企业的库存技术都达到 40% 左右，这种被浪费的技术很多可以在企业外部找到合适的商业化途径。因此，在开放式创新模式下，跨国公司会主动参与到作为中间品的技术交易市场，把自身的技术通过特许经营、转让、设立合资机构等方式转移到企业边界以外；同时还可能主动帮助接受者进行消化吸收与再创新，从而获得更多的市场回报。在开放式创新模式下，当我们重新梳理外资引进"技术市场化"的政策效果时，发现其可能发生的变化有以下两方面。

---

① 正是基于开放式创新模式的这一核心概念，本文提炼出了主动性（initiative）这一分析概念来刻画国内技术市场上的交易方行为。

其一，在传统的封闭式创新模式下，内资企业获得技术外溢的主要途径是在合资经营的过程中向外资方模仿和学习，这一方式在开放式创新模式下依然保留，但其内容则变得更为丰富。在开放式创新模式下，外资流入不再局限在产品生产的末端环节转移，越来越多的跨国企业为了寻求企业边界以外的知识资源，开始把研发机构设立在中国市场（Quan & Chesbrough，2010）。杜群阳（2007）对跨国公司在我国 R&D 机构的问卷调研显示，全球技术型的高级外资 R&D 机构更加倾向于和本土企业合作。该作者基于 28 个行业面板数据的研究证明，外资 R&D 机构的投资的确有利于技术外溢效果的产生，提高了内资企业的技术水平。

其二，外资企业还会参与到国内技术市场的交易中，更多的内资企业可以直接从中间产品市场购买外资出售的先进技术。这种外资在技术市场上主动的交易行为——外向型开放式创新（inside - outbound），是开放式创新模式下"技术市场化"的有力途径（高良谋和马文甲，2014）。为了获得更加丰厚的市场回报，外资还会关心东道国企业对接收技术的利用情况，在依据合约进行技术开发以外，还可以通过技术咨询、技术服务等手段帮助东道国企业更好地吸收、消化和应用技术成果。虽然跨国公司的目的是获取最大化的利润收益，但在客观上加强了和东道国企业之间的信息交流，促进了资源整合，这种手段同时克服了传统封闭式创新模式下"技术市场化"存在的两大难题（外资不愿意进入中间产品市场交易以及严格控制技术外溢）。

2. 跨国公司在我国两类不同技术转移的考虑

根据外向型开放式创新理论，跨国公司在东道国市场主动出售技术的动机在于减少沉没成本，使得技术成果在企业边界外获取最大化边际收益。这里需要强调的是，作为企业竞争优势来源的核心技术，不论在哪种创新模式下，都会受到严密的保护，因为核心知识资源只有在不被竞争者模仿的前提下才能构成所谓的竞争优势（Mahoney & Pandian，1992）。所以即便是在开放式创新模式下，内资企业也不可能直接获得跨国公司的核心技术。根据开放式创新理论的假设，跨国公司可以把以下两种技术向企业边界外转移，形成两类不同的技术交易。

第一，跨国公司内部成熟技术（mature technology）的转移。基于产品生命周期理论，这类技术虽然已经失去了作为跨国公司全球竞争优势的地位，在主要发达国家的市场不再具备竞争力，但是在整体技术水平相对落后的发展中国家，这类技术依然是先进技术。同时，因为这类技术已经完成了标准化，适合东道国企业快速消化和吸收，能够被很好地利用。因此，跨国公司以这些技术为基础，为来自中国的内资企业提供各类技术支持活动，例如开发技术平台、提供技术服务、提供完整的技术解决方案，甚至将技术转移给中国企业。由此我们形成第一个假说。

研究假说一：开放式创新模式下，跨国公司更愿意将成熟技术转移给内资企业。

第二，跨国公司内部库存技术（unused technology）的转移。基于开放式创新理论，这类库存技术的研发源于跨国公司内部的知识资源，可能依然处于产品生命周期中的第一或第二阶段，但是这些技术无法和跨国公司自身主营业务紧密契合，于是成为被"弃置不用"的技术；此外，跨国公司大量已申请专利却一直被内部闲置的技术也属于这一类。这类技术的存在使得企业 R&D 成本被抬高。为了减少沉没成本，跨国公司会将这类技术提供给其他技术水平同等的企业，以获得经济上的回报来抵消 R&D 成本。就中国市场来讲，跨国公司选择将库存技术与其他外资在我国设立的企业进行交易可能更为理想，跨国公司可以和这些在我国的外资企业展开技术合作，共同对库存技术进行深入开发，以使其更好匹配客户的主营业务，从而自身也能获得更多市场回报。由此我们得到第二个假说。

研究假说二：开放式创新模式下，跨国公司更愿意将库存技术转移给在我国的外资企业。

对于跨国公司来说，上述两类不同技术交易活动涉及两类不同国内主体：其一是外资研发机构和内资企业（包括机关和事业单位）的技术交易，其二是外资研发机构和其他在我国的外资企业的技术交易。显然，国内两类不同主体积极性的增加会吸引跨国公司更多参与国内技术市场交易。此外，这两类不同技术交易的标的虽然都是技术，但是外资研发机构在出售技术时可能对应着不同的资产专用性、技术独占性和行为不确定性；出售技术的外资研发机构也可能存在着 R&D 能力和组织形式上的区别。如果上述区别和差异是显著的，就会影响到标的技术的实际价值以及可能的技术转移程度。把外资研发机构和其他在我国的外资企业的技术交易作为对照，就可以看到内资企业在这种主动的技术交易中处于怎样的地位以及能在多大程度上获得"技术市场化"的好处。为此我们建立第三个假说。

研究假说三：开放式创新模式下，国内交易主体对技术需求的主动性可以吸引跨国公司更多的技术转移。

3. "技术市场化"的结构逻辑

开放式创新模式的上述特征及跨国公司在我国不同技术转移的假设表明，"技术市场化"有可能在这一新的制度背景下获得更好的表现与效果。但是上述理论假说能否在实证分析中获得有力支持？外资方这一主动的技术交易行为能在多大程度上促进内资企业的技术进步及其适用条件有哪些？这些问题目前还没有引起国内学者的重点关注。

本文认为，这种新的交易机制能在多大程度上改善 FDI "技术市场化"的成效不仅取决于跨国公司主动转移技术的不同考虑，也有赖于国内实体（内资企业与在我国的外资企业）搜寻技术的主动性需求以及东道国政府对市场结构的影响（Fransman，1995）。前两点涉及微观层面的交易动机与策略行为，第三点则涵盖宏观层面的制度与政策设计。与以上分析逻辑相呼应，本文建立了一个宏微观有机联系的理论分析框架（见图1），给定宏微观层面国内政策环境的变化以及国际跨国公司创新模式的转变情境，通过微观层面中外企业在技术市场上的交易行为剖析来对上文理论假设进行验证，以此提供对"技术市场化"新的评价视角与维度。

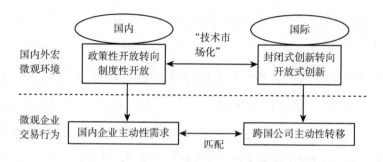

图1 "技术市场化"交互联系的分析框架

三、数据、变量与模型分析

1. 数据来源

本文的实证研究选择了开放式创新模式下最具代表性的 IT 产业，这可以保证样本中选取的外资研发机构都已经受到了开放式创新思维的影响，改变了原有封闭式创新模式下的行为特征。另外，近年来中国 IT 市场成长迅猛，IT 终端的普及、互联网经济的发展以及"十五"计划以来国家进一步的政策扶植，都使得 IT 产业形成了一个足以吸引外资企业的大市场。这种终端市场的壮大同样引发了内资企业对于各种 IT 技术的旺盛需求，导致 IT 技术交易市场的扩大，这些都使得 IT 产业成为本文研究的理想样本。

北京市是中国 IT 技术市场的领头羊，2009 年北京市政府颁布的《北京科学技术指标》显示，北京 IT 产业在 R&D 人员从业数量、R&D 经费投入情况等方面都领先于其他行业。北京是中国大陆最早吸引 IT 跨国公司研发机构入驻的区域，也是国内最大的 IT 产业研发集聚地。根据北京市技术与市场办公室（BTMO）进行的统计，2012 年北京地区 R&D 技术交易总额中，来自 IT 产业的技术交易占比 28.9%，金额达到 109.8 亿元，排名第一。此外，2015 年 7 月 21 日中国互联网协会、拉勾网、易观智库等机构联合发布的《2015 中国互联网招聘行业报告》显示，北京互联网从业者占全国的 35.5%。因此，本文选取跨国公司在北京地区 IT 产业的技术合约交易作为分析对象具备典型性和代表性。

本文采用了北京市技术与交易管理办公室（BTMO）的数据库，一共记录了 2001 年至 2011 年 6 月间 2071 项符合要求的技术外包合约。本文对数据分析发现，跨国公司研发机构在中国市场上开展的技术交易基本上属于承接技术外包的行为，根据不同发包方的特征①，我们把国内企业为主的发包活动称作"在岸逆向外包"，这类合约交易标的更多涉及成熟技术，共计 1843 项合约；在我的外资企业为主的发包活动称作"普通外包"，这类交易标的涉及更多的是库存技术，共计 228 项合约。样本历年的分布如表 1 所示，图 2 显示了两种不同外包活动的趋势。

表1   样本分布情况   单位：项

外包交易*	2001年	2002年	2003年	2004年	2005年	2006年	2007年	2008年	2009年	2010年	2011年	总计
普通外包	0	17	10	4	21	53	32	14	28	32	17	228
在岸逆向外包	22	50	42	74	52	129	124	306	352	485	207	1843
总计	22	67	52	78	73	182	156	320	380	517	224	2071

注：*代表跨国公司与国内实体之间的外包交易包括两种类型："在岸逆向外包"活动是指国内企业作为发包方，跨国研发机构作为承接方；"普通外包"活动则指外资在华企业作为发包方，跨国研发机构作为承接方。

资料来源：BTMO。

（外包项目数）

图2   两种不同外包活动趋势

资料来源：BTMO。

---

① 我们一般把发达国家跨国公司发起的外包活动称为"普通外包"，相应由发展中国家企业发起的外包活动称为"逆向外包"；如果在发包方本土进行则称"在岸活动"，如果不在发包方本土进行，则称"离岸活动"。

2. 变量的解释

（1）衡量跨国公司主动性的变量。资产专用性的投入。有关资产专用性的度量方法有多种，包括沉没成本、专有性技术、熟练劳动力以及多元化（Stanko & Calantone，2011），这里我们用合同投入的技术费用来表示。log-money 代表对数形式的合约价值，我们假设跨国公司面临国内客户的不同技术需求，对于库存技术的开发要比成熟技术投入更多的资产专用性，因而"普通外包"比"在岸逆向外包"涉及更多的资产专用性投入。

组织形式的控制。在跨国公司海外组织设立中，独资企业相比合资企业往往代表了更大程度的自主控制力。sellerform 代表跨国公司对组织形式的控制，采用二值虚拟变量，即设立独资形式为 1，设立合资形式为 0。显然，以独资形式设立的跨国研发机构预示其在转移技术方面拥有更大主动性。

双元能力的具备。如果跨国公司旨在获得最大化边际收益，对于来自国内客户的需求可以通过承接更多的项目体现，这表现为跨国研发机构的应用能力（exploitation），变量 abilityq 代表跨国公司在研究期间承接的项目总数；另外，针对客户对库存技术等复杂性程度更高的需求，跨国公司就需要具备开发新的技术并提出新的解决方案的能力，这体现出其探索能力（exploration），用 prebig 表示，取值为所有签订合约当中金额超过 1000 万元的合约占比。双元能力（ambedexterity）从不同侧面衡量了跨国公司主动性特质（March，1991）。

（2）衡量国内企业主动性的变量。对跨国公司技术的不同需求。在与跨国公司交易中，国内客户提出的不同需求反映其不同主动性。相比成熟技术，国内客户对库存技术的交易需求代表着更高主动性与对高水平技术能力发展的渴求。基于知识产权不同保护程度的技术独占性特征可以区分这两类技术需求的差异。具体来看，我们用变量 localIP 代表国内专利，knowhow 代表技术秘密，noIP 代表没有涉及知识产权的项目，我们预期"普通外包"活动将会涉及更多的知识产权，因而代表在我国的外资企业对跨国公司更高的技术交易需求。

对不确定性的规避。R&D外包中的行为不确定性主要来自两个方面的道德风险，一是接包企业的偷懒行为，二是接包企业外泄或者自己使用发包企业委托其研发的项目，发包企业对此很难加以辨识，因而面临着较高的行为不确定性。本文基于前述概念选用了付款方式来反映行为不确定性，不同付款方式不仅可以反映而且可以对应缓解交易方的行为不确定性。变量 *longpay* 是代表不同支付方式的虚拟变量，我们将分期支付赋值为1，一次性支付赋值为0。相比在我国的外资企业，内资企业与跨国研发机构之间可能存在较高的信息不对称性，因此为规避这一不确定性，内资企业从事的"逆向外包"活动就会采取更加灵活的付款方式。

（3）控制变量。包括技术合约的完成时间 *logtime*，这一变量代表某项特定的技术交易从合约缔结到交易结束之间的时间跨度。用于度量资产专用性的变量 *logmoney* 和合同的时间跨度是高度相关的，对于样本中大量存在的"技术服务与技术咨询"合约来说，不需要投入更多的专用性资产，仅仅是延长提供服务的时间就可能使合同的技术交易额提高。另外，付款方式 *longpay* 同样受到 *logtime* 的影响，合同的期间越长，双方采取分期付款或提成支付的可能性也就越大，以此减轻买方过大的经济压力和风险。由此，这一变量可以控制对资产专用性、付款方式以及技术服务与咨询类合约的关联影响。跨国研发企业的固定效应 *logabilitym*，即用2001～2011年跨国公司开发的所有技术项目的总金额除以技术项目的总数量，用以控制文中IT产业不同子行业带来的影响。时间趋势为 *year*，本文使用的是混合横截面数据，需要考虑到不同年份对回归的影响。随着市场国际化程度的提高、知识产权保护体系的完善和企业知识产权意识的增强，两类合约交易的外部环境不断发生变化，因此需要考虑时间趋势的影响。合约交易频率为 *frequency*，该变量度量了合约双方在2001～2011年重复交易的次数。在解释变量中，行为的不确定性可能具有内生性，即受到双方合作经验的影响，如果双方合作经验比较多，建立了相互信任的关系，那么付款方式的选择就会受到影响。用 *frequency* 作为控制变量，可以解决这一内生性问题。

具体如表 2、表 3 所示。

表 2 变量名称及其解释

变量	变量分类	中文名称	含义及赋值
FTLO	被解释变量	外包	是否国内企业发包给跨国公司，是 = 1，否 = 0
logmoney	衡量跨国公司主动性的解释变量	合约价值	合约金额
sellerform		组织形式	1 = 独资，0 = 合资
prebig		探索能力	金额超过 1000 万元的占比
abilityq		应用能力	跨国公司承接的项目总数
longpay	衡量国内企业主动性的解释变量	支付方式	1 = 分期支付，0 = 一次性支付
localIP		国内专利	虚拟变量
knowhow		技术秘密	虚拟变量
noIP		无知识产权	虚拟变量
frequency	控制变量	交易频率	合约双方研究期间重复交易次数
logtime		合约时间	缔约到交易结束之间的时间跨度
logabilitym		研发企业固定效应	项目总金额/项目数
year		时间趋势	年份

资料来源：BTMO。

表 3 主要变量的相关系数矩阵

变量	FTLO	logmoney	longpay	localIP	knowhow	prebig	sellerform	logtime	logabilitym	noIP	abilityq
FTLO	1										
logmoney	0.0704	1									
longpay	0.241	0.484	1								
localIP	−0.123	0.0158	0.0079	1							
knowhow	−0.177	0.285	0.0847	−0.347	1						
prebig	−0.0571	0.431	0.062	−0.0895	0.27	1					
sellerform	−0.285	0.11	−0.135	0.11	0.172	0.136	1				
logtime	0.143	0.559	0.447	−0.0702	0.275	0.0959	0.14	1			
logabilitym	0.212	0.654	0.375	0.0308	0.194	0.353	−0.0895	0.408	1		
noIP	0.232	−0.236	−0.0732	−0.687	−0.444	−0.124	−0.238	−0.146	−0.18	1	
abilityq	0.385	−0.0265	0.258	−0.129	−0.489	−0.186	−0.525	0.0169	0.0678	0.503	1

四、计量模型及回归结果

1. 模型设定

本文采用 Logit 模型进行实证分析，用以揭示跨国公司与国内不同实体开展"技术市场化"过程中的不同选择考虑及其所受因素影响。因变量为二值虚拟变量 $FTLO$（foreign – to – local – outsourcing）。

$$P(Y_i = 1) = \frac{e^{Z_i}}{1 + e^{Z_i}} = \frac{1}{1 + e^{-Z_i}} \qquad (1)$$

$$Z_i = \beta_0 + \beta X_j + \gamma H_k + \mu \qquad (2)$$

这里 $X_j (j \in (1,8))$ 是解释变量的向量（包括针对跨国公司与国内交易主体两方面），涉及资产专用性、组织形式控制、不确定性、双元能力等；$H_k (k \in (9,12))$ 代表控制变量，包括时间趋势、研发企业的固定效应等；μ 是随机扰动变量。当 $FTLO$ 取 1 时，相应的交易为"逆向外包"，发包方为内资企事业单位，承接方为跨国 R&D 机构。当 $FTLO$ 取 0 时，相应的交易为"普通外包"，发包方为在我国的外资企业，承接方为跨国 R&D 机构。

以 2006 年为分界，本文设计两个基本模型：长期模型（模型（1））研究 2001~2011 年的总体情况；短期模型（模型（2））研究 2006~2011 年，在样本结构发生变化以后模型假设的显著情况。样本主要包括两类合约，第一类为"技术研发"合约，共计 1128 项，占样本总量的 54%；第二类为"技术咨询与技术服务"合约，共计 848 项，占样本总量的 41%（其余为"技术交易合约"）。这两类合约的差异可能会影响到计量的结果。① 另外，2006 年以后，"在岸逆向外包"的快速发展中，"技术咨询与技术服务"合约的增长占主要部分（"技术咨询与技术服务"合约中有 89% 属于"在岸逆向外包"），

---

① 和"技术咨询与技术服务"合约相比，"技术研发"合约需要更高的交易频率、专用性资产投入和技术独占性，发包企业面临更大的行为不确定性，从事"技术研发"合约的承接方企业需要具备更强的研发能力。

因此有必要对两类合约单独进行考虑。我们增加模型（3）对"技术研发"合约进行回归，而模型（4）是对"技术咨询与技术服务"合约进行的回归。[①]

$$模型1: Z_i = \beta_0 + \beta X_j + \gamma X_j + \mu X_i; j \in (1,8) \tag{3}$$

$$模型2: Z_i = \beta_0 + \beta X_j + \gamma H_k + \mu X_i; j \in (1,8) \tag{4}$$

$$模型3: Z_i = \beta_0 + \beta X_j + \gamma H_k + \mu X_i; j \in (1,8) \tag{5}$$

$$模型4: Z_i = \beta_0 + \beta X_j + \gamma H_k + \mu X_i; j \in \{1,2,4,6,8\} \tag{6}$$

2. 多元模型回归结果

表4显示，实证结果中多数反映主动性的变量至少在1%的水平上显著。代表跨国公司主动性的相关变量（资产专用性投入、组织控制形式以及探索能力）与代表国内客户主动性的相关变量（对跨国公司技术不同需求、对不确定性的规避）在不同外包活动中的影响与预期方向高度一致。上述变量在长期模型（1）与短期模型（2）之间并没有显著差异。这意味着在中国出现的IT外包交易得到了跨国公司与国内实体双边主动性的有效支持，这一结果同时也是稳健的。因此，假说三——开放式创新模式下，国内交易主体对技术需求的主动性可以吸引跨国公司更多的技术转移得到了较好验证。

表4 分不同时期的回归结果

变量	(1) 长期	(2) 短期
logmoney	-0.3107*** (-4.03)	-0.2544*** (-2.49)
longpay	0.8071*** (3.36)	1.3377*** (4.21)
localIP	-2.9786*** (-7.75)	-2.9799*** (-6.51)

① 因为"技术咨询与技术服务"合约中不包含以"技术秘密"为标的的合约，因此就成为"国内专利"和"不涉及知识产权"两类合约的比较。为此分析中我们引入二元虚拟变量noIP，当noIP取1时，表示相应的交易不涉及知识产权，反之则为申请了国内专利的交易。

变量	(1)	(2)
	长期	短期
knowhow	−4.1357 *** (−9.26)	−4.4646 *** (−8.22)
prebig	−3.1336 *** (−3.79)	−4.3039 *** (−4.77)
sellerform	−0.9713 *** (−3.81)	−1.9437 *** (−5.62)
logtime	0.3041 *** (3.06)	0.1484 (1.05)
logabilitym	1.1155 *** (7.78)	0.9378 *** (5.84)
year	0.1102 ** (2.53)	0.4700 *** (5.65)
frequency	−0.0247 *** (−5.18)	−0.0140 ** (−2.32)
cons	−6.25 *** (−2.61)	−25.82 *** (−5.68)
N	2025	1737

注：括号内是 t 统计量；** 表示 $p < 0.01$，*** 表示 $p < 0.001$。

进一步来看，代表跨国公司资产专用性投入的变量系数为负，并在 0.1% 的水平上显著（logmoney，$\beta = -0.3107$，$p < 0.001$，模型（1）；$\beta = -0.2544$，$p < 0.001$，模型（2）），代表跨国公司探索能力的变量系数也为负，并在 0.1% 的水平上显著（prebig，$\beta = -3.1336$，$p < 0.001$，模型（1）；$\beta = -4.3039$，$p < 0.001$，模型（2））。这表明，在技术转移过程中，"普通外包"相比"在岸逆向外包"活动，客户往往会提出更高的技术需求水平，作为承接方的跨国公司需要具备更多探索能力并要投入更大资产专用性；与此相对应，代表国内客户对不确定性规避的变量系数（用不同支付方式衡量）为正，并在 0.1% 的水平上显著（longpay，$\beta = 0.8071$，$p < 0.001$，模型（1）；$\beta = 1.3377$，$p < 0.001$，模型（2）），代表国内客户对不同技术水平需求的变量（用知识产权保护的不同方

式衡量，即技术秘密为 *knowhow*、国内专利为 *localIP*）系数为负，并在0.1%的水平上显著。这一结论表明，"在岸逆向外包"活动中，技术转移涉及的知识产权类别要远远少于"普通外包"，并且内资企业与跨国公司之间存在较大的技术差距，这使得交易双方之间的行为不确定性反而增大，因而在付款方式上更强调分期支付。上述实证结果同时也表明，尽管假说三中提示的国内实体主动性技术搜寻与跨国公司技术转移的积极性是相互匹配的，但是这种总量趋势上的匹配存在着结构化的差异，即相比内资企业，在我国的外资企业与跨国公司之间的技术交易与技术转移趋向于更高类型与水平的技术满足程度（库存技术交易），这与假说一和假说二是相符的。

在表5中，我们也对两类不同的合约进行了单独的回归检验。对于"技术研发"合约，模型（3）中绝大部分变量的检验结果符合预期的假设。代表跨国公司主动性的资产专有性投入、组织形式控制方式以及探索能力等变量系数都为负，后两者在1%水平上显著；代表买方客户主动性的技术水平需求变量以及对不确定性规避的变量系数及其显著性水平与表4分析所得结论保持一致，因此，跨国公司与国内主体交易关系的三个假说在"技术研发"合约中得到了验证。

表5　　　　　　　　　　　　　分不同合约类型的回归

变量	技术开发合约		咨询和服务合约	
	长期	短期	长期	短期
logmoney	-0.2854 ** (-2.46)	-0.2768 * (-1.67)	-0.4912 *** (-2.99)	-02717 (-1.49)
longpay	1.3265 *** (4.25)	1.4725 *** (3.27)	0.6870 (1.25)	1.5190 ** (2.38)
localIP	-1.8166 *** (-3.30)	-1.5766 ** (-2.46)		
knowhow	-2.0647 *** (-3.29)	-1.7199 * (-1.95)		
prebig	-4.9802 *** (-5.12)	-7.4101 *** (-5.77)		

变量	技术开发合约		咨询和服务合约	
	长期	短期	长期	短期
sellerform	−0.9636 *** (−2.81)	−1.5377 *** (−3.21)	0.1679 (0.07)	
logtime	0.0439 (0.29)	0.2141 (0.83)	0.5911 *** (2.65)	0.3117 (1.23)
logabilitym	1.1749 *** (5.35)	1.4480 *** (4.79)	1.0203 *** (3.24)	−0.3881 (−0.92)
year	0.1489 *** (2.69)	0.4301 *** (3.31)	0.5993 *** (5.75)	1.0508 *** (5.65)
frequency	−0.0110 (−1.59)	−0.0053 (−0.56)	−0.0685 *** (−4.91)	−0.0257 (−1.59)
noIP			2.5962 *** (2.94)	0.3000 (0.24)
abilityq			0.0051 *** (3.24)	0.0052 ** (2.52)
cons	−8.427 *** (−2.74)	−21.921 *** (−3.34)	−0.262 *** (−5.78)	−2.708 *** (−5.66)
N	1125	958	807	715

注：＊、＊＊和＊＊＊分别表示在10%、5%和1%的水平上显著，括号内是 t 统计量。

同样对于"技术咨询与技术服务"合约来说，对模型（4）进行长期模型检验时，代表跨国公司主动性变量（专有性资产 *logmoney* 与利用能力 *abilityq*）以及客户主动性变量（技术水平需求变量 *noIP*）系数符合预期假设，并在1%水平上显著，但尚有变量 *longpay* 与 *sellerform* 在统计上不显著。主要的模型假设在"技术研发"和"技术咨询与技术服务"两类合约间同样没有显著的差异。下面主要讨论造成部分假设和预期存在偏差的原因。

（1）对变量 *longpay* 的解释。"技术咨询与技术服务"合约的交易金额远远小于"技术研发"合约（前者平均交易金额为52万元，后者为170万元）。一方面，技术咨询与服务中存在的行为不确定性本身就远低于技术研发，在选择付款方式时对经济因素的考虑更多；另一方面，合同金额较低也使得客户无须承担过大的经济负担和风险，因此，从长期来看，两种外包活动都会倾向于采用一次性付款方式，导致了这一变量的不显著。

（2）对变量 *sellerform* 的解释。组织形式差异主要体现在"技术研发"合约和"技术咨询与技术服务"合约之间（外商独资机构承接的交易中，超过72%属于"技术研发"合约）。这两类合约在"普通外包"和"在岸逆向外包"中分布的不平均对这两类外包在承接方组织形式上的差异有显著的影响，因此，在控制了合约类型之后，组织形式的控制程度与技术交易合约选择的关系变得不显著。

3. 稳健性检验

考虑到2005年人民币升值以来，国内企业遇到的国际经济环境发生了重大变化，中方发包企业在一定程度上进入了新的经济阶段。为了检验本文结果在不同经济周期中的稳健性，我们除了做长期时段的检验（2001～2011年），还将2006～2011年的子样本按照本文所述方法进行检验，结果显示长短期模型下本文主要结论仍然稳健：开放式创新模式背景下，国内交易主体对技术搜寻的主动性吸引了跨国公司从事更多的合约交易与技术转移。跨国公司进入国内技术市场交易时，更趋向于与内资企业进行较多的成熟技术的接包转移，而与在我国的外资企业开展更多的库存技术的接包转移。

五、结论及政策含义

1. 研究结论

运用本文的理论框架与实证结果，我们不仅探讨了引进外资"技术市场化"过程中的主动性特征及其表现，而且验证并支持了基于中间产品市场开放是引资过程中实现"技术市场化"的另一重要方式，并在开放式创新框架下探讨了这一重要方式的实现机制与路径。本文的研究观点可以归结为两方面：一是开放式创新模式带来的新交易机会，表现为跨国公司存在主动对外开展技术交易的意愿（推力因素）；二是东道国市场结构化水平的吸引力，表现为国内市场不同发包方主体的快速崛起，从而能够吸引跨国公司作为承接方将其内部成熟技术以及闲置的库存技术对外交易转移（拉力因素）。这两项微观实证分析得出的结论能较好解释 20 世纪 80 年代以来中国引进外资"技术市场化"过程中的不同表现与原因，对此我们概述如下。

20 世纪 80 年代至 90 年代末，在中国市场处于管制与半管制阶段，国内资源配置处于政策性开放氛围下，进入中国的跨国公司大都囿于封闭式创新的经营模式，并不愿意进入国内中间产品（技术）市场，同时不会主动进行技术转移，这是导致国内当时引进外资实现"技术市场化"的相关政策方针难以奏效的重要背景诱因。在 21 世纪初，随着中国最终确立了开放型经济与创新国家战略①，国内市场向制度创新阶段发展，国内资源配置也转向制度型开放，跨国公司向开放式创新的经营模式转变，日益重视中间产品（技术）市场并积极参与主动性技术转移，引进外资实现"技术市场化"这一目标在新的制度背景下迎来了新的路径与机会。

2. 政策建议

运用本文以上理论研究的基本观点与逻辑，我们结合国内引进外资"技术市场化"若干实践案例的剖析给出以下进一步的政策建议。

第一，开放式创新模式下，利用外资实现"技术市场化"的突破点之一在于密切关注并把握新交易机会。从国内少数几个行业引进外资"技术市场化"运营较好的情形来看（比如三峡工程的水轮发电机组技术以及高铁工程的高速机车制造技术等），上述行业"技术市场化"均发生在 20 世纪末至 21 世纪初，正是国际跨国公司纷纷转向开放式创新模式的阶段。大量跨国公司有意愿将内部技术外部化，这在客观上便利了中国企业通过中间技术市场利用来自发达国家外资 R&D 的技术，通过资源整合、技术吸收、技术咨询与技术服务等过程，加速自主创新能力的培养，而这一点在以往封闭式创新阶段

① 2006 年中国加入 WTO 过渡期结束，可以视为中国开放型经济步入制度化的正式轨道；也在同一年，中国政府提出发展"创新型国家"战略。

下是很难实现的。20 世纪 80 年代初中国汽车业引进外资"技术市场化"步履维艰，很大程度上由于当时交易时机的不成熟。在前 20 年的合资合作过程中，中方企业与封闭创新模式下的跨国公司打交道，从建立配套研发机构到零部件国产化，都经历了极其艰难的谈判。中方企业一直以学习消化为主，基本上没有什么"话语权"。随着中国 2001 年底加入 WTO，国内消费市场启动以及全球化的加深，中方企业的自主能力不断增强，跨国公司这一时期也在纷纷转向开放式创新，由此在中外合资经营模式下，中方企业逐渐拥有更多关于新产品选择权、本土适应性开发、外形与内饰设计等话语权，并不断推出基于合资企业的自主创新品牌。中方企业甚至获得了更多收购跨国汽车巨头 IP 的机会，比如 2008 年金融危机后西方企业遭遇各项冲击，亏损严重，为了维持自身生存，不少跨国公司开始对外出售各项资产与技术，中方企业由此获得开放创新下的有利时机，开展了一系列基于整合技术交易的国际并购，再如万向收购全球最大传动系统制造商 DANA，柳工收购波兰 HSW，吉利收购沃尔沃等。

第二，开放式创新模式下，引进外资实现"技术市场化"的突破点之二在于提升东道国市场的结构化水平。在开放式创新模式下，我们可以发现，跨国公司对外转移的技术不仅有成熟技术，还有大量闲置的库存技术。从跨国公司技术转移动机考察，利润最大化是根本，因而跨国公司会更多考虑技术商业化的市场价值与机会。随着开放式创新活动的普及，跨国公司更趋向在中间产品技术市场交易获利。因此，东道国市场开放的吸引力，不仅表现为技术市场本身制度发育水平，同时也表现为东道国技术市场交易结构的多元化，特别是与跨国公司交易当中，东道国企业与跨国公司在技术管理、知识产权保护、企业文化等方面的融合度，以及自身是否具备充足的吸收能力（Cohen & Levinthal，1990）。越是吸收能力水平高的国内交易伙伴，越有助于吸引跨国公司将更多库存技术对外转移开发，从而更好降低跨国公司内部 R&D 成本；同时吸收能力也能有效促使客户通过技术购买提升绩效（Huang & Rice，2009）。开放式创新阶段的这一新特征对中国政府的产业政策与市场建设提出了更高要求。

第三，理论上，新交易机会的推动力与东道国市场结构化水平的吸引力是引进外资"技术市场化"获得成功的充要条件。但在现实中，东道国企业与跨国公司之间往往初始技术水平差距较大，短期内技术市场化的商用价值空间也不具吸引力。以中国为例，国内各地区之间存在显著的制度差异，与发达国家之间也存在较大的技术落差与制度落差（魏江等，2014），这使得国内市场分散化程度较高，结构化力量不足，这就难以吸引跨国公司进行更高水平的技术转移。由此引进外资实现"技术市场化"的第三个突破点在于，东道国政府可以通过自身统筹能力，整合分散化市场，形成规模化与集中化特征。这一做法的意义表现在两个方面：一是国内大规模市场的整合可以形成极具吸引力的商用价值空间，以此博弈跨国公司库存技术乃至核心技术的引进；二是大规模市场应用可以积累创新的经验和基础，成为促进自主技术研发和创新的最佳途径。以中国高铁业崛起为例，一方面，在 2004～2006 年由政府主导，整合内部市场的需求力量，实施大规模技术引进，使中国高铁工业的技术活动系统经历了成熟产品的完整经验，节省了为设计出一个完整产品而必须自己去探索所有未知因素的时间（路风，2013）；另一方面，中国政府及时推出的"自主创新联合行动计划"战略起了很重要的方向协调作用，这样在"双轮"驱动效应下，中国高铁行业最终收获了拥有自主知识产权的核心技术能力。中国大飞机产业最近十多年的发展也同样验证了前述道理：在国内中航系统加紧推进自主创新技术研发的同时，政府通过制度与政策创新开始整合庞大的国内民用航空市场，吸引了全球航空产业各大核心零配件供应商进入中国市场开展各项合作，在中国市场构筑起完整的航空产业链格局后，国际航空发动机寡头最终也决定进入中国市场开展合作，因此，开放创新视角下的市场整合与规模化效应助推了中国大飞机事业的顺利发展。

参考文献

［1］陈柳、刘志彪：《本土创新能力、FDI 技术外溢与经济增长》，载于《南开

经济研究》，2006 年第 3 期。

[2] 杜群阳、朱勤：《海外投资的 R&D 外溢：高技术产业的实证分析》，载于《财贸经济》，2007 年第 9 期。

[3] 高春亮、周晓燕、王凌云：《“市场换技术”策略能实现吗》，载于《世界经济》，2007 年第 8 期。

[4] 高良谋、马文甲：《开放式创新：内涵、框架与中国情境》，载于《管理世界》，2014 年第 6 期。

[5] 李翀：《以市场能够换技术吗？——我国提供科学技术水平的路径分析》，载于《经济社会体制比较》，2014 年第 5 期。

[6] 李晓华：《对加入 WTO 后“以市场换技术”的思考》，载于《中国工业经济》，2004 年第 4 期。

[7] 路风：《政策“意料外”的高铁奇迹》，载于《瞭望新闻周刊》，2013 年第 12 期。

[8] 罗伟、葛顺奇：《跨国公司进入与中国的自主研发：来自制造业的证据》，载于《世界经济》，2015 年第 12 期。

[9] 毛其淋、盛斌：《对外经济开放、区域市场整合与全要素生产率》，载于《经济学（季刊）》，2012 年第 1 期。

[10] 毛其淋、许家云：《跨国公司进入与中国本土企业成本加成——基于水平溢出与产业关联的实证研究》，载于《管理世界》，2016 年第 9 期。

[11] 倪海青、张岩贵：《知识产权保护、FDI 技术转移与自主创新》，载于《世界经济研究》，2009 年第 8 期。

[12] 平新乔：《市场换来技术了吗》，载于《国际经济评论》，2007 年第 5 期。

[13] 沈坤荣、傅元海：《外资技术转移与内资经济增长质量：基于中国区域面板数据的检验》，载于《中国工业经济》，2010 年第 11 期。

[14] 盛斌、毛其淋：《进口贸易自由化是否影响了中国制造业出口技术复杂度》，载于《世界经济》，2017 年第 12 期。

[15] 魏江、应瑛、刘洋：《研发网分散化，组织学习顺序与创新绩效：比较案例研究》，载于《管理世界》，2014 年第 2 期。

[16] 夏梁、赵凌云：《“以市场换技术”方针的历史演变》，载于《当代中国史研究》，2012 年第 2 期。

[17] 谢建国：《市场竞争、东道国引资政策与跨国公司的技术转移》，载于《经济研究》，2007 年第 6 期。

[18] 余泳泽：《FDI 技术外溢是否存在“门限条件”：来自我国高技术产业的面板门限回归分析》，载于《数量经济技术经济研究》，2012 年第 8 期。

[19] 张宇：《FDI 技术外溢的地区差异与吸收能力的门限特征：基于中国省际面板数据的门限回归分析》，载于《数量经济技术经济研究》，2008 年第 1 期。

［20］郑飞虎、常磊：《跨国公司研发外包活动的研究：中国的实证与新发现》，载于《南开经济研究》，2016 年第 4 期。

［21］郑飞虎、唐蕊：《研发外包与合约选择：基于跨国公司承包方视角的分析》，载于《南开经济研究》，2017 年第 4 期。

［22］郑秀君：《我国外商直接投资（FDI）技术溢出效应实证研究述评：1994 - 2005》，载于《数量经济技术经济研究》，2006 年第 9 期。

［23］周勤、陈柳：《技术差距和跨国公司技术转移战略》，载于《中国工业经济》，2004 年第 5 期。

［24］Chesbrough H. , *Open Business Models*：*How to Thrive in the New Innovation Landscape*, Boston：Harvard Business School Press, 2006.

［25］Chesbrough H. , *Open Innovation*：*The New Imperative for Creating and Profiting from Technology*, Boston：Harvard Business School Press, 2003.

［26］Cohen W. M. , Levinthal D. A. , "Absorptive Capacity：A New Perspective on Learning and Innovation", *Administrative Science Quarterly*, Vol. 35, 1990.

［27］Fransman M. , *Japan's Computer and Communications Industry*, Oxford：Oxford University Press, 1995.

［28］Huang F. , Rice J. , "The Role of Absorptive Capacity in Facilitating 'Open Innovation' Outcomes：A Study of Australian SMEs in the Manufacturing Sector", *International Journal of Innovation Management*, Vol. 33, 2009.

［29］Mahoney J. T. , Pandian J. R. , "The Resource – Based View within the Conversation of Strategic Management", *Strategic Management*, Vol. 13, 1992.

［30］March J. G. , "Exploration and Exploitation in Organizational Learning", *Organization Science*, Vol. 2, 1991.

［31］Quan X. H. , Chesbrough H. , "Hierarchical Segmentation of R&D Process and Intellectual Property Protection：Evidence from Multinational R&D Laboratories in China", *IEE Transactions on Engineering Management*, Vol. 1, 2010.

［32］Stanko M. A. , Calantone R. J. , "Controversy in Innovation Outsourcing Research：Review, Synthesis and Future Directions", *R&D Management*, Vol. 41, 2011.

［33］Zheng Feihu, Jiao Hao, Cai Hongbo. , "Reappraisal of Outbound Open Innovation under the Policy of China's Market for Technology", *Technology Analysis & Strategic Management*, Vol. 30, 2018.

基于空间视角的中国制造业 OFDI 的
东道国影响因素实证研究
——以"一带一路"沿线国家为例*

一、引言

　　我国是制造业大国，制造业体系完备、门类齐全，但与西方发达国家相比，我国钢铁、有色金属、纺织、水泥等传统制造业部门的发展模式及技术、管理水平处于落后水平，部分行业的国内产能过剩，产业结构亟待转型升级。积极开展国际产能合作，是化解国内产能过剩，推动我国产业转型升级，促进我国制造业高质量发展的有效措施。而国际直接投资是国际产能合作的重要方式之一，中国可以通过对外直接投资（outside foreign direct investment，OFDI）开展国际产能合作，为我国制造业的转型升级和高质量发展提供支持（宋勇超，2018）。

　　自 2013 年底"一带一路"倡议提出以来，中国作为"一带一路"沿线国家（以下简称"沿线国家"）最大外商直接投资（foreign direct investment，FDI）来源国之一，对沿线国家的直接投资增长态势明显，投资规模屡创新

　　* 本文原载于《经济问题探索》2020 年第 11 期。共同作者：王晖。基金项目：北京师范大学一带一路学院委托课题"基于'一带一路'沿线国家的中国制造业对外直接投资模式及风险研究"（2019BRSKYB001），项目负责人：仲鑫。

高，据中国商务部发布的《2018 年度中国对外直接投资统计公报》统计数据显示，2018 年中国对沿线 63 个国家的 OFDI 流量达 178.9 亿美元，其中制造业 OFDI 流量为 58.8 亿美元，占比 32.9%，截至 2018 年底中国对沿线国家的 OFDI 存量达 1727.7 亿美元。我国制造业通过对沿线国家直接投资，一方面可以利用沿线国家丰富的劳动力资源、廉价的原材料和先进的技术等，开拓新的市场，优化制造业产能布局，为我国制造业转型升级和高质量发展提供新的动力；另一方面沿线发展中国家众多，大多处于工业化进程中，对基础设施改善、互联互通以及国际资本的需求强烈，而我国大部分制造业产能对沿线国家属于优势产能，通过国际合作，我国可以帮助沿线国家开展基础设施建设，支持其发展适合的制造业，提高沿线国家相关产业的技术和生产力，从而实现我国与沿线国家的互利共赢。

然而，沿线各国的经济发展水平有高有低，并且不同收入水平沿线国家的投资环境具有明显的异质性，加上沿线各国国际合作紧密，区域经济一体化特征明显，使得沿线各国的经济活动可能受到其周边区域国家因素的影响，导致中国制造业对沿线国家的直接投资可能存在空间效应。为更好引导中国制造业 OFDI 在沿线国家健康规范地发展，促进我国制造业 OFDI 在沿线国家顺利进行，同时为我国制造业转型升级和高质量发展提供帮助，也为各级政府制定和调整 OFDI 政策提供有益参考，本文借助空间计量模型深入全面地分析中国制造业对沿线国家直接投资的空间效应及东道国影响因素，并在此基础上进一步对比分析中国制造业对不同收入水平沿线国家直接投资的空间效应及东道国影响因素的差异性具有十分重要的现实意义。

二、文献综述

通过文献梳理，发现国内外学者对影响中国 OFDI 的东道国因素进行了广泛研究，形成了大量的研究成果。其中，中国 OFDI 的东道国影响因素主要包括经济因素、政治制度因素以及地理距离和社会文化因素等。

经济因素是最主要的影响因素，包括东道国经济发展水平、市场规模、金融发展水平、投资便利化、对外开放度、汇率、劳动力成本、技术水平和资源禀赋等。一国和地区的经济发展水平是衡量该国和地区经济发展状态、发展潜力的主要标准，通常国内生产总值较大、增长速度较快的国家能够吸引更多的投资（王亚星等，2015），东道国实际国民收入越高，越有利于中国企业进行直接投资（杨明和王萌璐，2014；周强，2017）；相反，宋维佳和徐宏伟（2012）认为东道国实际收入水平与吸引中国 OFDI 之间的关系并不显著。在市场规模方面，现有文献普遍认为东道国的市场规模与 OFDI 正相关（Cheng & Ma，2007；罗伟和葛顺奇，2013；林良沛和揭筱纹，2017），然而，项本武（2005）的研究表明东道国市场规模与吸引中国 OFDI 之间显著负相关。在金融发展水平方面，余官盛（2015）指出东道国的金融发展规模能有效促进我国企业 OFDI，而沈军和包小玲（2013）指出东道国的金融发展对中国 OFDI 存在门槛效应，当东道国金融发展水平较高时，中国主要以市场寻求型 OFDI 和效率寻求型 OFDI 为主。中国同东道国的双边贸易、东道国开放程度以及双边汇率都能显著促进中国 OFDI 流入东道国（陈恩和王芳芳，2011），刘等（Liu et al.，2017）的研究也证实了中国 OFDI 容易受到东道国汇率和开放程度的影响。中国 OFDI 与东道国的劳动力成本负相关，中国 OFDI 倾向于到劳动力成本低的沿线国家投资（倪沙等，2016），较高的东道国工资水平是制约我国制造业开展 OFDI 的重要因素（张艳，2012）。就技术水平而言，宋维佳和徐宏伟（2012）指出东道国技术水平对中国 OFDI 有显著影响，然而，官建成和王晓静（2007）认为东道国的技术水平尚不构成中国 OFDI 的决定因素，中国 OFDI 不具有技术寻求型特征，王娟和方良静（2011）、戴冠（2019）也得出了类似的结论，东道国技术水平对中国 OFDI 有显著的负向影响，表明我国当前的 OFDI 不具有技术寻求动机。就资源禀赋来看，大多数研究表明东道国资源禀赋对中国 OFDI 具有显著的正向影响（宋维佳和许宏伟，2012；唐绍祥，2012；王根蓓，2013；林良沛和揭筱纹，2017），中国 OFDI 倾向于到资源禀赋高的东道国投资，具有资源寻求型特征（Cheung & Qian，2009；李磊和郑昭阳，2012）。然而，张娟和刘钻石（2013）指出中国民营企业在资源禀赋高的非洲的 OFDI 主要受到市场寻求动机驱动，而不是资源寻求动机的驱动。此外，东道国的服务业发展水平、基础设施水平（阎大颖，2013）、投资便利化（张亚斌，2016）以及双边投资协定（太平和刘宏兵，2014；辛立国等，2016）等都是影响中国 OFDI 的重要因素。

除了关注东道国经济因素外，王和潘（Wang & Pan，2017）指出中国在进行 OFDI 区位选择时，还应当加强分析东道国的制度环境因素。东道国的制度质量越高越能吸引 FDI 流入东道国（Asiedu，2006；Gani，2007），但巴克利等（Buckley et al.，2007）利用 49 个国家 1984～2001 年的数据研究中国 OFDI 区位选择的影响因素时，指出中国 OFDI 与东道国的制度水平负相关，中国 OFDI 主要流向制度缺失的东道国，相反东道国的制度质量越低，越能吸引中国 OFDI（Kolstad & Wiig，2009）。郭苏文和黄汉民（2010）、冀相豹（2014）和张瑞良（2018）认为当东道国与中国的制度质量差距越小时，越能吸引中国 OFDI，即 OFDI 与制度距离负相关。此外，祁春凌和邹超（2013）指出法治制度的质量对中国 OFDI 有显著影响，法制制度质量越高，越能吸引中国 OFDI。张艳辉等（2016）通过对中国对 112 个国家直接投资的经验数据分析，表明东道国的政治风险会对中国企业的对外投资策略产生影响，东道国的政治风险与吸引 OFDI 显著负相关（王海军，2012），但克尔等（Quer et al.，2012）认为来自东道国的政治风险并不会阻碍中国的投资，相反东道国政治风险越高，企业越倾向于采取序贯式投资（李丽丽和綦建红，2017）。

在地理距离和社会文化因素的研究中，布洛姆奎斯特和德罗金迪克（Blomkvist & Drogendijk，2013）指出相近的地理位置和共同的文化环境对吸引中国 OFDI 有正向的影响，风俗习惯、宗教信仰和价值观等都可能影响中国 OFDI。地理距离同东道国吸引 FDI 之间呈负相关关系（Bodman & Le，2013）。许和连和李丽华（2011）指出由于文化差异的存在，我国对外投资的行为受到了负面的影响，当东道国与我国的文化差异较小时，更符合我国企业的对外投资倾向（韩民春和江聪聪，2017），丁鸿君和李妍（2017）、樊琦和杨连

第四篇　国际投资相关问题研究　基于空间视角的中国制造业 OFDI 的东道国影响因素实证研究

星（2017）以及张艾莲等（2018）同样证实上述观点，认为文化差异与中国
OFDI 呈负相关关系，文化距离显著地抑制了中国 OFDI，而有些学者认为文化
差异和中国 OFDI 并不是单一的线性关系，文化距离对 OFDI 区位选择的影响
并非简单的正负向关系，可能存在门槛效应，呈"U"型关系（纂建红等，
2012）；此外，刘娟（2018）认为东道国文化制度差异对中国跨国企业 OFDI
影响并不明显。

FDI 除受东道国因素影响外，还可能会受东道国邻近地区因素的影响
（龚静和尹忠明，2015）。有学者通过构建空间自回归模型研究 FDI 的空间相
关性，研究表明东道国 FDI 同其临近地区的 FDI 可能表现出集聚效应（Ng &
Tuan，2006；马晶梅等，2013；熊彬和王梦娇，2018；潘海英等，2019）或
互补效应（Blanc - Brude，2014），也有可能表现出竞争效应（张文武和熊俊，
2013；庄惠明和郑剑山，2015）和挤出效应（Chantasasawat et al.，2010；蔡
之兵和周俭初，2012）。此外，有学者通过构建空间误差模型分析"第三国"
不可观测因素对 FDI 的影响，研究发现"第三国"不可观测因素能显著促进
中国 OFDI 流入东道国（谢杰和刘任余，2011；熊彬和王梦娇，2018；屠年松
和曹建辉，2019），然而，马述忠和刘梦恒（2016）认为"第三国"不可观
测因素不利于中国 OFDI 流入东道国。

综上，学者们对中国 OFDI 的东道国影响因素进行了大量的研究，为本文
基于沿线国家考察中国制造业 OFDI 的东道国影响因素提供了一定研究基础，
但仍存在一些不足。首先，从国家层面考察中国 OFDI 的东道国影响因素的研
究居多，鲜有聚焦于行业层面，尤其是对中国制造业 OFDI 的东道国影响因素
的研究较少。此外有相当部分文献重点考察东道国因素中的一、两种，并且
已有文献关于东道国因素对中国 OFDI 影响的研究结论也不尽相同，甚至有些
得出相反的结论，表明东道国因素对中国 OFDI 的影响程度和效果仍值得进一
步研究。其次，在基于空间视角考察中国 OFDI 的空间效应的研究中，大多数
研究是从整体或全域层面进行考察，同时在空间权重矩阵的选择上过于单一，
缺乏对区域异质性的考察和设定多种空间权重矩阵对空间效应进行稳健性检

验。最后，在中国对沿线国家直接投资的东道国影响因素研究中，大多数研究对于沿线国家的样本数量选择偏少且研究的时间范围跨度很短，缺乏足够的代表性。因此，本文采用 2003 ~ 2017 年中国制造业对 60 个沿线国家①的 OFDI 数据，构建空间计量模型，深入全面地实证检验了中国制造业对沿线国家直接投资的空间效应及东道国影响因素，并设定多种空间权重矩阵进行稳健性检验，在此基础上对比分析了中国制造业对不同收入水平沿线国家直接投资的空间效应及东道国影响因素的异质性。

与以往研究相比，本文的贡献主要体现在：第一，本文聚焦于中国制造业 OFDI 的东道国影响因素，丰富了行业层面的研究，同时选取 60 个沿线国家进行研究，扩大了沿线国家的研究样本，使得研究结论更具代表性；第二，从空间视角深入全面地考察了中国制造业对沿线国家直接投资的空间效应和东道国影响因素，揭示了中国制造业对沿线国家直接投资的空间效应以及不同东道国因素对中国制造业 OFDI 影响程度和效果；第三，按收入水平将沿线国家划分为高收入国家、中高收入国家以及低收入国家，分别考察了中国制造业对不同收入水平沿线国家直接投资的空间效应以及不同收入水平沿线国家的东道国因素对中国制造业 OFDI 的影响，并对比分析了其空间效应及东道国因素影响程度和效果的异质性。

三、空间自相关检验及空间面板模型构建

1. 空间自相关检验

对于空间自相关检验常用的统计量有莫兰指数（Moran's I）和吉尔里指数

---

① 本文中的沿线国家样本包括：阿富汗、孟加拉国、不丹、阿拉伯埃及共和国、格鲁吉亚、印度尼西亚、印度、吉尔吉斯斯坦、柬埔寨、老挝、摩尔多瓦、缅甸、蒙古、尼泊尔、巴基斯坦、菲律宾、塔吉克斯坦、乌克兰、乌兹别克斯坦、越南、也门共和国、阿尔巴尼亚、亚美尼亚、阿塞拜疆、保加利亚、白俄罗斯、伊朗伊斯兰共和国、伊拉克、约旦、哈萨克斯坦、黎巴嫩、斯里兰卡、马尔代夫、北马其顿、马来西亚、罗马尼亚、俄罗斯联邦、泰国、土库曼斯坦、土耳其、阿拉伯联合酋长国、巴林、文莱达鲁萨兰国、塞浦路斯、捷克共和国、爱沙尼亚、希腊、克罗地亚、匈牙利、以色列、科威特、立陶宛、拉脱维亚、阿曼、波兰、卡塔尔、沙特阿拉伯、新加坡、斯洛伐克共和国、斯洛文尼亚等 60 国。

（Geary's C），本文采用 Moran's I 检验中国制造业 OFDI 在沿线国家是否具有全局空间相关性，其表达式如式（1）所示：

$$I = \frac{\sum\limits_{i=1}^{n} \sum\limits_{j=1}^{n} w_{ij}(x_i - \bar{x})(x_j - \bar{x})}{\sum\limits_{i=1}^{n}(x_i - \bar{x})^2} \tag{1}$$

其中，I 表示莫兰指数，n 表示观测值的数量，x_i 和 x_j 分别表示第 i 个和第 j 个观测值，w_{ij} 表示行标准化的空间权重矩阵的 (i, j) 元素。当 Moran's I 显著为正时，表明中国制造业对沿线国家的直接投资显著空间正相关，中国制造业对沿线国家的直接投资呈现空间集聚现象；反之，如果 Moran's I 显著为负，则表明中国制造业对沿线国家的直接投资显著空间负相关，中国制造业对沿线国家的直接投资未呈现空间集聚现象。

由式（1）可知，空间权重矩阵是空间相关性分析的关键，本文借鉴谢杰和刘任余（2011）及布隆根等（Blonigen et al.，2007）的方法，将行标准化的空间地理权重矩阵（$W1$）定义为式（2）所示：

$$w_{ij} = \begin{cases} \dfrac{1/d_{ij}}{\sum 1/d_{ij}}, i \neq j \\ 0, i = j \end{cases} \tag{2}$$

其中，w_{ij} 为行标准化的地理距离权重矩阵的元素，d_{ij} 为 i 国和 j 国间的地理距离，若两国间的地理距离较近，则权重较大；若两国间的地理距离较远，则权重较小。此外，由于 Moran's I 只能初步判断中国制造业对沿线国家的直接投资是否具有空间相关性，但无法对形成空间现象的成因及其东道国影响因素做定量分析。因此，本文需进一步通过建立空间计量模型实证分析中国制造业对沿线国家直接投资的空间现象成因及其东道国影响因素。

2. 空间计量模型的构建

空间计量模型主要分为空间滞后模型（SAR）和空间误差模型（SEM），其中 SAR 模型用于研究临近区域的某一行为对整个系统中其他区域行为的影响，SEM 模型用于研究临近区域关于因变量的误差冲击对本地区观察值的影

响程度。空间计量模型是在普通计量模型的基础上建立起来的，所以在设定
空间计量模型之前，需要先设定基准模型，本文的基准模型是在原始投资引
力模型（Anderson，1979）的基础上加以适当变形而得，如式（3）所示：

$$\ln OFDI_{it} = \alpha_0 + \alpha_1 \ln GDPC_{it} + \alpha_2 \ln GDP_{it} + \alpha_3 \ln D_{it} + \alpha_4 \ln FTD_{it} + \alpha_5 \ln LAB_{it}$$

$$+ \alpha_6 \ln RES_{it} + \alpha_7 \ln TEC_{it} + \alpha_k \sum_{k=1}^{6} DummyVariables_{it} + \varepsilon_{it} \qquad (3)$$

其中，i 表示沿线国家，t 表示时间，α_0 为常数项，ε_{it} 为残差项。被解释变量
$OFDI_{it}$ 表示中国制造业在沿线国家的 OFDI 存量；解释变量 $GDPC_{it}$ 表示国内市
场规模，D_{it} 表示中国与东道国间的地理距离，GDP_{it}、FTD_{it}、LAB_{it}、RES_{it}、
TEC_{it} 分别表示东道国市场规模、对外开放程度、劳动力总量、资源禀赋和技
术水平。$DummyVariablesit$ 代表一系列虚拟变量，包括沿线国家是否与我国签
订关于"一带一路"合作备忘录（BR_{it}）、是否与我国签订投资协定（INV_{it}）、
是否为我国邻国（NEI_{it}）、是否属于世贸组织（WTO_{it}）、是否属于上海合作组
织（SH_{it}）、是否与我国语言相同（LAN_{it}）等。

（1）空间滞后模型。空间滞后模型用于分析中国制造业对东道国直接投
资如何受"第三国"中的中国制造业 OFDI 影响，则空间滞后模型在式（3）
的基础上设定为如式（4）所示：

$$\ln OFDI_{it} = \alpha_0 + \rho W \ln OFDI_{it} + \alpha_1 \ln GDPC_{it} + \alpha_2 \ln GDP_{it} + \alpha_3 \ln D_{it}$$

$$+ \alpha_4 \ln FTD_{it} + \alpha_5 \ln LAB_{it} + \alpha_6 \ln RES_{it} + \alpha_7 \ln TEC_{it}$$

$$+ \alpha_k \sum_{k=1}^{6} DummyVariables_{it} + \varepsilon_{it} \qquad (4)$$

其中，W 为空间权重矩阵；$W \ln OFDI_{it}$ 属于"第三国"效应因素，ρ 为空间滞
后系数，用来测度中国制造业对沿线国家直接投资的空间相关性，反映"第
三国"中的中国制造业 OFDI 对东道国吸引中国制造业 OFDI 的影响程度和效
果。当 ρ 显著为正，说明中国制造业对沿线国家的直接投资存在互补效应，
即中国制造业对沿线国家的直接投资表现为空间集聚现象；当 ρ 显著为负，
说明中国制造业对沿线国家的直接投资存在挤出效应，即表现为竞争现象。

（2）空间误差模型。空间误差模型用于分析"第三国"不可观测因素对

东道国吸引中国制造业 OFDI 的影响，用以说明区域变化对相邻区域的溢出程度，则空间误差模型在式（3）的基础上设定为如式（5）所示：

$$\ln OFDI_{it} = \alpha_0 + \alpha_1 \ln GDPC_{it} + \alpha_2 \ln GDP_{it} + \alpha_3 \ln D_{it} + \alpha_4 \ln FTD_{it}$$

$$+ \alpha_5 \ln LAB_{it} + \alpha_6 \ln RES_{it} + \alpha_7 \ln TEC_{it} + \alpha_k \sum_{k=1}^{6} DummyVariables_{it}$$

$$+ \varepsilon_{it}, \varepsilon_{it} = \lambda W \varepsilon_{it} + \mu_{it} \tag{5}$$

其中，λ 是空间误差系数，用来反映"第三国"不可观测因素对东道国吸引中国制造业 OFDI 的影响程度和效果，μ_{it} 是误差向量，W 是扰动项的空间权重矩阵，本文借鉴何兴强和王利霞（2008）的做法，将空间权重矩阵 W 视为扰动项的空间权重矩阵。

四、变量选择及数据来源

在本文研究中，被解释变量为中国制造业对沿线国家直接投资存量，然而由于该项数据无法直接获取，本文根据张春萍（2012）的研究结论，中国 OFDI 具有出口创造效应，并参照刘海云和聂飞（2015）的做法，采用中国对沿线国家直接投资存量与中国对沿线国家制造业出口占比的乘积形式间接衡量中国制造业对沿线国家直接投资的情况，中国对沿线国家直接投资存量数据来源于商务部所发布的《中国对外直接投资统计公报》，中国制造业对沿线国家出口占比数据来自 UNCOMTRADE 数据库，并将国民经济行业分类与代码（GB/4754 – 2017）中的 29 个制造业细分行业与 HS 编码相对应，可以计算出中国制造业对沿线国家的出口情况。

据上文分析，本文的解释变量包括国内市场规模，中国与东道国间的地理距离，东道国市场规模、对外开放程度、劳动力总量、资源禀赋和技术水平等。其中，国内市场规模用中国 GDP 总量来衡量，数据来源于世界银行数据库（WDI）；中国与东道国间的地理距离数据来源于 CEPII 数据库；东道国市场规模用东道国 GDP 总量来衡量，数据来源于 WDI 数据库；东道国对外开放程度用商品出口额占 GDP 的比重来衡量，数据来源于 WDI 数据库；东道国劳动力总量数据来源于 WDI 数据库；东道国资源禀赋用自然资源总租金占 GDP 比重来衡量，该数值越高，代表东道国资源禀赋越高，其中自然资源总租金包括石油租金、天然气租金、煤炭（硬煤和软煤）租金、矿产租金和森林租金，数据来源于 WDI 数据库；东道国技术水平用高技术产品出口占制造业出口的比重来衡量，该比重越大，代表东道国技术水平越高，数据来源于 UNCOMTRADE 数据库。虚拟变量包括沿线国家是否与我国签订关于"一带一路"的合作备忘录、是否与我国签订投资协定、是否为我国邻国、是否属于 WTO、是否属于上海合作组织、是否与我国语言相同等，其中沿线各国从与我国签订关于"一带一路"的合作备忘录的时间算起，之后的年份取值为 1，之前的年份取值为 0，同样地，沿线各国从与我国签订投资协定的时间算起、从加入 WTO 的时间算起、从加入上海合作组织的时间算起，之后的年份取值为 1，之前的年份取值为 0；当沿线各国与我国相邻以及与我国语言相同时，各年份的取值为 1，否则取值为 0，相关数据来源于中国"一带一路"网、WTO 网站、商务部网站、UNCTAD 网站以及 CEPII 数据库。为了消除由于量纲不同带来的影响，本文的变量（除虚拟变量外）均为经过对数化处理后的结果，2003~2017 年被解释变量、主要解释变量以及虚拟变量的统计性描述如表 1 所示。

表 1 变量描述性统计

变量	平均值	标准值	最小值	最大值	样本数
$\ln OFDI$	8.1658	3.4024	-0.1011	15.1428	900
$\ln GDPC$	29.3191	0.6641	28.1380	30.1278	900
$\ln GDP$	24.7276	1.6813	20.2485	28.6986	900
$\ln D$	8.5564	0.3806	7.0665	8.9519	900
$\ln FTD$	-0.3467	0.5013	-1.6039	1.2340	900
$\ln LAB$	15.3890	1.6073	11.6157	20.0406	900
$\ln RES$	-3.9053	2.4574	-12.6745	-0.4254	900
$\ln TEC$	-1.3704	0.9748	-7.2595	6.0634	900

变量	平均值	标准值	最小值	最大值	样本数
BR	0.1022	0.3031	0.0000	1.0000	900
INV	0.9144	0.2799	0.0000	1.0000	900
NEI	0.2167	0.4122	0.0000	1.0000	900
WTO	0.7822	0.4130	0.0000	1.0000	900
SH	0.1822	0.3862	0.0000	1.0000	900
LAN	0.0333	0.1796	0.0000	1.0000	900

注：根据 Stata 15.0 计算整理而得。

五、实证结果与讨论

1. 空间相关性检验结果及分析

本文根据式（1），将 2003～2017 年中国制造业对沿线国家直接投资的全局 Moran's I 计算如下，如表 2 所示。

表 2　2003～2017 年中国制造业对沿线国家直接投资的全局 Moran's I

年份	Moran's I	E（I）	Sd（I）	Z	P－value
2003	0.131	－0.017	0.028	5.238	0.000
2004	0.115	－0.017	0.028	4.677	0.000
2005	0.086	－0.017	0.028	3.646	0.000
2006	0.049	－0.017	0.028	2.345	0.019
2007	0.066	－0.017	0.028	2.963	0.003
2008	0.099	－0.017	0.028	4.153	0.000
2009	0.089	－0.017	0.028	3.783	0.000
2010	0.081	－0.017	0.028	3.509	0.000
2011	0.078	－0.017	0.028	3.422	0.001
2012	0.077	－0.017	0.028	3.405	0.001
2013	0.091	－0.017	0.028	3.911	0.000
2014	0.093	－0.017	0.028	3.959	0.000
2015	0.082	－0.017	0.028	3.572	0.000
2016	0.099	－0.017	0.028	4.212	0.000
2017	0.104	－0.017	0.028	4.384	0.000

注：根据 Stata 15.0 计算整理而得。

从表2可以看出，2003～2017年中国制造业对沿线国家直接投资的
Moran's I为显著为正，说明中国制造业对沿线国家的直接投资显著空间正相
关，本文进一步利用Moran散点图可以更加直观地观察中国制造业对沿线国
家直接投资的空间自相关情况，如图1所示。图1分别是2003年、2008年、
2013年和2017年的Moran's I散点图，横轴表示中国制造业OFDI存量，纵轴
表示空间滞后项。图中的字母缩写代表国家，共计60个国家，分为四个象
限，第一象限代表拥有较高中国制造业OFDI存量的沿线国家集聚情况，第三
象限代表拥有较少中国制造业OFDI存量的沿线国家集聚情况，而第二象限和
第四象限表示拥有较多和较少中国制造业OFDI存量的沿线国家集聚情况。从
Moran's I散点图来看，中国制造业对沿线国家的直接投资大体分布在第一、
三象限，中国制造业对沿线国家直接投资的空间区位分布呈显著的集聚状态。

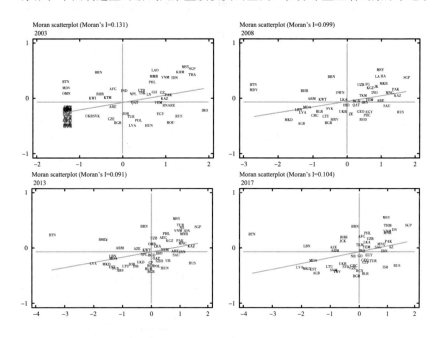

图1 中国制造业对沿线国家直接投资的 Moran's I 散点

注：由 Stata 15.0 绘制而得。由于图片格式转换问题，本文部分图示与数据运行结果有细
微差别，但不影响全文内容与结论。

2. 回归结果及分析

在进行实证分析之前，本文首先采用 LM 检验对其适用性进行检验，检验

结果如表3所示。结果显示，中国制造业对沿线国家直接投资的空间滞后效应和空间误差效应均在1%水平上显著，进一步验证了中国制造业对沿线国家直接投资的空间效应十分显著。

表3   LM 检验结果

统计量名称	统计量值	P 值
LM – lag	98.9721	0.000
Robust LM – lag	26.0223	0.000
LM – error	165.8637	0.000
Robust LM – error	92.9139	0.000

注：运用 Matlab 2016b 计算整理而得。

埃洛斯特（Elhorst，2015）认为在样本量相对较大时，采用随机效应模型能够避免固定效应模型中的自由度损失，同时还能够避免许多重要的变量不能被估计的问题。因此，本文采用随机效应模型进行估计，估计结果如表4所示。

表4   中国制造业对沿线国家直接投资空间效应
及东道国影响因素回归结果

变量	基准模型	SAR	SEM
	（1）	（2）	（3）
λ			0.6540 ***
			(0.0561)
ρ		0.3320 ***	
		(0.0371)	
intercept	− 60.2403 ***	− 61.0454 ***	− 55.8912 ***
	(3.8302)	(3.6474)	(3.6213)
ln*GDPC*	2.1133 ***	2.1562 ***	2.2061 ***
	(0.1071)	(0.1019)	(0.1017)
ln*GDP*	0.4552 ***	0.4429 ***	0.3985 ***
	(0.0745)	(0.0708)	(0.0785)
ln*D*	− 1.7844 ***	− 1.8843 ***	− 2.2520 ***
	(0.2483)	(0.2363)	(0.2444)
ln*FTD*	0.3647 **	0.2764 *	0.1683
	(0.1534)	(0.1459)	(0.1547)

续表

变量	基准模型 (1)	SAR (2)	SEM (3)
ln*LAB*	0.6157 *** (0.0762)	0.4811 *** (0.0741)	0.5144 *** (0.0804)
ln*RES*	0.1806 *** (0.0287)	0.1369 *** (0.0281)	0.1893 *** (0.0292)
ln*TEC*	0.1411 * (0.0775)	0.0864 (0.0737)	0.0207 (0.0750)
BR	0.3127 (0.2252)	0.2809 (0.2142)	0.2875 (0.2110)
INV	1.6261 *** (0.2548)	1.5708 *** (0.2423)	1.5159 *** (0.2706)
NEI	0.5597 ** (0.2403)	0.4034 * (0.2286)	0.2499 (0.2328)
WTO	0.1249 (0.1743)	0.0622 (0.1658)	0.0395 (0.1783)
SH	0.9307 *** (0.2081)	0.7402 *** (0.1983)	0.5686 *** (0.2042)
LAN	3.0324 *** (0.4129)	2.7449 *** (0.3971)	3.3961 *** (0.4214)
$sigma^2$	3.3702	3.0472	2.9268
log L	−1816.7	−1780.7	−1771.4
R^2	0.7131	0.7365	0.7036
Corrected R^2	0.7089	0.7174	0.7048
N	900	900	900

注:括号内为标准误;*** 、** 和 * 分别代表在1%、5%和10%的显著性水平上显著。

表4中的第(1)列至第(3)列分别报告的是普通面板模型、空间滞后面板模型和空间误差面板模型的回归结果。从回归结果来看,除了空间回归系数外,普通面板模型与空间滞后面板模型和空间误差面板模型的回归结果的系数大小及显著性相差无几,表明各模型中东道国影响因素的回归结果具有较好的稳健性,此外,SAR模型的空间滞后项系数(0.3320)和SEM模型的空间误差项系数(0.6540)均在1%的水平上显著,表明中国制造业对东道

国的直接投资受到"第三国"因素的显著影响。SAR模型的空间滞后系数显著为正,表明东道国邻近区域的中国制造业OFDI可以促进中国制造业OFDI流入东道国,中国制造业对沿线国家的直接投资存在互补效应,表现为空间集聚现象;SEM模型的空间误差项系数显著为正,说明"第三国"不可观测因素显著促进中国制造业OFDI流入沿线国家。另外,从表4可以看出SAR模型调整的拟合优度(0.7174)大于SEM模型调整的拟合优度(0.7048),根据埃洛斯特(2015)的理论,由于SAR模型的Corrected R^2 值比SEM模型的Corrected R^2 值更高,所以SAR模型具有更好的拟合效果,本文选择SAR模型作为解释模型。

从SAR模型回归的结果来看,国内市场规模,东道国市场规模、对外开放程度、劳动力总量以及资源禀赋等变量的回归系数分别为2.1562、0.4429、0.2764、0.4811和0.1369且显著,说明国内市场规模,东道国市场规模、对外开放程度、劳动力总量以及资源禀赋显著正向影响中国制造业OFDI。当国内市场规模扩大,有利于中国制造业OFDI"走出去";中国制造业倾向到市场规模大的沿线国家投资,中国制造业OFDI的市场寻求型特征比较明显;此外,东道国对外开放程度越大,越容易吸引中国制造业OFDI;东道国劳动力总量也是吸引中国制造业OFDI的重要因素之一,东道国劳动力总量越大,越能吸引中国制造业OFDI,说明中国制造业对沿线国家的直接投资带有明显的劳动密集型特征;另外,东道国资源禀赋越高,越能吸引中国制造业OFDI,说明中国制造业对沿线国家的直接投资具有资源寻求型特征。东道国技术水平的回归系数为0.0864且不显著,中国与东道国间的地理距离回归系数为-1.8843且显著,说明东道国技术水平与中国制造业OFDI正相关但不显著,中国与东道国间的地理距离与中国制造业OFDI显著负相关,表明整体上中国制造业OFDI寻求先进技术的特征不明显,中国制造业倾向到与中国距离较近的沿线国家投资。

另外,从表4可以看出,各个虚拟变量的回归系数都为正,表明各个虚拟变量与沿线国家的中国制造业OFDI正相关,其中东道国是否与我国签订投资协定、是否为我国邻国、是否属于上海合作组织、是否与我国语言相同显著正向影响中国制造业 OFDI，说明当沿线国家与我国签订投资协定、属于我国的邻国、加入上海合作组织以及与我国语言相同时更能吸引中国制造业 OFDI。

在空间自回归模型中，解释变量对被解释变量的影响并不能只关注解释变量的估计结果，而应该考虑空间回归系数的影响。本文在 SAR 模型估计的基础上，将解释变量对被解释变量的影响效应分解为直接效应和间接效应，其中，直接效应反映东道国因素对中国制造业 OFDI 的影响，间接效应反映东道国邻近地区因素对东道国吸引中国制造业 OFDI 的影响，SAR 模型估计效应分解结果如表 5 所示。

表 5   SAR 模型回归效应分解

变量	直接效应	间接效应	总效应
$\ln GDPC$	2. 1622 *** (0. 1030)	1. 0685 *** (0. 1846)	3. 2308 *** (0. 2378)
$\ln GDP$	0. 4446 *** (0. 0697)	0. 2198 *** (0. 0511)	0. 6644 *** (0. 1115)
$\ln D$	− 1. 8910 *** (0. 2364)	− 0. 9347 *** (0. 1957)	− 2. 8257 *** (0. 3881)
$\ln FTD$	0. 2815 * (0. 1452)	0. 1388 * (0. 0756)	0. 4203 * (0. 2177)
$\ln LAB$	0. 4857 *** (0. 0738)	0. 2385 *** (0. 0469)	0. 7242 *** (0. 1079)
$\ln RES$	0. 1387 *** (0. 029)	0. 0679 *** (0. 0157)	0. 2066 *** (0. 0417)
$\ln TEC$	0. 0881 (0. 0736)	0. 0432 (0. 0367)	0. 1313 (0. 1095)
BR	0. 2989 (0. 2162)	0. 1474 (0. 1111)	0. 4463 (0. 3245)
INV	1. 5772 *** (0. 2419)	0. 7788 *** (0. 1754)	2. 356 *** (0. 3825)
NEI	0. 4092 * (0. 2353)	0. 2009 * (0. 1199)	0. 6102 * (0. 3510)

变量	直接效应	间接效应	总效应
WTO	0.0668 (0.1694)	0.0327 (0.0840)	0.0995 (0.2525)
SH	0.7411 *** (0.2026)	0.3657 *** (0.1173)	1.1067 *** (0.3080)
LAN	2.7323 *** (0.4155)	1.3448 *** (0.2802)	4.0771 *** (0.6278)

注：括号内为标准误；*** 和 * 分别代表在 1% 和 10% 的显著性水平上显著。

从效应分解结果来看，直接效应和间接效应系数的正负号以及显著性都保持一致。其中，解释变量 $\ln GDP$ 的直接效应系数和间接效应系数分别为 0.4446 和 0.2198 且显著，表明在其他因素不变时，当东道国市场规模每增加 1% 单位时，东道国中的中国制造业 OFDI 存量增加 0.4446% 单位；东道国临近区域的市场规模每增加 1% 单位时，东道国中的中国制造业 OFDI 存量增加 0.2198% 单位，说明市场规模具有空间溢出效应。同样地，不仅东道国对外开放程度的提升、劳动力总量的增加、资源禀赋的提高、技术水平的提升对东道国吸引中国制造业 OFDI 具有正向作用，而且东道国临近区域的对外开放程度的提升、劳动力总量的增加、资源禀赋的提高、技术水平的提升也对东道国吸引中国制造业 OFDI 具有正向作用；解释变量 $\ln D$ 的直接效应系数和间接效应系数分别为 - 1.8910 和 - 0.9347，说明当中国与东道国及其临近区域的地理距离越远，越不利于东道国吸引中国制造业 OFDI。此外，东道国及其临近区域与中国签订关于"一带一路"的合作备忘录、签订投资协定、与中国接壤、属于 WTO、属于上海合作组织、与中国语言相同，有利于东道国吸引中国制造业 OFDI，其中签订投资协定、与中国接壤、属于上海合作组织、与中国语言相同对东道国吸引中国制造业 OFDI 的效果比较显著。

3. 稳健性检验

为了使以上研究结论更具有说服性，本文通过更换权重矩阵进行稳健性检验。本文分别采用行标准化的经济距离空间权重矩阵和行标准化的经济地理距离空间权重矩阵进行稳健性检验。本文首先定义两国之间的经济距离为2017年两国人均 GDP 差值的绝对值，则行标准化的经济距离空间权重矩阵（$W2$）如式（6）所示：

$$w'_{ij} = \begin{cases} \dfrac{1/\mid GDP_i - GDP_j \mid}{\sum 1/\mid GDP_i - GDP_j \mid}, i \neq j \\ 0, i = j \end{cases} \tag{6}$$

本文定义经济地理距离空间权重矩阵可用行标准化地理距离空间权重矩阵（$W1$）点乘行标准化经济距离空间权重矩阵（$W2$）来表示，其中，经济地理距离空间权重矩阵的对角线元素都为 0，而非对角线元素如式（7）所示：

$$w''_{ij} = \dfrac{1/d_{ij}}{\sum 1/d_{ij}} \times \dfrac{1/\mid GDP_i - GDP_j \mid}{\sum 1/\mid GDP_i - GDP_j \mid}, i \neq j \tag{7}$$

则行标准化的经济地理距离空间权重矩阵（$W3$）如式（8）所示：

$$w'''_{ij} = \begin{cases} \dfrac{w''_{ij}}{\sum w''_{ij}}, i \neq j \\ 0, i = j \end{cases} \tag{8}$$

稳健性检验结果如表 6 所示，当选用行标准化经济距离空间权重矩阵时，SAR 模型和 SEM 模型回归结果中的空间滞后项系数 ρ 和空间误差系数 λ 分别为 0.1769 和 0.3410 且显著；当选用行标准化经济地理距离空间权重矩阵时，SAR 模型和 SEM 模型回归结果中的空间滞后项系数 ρ 和空间误差系数 λ 分别为 0.1910 和 0.3440 且显著，说明中国制造业对沿线国家直接投资的空间相关性显著，再次证实了中国制造业对沿线国家的直接投资受到"第三国"效应的显著影响。此外，各模型中的解释变量国内市场规模，东道国市场规模，中国与东道国间的地理距离，东道国对外开放程度、劳动力总量、资源禀赋、技术水平以及虚拟变量的回归系数的正负号和显著性与前文完全一致，仅系数大小有小幅度变化，表明本文的实证分析结果具有较好的稳健性。

表6 稳健性检验结果

变量	经济距离空间权重矩阵		经济地理距离空间权重矩阵	
	SAR	SEM	SAR	SEM
λ		0.3410 *** (0.0489)		0.3440 *** (0.0461)
ρ	0.1769 *** (0.0321)		0.1910 *** (0.0297)	
intercept	− 59.3800 *** (3.7245)	− 57.0299 *** (3.7602)	− 58.8760 *** (3.7045)	− 57.7283 *** (3.7347)
ln$GDPC$	2.1042 *** (0.1043)	2.1460 *** (0.1052)	2.0852 *** (0.1039)	2.1754 *** (0.1051)
lnGDP	0.4625 *** (0.0724)	0.4529 *** (0.0774)	0.4592 *** (0.072)	0.4396 *** (0.0771)
ln$D$	− 1.8776 *** (0.2414)	− 2.1228 *** (0.2473)	− 1.8637 *** (0.2399)	− 2.0925 *** (0.2451)
lnFTD	0.2727 * (0.1493)	0.1744 (0.1537)	0.2630 * (0.1483)	0.1581 (0.1533)
lnLAB	0.5140 *** (0.0757)	0.5303 *** (0.0801)	0.5119 *** (0.0749)	0.5325 *** (0.0794)
lnRES	0.1504 *** (0.0286)	0.1895 *** (0.0294)	0.1501 *** (0.0282)	0.1856 *** (0.0291)
lnTEC	0.1186 (0.0753)	0.0930 (0.0772)	0.1131 (0.0749)	0.0895 (0.0766)
BR	0.3032 (0.219)	0.2978 (0.2176)	0.2086 (0.2181)	0.256 (0.2211)
INV	1.6358 (0.2477)	1.7044 *** (0.265)	1.6071 *** (0.2461)	1.5807 *** (0.2637)
NEI	0.5092 ** (0.2337)	0.4226 * (0.2368)	0.5104 ** (0.2322)	0.4284 * (0.2353)
WTO	0.0931 (0.1695)	0.0983 (0.1768)	0.0815 (0.1685)	0.0685 (0.1755)
SH	0.7791 *** (0.2031)	0.6960 *** (0.2047)	0.7687 *** (0.2016)	0.6507 *** (0.204)
LAN	2.8598 *** (0.4055)	3.4124 *** (0.4241)	2.8326 *** (0.4025)	3.3349 *** (0.4208)

变量	经济距离空间权重矩阵		经济地理距离空间权重矩阵	
	SAR	SEM	SAR	SEM
$sigma^2$	3. 1859	3. 0998	3. 1460	3. 0723
$\log L$	−1800. 95	−1795. 67	−1795. 97	−1792. 94
R^2	0. 7245	0. 7101	0. 7279	0. 7094
$Corrected\ R^2$	0. 7142	0. 7103	0. 7151	0. 7099
N	900	900	900	900

注：括号内为标准误；***、** 和 * 分别代表在 1%、5% 和 10% 的显著性水平上显著。

4. 进一步分析

为进一步考察不同收入水平沿线国家的东道国因素对中国制造业 OFDI 影响的异质性，本文参考世界银行对各国经济水平的划分（2017~2018 年标准），将沿线国家划分为高收入国家、中高收入国家以及低收入国家，其中低收入国家包括低收入和中低收入国家，划分结果如表 7 所示。

表7　　　　　　"一带一路"沿线国家按收入水平划分情况

组别	沿线国家
低收入国家 （GNI ≤ \$3955）	阿富汗、孟加拉国、不丹、阿拉伯埃及共和国、格鲁吉亚、印度尼西亚、印度、吉尔吉斯斯坦、柬埔寨、老挝、摩尔多瓦、缅甸、蒙古、尼泊尔、巴基斯坦、菲律宾、塔吉克斯坦、乌克兰、乌兹别克斯坦、越南、也门共和国
中高收入国家 \$3955 < GNI ≤ \$12235	阿尔巴尼亚、亚美尼亚、阿塞拜疆、保加利亚、白俄罗斯、伊朗伊斯兰共和国、伊拉克、约旦、哈萨克斯坦、黎巴嫩、斯里兰卡、马尔代夫、北马其顿、马来西亚、罗马尼亚、俄罗斯联邦、泰国、土库曼斯坦、土耳其
高收入国家 （GNI > \$12235）	阿拉伯联合酋长国、巴林、文莱达鲁萨兰国、塞浦路斯、捷克共和国、爱沙尼亚、希腊、克罗地亚、匈牙利、以色列、科威特、立陶宛、拉脱维亚、阿曼、波兰、卡塔尔、沙特阿拉伯、新加坡、斯洛伐克共和国、斯洛文尼亚

注：根据世界银行对各国经济水平划分标准（2017~2018 年标准）整理而得。

从表 7 可以看出，其中低收入沿线国家包括阿富汗、孟加拉国等 21 国，中高收入沿线国家包括阿尔巴尼亚、亚美尼亚等 19 国，高收入沿线国家包括阿拉伯联合酋长国、巴林等 20 国。

同样地，本文采用 SAR 模型和 SEM 模型分别对中国制造业对低收入、中高收入以及高收入沿线国家直接投资的空间效应及东道国影响因素进行实证分析，回归结果如表 8 所示。

表 8　　　　　　　　不同收入水平沿线国家分组回归结果

变量	SAR			SEM		
	低收入组	中高收入组	高收入组	低收入组	中高收入组	高收入组
λ				0.7540 *** (0.0433)	0.4000 *** (0.0921)	0.4670 *** (0.0786)
ρ	0.6110 *** (0.0432)	0.1410 *** (0.0507)	−0.2361 *** (0.0688)			
intercept	−81.2006 *** (5.7439)	−52.3106 *** (6.1303)	−34.8123 *** (7.3732)	−71.8018 *** (5.6298)	−52.1021 *** (6.5284)	−36.5047 *** (7.5388)
$\ln GDPC$	2.7345 *** (0.1977)	2.0302 *** (0.1632)	2.3723 *** (0.1473)	2.5336 *** (0.2036)	2.1315 *** (0.1666)	2.4127 *** (0.1378)
$\ln GDP$	−0.2689 (0.2042)	0.8811 *** (0.2217)	1.1314 *** (0.169)	0.0567 (0.2377)	0.8984 *** (0.2364)	1.1048 *** (0.1885)
$\ln D$	−0.2365 (0.2773)	−3.1157 *** (0.4537)	−7.1289 *** (0.7186)	−0.6347 * (0.3578)	−3.4454 *** (0.5236)	−6.8086 *** (0.7603)
$\ln FTD$	0.1531 (0.2466)	0.1564 (0.2223)	0.6760 *** (0.2168)	−0.0424 (0.2788)	0.4177 (0.2663)	0.6372 *** (0.2399)
$\ln LAB$	0.8789 *** (0.2094)	0.3500 (0.2588)	0.5853 (0.2132)	0.7505 *** (0.2298)	0.3844 (0.2773)	0.3389 (0.2479)
$\ln RES$	0.4900 *** (0.0914)	0.2035 *** (0.0377)	−0.0940 *** (0.0344)	0.6136 *** (0.1108)	0.2183 *** (0.044)	−0.0634 * (0.0338)
$\ln TEC$	−0.2801 *** (0.1000)	−0.1537 (0.1336)	0.4256 *** (0.1374)	−0.1998 * (0.1042)	−0.1633 (0.1526)	0.0892 (0.1243)
$sigma^2$	3.1229	1.9665	2.6468	2.5524	1.9034	1.9737
$\log L$	−633.68	−501.07	—	−607.93	−498.95	−532.42
R^2	0.7000	0.8451	0.7402	0.5361	0.8373	0.7758
Corrected R^2	0.4420	0.8410	0.7639	0.5363	0.8377	0.7760
N	315	285	300	315	285	300

注：括号内为标准误；*** 和 * 分别代表在 1% 和 10% 的显著性水平上显著。

从表 8 中的回归结果来看，在 SAR 模型中，低收入组和中高收入组的回归空间滞后项系数分别为 0.6110 和 0.1410 且显著，说明在低收入和中高收入沿线国家中，东道国邻近区域中的中国制造业 OFDI 对东道国吸引中国制造业 OFDI 具有显著的正效应，能够促进中国制造业 OFDI 流入东道国，中国制造业 OFDI 在低收入和中高收入沿线国家中产生了聚集效应；高收入组的回归空间滞后项系数为 -0.2361 且显著，说明在高收入沿线国家中，东道国临近区域中的中国制造业 OFDI 对东道国吸引中国制造业 OFDI 具有显著的负效应，抑制中国制造业 OFDI 流入东道国，中国制造业 OFDI 在高收入沿线国家中产生了挤出效应。在 SEM 模型中，低收入组、中高收入组以及高收入组的回归空间误差项系数分别为 0.7540、0.4000 和 0.4670 且显著，说明无论是在低收入、中高收入还是在高收入沿线国家中，"第三国"不可观测因素能够显著正向影响中国制造业 OFDI，促进中国制造业 OFDI 流入东道国。

此外，由于 SAR 模型和 SEM 模型中各变量的回归系数大小、符号及显著性基本保持一致，本文以 SAR 模型的回归结果来分析说明不同收入水平沿线国家的东道国因素对中国制造业 OFDI 的影响。从回归结果来看，无论是在低收入组、中高收入组还是在高收入组中，国内市场规模的回归系数都显著为正，说明随着国内市场规模的扩大，有助于促进中国制造业 OFDI 流入不同收入水平的沿线国家；在低收入沿线国家中，东道国市场规模的回归系数为负但不显著，在中高收入和高收入沿线国家中，东道国市场规模的回归系数显著为正，说明东道国市场规模是中国制造业对中高收入和高收入沿线国家直接投资的重要影响因素；此外，地理距离的回归系数均为负，表明无论是在低收入、中高收入还是在高收入沿线国家中，随着地理距离的增加，中国制造业对沿线国家的直接投资都会减少；东道国对外开放程度的回归系数为正，其中高收入组的回归系数显著，表明无论是在低收入、中高收入还是在高收入沿线国家中，随着其对外开放程度的提高，中国制造业对沿线国家的直接投资都会增多，且在高收入沿线国家中表现更加明显；东道国劳动力总量的回归系数为正，其中在低收入沿线国家中的回归系数显著，表明无论是在低

收入、中高收入还是在高收入沿线国家中，随着其劳动力总量的提高，中国
制造业对沿线国家的直接投资都会增多，并且在低收入沿线国家中表现更加
明显，也反映出东道国劳动力总量是中国制造业对低收入沿线国家直接投资
的重要影响因素；在低收入和中高收入组中，东道国资源禀赋的回归系数显
著为正，在高收入组中，东道国资源禀赋的回归系数显著为负，说明东道国
资源禀赋是中国制造业对低收入和中高收入沿线国家直接投资的重要影响因
素；在低收入和中高收入组中，东道国技术水平的回归系数为负，在高收入
组中，东道国技术水平的回归系数显著为正，说明东道国技术水平是中国制
造业对高收入沿线国家直接投资的重要影响因素。

六、结论与政策建议

本文采用 2003～2017 年中国制造业在 60 个沿线国家的 OFDI 数据，构建
空间计量模型，实证检验了中国制造业对沿线国家直接投资的空间效应，分
析了国内市场规模、中国与东道国地理距离、东道国市场规模、对外开放度、
劳动力总量、资源禀赋以及技术水平等因素对中国制造业 OFDI 的影响，并进
一步分组检验了中国制造业对不同收入水平沿线国家直接投资的空间效应和
东道国影响因素的异质性，主要结论如下。

第一，从整体上看，中国制造业对沿线国家的直接投资呈现显著的空间
集聚现象，"第三国"因素能显著正向影响中国制造业 OFDI，促进中国制造
业 OFDI 流入东道国。中国市场规模的扩大有助于中国制造业"走出去"，有
助于促进中国制造业 OFDI 流入沿线国家，中国制造业倾向到市场规模大、对
外开放程度高、劳动力总量大以及资源禀赋高的沿线国家投资，说明中国制
造业 OFDI 在沿线国家的市场寻求型和资源寻求型动机明显，并且以劳动密集
型投资为主。此外，地理距离的回归系数显著为负，技术水平的回归系数为
正，但不显著，说明随着地理距离的增加，会阻碍中国制造业 OFDI 流入东道
国，另外中国制造业 OFDI 在沿线国家的技术寻求型特征不显著。

第二，从分组来看，中国制造业对低收入和中高收入沿线国家的直接投资产生了空间聚集效应，对高收入沿线国家的直接投资产生了空间挤出效应；"第三国"不可观测因素能显著促进中国制造业 OFDI 流入不同收入水平的沿线国家；低收入沿线国家的劳动力总量和资源禀赋，中高收入沿线国家的市场规模和资源禀赋以及高收入沿线国家的市场规模和技术水平等因素分别是中国制造业对不同收入水平沿线国家直接投资的重要东道国影响因素。

第三，沿线国家与中国签订关于"一带一路"的合作备忘录、签订投资协定、与中国接壤、属于 WTO、属于上海合作组织、与中国语言相同，有利于促进中国制造业 OFDI 流入沿线国家，并且中国制造业倾向到与中国签订双边投资协定、与我国是邻国、属于上海合作组织的国家以及与我国语言相同的沿线国家进行投资。

为了发挥中国制造业 OFDI 的空间集聚效应，规避"第三国"挤出效应，促进中国制造业"走出去"，扩大中国制造业对沿线国家的投资规模，从而实现中国制造业转型升级和高质量发展，本文提出如下建议。

第一，关注中国制造业对沿线国家直接投资的空间效应，完善其在沿线国家投资的空间布局。中国制造业在对沿线国家直接投资时，除了考虑东道国因素对其投资的影响外，还应重视东道国临近区域国家因素对其投资的影响，从沿线国家全局出发，通过建立和完善多边协调机制，努力实现区域协同发展，促进中国制造业更积极有效地"走出去"。

第二，企业主导，政府推进中国制造业进行市场寻求型 OFDI。中国制造业在沿线国家的 OFDI 存量很大程度取决于东道国的市场规模和对外开放程度，东道国的市场规模越大、对外开放程度越高，越容易吸引中国制造业 OFDI。在市场规模大以及对外开放程度高的东道国，中国制造业通过市场寻求型 OFDI 将获得丰厚的回报，同时也加大了中国制造业企业在东道国的投资，有利于形成良好的投资氛围，促进中国与沿线国家建立互利共赢的合作机制，将对中国制造业企业在沿线国家投资产生更长远的积极作用。

第三，中国制造业企业应针对不同沿线国家实施差异化投资，实现中国制造业企业对外投资效益最大化。由于不同收入水平的沿线国家在市场规模、对外开放程度、资源禀赋以及技术水平等方面存在差异，中国制造业企业应针对不同东道国因地制宜开展投资。我国政府可以引导追求低劳动力成本及以转移劳动密集型产业为主的企业到低收入沿线国家投资，引导寻求市场的企业到中高收入和高收入国家沿线投资，引导以资源为主的企业到低收入和中高收入沿线国家投资，引导以寻求先进技术为主的企业到高收入沿线国家投资。此外，中国制造业企业的 OFDI 在高收入沿线国家产生挤出效应，我国政府可以引导"走出去"的企业分散投资集聚区，将以追求高收入沿线国家市场规模为主的企业引导向中高收入沿线国家投资，从而规避挤出效应，实现投资的有效性和多样性。

第四，中国制造业企业对外投资应加强风险防范意识。中国制造业企业应通过充分了解东道国环境，制订谨慎投资计划并加强投资风险防范意识，优先选择与中国签订投资协定、与中国相邻、加入上海合作组织以及与中国语言相同的国家开展投资，同时中国政府也应加强同沿线各国政府组织交流合作、建立友好相处机制，为我国制造业企业"走出去"创造持续稳定的投资环境。

参考文献

［1］蔡之兵、周俭初：《FDI 的挤出效应和溢出效应：来自长三角制造业的证据》，载于《发展研究》，2012 年第 6 期。

［2］陈恩、王方方：《中国对外直接投资影响因素的实证分析——基于 2007 - 2009 年国际面板数据的考察》，载于《商业经济与管理》，2011 年第 8 期。

［3］戴冠：《中国对外直接投资区位选择的影响因素分析》，载于《经济研究导刊》，2019 年第 15 期。

［4］丁鸿君、李妍：《中国 OFDI 对"一带一路"沿线国家经济增长影响：基于文化距离的视角》，载于《文化产业研究》，2017 年第 2 期。

［5］樊琦、杨连星：《文化特征对文化贸易出口二元边际的影响》，载于《国际贸易问题》，2017 年第 12 期。

［6］龚静、尹忠明：《新兴经济体国家之间存在外商直接投资的互补效应

吗?——基于 26 国面板数据的空间计量经济模型研究》,载于《投资研究》,2015年第 2 期。

[7] 官建成、王晓静:《中国对外直接投资决定因素研究》,载于《中国软科学》,2007 年第 2 期。

[8] 郭苏文、黄汉民:《制度距离对我国外向 FDI 的影响——基于动态面板模型的实证研究》,载于《国际经贸探索》,2010 年第 11 期。

[9] 韩民春、江聪聪:《政治风险、文化距离和双边关系对中国对外直接投资的影响——基于"一带一路"沿线主要国家的研究》,载于《贵州财经大学学报》,2017 年第 2 期。

[10] 何兴强、王利霞:《中国 FDI 区位分布的空间效应研究》,载于《经济研究》,2008 年第 11 期。

[11] 冀相豹:《制度差异、累积优势效应与中国 OFDI 的区位分布》,载于《世界经济研究》,2014 年第 1 期。

[12] 李磊、郑昭阳:《议中国对外直接投资是否为资源寻求型》,载于《国际贸易问题》,2012 年第 2 期.

[13] 李丽丽、綦建红:《政治风险规避与中国企业的 OFDI 策略选择》,载于《财经研究》,2017 年第 1 期。

[14] 林良沛、揭筱纹:《比较视角下中国对"一带一路"国家直接投资的影响因素分析》,载于《广东财经大学学报》,2017 年第 1 期。

[15] 刘海云、聂飞:《中国制造业对外直接投资的空心化效应研究》,载于《中国工业经济》,2015 年第 4 期。

[16] 刘娟:《东道国制度环境、投资导向与中国跨国企业 OFDI 研究——基于"一带一路"沿线国家数据的 Heckman 模型分析》,载于《外国经济与管理》,2018年第 4 期。

[17] 罗伟、葛顺奇:《中国对外直接投资区位分布及其决定因素——基于水平型投资的研究》,载于《经济学(季刊)》,2013 年第 12 期。

[18] 马晶梅、贾红宇、喻海霞:《外商直接投资与我国经济增长空间收敛研究——基于人力资本视角》,载于《经济问题探索》,2013 年第 12 期。

[19] 马述忠、刘梦恒:《中国在"一带一路"沿线国家 OFDI 的第三国效应研究:基于空间计量方法》,载于《国际贸易问题》,2016 年第 7 期。

[20] 倪沙、王永兴、景维民:《中国对"一带一路"沿线国家直接投资的引力分析》,载于《现代财经(天津财经大学学报)》,2016 年第 5 期。

[21] 潘海英、贾婷婷、张可:《中国对"一带一路"沿线国家直接投资:经济发展、资源禀赋和制度环境》,载于《河海大学学报(哲学社会科学版)》,2019 年第 2 期。

[22] 祁春凌、邹超:《东道国制度质量、制度距离与中国的对外直接投资区

位》，载于《当代财经》，2013 年第 7 期。

［23］綦建红、李丽、杨丽：《中国 OFDI 的区位选择：基于文化距离的门槛效应与检验》，载于《国际贸易问题》，2012 年第 12 期。

［24］沈军、包小玲：《中国对非洲直接投资的影响因素——基于金融发展与国家风险因素的实证研究》，载于《国际金融研究》，2013 年第 9 期。

［25］宋维佳、许宏伟：《对外直接投资区位选择影响因素研究》，载于《财经问题研究》2012 年第 10 期。

［26］宋勇超：《"一带一路"战略下中国对外直接投资与国际产能合作》，载于《技术经济与管理研究》，2018 年第 1 期。

［27］太平、刘宏兵：《签订双边投资协定对中国吸收 FDI 影响的实证分析》，载于《国际商务（对外经济贸易大学学报）》，2014 年第 4 期。

［28］唐绍祥：《基于资源及经济安全视角的中国对外投资合作研究》，载于《上海经济研究》，2012 年第 7 期。

［29］屠年松、曹建辉：《空间视角下中国在东盟 OFDI 的影响因素分析》，载于《投资研究》，2019 年第 4 期。

［30］王根蓓：《区位优势及双边贸易 - 文化 - 政治关联度与中国对外直接投资——基于引力模型与流量面板数据的实证分析》，载于《经济与管理研究》，2013 年第 4 期。

［31］王海军：《政治风险与中国企业对外直接投资——基于东道国与母国两个维度的实证分析》，载于《财贸研究》，2012 年第 1 期。

［32］王娟、方良静：《中国对外直接投资区位选择的影响因素》，载于《社会科学家》，2011 年第 9 期。

［33］王亚星、谭波、黄彦君、孙磊：《对外直接投资影响因素分析与我国的应对策略》，载于《现代管理科学》，2015 年第 3 期。

［34］项本武：《中国对外直接投资：决定因素与经济效应的实证研究》，社会科学文献出版社 2005 年版。

［35］谢杰、刘任余：《基于空间视角的中国对外直接投资的影响因素与贸易效应研究》，载于《国际贸易问题》，2011 年第 6 期。

［36］辛立国、任德玲、冯华：《制度视角下中国对外直接投资的影响因素研究》，载于《制度经济学研究》，2016 年第 3 期。

［37］熊彬、王梦娇：《基于空间视角的中国对"一带一路"沿线国家直接投资的影响因素研究》，载于《国际贸易问题》，2018 年第 2 期。

［38］许和连、李丽华：《文化差异对中国对外直接 投资区位选择的影响分析》，载于《统计与决策》，2011 年第 17 期。

［39］阎大颖：《中国企业对外直接投资的区位选择及其决定因素》，载于《国际贸易问题》，2013 年第 7 期。

［40］杨明、王萌璐:《中国 OFDI 影响因素的实证——与出口的比较分析》,载于《华东经济管理》,2014 年第 6 期。

［41］余官胜:《东道国金融发展和我国企业对外直接投资——基于动机异质性视角的实证研究》,载于《国际贸易问题》,2015 年第 3 期。

［42］张艾莲、封军丽、刘柏:《文化和制度距离、跨国并购与"一带一路"投资》,载于《云南财经大学学报》,2018 年第 6 期。

［43］张春萍:《中国对外直接投资的贸易效应研究》,载于《数量经济技术经济研究》,2012 年第 6 期。

［44］张娟、刘钻石:《中国民营企业在非洲的市场进入与直接投资的决定因素》,载于《世界经济研究》,2013 年第 2 期。

［45］张瑞良:《中国对"一带一路"沿线国家 OFDI 区位选择研究——基于制度距离视角》,载于《山西财经大学学报》,2018 年第 40 期。

［46］张文武、熊俊:《外资集聚、技术创新与地区经济增长——基于省级面板数据的空间计量分析》,载于《华东经济管理》,2013 年第 7 期。

［47］张亚斌:《"一带一路"投资便利化与中国对外直接投资选择——基于跨国面板数据及投资引力模型的实证研究》,载于《国际贸易问题》,2016 年第 9 期。

［48］张艳、张宏、杜亚雄:《我国技术获取型 OFDI 区位选择的影响因素分析》,载于《东岳论丛》,2012 年第 9 期。

［49］张艳辉、杜念茹、李宗伟、石泉:《国家政治风险对我国对外直接投资的影响研究——来自 112 个国家的经验证据》,载于《投资研究》,2016 年第 2 期。

［50］周强:《中国对"一带一路"沿线国家直接投资的影响因素——基于东道国视角的实证分析》,载于《对外经贸》,2017 年第 4 期。

［51］庄惠明、郑剑山:《中国服务业 FDI 的效应研究:基于技术溢出与竞争排斥视角》,载于《管理评论》,2015 年第 2 期。

［52］Blomkvist K., Drogendijk R., "The Impact of Psychic Distance on Chinese Outward Foreign Direct Investments", *Management International Review*, Vol. 53, 2013.

［53］Anderson J. E., "A Theoretical Foundation for the Gravity Equation", *American Economic Review*, Vol. 69, 1979.

［54］Asiedu E., "Foreign Direct Investment in Africa: The Role of Natural Resources, Market Size, Government Policy, Institutions and Political Instability", *World Economy*, Vol. 29, 2006.

［55］Blanc – Brude F., Cookson G., Piesse J., Strange R., "The FDI Location Decision: Distance and the Effects of Spatial Dependence", *International Business Review*, Vol. 23, 2014.

［56］Blonigen B. A., Davies R. B., Waddell G. R., Naughton H. T., "FDI in Space: Spatial Autoregressive Relationships in Foreign Direct Investment", *European Eco-*

nomic Review, Vol. 51, 2007.

[57] Bodman P., Le T., "Assessing the Roles that Absorptive Capacity and Economic Distance Play in the Foreign Direct Investment – Productivity Growth Nexus", *Applied Economics*, Vol. 45, 2013.

[58] Buckley P. J., Clegg L. J., Cross A. R., Liu X., Voss H., Zheng P., "The Determinants of Chinese Outward Foreign Direct Investment", *Journal of International Business Studies*, Vol. 38, 2007.

[59] Chantasasawat B., Fung K. C., Iizaka H., Siu A., "FDI Flows to Latin America, East and Southeast Asia, and China: Substitutes or Complements?", *Review of Development Economics*, Vol. 14, 2010.

[60] Cheng L. K., Ma Z. H., China's Outward FDI: Past and Future, https://www.researchgate.net/publication/242702912, January 1, 2007.

[61] Cheung Y. W., Qian X., "The Empirics of China's Outward Direct Investment", CESifo Working Paper Series, Vol. 14, 2009.

[62] Elhorst J. P., *Spatial Econometrics: From Cross – Sectional Data to Spatial Panel*, Beijing: China Renmin University Press, 2015.

[63] Gani A., "Governance and Foreign Direct Investment Links: Evidence from Panel Data Estimations", *Applied Economics Letters*, Vol. 14, 2007.

[64] Kolstad I., Wiig A., "Chinese Investment in SADC: A Global Perspective", *Journal of Ritsumeikan Geographical Society*, Vol. 20, 2009.

[65] Liu H. Y., Tang Y. K., Chen X. L., Poznanska J., "The Determinants of Chinese Outward FDI in Countries along 'One Belt One Road'", *Emerging Markets Finance and Trade*, Vol. 53, 2017.

[66] Ng F. Y., Tuan C., "Spatial Agglomeration, FDI, and Regional Growth in China: Locality of Local and Foreign Manufacturing Investments", *Journal of Asian Economics*, Vol. 17, 2006.

[67] Quer D., Claver E., Rienda L., "Political Risk, Cultural Distance, and Outward Foreign Direct Investment: Empirical Evidence from Large Chinese Firms", *Asia Pacific Journal of Management*, Vol. 29, 2012.

[68] Wang P., Pan X., "The Research of OFDI Location Choice of China to the One Belt and One Road Countries", *International Conference on Management, Education and Social Science*, 2017.

第五篇
综合研究

- 跨国公司的全球经营策略
- 我国知识型服务贸易现状及发展前景
- WTO 金融服务协议与中国金融市场开放
- 欧盟与美国、日本的国际竞争力比较
- 我国高比例加工贸易引发的思考
- 服务贸易技术结构优化的驱动因素研究
- 生产性服务业影响制造业出口的实证研究
- 构建"一带一路"倡议实施的多元融资机制研究
- "一带一路"倡议促进了沿线国家产业结构升级吗?
- 物理经济学理论与方法研究新进展

跨国公司的全球经营策略 *

根据联合国贸易与发展会议跨国公司与投资司的统计，现在世界上约有 4 万家跨国公司，其设在境外的分支机构约有 25 万家，提供了全球 1/3 以上的商品和劳务，年销售额达 5.5 亿美元，充分显示了当代跨国公司的实力及其在世界经济贸易中的重要地位。从某种意义上看，也反映了跨国公司所运用的发展战略及经营策略的科学性。

自 20 世纪 80 年代起，跨国公司的经营管理进入了一个崭新的阶段，它由生产外贸型管理走向全球战略性管理，把分散在不同国家和地区的子公司，组成一个综合性的全球战略体系，因而使跨国公司成为真正的国际化经营垄断组织。跨国公司全球战略既不同于传统和跨国公司以市场、出口为目标的"国际市场战略"，也不同于就地生产、就地销售的"国际投资战略"，而是从总体上追求整体机遇，从全球范围构造企业的整体竞争优势。具体地说，跨国公司全球战略是跨国公司以全球为中心，对其投资、生产、销售、金融以及科研开发等经济活动与决策作全球性的统筹安排，然后通过遍布在全球的分支机构与营业网，有组织、有计划地加以实施，并通过企业的经营活动及其在世界各地的合理分工和协调，追求与构造全球性的竞争优势，规避风险以获取最大限度的国际利润。作为跨国公司生产与经营国际化的一个新阶段和新形式，跨国公司全球战略亦具有新的特点，即全球性、长远性、纲领性、抗争性和风险性。

---

* 本文原载于《兰州商学院学报》1996 年第 2 期。

它考虑总公司的全局利益、长远利益，不受子公司盈亏得失的限制。其目标是提高产品、技术、服务在世界市场的占有率。在经营活动中实行全球型企业经营方式和管理体制，从而使跨国公司的经营活动与决策，在全球战略的指导下具有统一性、灵活性和有效性，实现再生产过程的国际区域优化配置。全球经营策略是跨国公司整个再生产过程国际化决定的，是跨国公司根据全球战略的要求，在其生产、经营的各方面、各个环节上制定相应的策略与手段，具体由生产策略、销售策略、内部定价策略和科研开发策略组成。

一、跨国公司生产策略

为适应生产的国际化，跨国公司逐渐形成了一整套国际化生产策略。

1. 定点生产策略

利用国际分工和各国的有利条件实现资源在世界范围内的有效配置，利用各国的比较优势组织生产和发展生产是实现全球战略的基本条件。定点生产的目的就在于选择生产花费即成本最低的地方进行生产，以保证获取高额利润。为了组织定点生产，就必须对有关国家的技术条件、原料来源、交通运输、市场容量、工资水平和投资环境等社会经济情况做详细调查和分析，然后确定能达到这种目的的生产地。1985 年以来，由于区域集团化的发展和国际竞争的加剧，定点生产策略的方式从原来的由一个跨国公司组织转变为现在的由两个或两个以上的跨国公司组织。越来越多的跨国公司采取开放性的跨国联合生产经营策略，以淡化定点生产企业的国籍，达到避税的目的。

2. 多样化生产策略

现代高科技的迅猛发展为跨国公司的生产带来了机遇和挑战：一方面，高科技引出了一系列新兴工业部门，这些部门劳动生产率高，投资获利大；另一方面在技术日新月异，产品更新换代，产品生命周期缩短的情况下，如果跨国公司实行单一化经营，产品衰退期就可能提前到来，资本利润率就会受到下降的威胁。只有实行多样化生产策略，推动跨国公司的生产由部门集中走向跨部门集中，才能保持其利润率的稳定和增长。目前，每个跨国公司都是从事多样化生产的混合联合公司。例如，美国 1929 年成立的国际电报电话公司，初期只经营电讯器材，20 世纪 60 年代以后，通过混合兼并逐渐发展为无所不包的多样化经营企业，在 70 年代已达 23 个产业部门、38 个作业部门和 46 个产品部门。

3. 产品生命周期扩张策略

跨国公司在产品生命周期的不同阶段采用不同的策略，投资重点也不一样。产品生存期，在国内小额投资小批量生产，以观后效；产品发展期，有选择地扩大投资，增加生产的同时进一步扩大广告宣传，以找到更大的销售市场；产品成熟期，跨国公司为保证利润，集中在国外投资，大批量生产，占领国外市场；产品衰退期，对该产品不再投资，并逐步抽回资金，转移到新技术，新产品中，把旧机器转移到发展中国家，开辟新市场。

这一整套的国际化生产策略，使跨国公司以最快速度、最低成本实现全球战略，使合作各方优势互补，利益均沾，并有助于合作各方涉足新领域、保持跨国公司利润的稳定与增长，并实现集团化、多角化经营。这一策略也加深了生产国际化程度，使跨国公司成为国际生产的组织者和经营者。

二、跨国公司销售策略

产品生产面向全球，销售也应面向全球，应根据不同国家的市场结构、法律政策及自然条件采取相应的销售策略。

第一，定向销售策略，即把相应的产品销往一定的国家和地区，这是由跨国公司内部分工明确决定的。一般来说，高精尖产品销往发达国家，一般工业品销往发展中国家。

第二，灵活多样销售策略，即根据产品用途、性能、使用方法，灵活确定相应的销售策略：对产品用途、性能、使用情况趋于一致的，在国际市场上采用直销方式，销售策略与国内市场一致；对用途不同但使用方式相同的产品保持不变，改变销售策略；对用途相同但使用条件不同的，应调整产品，不改变销售策略；对用途使用方式均不同的，同时对产品和销售策略进行调整，以取得良好效益。

当今国际市场行情多变，竞争对手的日益增多，采用以上销售策略使跨国公司抓住销售时机，实现利润最大化，并达到垄断国际市场的目的。销售策略与生产策略的组合就是在最便宜的地方生产，在最有利的地方销售，是跨国公司经营活动的精髓。

三、内部定价策略

跨国公司有两种贸易、两种价格，即外部贸易采用国际市场价格，内部贸易采用转移价格，内部定价即指转移价格的制定。内部定价策略是实现跨国公司全球战略最重要的手段，反映在以下几个方面：一是高税率国的子公司向低税率国的子公司销售产品时采用低价；二是在外汇管制严格，外汇贬值可能性比较大，以及其他投资环境恶化的地区，总公司就提高在该地子公司的售货价格；三是总公司通过转移低价向子公司提供原料、燃料，使之在与其他公司的竞争中处于有利地位。可以看出，转移价格是为了实现全球利益最大化，由跨国公司的上层人员人为制定的，既不受价值规律支配，也不受供求规律支配，实际上是内部垄断高价或垄断低价。其动机主要是转移资金、逃避税收、调节利润率、调整子公司财务形象和规避风险。然而，东道国政府出于自身利益，也常会对跨国公司转移价格的形成和水平进行干预和限制，使其自由度和灵活性相对有限。跨国公司为防止东道国政府采取制裁和报复措施，必须正视合理交易标准，这就对其获取高额利润的目标有一定的影响。

四、跨国公司科研开发策略

跨国公司不断地进行研究开发，创造新产品，以满足其跨国界经营的需求，科研开发策略主要内容包括以下几方面。

第一，投入巨额科研经费，从事科研开发。20世纪80年代，西门子公司每年投入科研经费11亿美元，占西德工业研究费用的1/8；美国商用机器公司，每年投入15亿美元研究费用，占营业费用的1/5。

第二，尖端技术研究和使用由母国来控制。一方面，子公司90%以上的费用、全能实验室、优秀科研人才都由母公司进行控制，子公司的任何重大科研成果必须交回母公司，不允许绕过母公司进行转让。另一方面，母公司也重视子公司的研究，特别是出资为子公司高价收买、聘用外国人才。

第三，通过技术控制达到非股权控制，特别是技术授权、管理合同等方式。这对投资企业来说，优点是不需要投资，也不承担财务风险，并能在一定程度上取得收益。同时，国外子公司可以凭借技术和管理销售能力的优势，加强对东道国的控制。

跨国公司科研开发策略一方面可以促进世界科技的进步，但另一方面也会使世界科技资源与成果，更加集中于少数国际垄断寡头手中。对发展中国家而言，这意味着本国稀缺的科技资源，可能有更大的部分被纳入外国跨国公司的研究和开发体系，并为全球服务，而不再为本国的经济技术服务，从而造成一种现实科技资源的流失，跨国公司则成为国际技术商品的主要生产者和经营者。

总而言之，跨国公司的全球战略及全球经营策略，使跨国公司在拥有长远和基本的经营活动方针及奋斗目标的条件下，不断地攀登技术、产品和管理的新高峰，提高公司的应变和竞争能力。它将跨国公司的多种经营活动有条不紊地组织起来，能最有效地使用资金、技术、人力和物力，有效地发挥经营活动的整体功能，达到全球一体化的效果。目前，我国已具有一定集团化优势的大企业，在进行国际化生产经营活动的过程中应对这一战略和策略进行分析研究，取其精华为我所用，以实现自己的经营目标。

我国知识型服务贸易现状及发展前景 *

国际服务贸易是一个国家对外开放的窗口和渠道。发展国际服务贸易，对促进国内服务产业面向国际市场，参与国际分工、国际交往和国际竞争有着重大作用。进入 20 世纪 90 年代以来，国际服务贸易交易额迅速增长，所涉及的范围已延伸到金融、保险、商务、联络、信息、咨询、广告展览、报关、运输、人才培训、国际工程承包、劳务输出、旅游餐饮等领域。服务贸易的发展水平已成为衡量一个国家整体水平的重要指标之一。当代世界经济正从工业经济向知识经济转变，国际服务贸易将成为国民经济新的增长点，特别是知识型服务贸易的发展将对此产生巨大的影响，所以有必要研究我国知识型服务贸易的现状及前景。

一、知识型服务贸易涉及贸易参与国的国民经济命脉

自世界经济形态从传统的工业经济形态向现代的知识经济形态转变以来，知识对经济增长的贡献已远远高于其他生产要素，并对新世纪人类社会经济增长的趋势与轨迹产生着极为重要的影响。对各类高新科技知识的借鉴引进与创新成为一国经济活力的重要源泉，在这样的形势下，作为国民经济新的增长点的知识型服务贸易形式层出不穷。

---

* 本文原载于《山西财经大学学报》1999 年第 3 期。

知识服务是指以提供知识及知识产品为主要标志的国际服务贸易。在知识经济时代来临之时，作为人类智力发展最新成果载体的知识产品包括各种专利非专利（know - how）技术知识、跨国法律服务知识、各类管理服务包括科技管理知识等都成为世纪之交国际服务贸易的新兴对象。知识型服务贸易的核心是当代高新技术特别是高新软科学技术知识。当代世界服务贸易发展的重要特点之一就是技术知识密集化趋势明显。在过去十年中，许多服务行业产生了质的变化，使得服务产业迅速扩增，一跃成为社会经济中的主要经济部门，其中技术信息等知识密集型服务行业发展最快。其他如金融、运输、贸易、管理、咨询等服务行业，由于运用了先进的技术手段（包括软硬技术的应用），也很快在全世界范围内扩大。

服务产业的变革是建立在技术进步的基础之上的，而它的发展进一步推动了高科技成果在世界各地的普及和发展，进而带动各国经济发展。可以说，服务贸易的迅速发展主要是建立在迅速增长的以高新技术为载体的知识型服务产业基础上的。在知识型服务贸易的发展中，专利等使用费增长迅速，包括专利权、商标等工业产权、著作权等相关的知识产权交易，美国在主要国家和地区专利等使用费进出口中高居榜首，需要强调的是，美国专利等使用费进出口有很大比例是在其跨国公司母子公司之间进行的，同时非企业内的交易也在扩大。

改革开放以来，我国服务贸易发展较快。根据国家统计局的数据，1997年在我国7.4万亿元国内生产总值中，第一产业产值为13674亿元，同比增长3.5%，第二产业产值36770亿元，同比增长10.8%，第三产业产值为24328亿元，同比增长8.2%。上述三项占国内生产总值的比例按顺序分别为18.29%、49.18%和32.54%。可以看出，第三产业在国民生产总值中所占的比重很大。但知识型服务贸易的不断发展，使传统的第三产业已不能概括所有服务贸易的活动范围。WTO及GATS所界定的国际服务贸易，指跨国界以营利为目的的，包括以金融贸易为主的第三产业和以信息知识为主的第四产业之总称。知识型服务贸易的迅速发展对一、二、三产业以及对整个国家的政治经济文化的社会发展起到的促进作用已日益为人们所重视，它涉及各贸易参与国的国民经济命脉，影响着其综合国力的强弱，它已被理所当然地纳入建立当代国际经济新秩序的重要议事日程之中。

二、我国知识型服务贸易的发展现状

1. 金融服务方面

中国自 1979 年 12 月 5 日批准日本输出入银行作为第一家在中国境内设立常驻机构的外国银行在北京开设了办事处之后，向国外敞开了长期关闭的大门。根据现行法规，外资金融机构可在我国设立代表处、银行分行、合资银行和独资银行，也可设立独资财务公司和合资财务公司，以及保险公司分公司和中外合资保险公司及投资银行类机构。中国金融市场的开放遵循的是循序渐进和谨慎管理的原则，按照银行保险和证券的顺序逐步开放，同时，金融市场开放的地域也逐步扩大，基本按经济特区、沿海开放城市和内陆城市的顺序展开。根据中国金融年鉴，到 1993 年底，共有 225 家外国金融机构在中国设立了 302 个代表处和 98 家经营性分支机构。同时，我国金融机构也走出国门，开办海外分支机构和办事处，如中行、农行、建行、工行等已在海外建立了 460 多家金融分支机构。中国银行海外行资产总额达 1207 亿美元，海外行存款余额 600 亿美元，海外员工 1.7 万余人，分支机构 450 家。1995 年，我国的金融开放进一步扩大，金融市场开放城市增加到 24 个。截至 1996 年底，已有 8 家外资保险公司注册。1996 年 2 月，我国更是提前实现人民币经常项目下可兑换，1997 年，开始在上海浦东和深圳进行外资银行经营人民币本币业务的试点工作，现在已批准了 8 家外资银行，它们可经营的人民币业务为存款、贷款、结算、提保以及国债和金融债券投资。

2. 信息咨询服务方面

据国家有关部门的统计资料，1990 年全国正式注册的各类咨询服务机构共有 3.3 万家，从业人员 69 万人，注册资本 83 亿元，业务范围涉及工程咨询企业管理政府决策以及科技贸易领域。国外一些信息咨询公司也逐步进入中国市场，或开设业务机构或直接承揽业务。信息产业已成为高新技术革命时代的"第一产业"，是知识型国际服务贸易的重要支撑。可以毫不夸张地说，信息服务是当代国际服务贸易特别是知识服务的基石，离开了信息的适时采集，智能分析与高速传输，其他各个领域内的国际服务贸易就无法进行。

3. 投资服务方面

此种业务的开展只在某些特定地区，比如上海浦东创建了面向世界的长江流域产权共同市场，积极拓展非上市公司股权的柜台交易，两年来成交超过百起，有效地推进了产业升级与结构优化。另外，浦东外高桥保税区也抓住时机多方拓展国际投资服务，创办了4家国际租赁公司及一系列区域分拨中心，生产资料保税市场；还试行开辟保税运输通道，将高新科技知识融入国际海运货运代理、保税仓储及浦东国际机构空运物流集散、航空工业和其他传统服务贸易行业，还在涉外律师会计师事务所等领域内取得了0的突破。

4. 教育服务方面

主要是对某社区提供文化休闲及素质提升等方面的服务，以及对企业培训员工，对管理者提供能力素质提高的教育等。比如对外籍居民及境外人士提供优质服务的远程教育、远程医疗包括特色的中医会诊医疗的跨国服务项目；再如组织对中国传统有兴趣的外籍人士开展特色旅游。

5. 专利权等使用费方面

改革开放以来，随着我国货物贸易的扩大和利用外商投资的迅速发展，我国专利权等的使用费支出增长也较为迅速，表明了我国通过对外开放学习，引进了国外越来越多的先进适用技术经营管理经验，也越来越多地利用了海外的营销渠道和方式，为增强我国的国际竞争力发挥了积极作用。同时，我国对外转让专利等使用权也开始起步，并得到初步发展，专利等使用权的交易已成为我国服务贸易的一个重要部门。

三、我国知识型服务贸易的发展前景及策略

我国服务产业特别是知识型行业尚属发展中的幼稚产业，国际竞争力较低，开放服务贸易和国内服务市场，给我国的服务产业既带来发展的机遇，又带来冲击。

1. 知识型服务贸易市场的发展及对外开放时代的需要

加快知识型服务贸易的发展是我国向知识经济过渡的要求，而对其对外开放既是世界经济一体化的要求，又是我国经济发展自身的需要。在我国加入 WTO 的国际多边谈判中，几乎所有谈判方特别是发达国家，不仅要求我国在货物贸易方面降低关税和非关税壁垒，更对我国服务业的开放特别是金融服务业的开放提出了较高要价，服务业的开放成为我国加入 WTO 的关键问题。

2. 坚持积极稳妥协调有序的方针，逐步开放我国的知识型服务贸易和国内服务市场

首先，初步确定各知识型服务的开放顺序，按照 WTO 与 GATS "关于服务贸易各部门分类表"内对各项服务贸易内容的界定和我国对外开放总体进程及已作出的承诺，在近年内将信息服务国际金融服务的各项创新功能，以及对高新科技研究开发对世界著名跨国公司及国际财团总部及区域总部的招商引资服务功能列在前列。同时，通过发达国家对我国的人员培训，技术援助，我国可以在较短时期内，提高我国的知识型服务贸易的技术能力。其次，确定地区开放的顺序，可以先开放沿海地区，再开放中西部地区。我国沿海走到改革开放的前列，知识型服务业的市场化改革取向较早，水平也较高，具有较强的国际竞争力，在今后的知识型服务业开放中应起重要作用，其中，广东和上海两地又具有特别重要地位。尤其是上海的浦东地区已对知识型国际服务贸易进行了创新的探索，并已取得了实际效果。

3. 结合国内经济发展现状，加强调研，慎重对待

对国内经济发展起消极作用的服务项目，法律禁止经营，也不能对外开放。国内需发展的服务部门，要兼顾扩大开放促进发展的作用和暂时保护的扶持作用，建议由国家职能主管部门及对外经贸研究权威机构牵头，从全国范围内调集各方专家，对知识型国际服务贸易的各项创新进行全过程的研究指导与反馈追踪。

4. 建立和完善有关法律法规，加强领导和监督

我国知识型服务业的开放水平不仅取决于我国知识型服务业的发展水平，在很大程度上还取决于对服务业的监管能力。知识型国际服务贸易创新是关系到我国改革开放深入开展以及振兴中华。我国颁布对外贸易法已经把服务贸易作为一项重要的内容纳入其中，但还缺乏与服务行业特别是知识型服务行业相配套的专项法规，因此，一是加强知识型服务业法律法规的建设，特别是要增加反对外国对我国的服务贸易设置壁垒实行歧视性待遇和不公正贸易等专项条款，使其具有与国际法衔接的效力；二是在有效的服务业立法的基础上，总结我国以往服务业监管的成功经验，并引进国外先进的监管技术和监管手段，强化知识型服务业监管机制，提高监管能力。这是关系到确保国家贸易与经济安全，关系到知识型国际服务贸易创新能否健康拓展的重要前提。

WTO 金融服务协议与中国金融市场开放[*]

一、WTO 金融服务谈判进程

世界贸易组织进行的金融服务谈判包括银行、保险、证券、资产管理等内容。谈判的目标是在不影响各国政府实施金融货币政策，并对金融市场管理采取各种谨慎防范措施的前提下，使各成员的金融市场相互进步开放。乌拉圭回合谈判结束时，虽有 71 个成员（当时欧盟的 12 个成员计为 1 方）在体现其服务贸易市场开放承诺的服务贸易减让表中包括了金融服务的内容，但是，当时在金融领域的谈判所形成的开放水平还较低。因此，各成员决定在乌拉圭回合以后继续就金融服务进行谈判，以期进一步提高各成员金融市场开放的水平。当时确定的第一轮谈判的最后期限为 1995 年 6 月 30 日，而后又延长到 1995 年 7 月 28 日。

在 1995 年第一轮谈判中，43 个成员将其在乌拉圭回合中作出的承诺进行了改进，但是当时由于美国对成员承诺的开放水平仍不满意而拒绝参加该协议。因此，各方于 1995 年 7 月达成的协议是临时性的，即在 1997 年 11 月 21 日以前，各成员在最惠国待遇基础上实施各自承诺的开放措施。到第一轮金融服务谈判结束时，共有 82 个成员（欧盟计为 1 方）提出了关于金融服务市

---

* 本文原载于《兰州商学院学报》1999 年第 12 期。

场开放的减让表（包括在乌拉圭回合中各成员提出过的承诺）。

1997年4月，根据1995年7月达成的临时协议，第二轮金融服务谈判开始。谈判参加方的目标是在1997年底以前达成协议，以使各方现有的关于金融服务市场开放的承诺能够继续得到扩大和延长。谈判的最后协议于12月13日达成，共有70个成员（包括欧盟15个成员）提出或改进了其关于金融服务开放的承诺，从而使目前在WTO中就金融服务市场开放作出承诺的成员总数达到了102个。从各主要成员方开放金融市场的承诺来看，美国和欧盟除了有限的一些限制以外，将全面开放其银行、保险和证券市场。日本也将更多地对外开放其金融市场，并将其与美国在双边谈判中达成开放保险市场时间表纳入多边承诺的范围。除马来西亚以外，其他东南亚国家也承诺保持已经设立的外资独资的金融机构。马来西亚在谈判中则坚持要求已经在马来西亚设立的外资独资保险机构改为外资控股不超过51%。尽管与1995年相比，马来西亚的承诺已从外资控股不得超过49%退让了一步，但由于美国的AIG集团将不得不从其已经在马来西亚设立的独资保险公司中退出49%的股份，因此，美国与其在最后阶段进行了艰苦的谈判，但谈判结果仍是美国以此为由，拒绝向马来西亚开放它承诺在最惠国待遇基础上向其他国家开放的保险市场，实际上这是美国为达成多边金融协议而退让的一步。

二、东南亚金融危机对WTO金融服务谈判的影响及启示

金融服务谈判的后期正值亚洲金融危机的高潮，但是韩国、马来西亚、泰国、印度尼西亚、菲律宾等受危机冲击的国家并没有因此而改变其在谈判中进一步扩大金融市场开放的承诺。WTO的金融服务谈判也没有因为如此大规模的金融危机而破裂。谈判的参加方，特别是一些亚洲成员，在力所能及的范围内，改善了各自的金融市场开放承诺，如允许外资在合资的金融机构中占大部分股份或允许设立独资的金融机构等，这为谈判的最后结束创造了条件。日内瓦的一些贸易官员认为，恰恰是因为全球金融与货币动荡，才使

亚洲、拉美和中东的许多国家做出了开放金融市场的决定。

由此可见，对于金融市场开放与金融危机之间的关系需要进行客观的分析，并不是一国金融市场开放程度越高，就越容易受金融危机的打击。实际上，除了一国经济结构的合理性以及其金融市场的开放程度以外，其金融体系是否健康稳健，在很大程度上决定了它是否能够抵御金融危机的冲击。当然，由于金融市场开放程度高，国内金融市场与国际金融市场的联系密切，国际金融危机容易对国内金融市场产生影响。但是，如果一国的金融体系是健康、稳健的，就能够在很大程度上抵御金融危机的冲击。根据各国金融局的数据，在亚洲国家和地区中，中国香港、新加坡的金融市场开放程度是最高的，其银行总资产中外资拥有率分别接近和超过了80%，可是，这两个地区在此次金融危机中受到的影响并不大。相反，受打击最大的韩国、泰国等，其金融市场开放的水平相对来说并不很高，外资在其银行总资产中的比例均不到10%，在另一个受危机冲击的马来西亚，这一比例也仅为18%。由此可见，开放程度与金融危机的打击之间并没有必然的联系。

受危机影响的亚洲国家有一个共同的特点，那就是它们的金融体制相对封闭，缺乏竞争格局，金融监管体系不严密，商业银行的经营行为与政府的影响力之间存在着许多以非商业的条件为基础的联系。这样一种不稳健的金融体制是很难抵御金融危机的冲击的。市场经济条件下，完善的金融体系应该是透明而有众多竞争主体，并独立于行政干预而以市场规律为基础。其安全和健康运行所依据的是强有力的监管体系和各种准确的预警指标。只有这样的金融体制，才能够很好地抵御金融危机的冲击。所以，金融危机给予亚洲国家的一个深刻教训，就是要加强金融监管，完善金融体系，增加透明度，培养健康稳健和具有有序竞争格局的金融市场。

三、WTO 金融服务谈判成果及受金融危机影响国家的新承诺

第一，在银行和证券领域：根据中国人民银行的数据，承诺允许设立外

资银行的有 59 个国家；承诺允许设立外资证券公司的有 54 个国家；承诺银行中外资比例可以为 100% 的有 43 个国家；承诺证券公司中外资比例可以为 100% 的有 46 个国家；承诺开放提供及转让金融数据和信息服务的有 49 个国家；对已设立的外资银行承诺实施祖父条款的有 71 个国家；对已设立的外资证券公司承诺实施祖父条款的有 58 个国家。以上包括欧盟 15 个成员国。

第二，在保险领域：根据中国人民银行的数据，允许设立 100% 外资独资保险子公司以及外资保险分公司的有 45 个国家；允许设立 100% 外资独资保险子公司，但不允许设立外资保险分公司的有 7 个国家；允许外资在保险公司中占大股份的有 9 个国家；允许外资在保险公司中占小股份的有 5 个国家；没有关于保险业开放承诺的有 4 个国家；承诺开放所有保险领域的有 46 个国家；承诺有选择开放保险业务的有 14 个国家。

第三，受危机影响的主要亚洲成员，在金融服务谈判中的市场开放新承诺。(1) 印度尼西亚在 1995 年承诺的基础上作了进一步改进，包括：对目前存在的合资金融机构中的外资比例采取祖父条款；增加允许外国银行和合资银行经营的城市数量，并取消对在这些城市允许设立的办事处的数量限制；取消对银行业内允许雇用的自然人数量进行经济需求测试的做法，为包括保险行业在内的其余金融部门的公司间人员流动提供更大的灵活性；承诺在除银行以外的其他金融机构（包括保险公司）中外资比例可以为 100%；承诺到 1998 年，对银行以外的其余外资金融机构在资本金要求上逐步实施国民待遇。(2) 日本将最近保险行业改革的结果和对外汇交易管制的放松反映到新的市场开放承诺中，将 1996 年 6 月底已取消的对保险行业开放的限制从减让表中删除。比如境外保险公司禁止跨境承保日本飞机和从事国际海洋运输的船舶，禁止开放保险中介，以及对日元保单需以日元留存技术性准备金和偿付准备金的要求；到 1998 年 4 月，对海外存款、信托合同以及其他与资产交易相关的金融服务，包括外汇资产交易等，取消现存所有限制；承诺多边约束和与美国双边达成的关于保险、银行和其他金融服务开放的主要内容。(3) 韩国在最惠国待遇基础上对其 1995 年减让表做了大幅度的改进。包括：放宽对上市股票进行证券投资的上限，放宽对外资拥有未过期债券的限制；承诺在1997 年 8 月 31 日以前，允许对减让表中所列的金融服务市场形式的商业存在形式从事金融租赁业务；取消对现有证券公司、证券投资信托公司和投资咨询公司中个人外资参股的上限；允许外国证券投资信托公司设立分公司和合资公司，允许外国投资咨询公司设立分公司；取消对现有证券投资信托公司和投资咨询公司中以外资咨询公司设立分公司；取消对现有证券投资信托公司和投资咨询公司中外资比例总和的上限；对外国证券公司、证券投资信托公司和投资咨询公司设立代表机构取消审批的要求；增加允许为外国人从事经纪服务的证券种类；允许设立各种形式的信用评级公司，现存的金融信息公司，允许外资参与，但比例不超过 50%；对设立从事寿险、非寿险、保险经纪和保险代理业务的公司，取消经济需求测试的要求；对从事寿险业务的合资公司中的外资比例取消限制，允许该类合资公司中有多个外国投资者；在非寿险领域，取消境外保险公司保费报价的限制；允许外国非寿险保险公司设立子公司和合资公司；取消对信用险和担保险的国家垄断局面；取消再保险业务优先给予在韩国的保险公司的要求；允许设立独立的保险代理机构。

（4）马来西亚在 1995 年的金融市场对外开放承诺的基础上，做了进一步改进。包括：承诺现有合资保险公司中的外资持股者持股比例可以达到 51%；允许外国客户通过外国证券经纪公司买卖证券市场股票；承诺在 2005 年 6 月 30 日以前再批准 6 家寿险再保险业务公司；允许设立外资控股或外资独资的基金管理公司；允许马来西亚再保险公司和马来西亚寿险再保险集团中的外资比例达到 30%；进一步澄清了允许银行、保险公司雇用外国专业人员的承诺。（5）菲律宾在 1995 年的金融市场对外开放承诺的基础上做了大幅度改进。包括：将现有国内银行和新设立的银行分行中，允许外方资本参股的比例上限，由 49% 提高到 51%；宣布现有银行中外资比例超过 51% 的将维持现状；将现有国内保险公司和新设立的保险公司中允许外方资本参股的比例，上限由 49% 提高到 51%；宣布现有保险公司中外资比例超过 51% 的将维持现状；允许每一外国银行设立分行的数量由原来最多 4 家增加为 6 家，前 3 家设立地点由银行自主决定，后 3 家须设立在指定地区；允许外国保险公司跨境承保与国际海洋运输相关的保险；投资公司中外资比例上限由 49% 提高到 51%。（6）泰国在 1995 年的金融市场对外开放承诺的基础上做了改进。包括：承诺对外国银行分行维持现状；在 10 年时间里，当放宽外资比例对于改进商业银行的经营和状况是必要的时候，逐步放宽对当地银行外资比例 25% 以及外资个人持股 5% 的上限。在同样的前提下，放宽董事会成员中 3/4 必须拥有泰国国籍的限制；在同样的前提下，放宽对金融公司等的类似限制；在上述 10 年间，进入泰国市场的外国持股者在进入后，其持股量享受祖父条款待遇。

四、积极稳妥地推进我国金融市场开放①

第一，我国金融市场开放的现状：（1）中国保险市场的开放：自从 1992 年 9 月中国在试行基础上开放保险市场起，来自 8 个国家的 13 家保险公司已经建立了 18 家营业所。从公司组织上看，其中 10 家是分公司，另外 8 家是合资公司；从经营业务上看，其中 7 家是财产保险，而另外 11 家是寿险。到目前为止，来自 17 个国家的 111 家外国保险商已经在我国建立了 198 家代表处。1998 年，外资保险商登记的保险费收入是 12.6 亿元，其中财产险和寿险的保险费分别是 2.9 亿元和 9.7 亿元。（2）中国证券市场的开放：1993 年，中国的上市公司开始在国外发行股票。对这些公司来讲，进入国际资本市场是一种有益的尝试。到 1998 年底，43 家中国公司已在海外发行股票，其中，31 家在中国香港，8 家由中国香港和纽约合办，1 家在纽约，2 家由中国香港和伦敦合办，1 家在新加坡，总资本为 100.2 亿元人民币。为了学习其他国家证券市场的经验，并为促进我国证券市场的规范化，证监会尤其重视发展与国外证券交易所的关系，并试图加强与其他证券监管会、所的合作。（3）中国银行业的开放：自 1979 年日本输出入银行获准在北京成立第一家外资金融机构代

---

① 本节数据来自中国人民银行。

表处以来，截至 1997 年 6 月底，我国共批准各类外资金融机构在华设立代表处 540 家，银行、保险、财务公司等外资营业性金融机构在 1998 年 6 月底已达 178 家，外资银行总资产达 373 亿美元。上海已开业的外资银行中 70% 是排名列入前 50 位的银行，中资银行除中国银行、中国工商银行，在一级资本排名列入前 50 位以外，其余均在 50 位以后。在北京，迄今已有 24 家外资银行开设分行，且全部经营结算及其相关融资业务（零售业务开设率为 36%）。这些外资银行一般专设市场部进行市场调研和分析预测，电脑化程度和业务水平较高，加之机制灵活，善于公关，因此业务能力较强，并对国内银行提出了挑战。

第二，推进金融市场的发展，为我国金融市场的开放创造条件。为了加入 WTO，并于 2001 年签署新的金融服务贸易协议，国内金融服务业已有计划、有步骤、积极稳妥地放开，并且积极推进金融体制改革，提高金融体系的透明度、效率和竞争能力，为参加全球化创造体制条件。目前正在和将要进行的改革包括：撤销中国人民银行省级分行，建立若干个跨省的一级分行，合并地市分行所在地重复设立的机构，以提高中资银行的独立性和专业管理能力；加快国有商业银行改革，省分行与省会城市分行合并，精简机构，精减人员，精减费用，依法自主经营，建立经营责任制；在银行业推行贷款质量五级分类法，通过核销坏账，剥离和出售或托管一部分不良贷款，使不良贷款比例降到较低水平；在金融企业实行国际通行的谨慎会计制度；办好城市商业银行；坚持按合作制原则改革城市信用社；规范和发展证券市场；实行银行、证券、保险业的分业监管。中国金融服务业对外开放的速度取决于诸多因素，包括中国经济的发展、金融体制改革的进程、国内金融机构的竞争力、金融法规的完善、中央银行的监管水平以及世界经济和国际金融市场的变化。而对中资银行来讲，应从资本、人力、技术与信息、管理体制等方面着手，提高其竞争力，并严格按照"一个有效的会计和法律框架、不受政治干涉和强大的管制框架"这三个标准，培育出健康的银行体系。同时，选择通货膨胀率、汇率、股市价格指数、还债压力指数、综合收支平衡指数和金融机构资本金充足率等指标构建宏观金融预警系统。

在保险业方面，首先在政府监管层面上，强化对保险市场行为和保险机构偿付能力的监管；在保险经营主体方面，应当取缔非法经营保险业务者，对新成立保险公司和现有公司增设分支机构的申请宜采取审慎态度，严格按照标准、条件并考虑区域等因素来审批新机构，重点宜放在对现有公司的管理、引导方面。其次在业务发展方面，总体上应使产险业得到更快发展，寿险业则需要消除财务隐患，在稳健经营原则指导下保持持续增长。到目前为止，管理外资保险公司的法规主要有《中华人民共和国保险法》以及《上海外资保险机构暂行管理办法》等。另外，国外保险公司在中国申请营业许可证应符合以下条件：第一，公司在保险行业的历史至少有 30 年；第二，公司的总资产不得少于 50 亿美元；第三，公司在中国的代表处至少有 2 年以上的历史。

欧盟与美国、日本的国际竞争力比较 *

欧洲是近代产业革命的发祥地，当今欧洲的产业结构成长度居世界领先地位。从经济规模来看，欧盟占世界国民总产出的大约三成。统计数据表明，2000 年欧盟 15 国的国内生产总值合计达到 78279 亿美元，仅次于美国的99657 亿美元，相当于日本（47564 亿美元）的 1.6 倍，中国（10800 亿美元）的 7.2 倍，是世界第二大经济体（IMD，2001）。欧盟国家不仅经济社会现代化程度很高，历史文化传统也十分悠久。而近几十年来的欧洲一体化进程是世界经济全球化的一面镜子，对世界各国都具有重要的借鉴意义。对于正在向 WTO 迈进的中国来说，随着对欧盟经济贸易关系的逐步增强，了解欧盟国际竞争力的发展情况是十分必要的。

一、欧盟各国国际竞争力的现状与演变

国际管理发展学院（international institute for management development，IMD）是世界上研究和评价国际竞争力的权威机构，其年度报告《世界竞争力年鉴》现已成为世界各国政治领袖们把握全球竞争力格局及其变化趋势的重要参考、跨国公司领导者们投资决策必不可少的咨询依据和世界学术界关于国际问题研究的主要文献。这份报告为我们深入认识和分析世界各国的国际竞争力提

---

    * 本文原载于《欧洲》2001 年第 4 期。共同作者：王仁曾。

供了基本的理论框架和数据支持。

在表1中，我们整理了1994～2001年的《世界竞争力年鉴》中关于欧盟15个国家国际竞争力评价的最终结果，即国家总体国际竞争力的世界排名。这一结果以最简明、形象的方式反映了世界各国的国际竞争力水平。而在这一总体排名产生过程中的中间结果，即国际竞争力八大要素及其数十个子要素的排名，以及近300个统计指标（其中约1/3为IMD组织调查的数据），则为我们研究和分析有关国际竞争力的各种问题提供了十分重要的数据支持。

表1 　　　　　　　　　　欧盟国家的总体国际竞争力在世界的排名

国家	1994 年	1995 年	1996 年	1997 年	1998 年	1999 年	2000 年	2001 年
奥地利	11	11	16	20	22	19	18	14
比利时	17	21	17	22	23	22	20	17
丹麦	7	7	5	8	8	8	12	15
芬兰	19	18	15	4	5	3	3	3
法国	13	19	20	19	21	21	19	25
德国	6	6	10	14	14	9	8	12
希腊	40	40	40	37	36	31	32	30
爱尔兰	21	22	22	15	11	11	7	7
意大利	28	29	28	34	30	30	30	32
卢森堡	—	—	8	12	9	4	6	4
荷兰	8	8	7	6	4	5	4	5
葡萄牙	30	32	36	32	29	28	29	34
西班牙	27	28	29	25	27	23	24	23
瑞典	9	12	14	16	17	14	9	8
英国	14	15	19	11	12	15	15	19

综合IMD最近几年的国际竞争力评价结果，按照国际竞争力的现状，我们可以把欧盟15个国家分为三个"集团军"：（1）位居前列的是芬兰、卢森堡、荷兰、爱尔兰、瑞典等五国，它们的国际竞争力在世界位居上游，名次排在所有参评国家的前10位；（2）德国、奥地利、丹麦、比利时、英国、西班牙和法国等七国构成第二"集团军"，但是这一"集团"的名次离散度很

大，最好的是世界第 12 位，最差的是世界第 25 位，这一"集团"包含了德国、英国、法国、西班牙等主要的欧盟大国；（3）第三"集团军"由希腊、意大利和葡萄牙三国组成，这三国是欧盟中国际竞争力最差的国家，也历来是在经济社会发展方面拖欧盟后腿的国家，它们的国际竞争力名次都排在世界第 30 位以后。

从 1994～2001 年国际竞争力名次的演变来讲，芬兰的国际竞争力提升最快，由第 19 位上升到第 3 位，上升了 16 个位次；爱尔兰也是急速前进的国家，由 1994 年的第 21 位上升到 2001 年的第 7 位，上升了 14 个位次；希腊的国际竞争力虽然在世界、在欧盟中都是比较差的，但是上升也比较快，由 1994 年的第 40 位上升到了 2001 年的第 30 位，上升了 10 个位次。而法国、丹麦、德国和英国等欧盟大国则是同期在欧盟国家中国际竞争力名次下降最多的国家，其中法国下降了 12 位，丹麦下降了 8 位，德国下降了 6 位，英国下降了 5 位。

二、造成欧盟国际竞争力现状的主要原因

国际竞争力是指一个国家在全球市场经济的竞争背景下，为国内经济发展创造良好环境，在保持良好的国际收支状况的前提下，与其他国家相比较，实现经济增长、提高人民生活水平的能力。国际竞争力理论认为，国内经济、国际化、政府管理、金融体系、基础设施、企业管理、科学技术、人力资本等因素反映了国家为企业的营运提供有利国内环境的能力，是国家国际竞争力的八大投入要素，国际竞争力的强弱最终决定于这八个因素。同时，国家国际竞争力水平的高低还取决于是否能够维持四对关系的平衡：一是国家的输出扩张能力和引进吸收能力的平衡；二是国家的竞争力资产和竞争力过程的平衡；三是国家的全球性经济活动与国内家园式经济活动的平衡；四是公民的社会凝聚力和个人冒险精神的平衡。这八大因素和四对平衡关系为我们分析造成欧盟国际竞争力现状的原因提供了理论支撑和基本思维框架。

近年来，瑞典和挪威的国际竞争力位居欧盟前列和迅速提升，主要原因是对新技术基础设施的大量投资。北欧诸国的国际竞争力近年来表现出强劲的势头，和他们在国际互联网络、通信、计算机设施等方面投入巨资有着密切的关系，这使得芬兰和瑞典两国在 2000 年的经济增长率分别达到 5.7% 和 4%，成为世界上的高经济增长率国家。其中芬兰是欧盟中国际竞争力最强的国家，也是近 7 年来欧盟中国际竞争力上升最快的国家。芬兰在技术基础设施、人力资本、企业管理和国内经济等方面为企业的成长提供了良好的环境。1999 年，芬兰的每千人中的联网户主数是 117.25 人，仅次于美国的 136.65 人；每千人拥有移动电话人数为 678.10，位居世界第一①；人均占有计算机台数和功率两项指标也居世界前列。值得一提的是，芬兰的新信息技术及其设施的发展、电子商务的发展能够很好地适应企业界和社会的需要，在这方面的适应性被评价为世界最好。这使得芬兰在从比较优势到竞争优势的转化过程中，技术创新的作用得以充分发挥。

瑞典国际竞争力的主要来源也在于技术基础设施和环境方面。在 R&D 资金和人力的投入密度特别是在企业的 R&D 投入密度、专利保护、科学成长的环境、教育支出等方面，瑞典都位居世界前列。另外，瑞典社会对外来文化的接受程度、移民法等方面有利于竞争力的成长，最终消费、管理效率、公司文化等方面也有助于企业提升竞争力。

诸多欧盟小国的国际竞争优势主要来自国内经济的活性和竞争力的创造过程。相比英、法、德等欧盟大国，诸多欧盟小国缺少经济方面的比较优势，他们的国内市场狭小，其经济的外部依赖性较强，也没有雄厚的经济发展积累，但是它们中的多数国家竞争力胜过了欧盟大国。这主要是因为这些小国的经济活性强过大国，较好地实现了国家的输出扩张能力和引进吸收能力的平衡，特别是公民的社会凝聚力和个人冒险精神的平衡方面表现突出，虽然它们的竞争力资产不如欧盟大国，但是它们国内具有良好的竞争力创造过程，

---

① 芬兰交通部和 CEIC 数据库。

从而使得诸多欧盟小国的国际竞争力超过英、法、德等经济基础雄厚的大国。

仅有 40 万人口的卢森堡在欧盟中的国际竞争力位居第二，主要得益于其金融、国内经济（特别是一些人均指标方面）和国际化方面的世界领先水平，银行部门的效率是世界最高的，资本成本也具有优势；增加值创造水平高，经常项目差额、国家保护、开放度、政府效率、生产率都属于强项。但是卢森堡在科学技术和基础设施两个方面对于其国际竞争力的促进能力有限。

荷兰在欧盟中的国际竞争力方面位居第三，上升比较快。主要的推动因素在于它的金融体系和企业管理水平两个方面。在欧盟各国中，荷兰社会最具积极向上、努力奋斗的精神风尚，因此，其社会运转的效率是很高的。由于金融体系的高效率，荷兰国内的企业与比世界其他国家更容易获得资金，资本成本也低；荷兰的公司文化和管理效率是一流的，另外基础设施中的环境状况也不错。弱项主要是劳动力成本太高。

根据世界银行的统计，爱尔兰以 9.9% 的经济增长率在 2000 年位居欧盟之首、世界第二。它的国际竞争力主要靠国内经济实力来推动，其综合生产率和投资倾向是世界最高水平。另外在开放度、政府效率、知识产权等方面也有优势，能够有效地协调在经济、文化各方面的引进吸收和输出扩张的平衡关系。不利因素在于基础设施和国民素质，其中以基础设施中的环境和国民就业水平为最弱。

奥地利的国际竞争力决定因素没有明显的优势和劣势项目。相对来讲，奥地利的主要推动因素在于社会公平度和安全感良好，表明政府对社会秩序管理的效果不错；失业率较低，尤其是 24 岁以下年轻人的失业率低；环境状况良好，公路、铁路等基本基础设施也不错；资本成本较低。问题在于外国直接投资较少，政府支出对于国际竞争力的促进不够；劳动力成本过高，不利于企业提升竞争力。

丹麦的国家保护和教育结构两方面是推动其国际竞争优势的因素。国际权威机构对于丹麦的贸易保护主义、对外国投资者的保护、外商的国民待遇、公共部门对外商的开放程度等方面的评价都很好，表明这个国家具有很强的经济、文化等各方面的引进吸收能力。在教育结构方面，丹麦的师生比率、公共教育投资都位居世界前列。另外，最终消费、社会公平与安全、资本的易获得性、公司文化、技术管理、劳动力特征、失业率等方面也属丹麦的强项。丹麦国内不利于国际竞争力成长的弱势项目是政府支出、财政政策、外国直接投资、储蓄、劳动力成本和生活成本等方面。

比利时也没有明显的优势和劣势项目。相对来讲，其国际竞争力的主要推动因素在于企业的生产率，其综合生产率、劳动生产率和各产业的生产率均在世界前几位，经济部门的表现，资本的易获得性，基本基础设施和教育结构等也属强项。问题在于国家债务，财政政策，劳动力成本和就业率。

德国、英国、法国和西班牙等四个大国的国际竞争力在欧盟中处于居中的地位，相互之间差异也比较悬殊，有其复杂的政治、经济、文化、历史、社会等原因。德国社会的活性和创造性向来在欧盟中位居前列，它是欧盟大国中国际竞争力最好的，在欧盟 15 国中也处于中等偏上的水平。科学技术、金融体系和基础设施等方面的先进水平是推动德国国际竞争力的主要原因，比如研究与开发能力、知识产权、资金成本、环境、基础设施、劳动力特征等方面的优势。德国国际竞争力的主要问题在于，政府的财政政策、国家干预不利于企业竞争力的提升，劳动力成本太高、经济的适应性较差。

英国是老牌的资本主义国家，在世界上最先走过经济发展的各个阶段。从国际竞争力的成长阶段来看，英国的许多产业现在已经进入国际竞争力的衰退阶段。这些产业竞争力的驱动因素已不再是创新和投资，更不是要素优势，而是业已聚集的财富。在世界各国中，英国社会成员的个人冒险精神和创造精神都是比较弱的，社会价值观念不利于国际竞争力的成长；由于高福利，居民的储蓄率极低。所以，尽管具有世界第四的经济规模（仅次于美国、日本和德国），在国际政治中也具有重要的地位，英国的国际竞争力在欧盟中仅居于中等的水平，而且近年来下降较多。当然，作为高度发达的资本主义国家，英国的特点是影响国际竞争力的各个要素发展都比较均衡，没有明显的强项和弱项。相对来讲，英国的强项是国际化水平比较突出，尤其是外国直接投资、证券投资、商品与服务的出口。另外，英国国内社会文化环境十分有利于科学的成长，年轻一代崇尚科学的风气浓厚。其股票市场的活性也不错。其不利于企业国际竞争成长的因素是居民储蓄率太低、英镑的汇率太高、生活成本和劳动力成本居高不下，而且英国社会的价值观比较倾向于保守和安逸，不利于竞争力成长。

西班牙没有明显的国际竞争力强势支撑因素，相对来讲在人口特征、生活质量和货币汇率方面具有优势。而在经济部门的表现、商品和服务的进口、就业等方面具有劣势。

法国的国际竞争力最主要靠科技来支撑，比如 R&D 人员、R&D 支出、知识产权等因素。另外，法国的生产率比较高；经常项目差额、外国直接投资等因素也比较好。但是法国的政府管理水平方面影响其国际竞争力的提高，比如，财政政策被评价为世界最差，政府支出也是弱项。和英国相似，法国的生活成本也是很高，而且就业问题困扰其经济的发展。

希腊、意大利和葡萄牙三国在欧盟中国际竞争力的落后是其经济发展水平的必然结果，主要原因在于政府管理水平的落后和在科技创新方面的滞后。这几个国家在欧盟中向来是经济比较落后的国家，希腊和葡萄牙的人均 GDP 在欧盟中是最低的，只有 1 万美元左右，不到欧盟首富卢森堡的 1/4。希腊在政府管理、基础设施等方面有诸多的弱势因素，比如国家债务、财政政策、能源自给水平、经常项目差额、商品和服务的出口等。葡萄牙在科学技术和企业管理上问题比较多，比如 R&D 人员少，公司文化不利于竞争力的成长等，另外经常项目差额、商品和服务出口等也属弱项。意大利的人均 GDP 虽然有希腊和葡萄牙的两倍左右，在欧盟中要比西班牙强，但是意大利的政府管理水平居世界第 45 位，实属弱项，最主要的问题是在财政政策、政府效率和政府干预经济三个方面。另外在就业状况、技术管理等方面也不算好。

以上我们从欧盟各国内部国际竞争力的决定因素和竞争力结构平衡关系出发，简要地分析了造成欧盟各国国际竞争力现状的主要原因。另外，我们还必须注意到，本文所讨论的国际竞争力是一个相对的概念，作为我们研究问题出发点的竞争力定量描述体系是一个在国家之间进行横向比较所得到的竞争力的相对位次。尽管著名学者詹姆斯·雷利哈特将竞争力与重力相提并论，而且得到公认，他说："竞争力已经被提升到与自然法则同等的地位，就像重力法则，是一种不容怀疑和无法抗拒的力"①，但是经济学至今还没有找到一个像物理学计量重力那样，能够对竞争力的大小进行"绝对"计量的尺度。关于"绝对竞争力"是否存在，仍是国际学术界争论的话题。在国际竞争力的评价和分析中，可能各国的"绝对竞争力"都在升高，但是由于我们所度量的国际竞争力"名次"是一个相对的概念，也许有的国家实际竞争力提高了，但是名次却下降了。所以，我们在对欧盟各国的国际竞争力现状进行解释时必须考虑横向比较问题，也就是与之比较（作为竞争对手）的其他各国的国际竞争力。

三、欧盟与美国、日本的国际竞争力比较

从某种意义上讲，当今世界经济是美国、日本和欧盟的"三方游戏"。三方合计只占有世界 10% 左右的土地面积和 14% 左右的人口，但却占有世界年国民总产出的 2/3 以上。特别是作为世界上经济最发达的地区，这些国家掌握了最先进的科学技术、最成功的管理经验，拥有最适合竞争力成长的国内环境，领导着世界经济发展的潮流。因此，对于欧盟来讲，美国和日本是其最强有力的竞争对手。美国是当今世界公认的最强经济体，而日本在"二战"后迅速崛起所取得的成就不亚于战后的"欧洲复兴"。所以，将欧盟与美国、日本进行比较，是认识欧盟国际竞争力所处地位的一种重要途径。

表 2 是我们根据 IMD 2000 年的评价报告编制的欧盟十五国的国际竞争力及其八大要素的世界排名与美国、日本的比较表。表中的符号 IC 表示欧盟国家的国际竞争力，美国、日本两栏中的数字是指在两国在全部参评国家中的排名。

---

① James Rinehart, "The Ideology of Competitiveness", *Monthly Review*, October 1995.

表 2　　　　　　欧盟与美国、日本国际竞争力比较（2000）

指标	美国	日本	欧盟		
			IC＞美国、日本	美国＞IC＞日本	美国、日本＞IC
总体竞争力	1	17	—	丹麦、德国、爱尔兰、卢森堡、荷兰、瑞典、英国	奥地利、比利时、葡萄牙、西班牙、法国、希腊、意大利
国内经济	1	29	—	奥地利、比利时、丹麦、芬兰、法国、德国、希腊、爱尔兰、卢森堡、荷兰、葡萄牙、西班牙、瑞典、英国	—
国际化	1	21	—	比利时、丹麦、芬兰、法国、德国、爱尔兰、卢森堡、荷兰、葡萄牙、西班牙、瑞典、英国	奥地利、希腊
政府管理	15	23	芬兰、爱尔兰、卢森堡、西班牙	丹麦、荷兰、英国	奥地利、比利时、法国、德国、希腊、意大利、葡萄牙、瑞典
金融体系	1	25	—	奥地利、比利时、丹麦、芬兰、法国、德国、希腊、爱尔兰、卢森堡、荷兰、葡萄牙、西班牙、瑞典、英国	希腊、意大利
基础设施	1	20	—	奥地利、比利时、丹麦、芬兰、法国、德国、卢森堡、荷兰、瑞典、英国	希腊、爱尔兰、意大利、葡萄牙、西班牙
企业管理	1	26	—	奥地利、比利时、丹麦、芬兰、法国、德国、爱尔兰、卢森堡、荷兰、西班牙、瑞典、英国	希腊、意大利、葡萄牙
科学技术	1	2	—	—	奥地利、比利时、丹麦、芬兰、法国、德国、希腊、爱尔兰、意大利、卢森堡、荷兰、葡萄牙、西班牙、瑞典、英国
人力资本	6	13	丹麦、芬兰	奥地利、卢森堡、荷兰	比利时、法国、德国、希腊、爱尔兰、意大利、葡萄牙、西班牙、瑞典、英国

1. 总体国际竞争力

1994～2001 年，美国的国家总体竞争力稳居世界第一的位置，欧盟 15 国
中无一能够超越。在这段时间，美国经济出现所谓以"高增长率、低失业率
和通货膨胀率"为特征的"新经济"，以信息技术为代表的高科技为美国经济
带来连续十年持久增长的动力。日本在 1997 年之前的总体国际竞争力是位居
世界前列的，排名欧盟所有国家之前。亚洲金融危机对日本的国际竞争力是
一个重大打击，其国际竞争力名次从 1996 年的第 4 位下降到 1997 年的第 8
位，1998 年再度下降到第 18 位，2001 年更是下降到最低点第 26 位。这样，
1997 年欧盟中就有芬兰、丹麦和荷兰三国的国际竞争力超过日本；2000 年欧
盟中有芬兰、丹麦、德国、爱尔兰、卢森堡、荷兰、瑞典、英国等 8 国的国
际竞争力超过了日本；2001 年，除了希腊、意大利和葡萄牙三国，欧盟国家
的国际竞争力排名均在日本之前。①

2. 国内经济

欧盟国内经济的总体实力弱于美国而强于日本。美国是当今世界国内经
济实力最强的国家，在构成国内经济实力的各个子要素中，欧盟从总体上都
不如美国。但是美国在这方面也有弱项，从国内储蓄对于国际竞争力的推动
来看，欧盟在总体上强于美国，芬兰、法国、爱尔兰、卢森堡、奥地利、比
利时、德国、西班牙和荷兰等 9 个国家在这方面好于美国。在其他项目上，
欧盟中也有少数国家超过美国。从生活成本来看，卢森堡、葡萄牙和西班牙
好于美国；在最终消费水平方面，丹麦和瑞典强于美国；在对变革的适应能
力上，芬兰和荷兰强于美国。和日本相比，欧盟从总体上都比较强。但是在
国内投资水平方面，欧盟中没有一个国家超过日本。在增加值的创造方面，
欧盟中大多数国家也不如日本。在国内储蓄水平方面，欧盟多数国家不如日
本。在经济部门的表现和对于变革的适应性方面，欧盟中也有少数国家不如

① 瑞士洛桑国际管理发展学院（IMD）发布的世界竞争力排名报告（world competitive-
ness rankings）。

日本。日本的缺陷在于国内生活成本太高，几乎在世界上处于一个很高的水平；对于变革的适应性差，和国内消费倾向低迷，这三个方面影响其国际竞争力的发展。

3. 国际化

美国是当今世界国际化程度最高的国家，没有一个欧盟国家的国际化程度能赶上美国；日本的国际化程度则比较低，除了奥地利和希腊两国之外，所有欧盟国家的国际化程度都高于日本。从总体上讲，日本的国际化程度不仅低于美国和欧盟，也低于中国。日本国际化程度低的原因主要在于商品和服务的进口能力差，而出口能力强，对国内产业的国家保护程度太强，经济社会的开放度也在世界上处于一个较低的水平。从国际竞争力的结构平衡理论来讲，日本是典型的输出扩张能力与引进吸收能力不平衡国家，输出扩张能力强而引进吸收能力差。美国在国际化方面也有弱项，它的经常项目差额是世界最高的，造成对国际竞争力的不利影响。与美日相比，欧盟在国际化方面的主要优势是国家保护程度低，经济社会开放度高，对于商品和服务的进口比较多；劣势在于证券投资和外国直接投资两项上不如美日两国。

4. 政府管理

从政府管理的总体水平来看，欧盟中有芬兰、爱尔兰、卢森堡和西班牙四国超过美日两国的水平，丹麦、荷兰和英国三国超过日本而低于美国，其他欧盟国家则低于美日两国的水平。所以欧盟的政府管理水平弱于美国，与日本大体相当。但是，如果从具体的子项目来看，欧盟在政府管理的某些方面胜过美日两国，在另一些方面则不如美日两国。

由于欧盟国家普遍实行高社会福利政策，所以从国际竞争力的角度来讲，我们对于欧盟的国家债务、政府支出、财政政策三项的评价都不如美日两国。但是，在欧盟国家中只有意大利的政府效率低于日本，其他均高于日本，奥地利、丹麦、芬兰、爱尔兰、卢森堡、荷兰、西班牙和英国的政府效率不仅超过日本，也超过了美国。欧盟国家社会的公平与安全情况也普遍好过美日两国，只有比利时、希腊和意大利例外。

5. 金融体系

欧盟的金融体系对于国际竞争力的促进作用优于日本，但不如美国。欧盟金融体系中拖后腿的是意大利和希腊两国，这两国比日本差。与美国相比，欧盟主要是股票市场缺乏活性，银行部门的效率不足，但是欧盟一些国家在资金成本和资本的易获得性方面也有优势，超过了美国。实际上，日本的资金成本是世界上比较低的，低于美国。但是在日本获得资金的难度较大。所以与日本相比，欧盟在股票市场的活性与银行部门的效率两方面与其相当，资金成本略高于日本，但是比日本更容易获得资金。

6. 基础设施

欧盟国家大多具有悠久的历史，是现代工业革命的发祥地，经济社会积累十分丰厚。但是与世界头号经济强国美国相比，欧盟的基础设施总体水平还是不行。具体来讲，无论在公路、铁路、航空、城市化等基本基础设施，还是通信、计算机、互联网等技术基础设施方面，美国都是世界一号强国，欧盟中除了芬兰在计算机联网率、手机持有率方面，卢森堡在电话拥有率方面具有优势之外，其他均不如美国。欧盟的能源自给程度和环境状况可能要比美国好一些。当然，欧盟的情况是参差不齐的，希腊、葡萄牙和意大利等国家经常拖后腿。与日本相比，欧盟则有胜出。在基本基础设施方面强于日本，在技术基础设施方面则各有千秋。

7. 企业管理

从企业管理对于国际竞争力的促进来讲，美国是世界第一，而日本则比较落后。欧盟的总体水平弱于美国而强于日本。在生产率方面，欧盟只有比利时超过美日两国，大部分国家低于美国而高于日本，但希腊和葡萄牙两国低于美日两国。在劳动成本方面，由于美日都是世界上高劳动成本的国家，欧盟大多数国家都比他们有优势，只有德国和卢森堡的劳动成本比较高，与美日相当。在公司表现方面，美日领先于欧盟所有的国家。在管理效率方面，日本处于世界较低的位置，欧盟中有芬兰、卢森堡、荷兰和瑞典超过了美日两国，而法国、希腊和意大利差于美日两国，其他欧盟国家则差于美国但好于日本。在公司文化方面，欧盟总体强于日本而弱于美国。

8. 科学技术

与美日相比，科学与技术是欧盟在国际竞争力八大要素中最明显的劣势项目。除了在技术管理方面丹麦、芬兰和荷兰强于美日两国，爱尔兰、卢森堡和瑞典超过日本，在科学环境方面欧盟多数国家能超过日本（但差于美国，且希腊、意大利、卢森堡、葡萄牙、西班牙五国差于美日两国）以外，在R&D投入、R&D人员和知识产权三大项上，欧盟中没有一个国家能够赶上美日两国。

9. 人力资本

欧盟的人力资本总体不如美日两国。但是也有少数国家超过两国，比如丹麦和芬兰；奥地利、卢森堡和荷兰三国虽不如美国，但超过日本。欧盟的弱项主要是人口特征、劳动力特征和就业状况。人口老龄化严重、社会赡养率高、经济活动人口增长率低、缺少熟练劳动力、人口中的就业比率低、就业倾向不足等问题对于欧盟国家的国际竞争力带来负面影响。但是，欧盟国家除了法国，人们的生活态度和价值观念对于国际竞争力的影响都好于美国和日本，主要表现在社会骚乱和暴力少，社会提供的机会均等性好。另外在生活质量和教育结构方面也有部分欧盟国家超过美日。

参考文献

［1］李静萍：《国际竞争力理论与应用》，中国人民大学，2000。

［2］王仁曾：《产业国际竞争力理论、方法与统计实证研究》，中国人民大学，2000。

［3］赵彦云、王仁曾、宋海岩：《一体化过程中的欧盟服务业国际竞争力》，载于《兰州商学院学报》，2001年第2-3期。

［4］中国人民大学竞争力与评价研究中心：《中国国际竞争力发展报告（2001）——21世纪发展主题研究》，中国人民大学出版社2001年版。

［5］IMD，*The World Competitiveness Yearbook*，International Institute for Management Development，Lausanne，Switzerland，1994，1995，1996，1997，1998，1999，2000，2001.

［6］ Michael E. Porter, *The Competitiveness Advantage of Nation's*. London: Macmillan Business, 1998.

［7］ World Economic Forum, *The Global Competitiveness Report*. Geneva, Switzerland, 1998.

［8］ Yanyun Zhao, Renzeng Wang, Haiyan Song, *The Studies on Competitiveness Development for EU Service Sector in European Integration Process*, Beijing: Academic Report to EU – China Higher Education Cooperative Research Project (4040046 99), 2000.

第五篇 综 合 研 究 欧盟与美国、日本的国际竞争力比较

我国高比例加工贸易引发的思考*

一、我国对外贸易数据引发的问题

我国是目前世界上经济发展速度最快的国家，但是考察一下我国对外贸易的方式，就会发现，加工贸易占的比例很大，而在出口贸易中这个比例更大，具体数据如表 1 所示。

表 1   我国近年货物出口贸易中加工贸易出口比例

项目	2002 年	2003 年	2004 年	2005 年
总出口额（亿美元）	3255.7	4383.7	5933.7	7620
加工贸易出口额（亿美元）	1799.4	2418.5	3279.9	4164.8
所占比例（%）	55.3	55.1	55.3	54.7

资料来源：整理自商务部规财司网站统计数据。

从我国加工贸易占总贸易额高比例的经验研究中不难看出几个结构性事实：外商投资企业的进出口额占到了我国总贸易额的一半以上且越来越大，其中 70% 的贸易方式是加工贸易。这种外商投资企业主导我国贸易结构的贸易状况对我国当前贸易和经济的发展将会起到怎样的影响，不能不引起我们深思。

---

* 本文原载于《国际商务（对外经济贸易大学学报)》2007 年第 3 期。共同作者：马光明。

二、外商投资企业主导的高比例加工贸易结构
对我国经贸的短期影响

1. 外商投资企业主导的贸易结构是我国与重要贸易伙伴贸易不均衡的重要原因

一方面，由于外商投资企业的进出口额，尤其是出口额占我国总贸易额超过一半的比例，使得其进出口额对我国的贸易收支平衡作用越来越大；另一方面，由于外商投资企业的动机大部分是以加工贸易方式利用我国廉价劳动力降低生产成本，再回销至母国以取得成本领先的竞争优势，投资来源的单一性导致了出口对象的单一性。根据商务部计财司统计数据，从1993年到2005年，外商投资企业对美国、日本、欧盟、中国香港、中国台湾五大地区的出口量一直占据了其全部出口额的80%~90%，近几年比例略有下降，但仍然保持在80%左右，2004年为78.28%，而这5个国家和地区也正是对我国大陆直接投资的最大来源。

在这种外商投资企业进出口额数量大而且对象单一的情况下，如果对这些国家的进口相对比较少，则很容易出现大规模的贸易不平衡。近年来我国对美国的贸易顺差就是一个很好的例子（见图1）。

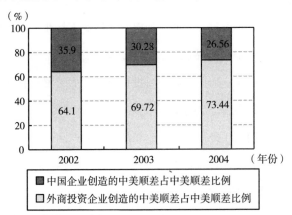

图1 2002~2004年外商投资企业创造的中美贸易顺差

资料来源：根据商务部计划财务司、商务部外资司我国投资指南公布数据整理。

图 1 中数据显示，根据原产地规则，2002～2004 年中美贸易的顺差中大部分是由外商投资企业造成的。尤其是 2004 年，外商投资企业对中美顺差的贡献率达到了 73.44%。考察我国与欧盟的数据也可发现类似的结果。这使得我国面临货币升值的巨大压力，并带来了外汇占款和通货膨胀的压力。而重要的是这些压力的 70% 以上是外商投资企业基于其自身利益创造的。数据证实了许多经济学家的分析，外商投资企业事实上将其母国的顺差以加工贸易转移到了我国头上，而让我国承受大幅度顺差的国际压力。

2. 外商投资企业单一的加工贸易方式及产品结构助长了反倾销

一般来说，以加工贸易方式出口的商品不容易引起反倾销。因为从以上数据看我国加工贸易很大比例由外商投资企业进行，是外商跨国生产和分工的一个组成部分，出口量与价格均由外商控制。即便是少部分我国企业进行的加工贸易也是大量利用外资的渠道，故而摩擦比较少。

然而，外商投资企业的以加工贸易出口的劳动密集型商品结构却加剧了对我国一般贸易出口产品的竞争。这是因为外商投资企业的以加工贸易方式生产的产品有很大部分与我国一般贸易出口的传统优势产品重合。

考察 2002 年外商投资企业出口商品的结构可以得出以下结论：近年外商投资企业出口商品中有大量的劳动密集型产品与国内企业出口产品相类似。究其原因，是因为外商投资企业趋之若鹜的工业部门是投资量较少、价值增值率和利税率较低的下游加工行业，如电子、运输工具业、电器业以及服装、皮革、塑料、金属制品、食品制造、饮料、文体用具等。这就与我国一般贸易产品形成了出口竞争。而国家对外商投资企业和加工贸易有许多优惠政策，他们享受关税、所得税和土地使用等优惠，与同类的国内企业相比，具有明显的竞争优势。同时由于外商投资企业和加工贸易产品利用其原有营销渠道，因而出口销路广，特别体现在纺织品等进口国设限的主动配额分配上，对国内非外资类企业的出口配额挤占严重。这就使得我国一般贸易产品被迫采用降低价格的方法来争取出口，从而很容易导致外国对我国的反倾销。而外商投资企业生产出口的同类产品却不容易受到反倾销起诉。

三、外商投资企业主导的高比例加工贸易结构
对我国经贸的长期影响

1. 使我国引进外资政策的目的难以达到

改革开放以来我国大力吸引外资的目的是希望外商投资企业带来资金以促进国家工业的升级和相关产业的发展，同时带来先进技术和管理经验以促进国内企业学习和结构升级以及扩大就业。但是从外商投资企业的角度分析，根据邓宁的国际投资折衷理论，它们进行跨国生产主要是为获得区位优势：第一，获取被投资国廉价的劳动力和生产原料；第二，争取被投资国市场（规避贸易壁垒、接近销售市场以利于开展调研，扩大市场份额）；第三，利用被投资国的先进技术、人才和基础设施等优势进行研发活动。

我国属于市场和劳动力兼有的国家，有很多大型跨国公司看中的是我国不断增长的市场潜力。但对大多数中小型外商投资企业来说，在我国生产得到的基于劳动力带来的成本效益更快更明显。这种投资动机带来的高加工贸易比例和投资分布便容易偏离我国吸引外资的目的。

（1）促进产业发展方面。根据商务部对 2003 年外商直接投资的产业和行业的统计数据，发现外商投资主要集中于以加工制造采掘业为主的第二产业，而对科学研究、技术服务、卫生、体育、社会福利等我国比较落后的领域投资的项目数还不到总项目数的 1.5%，合同外资还不到总额的 1.3%。他们在我国确实用比较先进的设备和技术促成了一些工业的发展，比如食品加工、纺织服装、钟表、集成电路、电子制品、钢铁、水泥、塑料、石油化工等，但前者是劳动密集型产业，也是我国企业大量集中的产业，造成了竞争；后者是对能源需求十分大或者污染严重的产业，这是发达国家的全球战略决定的。也就是说，外商投资企业基于自身利益和全球战略投资的产业和行业结构大部分是与国内企业处于竞争的替代状态，而非分工合作的互补状态，这使得我国政府促成产业发展的目标不容易达到，并且，"两头"在外的加工贸

易方式使得其对国内其他产业的带动作用非常有限。

(2) 吸引技术方面。我国吸引外资的目的之一是要利用跨国公司的技术溢出效应促进民族企业技术水平的提高，然而以加工贸易为主要目的的外商投资企业往往对与国内企业技术合作的兴趣不大，这表现为近年来外商直接投资的一个明显趋势，即外商独资企业所占 FDI 的比例越来越大。根据对商务部外资司的统计数据的整理发现，2002 年以前、2002 年、2003 年、2004 年外商直接投资方式中外商独资所占的合同金额占总合同金额的比例分别为 40.16%、69.18%、70.92%、76.41%，增长十分迅速，而中外合作企业和合作开发企业所占比重则越来越小，两者加总共占总合同金额的比例由 2002 年以前的 20.28% 降到 2002 年的 7.58%、2003 年的 6.57% 和 2004 年的 5.41%。

这种投资方式结构性变化说明了在加工贸易动机下外商投资企业对技术合作、转让和开发的谨慎及较低的兴趣。

我们可以从近年来我国出口高技术产品中企业性质的状况来测评外商投资企业促进和提高我国企业产品技术水平的效果。如果说随着时间推移我国企业出口高技术产品的比例提高了，那就说明引进外资有助于国内企业提高产品技术含量和竞争能力。但我们看到的数据正好相反（见表 2）。

表 2　　　　　　2002~2005 年我国民族企业出口高新技术产品
占总高新技术产品出口比例

单位：%

项目	2002 年	2003 年（1~10 月）	2004 年	2005 年
国有企业出口高技术产品所占比例	15.07	10.86	8.5	7.4
集体企业出口高技术产品所占比例	1.83	1.89	1.6	1.8
私营企业出口高技术产品所占比例	0.85	2.31	2.6	2.8
其他企业出口高技术产品所占比例	0.02	0.01	0.006	0.003
民族企业出口高技术产品所占总比例	17.79	15.07	12.706	12.003

资料来源：根据商务部科技司公布数据整理。

由表 2 可以看到，从 2002 年至 2005 年，外商投资企业不但没有提高民族企业出口高技术产品的比例，反而利用其技术优势不断挤压我国企业，致使我国民族企业生产和出口高技术产品占高技术产品总出口的比例逐年下降。这在相当程度上说明了外商投资企业在技术上的溢出控制。许多学者只把此现象评价为"外商投资企业在我国高新技术出口方面的领导作用"或是"外商投资企业促进了我国高技术产品出口"是片面的,忽略了其在技术控制方面的自利性,没有看到民族企业的技术地位不断受到挤压。

2. 外商投资企业主导的高比例加工贸易影响我国国内市场的发展

有许多人认为,外商投资企业在我国投资设厂,雇用我国劳动力,生产产品销售到世界市场,也同样给我国政府缴税,与我国企业并没有什么不同。这种看法有一定道理但不全面。如果一个国家是国内市场规模不大的小国,同时外商投资企业的贸易方式没有那么高的加工贸易比例,那么也许与国内企业并没有什么不同。问题是我国是一个拥有 13 亿人口、拥有巨大市场潜力的大国,国内需求对经济有很大影响。可以用开放经济下的总需求函数来说明这个问题。开放经济下,传统的总需求函数表达式为:

$$AD = C + I + G + EX - IM$$

在这个基础上笔者对其进行了合理重构:注意到这些需求最终都会表现在对各种产品与服务的购买上,私人消费表现为对各种消费性产品,如食品、服装、电器的购买,投资表现为对各种原材料、机器、厂房以及建筑服务等投资性产品的购买,政府购买则针对各种消费性产品与投资性产品。不妨把所有产品与服务简单分为消费性产品与投资性产品两大类,并把政府购买融入到消费与投资需求中去,同时,进出口产品也可分为消费性产品与投资性产品两大类,分别用 C 和 I 的角标表示。这样,上式就可变为:

$$AD = C + I + EX_C + EX_I - IM_C - IM_I$$

整理,得到 $AD = (C - IM_C) + (I - IM_I) + (EX_C + EX_I)$

通过以上变形可以看到,总需求的前四项就是本国市场的产品需求(包括消费性和投资性产品,或者叫国内吸收)通过本国产品满足的部分,后两项就是国外市场的产品需求(是除本国外所有其他国家的产品需求总和)通过本国产品出口满足的部分。若分别把本国产品需求与他国产品需求写为 D

与 D^*，则上面式子可以改写为：

$$AD = \theta_1 D + \theta_2 \Sigma D^* ; \quad 0 < \theta_1 < 1, \ 0 < \theta_2 < 1$$

外商投资企业大量进行加工贸易投资，仅利用我国劳动力，生产产出很大，销售向国际市场使得我国产品的国际需求得以增加（即 $\theta_2 \Sigma D$ 增加）。但化为要素收入中我国仅得到比例很少的加工费用，这使得我国人民的收入增加很少，影响了下一轮国内需求（即上面的 D），而一般来说国内的产品需求由本国产品来满足的比例（θ_1）远大于外国的产品需求由本国来满足的比例（θ_2）。举个例子，我国 2004 年国民的产品需求，或者说国内吸收用本国产品满足的比例为 0.61，美国为 0.85，而我国同年国际市场产品需求由我国出口产品满足的比例仅为 0.016，美国也仅为 0.039。[①] 对我国这个拥有巨大国内市场潜力（D）的国家来说国内市场必须得到足够重视。可以设想如果我国企业全部变为外商投资企业进行加工贸易的极端假设，我国的国民收入水平将会面临很大的问题，对人民消费水平的提高与国内市场的发展就非常不利。

3. 外商投资企业主导的高比例加工贸易增加我国经济长期波动性

可以说，所有成本追逐型跨国投资都是为了获取低廉的劳动成本这种生产要素，这种动机会使得它们不断调整投资对象。例如，从日本到东亚"四小龙"，再到现在的中国。可以想象，这种类似套利的行为理论上最终会导致要素价格均等化，即工资水平相近。我国目前劳动力价格优势还比较明显，但人均收入与工资水平却在悄悄上升，不排除某年后进行加工贸易的外商投资企业会将大量投资撤出中国，到具有更廉价劳动力的国家进行投资。即使不考虑工资因素，如果我国经济某年出现了一些问题，不排除这些投资者为了追求低生产成本的投资资本大规模转移至别的国家，这对我国的经济将是一种雪上加霜的破坏。

---

① 计算方法：国内的产品需求由本国产品来满足的比例可用 1 减去进口与国内吸收（可用支出法 GDP 减去净出口近似代替）的比值得到，后者可将世界其他国家作为一个整体，用同样方法计算。鉴于篇幅，具体数据没有列出。

四、对策与建议

为了避免外商投资企业主导的高比例加工贸易结构导致这些不利影响，我们应该思考以下几个问题。

1. 减小加工贸易比例

廉价劳动力不是永恒的，随着我国经济发展，劳动者的平均工资水平正在上升，尤其是沿海地区。一旦外资发现有更廉价的劳动力提供国，而我国没有可以吸引它们的其他经济因素，将会导致外资的大量转移，并且我国基于廉价劳动力的生产模式存在着太多的问题，比如生产环境差、员工福利低，几乎没有工会和工资谈判的能力等，这些很容易被外国贸易组织作为反倾销和其他责难的理由。

2. 引导外商投资企业将生产和研发环节转移到我国

同样可以与"四小龙"腾飞时期做比较，东亚"四小龙"在进行产品加工组装的同时，利用与跨国公司的转包合同等非股权安排，逐渐吸引了越来越复杂的生产性工序部分，并且运用了复杂的产品和制造技术，这对其相关产业的带动作用非常大，[①] 同时也可以增加附加值，增加国民收入，促进了国内市场的发展。

3. 我国企业要充分利用好廉价劳动力的优势

劳动力是经济发展的四大动力之一，必须承认，加工贸易是有效利用劳动力的好方法，但根据上文计算，在我国很大比例的加工贸易都是外商投资企业进行的，也就是说，我国廉价劳动力的好处被外商投资企业占据了。另外，需要我们将这一比较优势转化为竞争优势。波特在《竞争优势》中的一个重要思想就是：低廉的生产成本并不是只能转化为成本领先，也可以利用劳动力成本方面节约发展差异化优势，以质量和技术取胜。而外商投资企业

---

① 吴先明：《跨国公司与东亚经济发展》，经济科学出版社 2001 年版。

在这一点上做得很好。相比之下，我们的企业缺乏长远眼光，好打价格战，恶化了贸易条件，同时对产业结构造成了破坏，盈利空间越来越小。此外在人民生活和消费水平逐渐提高的环境下，国产低价商品还存在着被"吉芬化"的潜在危险，这在一些商品领域已经明显显示出来了。

参考文献

［1］冯雷：《大国条件下引致的关注》，载于《国际贸易》，2003 年第 8 期。

［2］黄晓玲、宋涛：《我国对外贸易》，对外经济贸易大学出版社 2000 年版。

［3］赖明勇：《我国高新技术产品出口现状及发展探析》，载于《经济界》，2004 年第 1 期。

［4］刘建江："美国巨额贸易逆差的全球化视角——兼论美国得自于贸易逆差的利益"，http：//www. jjxj. com. cn/news_ detail. jsp? keyno = 1933。

［5］迈克尔·波特：《竞争优势》，华夏出版社 1997 年版。

［6］王亚星：《抑制恶性出口竞争的制度化对策》，载于《北京工业大学学报》，2003 年第 2 期。

［7］吴先明：《跨国公司与东亚经济发展》，经济科学出版社 2001 年版。

服务贸易技术结构优化的驱动因素研究[*]

一、引言

世界产业结构的调整已经印证了配第—克拉克定理。① 当前，伴随着信息技术和知识经济的发展，服务业已经取代制造业成为许多西方发达国家的支柱产业，② 在世界经济发展和国际竞争中占有举足轻重的地位。服务业的发展与一国的经济增长、就业、结构优化、经济稳定以及可持续发展等有着密切联系，并且服务业中的现代服务业具有高附加值、高层次、知识型、技术型等优良特性，因而引起国内外政府及学者的高度关注。

服务贸易作为服务业发展的标志之一，已经成为国际贸易和投资中越来越重要的组成部分。1980 年至 2012 年，全球服务贸易总额从 7707 亿美元上升至 85022 亿美元，增长 10 倍。全球服务贸易较之于货物贸易以更快的速度发展，1980 年全球服务贸易出口总额占全球货物贸易出口总额比重仅为

　＊ 本文原载于《中国高校社会科学》2015 年第 5 期。共同作者：丁秀飞。本文由中国人民大学复印报刊资料收录。

　① 配第—克拉克定理揭示了产业结构演变的基本方向：随着经济的发展，人均国民收入水平的提高，第一产业国民收入和劳动力的相对比重逐渐下降；第二产业国民收入和劳动力的相对比重上升，经济进一步发展；第三产业国民收入和劳动力的相对比重也开始上升。

　② 根据世界银行（World Bank，2010）的统计，发达国家服务业创造的增加值在 GDP 中所占比重已超过了 70%。

19.44%，到 2012 年，这一比例已经上升到 23.64%。① 进一步细化来看，服务贸易中传统服务贸易的比重趋于下降，而技术含量相对较高的现代服务贸易比重呈逐年上升趋势（见图 1）。

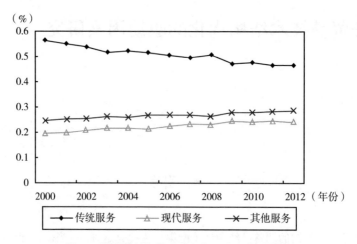

图 1　世界服务贸易分类*出口比重变动情况

注：* IMF 将服务贸易分为运输服务、旅游服务、通信服务、建筑服务、保险服务、金融服务、计算机和信息服务、专利权使用费和特许费服务、其他商业服务、个人文化和娱乐服务以及别处未提及的政府服务 11 个大类。本文传统服务包括运输服务、旅游服务和建筑服务 3 类；现代服务业包括通信服务、保险服务、金融服务、计算机和信息服务和专利权利使用费和特许费服务 5 类；其他服务包括其他商业服务、个人文化和娱乐服务以及别处未提及的政府服务 3 类。

资料来源：根据世界贸易组织《国际贸易统计》2001～2013 年的数据计算、绘制而成。

　　服务贸易的快速发展在一定程度上反映了一国参与国际竞争的能力。美国是世界服务贸易发展最好的国家，根据美国商务部的数据，2000～2012 年的数据表明，美国的服务贸易一直处于顺差状态，2012 年的顺差达到 2034 亿美元；作为最大的发展中国家，中国的服务贸易则一直处于逆差状态，2012 年的逆差达到 896 亿美元。从服务贸易的发展轨迹来看，技术因素对服务贸易的影响正在不断深化，其不仅可以扩大服务贸易的国际领域，而且可以改变服务贸易方式和服务贸易结构，从而提高服务业资源的配置效率。为此，从技术角度研究服务贸易出口结构确有必要。

---

① 根据 WTO 的统计数据计算而成。

关于出口商品技术结构的研究最早可以追溯到拉尔（Lall，2000）的技术分类方法。拉尔以不同商品生产的投入要素、技术活动、规模经济、进入壁垒以及学习效应等特征为依据，提出出口产品的技术分类标准，进而根据分类标准将制成品进行分类，以此来考察出口产品的技术构成。关志雄（2002）用出口结构高度化指标来评价国家整体技术结构发展程度。出口结构高度化指标为某国各出口产品的比重乘以产品附加值的加权平均，该附加值用出口国的人均 GDP 的加权平均数来表示。拉尔等（2006）通过构造技术复杂度指数（technological sophistication index，TSI）来表示一国或地区的出口技术含量。该指标假定出口国人均收入水平越高，其出口的产品技术复杂性越高。在此基础上，作者分两步计算一国（地区）出口技术复杂度指数：首先计算分项产品的技术复杂度得分（sophistication score），即将各国分项产品出口额占世界总出额的比重以所有出口该种产品的国家或地区的人均收入做加权平均；其次计算一国或地区的出口复杂度指数，即以该国或地区每种产品占其总出口额的比重为权重，计算所有出口产品技术复杂度得分的加权平均。之后，罗德里克（Rodrick，2006），豪斯曼等（Hausmann et al.，2007），杜修立等（2007），杨汝岱和姚洋（2008）等分别从不同角度进一步对技术复杂度指数进行修正。至此，学者们使用技术复杂度指数研究的主要是制成品贸易。董直庆（2010）开始将技术复杂度指数用在服务贸易上，分析了我国服务贸易技术结构的优化问题。戴翔（2011）则通过面板数据考察了服务贸易技术复杂度与经济增长的关系，结果表明出口技术复杂度对经济增长有着显著的积极影响。此外，戴翔（2012）还使用服务贸易出口技术复杂度，考察了中国服务贸易出口竞争力及其变化趋势，并进一步与世界其他主要服务贸易国家进行比较。

随着服务业及服务贸易对经济发展影响程度的提高，学者们开始关注服务业及服务贸易的相关影响因素。福克斯（Fuchs，1968）通过实际数据分析得出服务业中人力资本的含量要显著高于制造业，从而说明人力资本是影响服务业及服务贸易竞争力的一个重要因素。迪尔多夫（Deardorff，1985）的研究结论指出，服务贸易常常作为货物贸易的副产品而产生，也就是说，随着货物贸易的增加，服务贸易也会增加。霍克曼等（Hoekman et al.，1997）以电信业为案例，分析得出技术进步可以通过提高服务商品的可运输性和可储藏性，从而提高服务商品的可贸易性。保罗和瓦伦蒂娜（Paolo & Valentina，2005）研究了 11 个 OECD 国家 1992～1999 年的数据，发现信息和通信技术对生产性服务业竞争力具有显著的正向影响。沃兹（Worz，2008）研究发现，服务产业规模、劳动力生产率、开放度和教育水平都是提高服务贸易竞争力的决定因素。尹忠明和陈秀莲（2009）对影响东盟服务贸易发展的因素做了实证分析，指出货物贸易规模、FDI 规模和服务业发展水平对其均有显著的正向影响。韩文丽和李玲慧（2011）以服务贸易国际市场占有率作为被解释变量，利用 Johansen 协整检验和向量误差修正模型，研究了人力资本状况、城市化率、服务贸易开放程度等因素对中国服务贸易国际竞争力的影响。黄健青和张娇兰（2012）对北京、天津、上海、重庆服务贸易竞争力的影响因素进行实证研究，结果表明服务贸易竞争力与服务贸易开放度、外商直接投资、人才储备水平、科研投入水平、第三产业比重、货物出口比重及国内生产总值等有关。姚海棠和方晓丽（2013）研究了金砖五国服务贸易竞争力，并定量分析了影响服务贸易竞争力的因素，认为教育环境、基础设施、法律环境水平等对服务贸易竞争力提升有重要影响。宋加强和王强（2014）以现代服务贸易出口额为研究对象，考察了经济总量、教育支出、网络电信发展状况、法律、税收、开放程度、货物贸易、外资等因素的影响。

综上所述，针对服务贸易发展及服务贸易的影响因素的研究，尤其是经验分析方面，国内外学者已经进行了诸多有益的探索。但是，从现有文献来看，一方面，针对服务贸易技术结构的研究刚刚开始，仅限于服务贸易技术结构与经济增长及服务贸易技术结构与出口竞争力的关系研究；另一方面，对于服务贸易影响因素的研究主要以服务贸易发展、服务贸易竞争力和服务贸易比较优势等方面居多。为此，本文将在借鉴前述研究成果的基础上，使用全球 37 个国家和地区 2000～2012 年的面板数据，着手分析世界各国和地区的服务贸易技术水平和技术结构变动趋势，梳理一国或地区服务贸易技术结构优化的驱动因素，并进一步区分影响发达国家或地区和发展中国家或地区服务贸易技术结构优化的主要因素。本文的研究也是基于现实考虑。在中国外贸发展方式急需转型升级的大背景下，服务贸易的快速发展无疑具有重要的推动作用和意义。研究世界服务贸易技术结构演进的基本趋势及影响因素，对于正确认识中国服务贸易的发展阶段并做出积极的政策调整，以及对于中国转变经济增长方式、优化产业结构、调整整个经济的竞争力都具有一定的现实参考意义。

二、模型设定、变量选择及数据说明

1. 模型设定及变量选择

（1）被解释变量的测算。关志雄（2002）、罗德里克（2006）、豪斯曼等（2007）和杜修立等（2007）指出，高收入国家生产的产品技术含量较高。本文借鉴董直庆和夏小迪（2010）的方法测算服务贸易技术含量和服务贸易技术结构优化指数。具体计算如下：

k 项服务贸易的技术含量，用 TSI_k 表示。

$TSI_k = \sum_{i=1}^{n} (X_{ik} / \sum_{i=1}^{n} X_{ik})$，$X_{ik}$ 为 i 国 k 项服务贸易出口额，Y_i 表示 i 国的人均收入水平，以各国人均 GDP 来代替人均收入。

一国服务贸易技术水平指数，用 $ESTC_i$ 表示。

$ESTC_i = \sum_{k=1}^{m} (X_{ik} / \sum_{i=1}^{n} X_{ik}) TSI_k$，即为该国所有服务贸易技术含量的加权和。利用该指数可以测算并分析一国服务贸易技术在一定时期内的变化趋势，也可以实现国与国之间的直接比较。

$OSTC_i = \sum_{k=1}^{m} CA_k TSI_k$，服务贸易技术结构优化指数，用 $OSTC_i$ 表示。其中，CA_k 为一国某项服务贸易的世界份额与世界贸易中该项服务贸易占服务贸易总额的份额比，$CA_k = \left(\dfrac{X_{ik}}{\sum_{i=1}^{n} X_{ik}} \right) \bigg/ \left(\dfrac{X_k}{\sum_{i=1}^{n} X_k} \right)$，$X_{ik}$ 表示 i 国 k 项服务贸易的

出口额，X_k 为 k 项服务贸易的世界出口总额。为此本文定义的服务贸易技术结构优化指数，即为一国出口服务贸易比较优势指数为权数的服务贸易各项技术含量加权和。

出口贸易的技术结构高度指数，用 $COSTC_i$ 表示。

$COSTC_i = (OSTC_i - OSTC_{min})/(OSTC_{max} - OSTC_{min})$，$OSTC_{max}$ 和 $OSTC_{min}$ 分别表示同期技术结构优化水平的最大值和最小值。

（2）解释变量的选择及模型设定。实际上，影响服务贸易发展的因素都会或多或少地对服务贸易的技术含量产生影响，比如一国服务业发展水平、一国服务贸易开放度以及一国货物贸易出口额，本文选取这三个变量为控制变量。由于本文主要研究服务贸易技术含量及服务贸易技术结构优化的影响因素，所以在选取解释变量时，我们更倾向于考虑因素对技术的直接效应。借鉴迪尔都（Deardoo，1985）、布兰德和容米塔格（2004）、保罗和瓦伦蒂娜（2005）、尹忠明和陈秀莲（2009）、黄健青和张娇兰（2012）、宋加强和王强（2014）等人的研究成果，本文选取的主要解释变量有 GDP、对外直接投资、通信网络发展状况、人力资本、税收。为此，本文建立了如下模型：

模型 1：

$$Estc_{it} = c_0 + c_1 Gdp_{it} + c_2 Fdi_{it} + c_3 Net_{it} + c_4 Edu_{it} + c_5 Tax_{it} + c_6 Serad_{it}$$
$$+ c_7 Open_{it} + c_8 \ln Good_{it} + \varepsilon_{it} \tag{1}$$

模型 2：

$$Ostc_{it} = c_0 + c_1 Gdp_{it} + c_2 Fdi_{it} + c_3 Net_{it} + c_4 Edu_{it} + c_5 Tax_{it} + c_6 Serad_{it}$$
$$+ c_7 Open_{it} + c_8 \ln Good_{it} + \varepsilon_{it} \tag{2}$$

模型 3：

$$Costc_{it} = c_0 + c_1 Gdp_{it} + c_2 Fdi_{it} + c_3 Net_{it} + c_4 Edu_{it} + c_5 Tax_{it} + c_6 Serad_{it}$$
$$+ c_7 Open_{it} + c_8 \ln Good_{it} + \varepsilon_{it} \tag{3}$$

其中，$Estc_{it}$、$Ostc_{it}$ 和 $Costc_{it}$ 为被解释变量，$Estc_{it}$ 为一国或地区的服务贸易技术

水平指数，反映了该地区的服务贸易的整体水平；$Ostc_{it}$ 为一国或地区的服务贸易技术结构优化指数，表示该地区的服务贸易技术结构改善状况；$Costc_{it}$ 为一国或地区的出口贸易技术结构高度，表示该地区服务贸易技术结构的相对优化状况。Gdp_{it} 为一国或地区的国内生产总值，表示该地区的经济规模。Fdi_{it} 为一国或地区的外资净流入，代表该地区吸引外资的能力。Net_{it} 为一国或地区每百万人的安全网络服务器数量，代表该地区的通信网络发展水平。Edu_{it} 为一国或地区的高等院校入学率，用来表示该地区的人力资本状况。Tax_{it} 为一国或地区税收占国内生产总值的比例，代表该地区税负水平的高低。$Serad_{it}$ 代表一国或地区服务业的发展水平，用服务业附加值占 GDP 的比例来表示。$Open_{it}$ 代表一国或地区服务业的开放程度，用该地区服务进出口额与 GDP 的比值来表示。$\ln Good_{it}$ 为一国或地区货物出口额的对数值，代表该地区货物贸易的国际竞争力水平。ε_{it} 为随机扰动项。

2. 数据来源及说明

考虑数据的可获得性，本文选取 37 个国家和地区作为研究对象，包括美国、英国、德国、法国、中国、日本、印度、西班牙、荷兰、中国香港、爱尔兰、韩国、意大利、比利时、瑞典、卢森堡、奥地利、俄罗斯、澳大利亚、泰国、波兰、埃及、爱沙尼亚、保加利亚、捷克、拉脱维亚、立陶宛、罗马尼亚、马来西亚、葡萄牙、塞浦路斯、斯洛伐克、斯洛文尼亚、乌克兰、新西兰、匈牙利和亚美尼亚。2012 年这些国家和地区服务总出口额占世界总服务出口额的 77%，所以本文的研究对象具有一定的代表性。① 对于被解释变量的测算所用到的各个国家和地区 2000～2012 年服务贸易出口 11 个分项数据以及服务贸易出口总额数据，来自联合国贸发会议的统计数据（UNCTAD Statistics）。各个国家和地区的 GDP 数据、服务附加值（服务附加值占 GDP 比

第五篇 综 合 研 究

服务贸易技术结构优化的驱动因素研究

———————————

① 其中，美国、英国、德国、法国、中国、日本、印度、西班牙、荷兰、中国香港、爱尔兰、韩国、意大利、比利时、瑞典、卢森堡、奥地利、俄罗斯、澳大利亚、泰国、波兰、埃及等国家和地区的服务贸易出口额都位于世界前 30 名，仅这 22 个国家和地区 2012 年的服务贸易出口额就占世界的 71%。其余 15 个国家和地区因为数据可获得，也在研究范围内。

例，国内服务业发展水平）、入学率（高等院校入学率，占总人数的百分比）、安全互联网服务器（每百万人）、税收占国内生产总值比重、FDI 和国内服务业发展水平等数据均来自世界银行的世界发展指数数据库，货物贸易数据来自 WTO 统计数据库，服务贸易开放度由服务贸易进出口数据及 GDP 数据计算而成。

三、测算结果及实证分析

1. 指标测算结果的分析

（1）主要国家服务贸易技术含量分析。根据服务贸易技术含量指数（ESTC）公式，计算世界出口前三位的发达国家（美国、英国和德国）和世界出口前两位的发展中国家（中国和印度）的服务贸易技术水平（见图2）。

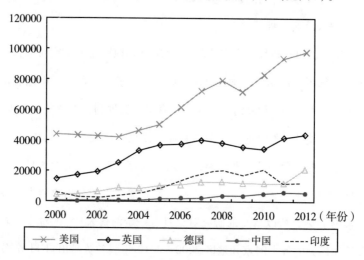

图2　世界主要国家服务贸易技术水平

从图2可以看出，世界主要服务贸易国家的技术水平表现出以下趋势：首先，美国一直处于世界技术潮流的领先地位，这一点也体现在服务贸易技术水平上，美国的服务贸易技术含量指数是世界排名第二的英国的 2 倍左右，远高于世界其他发达国家或地区和发展中国家或地区；其次，13 年中所有国

家的服务贸易技术含量都出现了不同程度的提高，最明显的是德国提高了 4
倍多，最缓慢的印度也提高了 1 倍多；再次，由于 2008 年金融危机的影响，
各国的服务贸易技术水平在 2009 年都有不同程度的下降，美国、英国、印度
和德国下降明显，而中国只有轻微短暂的下降，可能的原因是中国的服务贸
易开放度并不高，受金融危机的影响相对较小；最后，五国中只有印度的指
标值总体呈现出先升后降的趋势，2004 年印度的服务贸易技术含量有明显的
上升趋势，在金融危机的冲击下，从 2009 年开始下降，到了 2011 年甚至不及
2006 年的水平。

（2）主要国家服务贸易技术结构分析。基于服务贸易技术结构优化指数
（OSTC）的测算结果（见图3），不难发现，虽然美国是世界上服务贸易技术
水平最高的国家，但是其服务贸易技术结构优化指数低于英国，说明英国的
服务贸易技术结构改善得更快一些。其他国家的服务贸易技术结构改善情况
虽不及英、美，但是相对于本国来说也有了很大提高，比如，德国的服务贸
易技术结构比 2000 年优化了 4 倍多，中国的服务贸易技术结构比 2000 年优化
了 2 倍多。印度是服务贸易技术结构波动最明显的国家，2000~2008 年印度
的服务贸易技术结构迅速改善，而之后又迅速恶化，到 2012 年，只相当于
2000 年一半的水平。

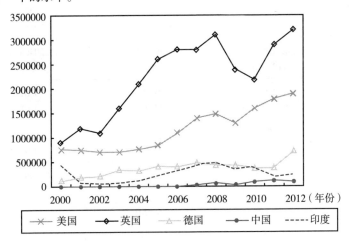

图3　世界主要国家历年服务贸易技术结构变化（OSTC）

2. 实证结果分析

本文使用 Stata 12.0 软件进行回归，充分考虑了 F 统计值、Hausman 检验以及所选取的样本个数，表 1 和表 2 给出了计量模型的回归结果。表 1 为 37个国家和地区的数据分析结果，包含发达国家或地区和发展中国家或地区：列（1）是使用面板数据固定效应估计的结果，列（2）和列（3）是使用随机效应方法估计的结果。表 2 分别为其中 26 个发达国家或地区和 11 个发展中国家或地区的分析结果：列（1）、列（4）、列（6）为面板数据固定效应估计的结果，列（2）、列（3）、列（5）为随机效应估计的结果。

表 1 混合国家或地区影响因素检验结果

解释变量	技术水平（ESTC） （1）固定效应	技术结构优化（OSTC） （2）随机效应	技术结构高度（COSTC） （3）随机效应
lngdp	-1492.233 (2864.129)	103197.8 ** (49363.470)	0.033 ** (0.0160)
Fdi	8.699 *** (5.94e-09)	3.670 *** (2.95e-07)	-1.339 *** (9.34e-14)
Net	4.367 *** (0.624)	226.530 *** (31.459)	0.0000719 *** (9.95e-06)
Tax	36.185 (90.794)	-563.700 (4216.358)	-0.0001881 (0.0013)
$Ratioedu$	4.695 (38.760)	-2289.988 (1677.201)	-0.0007201 (0.0005)
$Serad$	309.025 *** (112.123)	15297.46 *** (4266.216)	0.0048463 *** (0.0014)
lncom	132.974 (958.914)	-54115.28 (34794.200)	-0.017379 (0.0110)
$Open$	7.515 (36.032)	-681.601 (1509.990)	-0.0001951 (0.0005)
$cons$	14734.78 (56619.470)	-2094731 *** (827682.900)	-0.6689312 *** (0.2629)
R	0.2363	0.3618	0.3622
样本量	481	481	481

注：括号内为标准差。 *** 、 ** 分别代表在 1%、5% 的水平上显著。

表 2   分类国家或地区影响因素检验结果

解释变量	技术水平（ESTC）		技术结构优化（OSTC）		技术结构高度（COSTC）	
	(1) 发达国家或地区固定效应	(2) 发展中国家或地区随机效应	(3) 发达国家或地区随机效应	(4) 发展中国家或地区固定效应	(5) 发达国家或地区随机效应	(6) 发展中国家或地区固定效应
lngdp	−4622. 74 (5603. 436)	2974. 656** (1249. 330)	91678. 48 (62656. 440)	277162. 5*** (105956. 40)	0. 030 (0. 020)	0. 087975*** (0. 030)
Fdi	1. 895*** (12. 387)	−3. 189*** (8. 506)	−1. 678*** (3. 411)	14. 746** (1. 481)	0. 755*** (−9. 711)	−6. 096** (12. 884)
Net	4. 276*** (0. 750)	1. 320455 (4. 890)	199. 939*** (37. 500)	540. 9964** (212. 150)	0. 0000635*** (0. 000012)	0. 0001717** (0. 00007)
Tax	88. 637 (113. 450)	133. 7258 (136. 870)	1522. 403 (5213. 130)	10977. 26* (5879. 420)	0. 0004662 (0. 0016)	0. 0034843* (0. 002)
Ratioedu	20. 742 (51. 770)	25. 84738 (39. 740)	−3871. 083* (2162. 190)	9150. 423*** (1954. 780)	−0. 0012251* (0. 0007)	0. 0029045*** (0. 0006)
Serad	680. 646*** (189. 010)	−17. 8593 (81. 960)	34359. 08*** (7512. 340)	−8162. 801* (4239. 650)	0. 0108811*** (0. 0024)	−0. 002591* (0. 001)
lncom	506. 701 (1490. 330)	−1246. 242 (815. 640)	−7450. 4 (49113. 210)	−245127. 2*** (42676. 900)	−0. 0026074 (0. 016)	−0. 07781*** (0. 014)
Open	−52. 596 (50. 430)	77. 90973 (49. 470)	−2771. 695 (1917. 530)	−396. 7215 (2178. 210)	−0. 00086 (0. 0006)	−0. 0001259 (0. 0007)
_cons	63156. 19 (119983. 50)	−48102. 53*** (16819. 10)	−4245855*** (1143125)	−1186358 (1900873)	−1. 352958*** (0. 3628)	−0. 3765665 (0. 603)
R	0. 2678	0. 2257	0. 3768	0. 2993	0. 3777	0. 2993
样本量	338	143	338	143	338	143

注：括号内为标准差。***、**、*分别代表在1%、5%、10%的水平上显著。

（1）混合国家或地区影响因素检验结果。表 1 中列（1）的固定效应检验结果显示，服务贸易技术含量的影响因素只有 3 个通过了显著性检验，外商直接投资、通信网络和服务业附加值对于服务贸易技术含量都表现出明显的正向效应，说明一国或地区外商直接投资规模、通信网络发展水平和服务业附加值的提升可以提高其服务贸易技术含量。其中人力资本、税收、服务贸易开放度的系数并不显著，说明这 3 项并不像预期那样对服务贸易技术含量产生影响。对于服务贸易结构来说，无论是对服务贸易技术结构优化指数还是对出口贸易的技术结构高度的检验结果都表明，经济规模、外商直接投资、网络通信和服务业增加值都具有显著的正影响，说明一国或地区经济规模、外商直接投资、网络通信和服务业增加值的提高能够优化其服务贸易结构，其中经济规模通过了5%的显著性检验，外商直接投资、通信网络和服务贸易增加值都通过了1%的显著性检验。其他影响因素都不显著，具体见表1中列（2）和列（3）。

（2）分类国家或地区影响因素检验结果。从表2来看，发达国家或地区与发展中国家或地区的服务贸易影响因素是存在显著区别的。首先，从提升一国或地区服务贸易的技术含量来看，发达国家或地区（1）的回归结果显示，服务业附加值、通信网络和外商直接投资，具有显著的正向效应，都通过了1%的显著性检验，说明服务业增加值、通信网络水平和外商直接投资的提高能够提升发达国家或地区服务贸易的技术含量，其他因素都不显著；而对于发展中国家或地区来说，发展中国家或地区（2）的回归结果表明，除了外商直接投资在1%的显著水平上表现出正向效应外，只有经济规模在5%的水平上通过了显著性检验，其他因素并不显著，因此，影响发展中国家或地区服务贸易技术水平的因素主要有外商直接投资和经济规模。其次，从服务贸易技术结构优化指数来看，对于发展中国家或地区来说，一国或地区经济规模、外商直接投资、通信网络、人力资本及税收对于服务贸易的结构优化都存在显著的正向效应，而服务业附加值及货物出口却存在着负向效应，说明发展中国家或地区提高经济规模、外商直接投资、通信网络水平和人力资本能够改善本国的服务贸易技术结构，当一国或地区进入高收入水平以前，税收有利于改善其服务贸易技术结构，发展中国家或地区的服务业并没有朝改善服务贸易结构的方向发展，货物的出口贸易不利于服务贸易结构的改善；对于发达国家或地区来说，其经济规模、税收和货物出口对服务贸易结构优化的影响不再显著，人力资本甚至在10%的显著水平上出现负向效应，说明发达国家或地区的人力资本水平已经达到一定层次，并不能继续改善服务贸易的技术结构，外商直接投资、通信网络和服务业附加值都在1%的显著水平上存在正向效应。出口贸易的技术结构高度的影响因素检验结果与服务贸易结构优化指数的检验结果完全一致。

四、结论及启示

1. 结论

定义和度量服务贸易技术含量指标、技术结构优化指标和技术结构优化高度指标，能够反映一国服务贸易出口结构和竞争力的变化。本文针对2000～2012年37个国家和地区的数据测算结果表明，发达国家或地区的服务贸易技术含量明显高于发展中国家或地区，尤其是美英等服务业发达国家，其服务贸易技术含量远远高于世界其他国家或地区，中国的服务贸易技术含量不仅低于主要的发达国家或地区，而且低于同为发展中国家的印度；从技术结构优化指标和技术结构优化高度指标来看，无论是发达国家或地区还是发展中国家或地区，其服务贸易技术结构都是趋于优化发展，中国的服务贸易技术结构优化速度虽然低于主要的发达国家或地区，但比印度稳定。本文进而以测算的服务贸易技术含量指标、技术结构优化指标和技术结构优化高度指标分别为被解释变量，构建计量经济模型，分别从全样本以及国家（地区）分类两个层面，考察了经济规模、外商直接投资、通信网络、人力资本、税收、服务业发展水平、服务贸易开放度以及货物贸易出口额等因素对服务贸易技术水平及结构的影响。结果显示：（1）考虑所有国家（地区）或者仅从发达国家（地区）来看，外商直接投资、通信网络发展状况、服务业发展水平与服务贸易技术水平存在显著的正向关系，说明如果发达国家或地区能够提高对外直接投资，改善通信网络发展状况，或者提高服务业发展水平，都能够提高其服务贸易技术含量；但是从发展中国家或地区来看，除与发达国家或地区一样受外商直接投资正向影响外，只有经济规模是显著的，说明发展中国家或地区服务贸易出口技术含量的提升在很大程度上取决于经济发展水平。（2）对于服务贸易结构优化问题，发达国家或地区与发展中国家或地区存在很大的区别。对于发展中国家或地区来说，很多因素都可以促进其服务贸易结构优化，比如经济规模、外商直接投资、通信网络、人力资本及税收都存在显著的正向影响，而服务业附加值及货物出口存在负向影响。当一国或地区经济发展提升到一定程度并达到发达国家或地区水平的时候，影响服务贸易结构优化的因素也会发生变化，比如对发达国家或地区来说只有外商直接投资、通信网络、服务业发展水平存在显著的正向影响，而人力资本却表现为负向影响，其他因素都不再显著。

2. 政策建议

一国服务贸易技术含量及技术结构优化的影响因素对于发达国家或地区和发展中国家或地区是存在差异的，各国或地区应该根据自身所处的经济地位制定适合自己的服务贸易发展战略。随着"一带一路"倡议的实施及亚洲基础设施投资银行的建立，中国作为发展中国家的典型代表，在参与全球产业结构调整和制定服务贸易发展战略方面应该重点考虑以下方面：

第一，大力引进外商直接投资。应继续加大力度引进外商直接投资，以期借鉴国外的先进技术来提高服务贸易质量。"一带一路"倡议将会使中亚、南亚、东南亚、西亚、北非和欧洲紧密衔接，从而形成新的国际经济合作局面。为此，我国应充分利用"一带一路"倡议的契机，继续扩大引资规模并引导其行业流向，促使外资来源更加多元化，并打破西部地区利用外资的地域性限制。

第二，加强基础设施投资。我国可以考虑加大国际国内两个市场的基础设施投资，以提高服务贸易领域的效率。一方面，亚洲基础设施投资银行的建立和运行将可以为我们投资"一带一路"沿线国家和地区提供资金支持。另一方面，国内基础设施投资实施分两步走战略，第一步是不断扩大电信设备和技术领域的投资，这是因为信息、通信等技术的快速发展及其广泛应用可以提高服务业的可贸易程度，并且对服务贸易产生呈倍数效应的影响；第二步是向发达国家和地区学习，大力发展互联网技术。

第三，重视人力资本的发展。与制造业产品相比，服务贸易更多地体现为知识技术密集型产品。为此，发展人力资本对于我国改善服务贸易技术结构至关重要。应重视人力资本积累，尽快建设梯度丰富的人力资源队伍：一是增加教育支出，将我国庞大的劳动力资源优势转换为人力资本优势；二是加大人才培训，在提高业务技能的同时，注重职业道德的培养；三是大力引进高端人才，为培育服务业龙头企业、打造国际服务品牌做准备。

第四，努力发展本国经济。经济规模的扩大可以逐渐提升一国和地区产业结构的层次，从而提高一国和地区服务贸易的国际竞争力，并进一步改善服务贸易结构。因此，当前我国仍然要致力于提高国内生产总值、实现经济稳步增长，扩大国内市场规模、刺激内需以降低外部因素对国内经济的冲击，同时维持适度的税收水平，完善公共服务政策，推动我国经济持续健康发展。

参考文献

［1］戴翔：《服务贸易出口技术复杂度与经济增长——基于跨国面板数据的实证分析》，载于《南开经济研究》，2011 年第 3 期。

［2］戴翔：《中国服务贸易出口技术复杂度变迁及国际比较》，载于《中国软科学》，2012 年第 2 期。

［3］董直庆、夏小迪：《我国服务贸易技术结构优化了吗》，载于《财贸经济》，2010 年第 10 期。

［4］杜修立、王国维：《中国出口贸易的技术结构及其变迁：1980－2003》，载于《经济研究》，2007 年第 7 期。

［5］关志雄：《从美国市场看中国制造的实力——以信息产品为中心》，载于《国际经济评论》，2002 年第 4 期。

［6］韩文丽、李玲慧：《中国服务贸易国际竞争力影响因素的实证分析》，载于《工业技术经济》，2011 年第 7 期。

［7］黄健青、张娇兰：《京津沪渝服务贸易竞争力及其影响因素的实证研究》，载于《国际贸易问题》，2012 年第 5 期。

［8］宋加强、王强：《现代服务贸易国际竞争力影响因素研究——基于跨国面板数据》，载于《国际贸易问题》，2014 年第 2 期。

［9］杨汝岱、姚洋：《有限赶超与经济增长》，载于《经济研究》，2008 年第 8 期。

［10］姚海棠、方晓丽：《金砖五国服务部门竞争力及影响因素实证分析》，载

于《国际贸易问题》，2013 年第 2 期。

[11] 尹忠明、陈秀莲：《东盟服务贸易现状和影响因素的分析——基于 1980—2007 年的样本》，载于《国际贸易问题》，2009 年第 9 期。

[12] Blind K. , Jungmittag A. , "Foreign Direct Investment, Imports and Innovations in the Service Industry, Review of Industrial Organization", Paper Prepared for the SETI Meeting in Rome, 2004.

[13] Deardorff A. V. , "Comparative Advantage and International Trade and Investment in Services", *Trade and Investment in Services*：*Canada/US Perspectives*, 1985.

[14] Fuchs V. R. , *The Service Economy*, Columbia University Press, 1968.

[15] Hansmann R. , Hwang J. , Rodrik D. , "What You Export Matters", *Journal of Economic Growth*, Vol. 12, 2007.

[16] Hoekman B. , Braga C. P. , "Protection and Trade in Services", World Bank Policy Research Working Paper, No. 1947, 1997.

[17] Lall S. John W. , Zhang J. K. , "The 'Sophistication' of Exports：A New Measure of Product Characteristics", *World Development*, Vol. 34, 2006.

[18] Lall S. , "The Technological Structure and Performance of Developing Country Manufactured Exports 1985 – 1998", *Oxford Development Studies*, Vol. 28, 2000.

[19] Paolo G. , Valentina M. , "International Competitiveness in Producer Services", Paper Prepared for the SETI Meeting in Rome, 2004.

[20] Rodrik D. , "What's so Special about China's Exports? ", NBER Working Paper , 11947, 2006.

[21] Worz J. , "Austria's Competitiveness in Trade in Services", FIW Research Report, No. 003, 2008.

生产性服务业影响制造业出口的实证研究[*]

一、问题的提出

生产性服务（也称生产者服务）指那些被其他商品和服务的生产者用作中间投入的服务。相应地，生产性服务业指生产性服务企业的集合体。近年来，中国生产性服务业增加值比重不断增加。因此，研究生产性服务业对中国制造业出口的影响具有重要现实意义。

事实上，生产性服务业与制造业的关系一直备受国外学者关注，而生产性服务业促进制造业竞争力提升是十分重要的方面。国内学者，如冯泰文、顾乃华、江静等、孙晓华等也通过实证检验得到中国生产性服务业促进制造业效率提升的证据。在此基础上，本文进一步探究生产性服务业对制造业出口的影响，具有以下特点：（1）不同于大多数文献将制造业作为一个整体，我们考虑到各行业本身具有不同特点，运用行业层面的数据进行分析。（2）考虑到在统计上属于生产性服务业的行业并非全部服务于工业企业，也有直接服务于消费者的部分，我们采用投入产出表中作为制造业中间投入的生产性服务业数据，使衡量更加准确。（3）除了出口增长本身，本文还考察生产性服务业对制造业出口二元边际的影响。

---

* 本文原载于《中国科技论坛》2016 年第 2 期。共同作者：游曼淋。

二、生产性服务业对制造业出口的影响路径

1. 生产性服务业提高制造业生产效率

生产性服务业有助于提高制造业生产效率，其内在机理包括基于社会分工和价值链、迂回化生产的解释。通过价值链上的分工，将非核心的服务环节外包给生产性服务企业，制造业企业可以分散风险并将资源集中在最有竞争优势的环节，提高生产效率。根据奥地利学派的理论，除了资本密集度能提高生产力外，生产过程的重组和迂回也是提高生产力的重要因素。而生产性服务业实质上充当了人力资本和知识资本的传送器，将这两种能大大提高最终产出的资本导入生产过程之中。冯泰文、江静等、孙晓华等通过实证检验得到生产性服务业促进制造业生产效率提升的证据。新近发展的新新贸易理论强调企业异质性，认为企业在生产率等方面存在差异。同时，企业面临出口固定成本，只有那些生产率较高的企业才出口。出口选择与企业生产率之间的这种关系即自选择机制。刘志彪、刘志彪和张杰、易靖韬、赵伟等众多学者通过实证研究支持企业的自选择机制。

因此，生产性服务业通过提高制造业的生产效率，增加了企业出口的概率，促进了制造业出口的扩展边际。

2. 生产性服务业降低制造业出口的固定和可变成本

生产性服务业不仅影响制造业的生产效率，还直接为制造业企业出口提供服务，降低出口的固定和可变成本。相对而言，进行国际贸易比仅在国内生产和销售面临更多成本，包括了解出口市场、建立和维护国外分销网络等固定成本及运输、保险等可变成本。而生产性服务业的发展有利于降低出口成本，比如销售、维修及批发和零售贸易服务业可以帮助制造业企业更好地了解国外市场，寻找贸易伙伴，建立销售网络，降低固定成本；而交通运输、仓储服务业可以降低国际贸易的可变成本。金融服务业能为企业提供外部融资，以满足出口所需要的固定和可变成本花费，弥补仅靠自身经营所得进行

内部融资的不足。已有国内外研究分析并验证了融资约束对出口的影响。

因此，生产性服务业降低了制造业企业出口的固定和可变成本，有利于制造业出口。具体而言，生产性服务业通过降低出口固定成本，促进了制造业出口的扩展边际；而降低可变成本有利于增加出口的集约边际。

三、实证检验模型构建

1. 计量模型

首先考察生产性服务业对制造业出口的影响，采用贸易引力模型进行分析。本文的回归方程如下：

$$\ln EXP_{ijt} = \ln SERV_{it} + \ln GDP_{jt} + \ln GDP_{per_s} + \ln DIS_j + other\_conj_{jt} + \varepsilon_{ijt} \quad (1)$$

其中，$\ln EXP_{ijt}$为中国制造业i行业在t年对j国的出口额，$\ln SERV_{it}$为生产性服务业变量，表示投入产出表中第t年i行业使用的生产性服务业中间投入。$\ln GDP_{jt}$和$\ln GDP_{per_s}$分别表示j国在t年的 GDP 和人均 GDP，$\ln DIS_j$为中国与出口目的国j的距离。$other\_conj_{jt}$表示其他控制变量，ε_{ijt}为随机误差项。

除了贸易增长本身，一国出口增长的结构和方式也非常重要。如果一国的出口增长主要源于集约边际，那么出口极易受到外部冲击，还可能因为出口数量扩张而导致贸易条件恶化；如果一国出口增长主要源于扩展边际，那么将增加出口的范围而不只是贸易量，减小出口波动，也使逆向贸易条件效应不太可能发生。由于生产性服务业对中国制造业出口的影响是多方面的，既影响集约边际，又影响扩展边际，本文进一步分析其对制造业出口微观结构的影响。帕切科和皮尔罗拉考察了发达国家和发展中国家出口的多样性（扩展的边际），并运用引力模型进行实证分析。本文借鉴帕切科和皮尔罗拉的方法，考察生产性服务业对中国制造业出口二元边际的影响，回归方程如下：

$$\ln MG_{ijt} = \ln SERV_{it} + \ln GDP_{jt} + \ln DIS_j + SOUTH + other\_conj_{jt} + \varepsilon_{ijt} \quad (2)$$

其中，lnMG_{ijt}表示制造业 i 行业的出口二元边际，包括集约边际（IM）和扩展边际（EM）。*SOUTH* 为虚拟变量，贸易伙伴国为发展中国家设为 1，发达国家则为 0。其余变量含义与方程（1）中相同。

2. 变量和数据来源

第一，制造业出口及其二元边际。本文制造业行业分类与世界投入产出数据库（WIOD）中投入产出表的分类一致，以国际标准产业分类（ISIC Rev. 3）二分位行业为基础，划分为 14 个行业。中国各制造业行业的出口数据为中国对 26 个国家相应行业的出口贸易额，国家选取的依据为 2006～2010 年连续 5 年成为中国前 30 大货物贸易出口目的国，数据来源为 UN comtrade 数据库。由于该数据库中货物分类与国际标准产业分类不同，本文根据联合国统计局不同分类之间的协调，得到 HS1996 与 ISIC Rev. 3 之间的对应关系，将中国对各国出口的 HS1996 六位码上 5000 多种产品对应到 ISIC 编码四分位行业上，最后分类汇总得到 14 个制造业行业的出口数据。

对制造业出口的二元边际分解，借鉴帕切科和皮尔罗拉的方法：集约边际指过去已经出口的产品继续出口到过去已经出口过的市场（老产品老市场），扩展边际指过去已经出口的产品出口到新的市场（老产品新市场）和过去没有出口的产品进行出口。对于双边贸易而言，只有老产品老市场和新产品老市场两种情况。具体做法是，以 2000 年为分界点，如果 2000 年已有某产品出口到某个国家，依次考察 2006～2010 年，该产品是否依然出口到该国家，如果出口则作为集约边际；而 2000 年没有出口到该国家的产品，如果 2006～2010 年出口到该国，则作为扩展的边际。

第二，生产性服务业投入。生产性服务业的数据来源于世界投入产出数据库 WIOD。按照《国民经济行业分类》（GB/T4754－2002），生产性服务业包括"交通运输、仓储和邮政业""信息传输、计算机服务和软件业""金融业""租赁和商务服务业""科学研究、技术服务和地质勘查业"和"水利、环境和公共设施管理业" 6 个行业，而 WIOD 编制的各国投入产出表行业分类以国际标准产业分类（ISIC Rev. 3）为基础。由于 GB/T4754－2002 的编制以

ISIC Rev. 3 为依据，尽管二者存在差异，仍具有很大相似性。本文结合二者的分类，归纳出"销售、维修及批发和零售贸易""交通运输、仓储和邮电业""金融业""房地产、租赁服务和其他商业活动"4个生产性服务业部门，分别为 ISIC Rev. 3 的 G、I、J、K 四大门类。其中，Y 门类的其他商业活动包括了计算机及信息服务、科学研发、会计法务、管理咨询、广告等。

第三，经济规模和支出水平。各国 GDP 和人均 GDP 均为实际值，以 2005 年为基期，数据来源于世界银行的 WDI 数据库。

第四，地理距离。地理距离在很大程度上反映了可变贸易成本，数据来自 CEPII 数据库，以两国首都之间的距离表示。

第五，其他控制变量。其他控制变量包括贸易双方是否拥有共同语言、是否接壤等文化、地理变量，若中国与出口目的国拥有共同语言和接壤，取值为 1，否则为 0。数据来源于 CEPII 数据库。进口国的制度水平也是影响双边贸易的重要因素。本文采用 The Heritage Foundation 公布的经济自由指数来衡量各国的制度水平，该指标反映了商务自由、贸易自由等 9 个方面的总体得分，分值越高，说明制度水平越好。

此外，为了消除价格因素的影响，中国各制造业行业出口及生产性服务业投入都利用 GDP 平减指数进行了平减，数据来源于世界银行 WDI 数据库。

四、实证检验结果

1. 生产性服务业对制造业出口及其二元边际的影响

分别将"销售、维修及批发和零售贸易""交通运输、仓储和邮电业""金融业""房地产、租赁服务和其他商业活动"四类生产性服务业代入方程（1）进行回归（见表1）。并将制造业出口的集约边际和扩展边际代入方程（2）进行回归，此处生产性服务业作为一个整体（见表2）。各变量均通过单位根检验，为平稳序列，回归时采用混合 OLS 估计，并加入行业固定效应，控制行业因素的影响。考虑到数据的异方差性，报告了稳健的回归标准误。

表1　　　　　　　　　　　生产性服务业对制造业出口的影响

解释变量	lnEXP	lnEXP	lnEXP	lnEXP
销售、维修及批发和零售贸易	0.409 *** (0.0709)			
交通运输、仓储和邮电业		0.648 *** (0.114)		
金融业			0.351 *** (0.0572)	
房地产、租赁服务和其他商业活动				0.451 *** (0.0788)
GDP	0.502 *** (0.0222)	0.502 ** (0.0222)	0.502 * (0.0222)	0.502 *** (0.0222)
人均GDP	0.0664 ** (0.0273)	0.0662 ** (0.0273)	0.0665 ** (0.0273)	0.0665 ** (0.0273)
地理距离	− 0.538 *** (0.0252)	− 0.538 *** (0.0252)	− 0.538 *** (0.0252)	− 0.538 *** (0.0252)
共同语言	0.393 *** (0.0672)	0.392 *** (0.0672)	0.393 *** (0.0670)	0.393 *** (0.0672)
接壤	0.526 *** (0.0759)	0.526 *** (0.0759)	0.526 *** (0.0758)	0.526 *** (0.0759)
经济自由指数	1.569 *** (0.197)	1.571 *** (0.197)	1.568 *** (0.197)	1.568 *** (0.197)
常数项	− 0.810 (1.115)	− 2.994 ** (1.362)	0.218 (1.020)	− 1.039 (1.138)
行业固定效应	Y	Y	Y	Y
观测值	1820	1820	1820	1820
R^2	0.776	0.776	0.777	0.776

注：括号内为稳健的回归标准误，*** 和 ** 分别表示在1%和5%的水平上显著。

表2　　　　　生产性服务业对制造业出口二元边际的影响

解释变量	集约边际	扩展边际
生产性服务业	0.384 *** (0.0929)	0.619 *** (0.125)
GDP	0.537 *** (0.141)	0.0831 (0.0756)

解释变量	集约边际	扩展边际
地理距离	-0.574*** (0.0880)	0.00701 (0.163)
目的国为发展中国家	-0.0746 (0.356)	0.274 (0.164)
共同语言	0.484** (0.228)	-0.0433 (0.119)
接壤	0.461 (0.324)	0.712*** (0.193)
经济自由指数	1.932* (0.981)	0.0843 (0.545)
常数项	-2.752 (6.274)	8.101** (3.314)
行业固定效应	Y	Y
观测值	1680	1680
R^2	0.771	0.742

注：括号内为稳健的回归标准误，***、** 和 * 分别表示在 1%、5% 和 10% 的水平上显著。

表 1 中，各类生产性服务业的系数均为正，并且在 1% 的水平上统计显著，表明"销售、维修及批发和零售贸易""交通运输、仓储和邮电业""金融业"及"房地产、租赁服务和其他商业活动"都显著促进了中国制造业出口。并且，通过比较表 1 中生产性服务业变量系数的大小可以看出，"交通运输、仓储和邮电业"对制造业出口的促进作用最大，"房地产、租赁服务和其他商业活动"及"销售、维修及批发和零售贸易"次之，"金融业"的影响最小。可能由于中国在传统服务业（如交通运输、零售等）上更具有优势，而现代服务业（如金融、信息服务、科学研发等）的发展程度不高，对制造业出口的促进作用有限。事实上，中国很多制造业企业，尤其是中小企业面临融资难的问题。此外，进口国 GDP、人均 GDP 对制造业出口具有显著的正效应，地理距离与制造业出口负相关，符合理论预期。其他控制变量对制造业出口的影响也与预期相符，比如进口国的制度因素，其经济自由指数越高，

越有利于中国制造业出口。

表2中,生产性服务业对制造业出口的集约边际和扩展边际都有显著正影响。进一步地,比较列(1)与列(2)生产性服务业变量的系数可以发现,生产性服务业对制造业出口扩展边际的影响比集约边际更大。从长期来看,大力发展生产性服务业有利于改善制造业出口的增长方式。此外,其他解释变量对制造业出口二元边际的影响基本符合预期。

2. 稳健性检验

考虑到2008年爆发的金融危机很可能影响出口,本文在回归中加入虚拟变量"经济危机"进行稳健性检验,2008年、2009年取值1,其余年份取值0。另外,生产性服务业与制造业存在互动性,可能是制造业出口的增加引发对生产性服务业的需求,从而导致内生性问题。因此,本文进一步采用生产性服务业滞后一期变量作为工具变量进行回归。结果表明,本文前述结果是稳健的(由于篇幅限制,稳健性检验的回归结果未列出)。

五、结论及政策建议

"销售、维修及批发和零售贸易""交通运输、仓储和邮电业""金融业"及"房地产、租赁服务和其他商业活动"都显著促进了中国制造业出口。相对而言,"交通运输、仓储和邮电业"对制造业出口的促进作用最大,"房地产、租赁服务和其他商业活动"及"销售、维修及批发和零售贸易"次之,"金融业"的影响最小。这可能是由于中国制造业企业,尤其是中小企业长期面临融资难的问题。金融业对制造业出口的促进作用还有很大的提升空间。此外,对制造业出口二元边际的回归结果显示,生产性服务业整体上更多地通过增加扩展边际促进中国制造业出口。从长远来看,大力发展生产性服务业,尤其是现代生产性服务业有利于改善中国制造业出口的增长方式,减小出口波动和贸易摩擦,缓解贸易条件恶化。

针对本文的结论,我们提出以下几点建议。

（1）加快金融市场化改革，形成贷方竞争机制，拓展融资渠道，便利制造业企业融资，充分发挥金融业对制造业出口的积极作用。一方面，大力发展中小融资机构；另一方面，建立完善的信用评级制度，降低银行与企业之间的信息不对称。

（2）加快现代生产性服务业发展，进一步促进制造业企业发展，改善出口增长方式。在中观层面制定产业引导政策，并采取资金支持、税收优惠等具体措施。重视产、学、研相结合，促进产业在空间上的集聚，使制造业和生产性服务业协同发展。

（3）加大人力资本投入，为现代生产性服务业的发展提供专业人才保障。鼓励和引导高校加强师资队伍建设、优化教学方案、进行校企合作。

参考文献

［1］冯泰文：《生产性服务业的发展对制造业效率的影响——以交易成本和制造成本为中介变量》，载于《数量经济技术经济研究》，2009年第3期。

［2］格鲁伯、沃克：《服务业的增长：原因和影响》（陈彪如译），上海三联书店1993年版。

［3］顾乃华：《生产性服务业对工业获利能力的影响和渠道——基于城市面板数据和SFA模型的实证研究》，载于《中国工业经济》，2010年第5期。

［4］江静、刘志彪、于明超：《生产者服务业发展与制造业效率提升：基于地区和行业面板数据的经验分》，载于《世界经济》，2007年第8期。

［5］刘志彪：《全球化背景下中国制造业升级的路径与品牌战略》，载于《财经问题研究》，2005年第5期。

［6］刘志彪、张杰：《我国本土制造业企业出口决定因素的实证分析》，载于《经济研究》，2008年第9期。

［7］孙晓华、翟钰、秦川：《生产性服务业带动了制造业发展吗？——基于动态两部门模型的再检验》，载于《产业经济研究》，2011年第4期。

［8］易靖韬：《企业异质性、市场进入成本、技术溢出效应与出口参与决定》，载于《经济研究》，2009年第9期。

［9］赵伟、赵金亮、韩媛媛：《异质性、沉没成本与中国企业出口决定：来自中国微观企业的经验证据》，载于《世界经济》，2011年第4期。

［10］朱英杰：《融资约束、生产率与异质性企业的出口竞争力——微观基础的

中国经验考察》，载于《世界经济研究》，2012 年第 9 期。

［11］Acheco A. A, Pierola M. D. , "Patterns of Export Diversification in Developing Countries: Intensive and Extensive Margins", Washington. DC: World Bank, Policy Research Working Paper, No. 4473, 2008.

［12］Amiti M. WEINSTEIN D. E. , "Exports and Financial Shocks", *The Quantity Journal of Economics*, Vol. 64, 2011.

［13］Hummels D. Klenow P. J. , "The Variety and Quality of Nation's Exports", *American Economic Review*, Vol. 95, 2005.

［14］Manova K. , "Credit Constrains, Heterogeneous Firms, and International Trade", *Review of Economic Studies*, Vol. 80, 2013.

构建"一带一路"倡议实施的
多元融资机制研究 *

　　习近平总书记在 2013 年访问中亚四国和东盟期间，先后提出了"丝绸之路经济带"和"海上丝绸之路"的倡议，并在 2013 年 11 月召开的党的十八届三中全会上通过的《中共中央关于全面深化改革若干重大问题的决定》关于"构建开放型经济新体制"中进一步明确提出："加快同周边国家和区域基础设施互联互通建设，推进丝绸之路经济带、海上丝绸之路建设，形成全方位开放新格局"。"一带一路"倡议的提出，是时代的要求，是把快速发展的中国经济同沿线国家利益结合起来，利用中国自身发展优势实现自身发展的同时，带动其他国家乃至世界经济发展的伟大创举。

　　"一带一路"有 64 个沿线国家，其中亚洲国家有 43 个，占绝对多数。亚洲区域经济增长速度 2013 年为 6.1%、2014 年为 6.2%，预计 2015 年将达到6.4%。① 亚洲开发银行（简称"亚开行"）在 2014 年发布的《亚洲发展展望报告》里面指出，虽然亚洲区域的经济增长速度有所放缓，但其仍然是全球主要国家中增速最快的区域，尤其是该区域主要经济体正在执行的改革措施将继续推动该区域领衔全球经济增长，因此亚洲区域是实行"一带一路"倡议的重点。

　　经济的快速发展需要相应的配套设施，然而目前亚洲国家在基础设施上

---

　　* 本文原载于《国际贸易》2018 年第 4 期。共同作者：冯桂强。
　　① 《亚洲发展展望报告》。

依然存在巨大的不足。根据亚开行的预测，2010～2020年亚太地区对基础设施的需求高达8万亿美元（见表1）。基础设施的建设是支持经济发展的重要保障，也是实现"一带一路"倡议互联互通的基本要求，而基础设施的建设需要巨额资金的支持。

表1　　　　　2010～2020年亚太地区基础设施投资需求　　单位：百万美元

部门	新增需求	维护更新需求	合计
电力	3176437	912202	4088639
电信	325353	730304	1055657
移动电话	181763	509151	690914
固定电话	143590	221153	364743
运输	1761666	704457	2466123
机场	6533	4728	11261
港口	50275	24516	75691
铁路	2692	35947	38639
公路	1702166	638366	2340532
供水和环卫设施	155493	225797	381290
环卫设施	107925	119573	227498
供水	47568	106224	153792
合计	5418949	2572760	7991709

资料来源：亚洲开发银行研究院：《亚洲基础设施建设》，社会科学文献出版社，2012年版，第112页。

"一带一路"倡议实施过程中的资金需求主要集中在以下几个领域：一是通信、供水和环卫设施等基础设施领域。沿线的中亚、东南亚等国家的基础设施较为落后，对基础设施的新增需求强烈。二是交通、港口等跨境通道领域。"一带一路"倡议的畅通需要提升铁路、公路、管道等通道能力。三是能源、资源领域。"一带一路"跨越的地区能源和资源丰富，特别是中亚、俄罗斯等地区蕴藏着丰富的矿产、石油、天然气等资源，开发潜力巨大。"一带一路"沿线国家虽然经济发展迅速，但是差异较大，一些国家市场制度不完善，在这些国家进行基础设施建设，存在资金需求量大，投资回报期长而且未来收益不确定的问题。与此同时，"一带一路"沿线国家间目前跨境金融合作的层次较低，大部分的贷款集中在油气资源开发，管道运输等能源领域，其他领域未能从中受益。因此，为了顺利推进"一带一路"倡议的实施，为"一带一路"沿线国家特别是亚洲区域的基础设施建设提供资金支持，我们需要对融资进行总体的规划，构建以丝路基金为引导，以亚洲基础设施投资银行等国际开发性金融机构为重要支撑，以国内政策性银行、国内商业银行以及民间投资机构为主要基础的多元联动的融资机制。

一、充分发挥丝路基金的引导作用

2014 年 11 月，在加强互联互通伙伴关系对话会上，习近平总书记发表了《联通引领发展 伙伴聚焦合作》的重要讲话：中国将出资 400 亿美元成立丝路基金。丝路基金成立的初衷是为"一带一路"服务，主要使命是为"一带一路"沿线国家提供基础设施建设、资源开发、产业合作等有关项目提供投融资支持。丝路基金是一个开放的平台，它的包容性和多元化可以为"一带一路"倡议实施提供丰富的融资渠道和方式，可以吸引有资金实力、有知识和管理经验的银行和投资机构参与，多方汇聚就可以优势互补，博采众长。丝路基金的定位是中长期的开发投资基金，注重合作项目，更注重中长期的效益和回报。不同于以往股权投资 7～10 年的投资周期，丝路基金的投资期限能够达到 15 年或者更长的时间，可以满足一些发展中国家中长期的基础设施建设的资金需求。丝路基金首期资本金 100 亿美元（首期注入的资本为美元，这主要是便于国内外投资者通过市场化方式加入进来）中，外汇储备通过其投资平台出资 65 亿美元，中国投资有限公司、中国进出口银行、国家开发银行亦分别出资 15 亿美元、15 亿美元和 5 亿美元。随着"一带一路"倡议的不断推进，相信会有更多的资本进入。

2015 年 4 月 20 日，丝路基金、三峡集团及巴基斯坦私营电力和基础设施委员会在伊斯兰堡共同签署了《关于联合开发巴基斯坦水电项目的谅解合作备忘录》（以下简称《谅解备忘录》），该项目是丝路基金注册成立后投资的首个项目。根据《谅解备忘录》，丝路基金将投资入股由三峡集团控股的三峡南亚公司，为巴基斯坦清洁能源开发、包括该公司的首个水电项目——吉拉姆河卡洛特水电项目提供资金支持。电力行业是巴基斯坦政府未来十年发展规划中优先支持的投资领域，丝路基金首个对外投资项目落地巴基斯坦的电力项目，标志着丝路基金开展实质性投资运作迈出了重要一步，而"中巴经济走廊"建设是"一带一路"建设的旗舰，表明丝路基金服务"一带一路"建设的使命。从项目运营管理模式来看，卡洛特水电站计划采用"建设—经营—转让"（BOT）模式运作，于2015年底开工建设，2020年投入运营，运营期30年，到期后无偿转让给巴基斯坦政府。从项目融资方式来看，丝路基金投资卡洛特水电站，采取的是股权加债权的方式：一是投资三峡南亚公司部分股权，为项目提供资本金支持，在该项目中，丝路基金和世界银行下属的国际金融公司同为三峡南亚公司股东；二是由中国进出口银行牵头并与国家开发银行、国际金融公司组成银团，向项目提供贷款资金支持。从控制风险方面来看，通过股权加债权的方式，一方面可以通过股权锁定长期投资的高额回报，获取一定股份，参与公司治理，提高投资收益的确定性；另一方面可以通过债权获取优先清偿权，有助于控制风险。丝路基金不是援助性的，在一定程度上也是逐利的，因此丝路基金在服务"一带一路"建设的同时要评估项目的风险，平衡好风险和收益之间的关系。

然而，就丝路基金目前的设计规模来看，即使不断加入新的投融资机构，其资金也难以满足"一带一路"沿线国家上万亿元基础设施建设的资金需求，因此我们有必要充分发挥丝路基金的引导作用，为国际开发性金融机构以及国内政策性银行、国内商业银行以及民间投资机构等投资指引方向，通过不同方式吸纳调动各方资金，服务"一带一路"建设。

丝路基金的资金是政策性质，象征性和号召力较强，因此当丝路基金决定投资某一项目时，就为外界传递一种积极的信号，这时商业资本的逐利性和风险规避性决定了当其发现这一项目有政府保障而且有利可图的时候，商业资本就会参与项目投资，这样就可以吸引国际金融机构以及商业性金融机构参与进来。丝路基金还可以通过吸纳境内外资金支持战略开发项目,充分依托政府信用,向境内外金融市场发行"一带一路"倡议专项债券,引导外汇储备、社保、保险、主权财富基金等参与"一带一路"投资。

二、充分重视亚洲基础设施投资银行的支撑作用

国际开发性金融机构在促进全球基础设施建设、保障经济发展方面有着十分重要的作用。在现有的国际开发性金融机构当中,能够为"一带一路"沿线国家特别是亚洲区域提供融资支持的主要有世界银行和亚洲开发银行。世界银行融资有超过40%的资金用于基础设施方面,其中17%用在了交通运输领域、16%用在了能源和采矿领域、11%用在供水领域等。但是,世界银行的贷款重点服务于全球的减贫工作,存在许多的限制性条件。另外由于资金有限,世界银行对亚洲地区的扶持力度十分有限,仅有大约1/3的贷款流向了亚洲地区而且资金流向分布很不均匀;亚洲开发银行的法定资本是1638亿美元,其贷款和救助着重于社会领域、扶贫开发以及能源环保等方面。虽然每年筹集资金的60%被用于基础设施建设,其中交通、通信占比为24%,能源占比27%,其他基础设施建设占比9%,[①] 但这也远远不能满足亚洲地区每年8000亿美元投资额度的资金需求。

"一带一路"倡议的核心是通过基础设施的建设实现沿线国家和地区的互联互通,但是基础设施的建设需要大量的资金,亚洲国家无法独自承担,因此需要特定的开发性金融机构为其提供资金。2013年10月,习近平总书记在同时任印度尼西亚总统苏西洛举行会谈时提出建立亚洲基础设施投资银行(以下简称亚投行)的倡议,主要目的是促进亚洲地区的互联互通和经济一体化进程。"一带一路"倡议的实施与亚投行的建立是相辅相成的,"一带一

第五篇 综 合 研 究

构建「一带一路」倡议实施的多元融资机制研究

---

① 黄海波、韦晓惠:《中国与多边发展融资体系:地位与角色》,载于《广东社会科学》,2015年第2期。

路"沿线的亚洲国家是亚投行具体基础设施建设项目支持的重点和关键。亚投行的运行可以有效地支持中国制造业企业对"一带一路"沿线国家进行投资,一方面促进这些国家制造业实现技术进步,另一方面也可以优化中国的产业结构并促进制造业升级换代;亚投行的建立可以增强解决国际经济和国际金融治理失衡问题的可能性,也可为推动人民币成为国际结算主要货币并最终实现人民币的国际化奠定基础;亚投行的建立不仅可以为"一带一路"建设提供资金支持,还可以发挥多边合作的优势,为各成员国提供一个沟通协商的平台,减少政治协调成本,提高亚洲地区国家之间的政治凝聚力。

亚投行是一个政府间性质的亚洲区域多边开发机构,按照多边开发银行的模式和原则运营,重点支持基础设施建设。据财政部网站显示,截至2015年4月15日,有57个国家正式成为亚投行意向创始成员国,其中亚洲34个,大洋洲2个,欧洲18个,非洲2个,南美洲1个。2015年6月29日,《亚洲基础设施投资银行协定》(以下简称《协定》)签署仪式在北京举行。时任财政部部长楼继伟强调,各国签署《协定》后,还需经本国立法机构批准。2015年年底之前,经合法数量的国家批准后,《协定》即告生效,亚投行正式成立。亚投行的法定股本为1000亿美元,初始法定股本分为实缴股本和待缴股本。实缴股本的票面总价值为200亿美元,待缴股本的票面总价值为800亿美元。目前总认缴股本为981514亿美元,原因是个别国家未能足额认缴按照其GDP占比分配的法定股本。中方认缴额为297804亿美元(占比30.34%),实缴59561亿美元。按现有各创始成员的认缴股本计算,中国投票权占总投票权的26.06%。当然随着新成员的不断加入,中方和其他创始成员的股份和投票权比例均将被逐步稀释。

众多非亚洲国家积极成为亚投行的创始成员国,特别是区域外发达国家的参加,可以显著地提高亚投行的资信等级,从而有利于放大资金的杠杆作用,提高可用资金的规模,为"一带一路"倡议的顺利实施提供资金支持。亚投行的治理结构、组织安排以及运行机制等都还没有最终确立,这就给我们学习和借鉴世界银行、亚洲开发银行等现有的开发性金融机构丰富的建设、运行和管理经验提供了时间和空间。亚洲区域国家之间差异较大，为了更好地为"一带一路"倡议实施保驾护航，亚投行必须从中国实际出发，在学习借鉴亚开行等金融机构经验的基础上建立具有科学性、规范性和透明性的专属银行。在融资支持方面，亚投行可以借鉴亚开行的运行经验。比如在中亚区域经济合作计划中，亚洲开发银行作为一个依托平台，联合了欧洲复兴开发银行、国际货币基金组织、伊斯兰发展银行、联合国开发计划署以及世界银行共同为优先项目提供资金支持，建立了一个超国家的融资联盟。因此亚投行也可以联合其他可能的国际开发性金融机构为"一带一路"建设的具体项目提供资金支持，这一方面可以极大地减轻成员国的财政压力，另一方面也降低了国家利益之间权衡的可能性。在管理体制方面，亚投行可以采用类似于金砖国家开发银行的方法，引进内部区域性体制，下设几个控股的子银行，以独立法人身份存在，形成事业部与区域性合作子银行相结合的模式。母银行对子银行相对控股或绝对控股，并为他们提供担保，而子银行则可以在整合相关国家资源和股东的基础上，对具体的基础设施建设项目进行发债和投融资操作。在业务发展和运行机制方面，亚投行建立之后可以以东盟地区为起点，在中国南宁设立支持东盟发展的"中国东盟合作开发银行"，在"一带一路"倡议的指引下，最大限度地在这一地区开展业务，进行基础设施投资。这样一方面可以促进东盟国家的经济增长，强化东盟对亚洲经济的拉动作用；另一方面可以积累项目投资运营的经验，为以后扩展业务到亚洲的其他国家奠定坚实的基础，积极有效地促进亚洲基础设施的建设和互联互通的实现。另外，亚投行也可以充分发挥平台协调作用，推动中国和亚洲区域的其他国家建立一系列双边合资的基础设施发展公司，然后亚投行再把资金一次性贷给平台公司，使之成为借款主体、实施主体和监管主体，形成贷款和建设皆为当地服务的模式。

亚投行由于其自身股权的多元化，可以体现"风险共担、收益共享"的合作理念，在一些多边项目或者较为敏感的项目中更容易为各方所接受，更适于参与推动重点项目的前期筹备和融资启动工作，因此我们要充分重视亚投行在"一带一路"建设融资中重要的支撑作用。

三、充分认识国内政策性和商业性银行以及
投资机构的基础作用

"一带一路"沿线国家数目众多，在这些国家进行基础设施建设不仅需要巨大的资金，而且需要有专门的海外项目投融资的知识和经验。

国内政策性银行的资金为政策性质，国家信用担保，并且本身资金实力雄厚，可以对大型、长期的项目提供融资服务。虽然政策性银行的境外服务网络不多，但是其合作代理行较多，因此可以通过信贷产品的发行为"一带一路"融资服务。例如，2014年中国进出口银行对"一带一路"周边29个国家累计贷款超过1200亿美元，其中向巴基斯坦的能源和基础设施领域提供了约8亿美元融资支持，随后还将为其提供多达10亿美元的融资支持，这可以有力地促进巴基斯坦基础设施建设，推进"一带一路"倡议的顺利实施。[①]2014年，国家开发银行向"一带一路"周边29个国家累计贷款超过1200亿美元，目前国家开发银行已与世界69个国家和地区的100多家区域、次区域金融机构建立了合作关系，[②]在中长期投融资方面具有显著优势，可以为"一带一路"基础设施的建设提供有益支持。除了本身的项目贷款，中国进出口银行和国家开发银行还应该积极地支持有实力的中国企业"走出去"，为企业开展对外投资提供贷款支持，帮助企业进行项目的建设融资。

商业银行的信用较好，筹资能力较强，对于"一带一路"中的一些大型项目可以采取银团贷款的方式为其提供融资服务，也可以利用自身境外网点众多，牌照比较齐全等优势，为"一带一路"各种项目和各个企业提供各种金融服务，如可以利用人民币发放境外贷款降低融资成本或者也可以在离岸

---

① 中国一带一路网。
② 国家开发银行。

市场开发新的避险产品，帮助境外企业降低汇兑风险。因此我们要积极发挥商业银行在"一带一路"倡议实施中的重要作用。根据中国银行和中国建设银行在银行业例行新闻发布会上的公开报道，2015年，中国银行将为"一带一路"相关项目提供不低于200亿美元的授信支持，而中国建设银行也已确立相关项目资金需求约2000亿元。中国工商银行借助其境外网络优势，如今已经在"一带一路"沿线的18个国家和地区拥有120家分支机构，并与700多家银行建立了代理行关系，其在2014年支持的"一带一路"境外项目已达到73个，总金额达109亿美元，业务遍及33个"一带一路"沿线国家，而且目前中国工商银行已经储备了131个"一带一路"的重大项目，支持项目投资额高达1588亿美元，涉及电力、交通、油气、矿产、电信、机械、园区建设、农业等行业，基本实现了对"走出去"重点行业的全面覆盖。

中国投资有限公司（简称中投）是中国最大的主权财富基金，在丝路基金首期资本金100亿美元中，中投出资15亿美元，超过进出口银行和国家开发银行出资额。中投在很大程度上代表着"国家角色"，在全球资本布局、海外商业网络等多方面拥有独特优势，推进"一带一路"建设，要积极发挥中国投资有限公司的重要作用。

另外，我们还要积极鼓励民间的投资机构走出去进行海外投资，为"一带一路"建设添砖加瓦。目前中国最大的民营投资集团是中国民生投资股份有限公司（简称中民投），注册资本500亿元人民币，由中国59家知名的民营企业发起成立，参股股东均为大型民营企业。2015年3月27日，中民投宣布将带领数十家国内优势产业龙头民营企业，共同在印度尼西亚投资50亿美元建设中民投印尼产业园，且投资规模短期内将超过百亿美元，主要包括钢铁在内的水泥、镍矿、港口等四大产业项目，这是中民投贯彻落实"一带一路"倡议、践行企业国际化的最新举措。民营企业在技术、管理、工艺等方面都具有比较大的优势，但是相比政府背景的银行和机构来说，抵御风险的能力较低，因此他们在选择投资项目时会事先对其进行详细的考察、论证，在形成一套比较成熟的投资方案之后才会最终确定投资方案。这样就可以保证确定的项目在一定时间内基本上都能顺利完成，减少烂尾风险，可以有效地推进"一带一路"倡议的实施。

我们应该摒弃以往参与跨国基础设施援助项目和部分工程承包项目中政府主导的观念，以更加市场化的运作推动基础设施建设。因此要鼓励民间资本参与"一带一路"信贷项目，加快政府和社会资本合作的步伐，创新公私合营模式（public private partnership，PPP）。通过 PPP 模式既可以在不过度增加财政负担和不加税的情况下改善一国基础设施建设并提供公共服务的能力，也可以有效地"撬动"私营资本参与基础设施建设，所以在推进"一带一路"倡议实施中涉及的能源、水和污水处理、运输和通信等部门可充分发挥 PPP 模式的作用。

综上所述，助力"一带一路"倡议实施的各个资金提供机构之间不是各自为战、相互竞争的关系，而是相互合作、协同发展的关系。为了推进项目融资的有效进行，我们要形成多方联动的融资机制。"一带一路"建设中的一般项目都需要债权融资和股权融资相配合，在充分发挥丝路基金的引导作用的基础上，由丝路基金联合其他投资机构比如亚投行共同投资股权，中投也可以附加参与一部分股权投资，启动一些本来因缺少资本金而难于获得贷款的项目，然后由中国进出口银行和国家开发银行跟进发放贷款，由商业银行为项目参与企业提供银行业务，积极引进民间资本参与项目建设，多方联动，共同促进项目实施，有力地推动"一带一路"倡议的实施。

"一带一路"倡议促进了沿线国家
产业结构升级吗？*

一、引言及文献综述

自"一带一路"倡议提出以来，中国坚持以互利共赢为导向，在"共商、共建、共享"原则下，主动加强与"一带一路"沿线国家（以下简称沿线国家）在政策沟通、设施联通、贸易畅通、资金融通和民心相通（简称"五通"）等方面合作，以构建"人类命运共同体"为出发点和落脚点，建立政治互信、经济融合、文化包容的利益、命运和责任共同体。据商务部统计数据，中国同沿线国家贸易往来持续增长，2019 年中国与沿线国家货物贸易额增至 1.34 万亿美元；中国对沿线国家投资持续拓展，2013～2019 年中国对沿线国家累计直接投资 1173.1 亿美元；中国吸收沿线国家投资稳步提升，2013～2019 年沿线国家对华直接投资累计达 506 亿美元；在基础设施联通方面，一批铁路、公路、港口等重大基础设施项目建成，比如马尔代夫的中马友谊大桥通车、亚吉铁路开通运营、瓜达尔港具备完全作业能力等。2020 年，尽管受新冠疫情影响，中国与沿线国家的经贸合作仍取得了骄人成绩。2020 年中国与沿线国家货物贸易额达 1.35 万亿美元，同比增长 0.7%；中国对沿

---

* 本文原载于《经济与管理研究》2021 年第 10 期。共同作者：王晖。

线国家非金融类直接投资额达 177.9 亿美元，同比增长 18.3%；沿线国家对华直接投资额达 83 亿美元；中欧班列累计开行 1.24 万列，在畅通经贸的同时服务国际防疫合作，累计发送国际合作防疫物资 931 万件，共计 7.6 万吨，为各沿线国家抗击疫情开辟了"生命通道"。毋庸置疑，"一带一路"倡议已经成为造福沿线国家的公共产品，得到了沿线国家的广泛关注与积极响应。

"一带一路"倡议提出以来，就成了学术界研究讨论的热门话题，学者们就"一带一路"倡议的概念与内涵（金玲，2015），意义与目标（张汉林和张鹏举，2018），动机与框架（Huang，2016），空间范围（黄茂兴和贾学凯，2015；Summers，2020），机遇与挑战（赵天睿等，2015），风险与应对（于津平和顾威，2016），实施路径与策略（冯宗宪和李刚，2015）等内容进行探讨，获得了丰富的研究成果。这些研究大多侧重于宏观视角，主要以定性分析为主，战略性地提出了推进跨区域合作的实施方法与路径选择。随着"一带一路"建设的不断深入，可获取的数据资料也在不断丰富，学者们逐渐采用定量方法对该倡议的政策效应进行实证检验，包括"一带一路"倡议对跨境贸易投资（孙楚仁等，2017；Du & Zhang，2018；毛海欧和刘海云，2019；Yu et al.，2020），国际产能合作（赵东麒和桑百川，2016；郭朝先等，2016），资本市场开放（李建军和李俊成，2020），基础设施建设（周家义和王哲，2019），地缘政治（黄凤志和魏永艳，2019）等的影响，这些研究基本认可"一带一路"倡议能够促进中国与沿线国家经济和社会发展。

与此同时，随着中国与沿线国家贸易和投资合作的不断深入，学者们越来越关注"一带一路"倡议与产业结构升级问题，但大多学者聚焦于"一带一路"倡议对中国产业结构升级的影响。例如，王桂军和卢潇潇（2019）利用微观企业数据研究发现，"一带一路"倡议可以显著提高中国企业的全要素生产率，促进中国企业升级，中国企业在该倡议的作用下，识别地域性机会、产业机会或全球价值链重构机会从而实现转型升级（李军等，2019）；王巧和佘硕（2020）采用地级市数据研究发现，"一带一路"倡议对中国沿线城市产业结构合理化的促进效果显著，但对其产业结构高度化的促进效果不显著，并且该倡议促进产业结构升级的效应存在区域异质性。然而，有关"一带一路"倡议对沿线国家产业结构升级影响的研究鲜有涉及。

"一带一路"倡议实施后，中国与沿线国家深入展开全方位、多层次、宽领域的经贸合作，为沿线国家经济发展和产业结构优化升级带来新的重大机遇，随着相关数据资料的不断丰富，对该倡议政策效果的评估越来越重要和可行。"一带一路"作为国家间最高级别的合作倡议，能否促进沿线国家产业结构优化升级？如果可以，其影响机制是什么？贸易往来、产能合作和基础设施互联互通都发挥了怎样作用？准确回答该问题，对未来强化、制定和调整"一带一路"政策以推动"一带一路"建设高质量发展具有重要的理论价值和现实意义。

综上，在中国与沿线国家经贸合作如火如荼开展和"一带一路"倡议政策效应逐步显现的现实背景下，本文试图回答"一带一路"倡议是否促进了沿线国家产业结构优化升级这一问题。本文的边际贡献主要有以下三方面：第一，本文采用 2006~2018 年 49 个沿线国家和 65 个非沿线国家的面板数据，实证检验了"一带一路"倡议对沿线国家产业结构升级的影响，将研究视角从我国拓展到沿线国家，相比大多数研究关注中国发展问题，本研究重点关注沿线国家的经济和社会发展问题，契合"一带一路"是"交响乐"而不是"独奏曲"的基本定位，研究亦如此；第二，本文从贸易往来渠道、产能合作渠道和基础设施互联互通渠道等三方面阐述了"一带一路"倡议促进沿线国家产业结构升级的作用机制与路径，构建了"一带一路"倡议影响沿线国家产业结构升级的理论分析框架；第三，本文运用倾向得分匹配和双重差分相结合方法实证检验了"一带一路"倡议影响沿线国家产业结构升级的平均效应，通过动态效应检验识别了该倡议政策效果的时序变迁情况并对相关研究结论进行稳健性检验，分析了该倡议对不同收入水平以及不同区域沿线国家产业结构升级影响的异质性，通过机制甄别检验了影响沿线国家产业结构升级的作用机制与路径，有针对性地提出了具体化、可操作、可落地的政策建议以促进沿线国家产业结构优化升级和推动"一带一路"倡议行稳致远。

二、理论分析与研究假设

习近平总书记在博鳌亚洲论坛 2018 年年会上明确表示，把"一带一路"打造成为顺应经济全球化潮流的最广泛国际合作平台。可以通过不断深化与沿线国家的"五通"合作，扩大双边在贸易、投资、基础设施建设等方面的合作，促进产品、技术、资金等要素跨境流动，加速区域经济一体化发展，从而为沿线国家的产业结构优化升级奠定基础。据此，本文将从贸易往来、产能合作、基础设施互联互通等三个角度，深入剖析"一带一路"倡议影响沿线国家产业结构升级的作用机制与路径。

（一）贸易往来渠道

一国的对外贸易有助于推动其产业结构升级（Wang et al.，2020）。一方面通过进口货物贸易和服务贸易引进国外先进的设备和技术，可以促进本国产业部门的工艺流程改造和技术水平提升，实现技术溢出效应最大化，推动本国产业升级和新兴产业发展（蔡海亚和徐盈之，2017）。随着本国产业发展形成一定规模，可以进一步利用本国的资源禀赋优势，发挥规模经济效应，促进本国产业的生产成本进一步降低，等进入国际市场后，利用成本优势不断开拓市场，促进本国产业结构升级（梁树广，2014）。另一方面出口需求增加会反过来"倒逼"国内产业结构优化，国外消费者的需求会引导国内企业采用先进技术生产出高质量产品，同时提高对外贸易壁垒标准也会迫使国内企业改变生产方式，从而促进产业结构优化（黄庆波和范厚明，2010）。在"一带一路"倡议下，中国同沿线国家加强政策沟通，在促进贸易便利化和消除贸易壁垒等方面达成共识，通过营造良好的跨区域营商环境以及建立跨区域自由贸易区，使得中国同沿线国家的双边贸易有了长足的发展（Li et al.，2019），进行贸易的种类和金额有了巨大的提升，从而有利于发挥对外贸易对沿线国家产业结构升级的促进作用。为此本文提出研究假设 H1："一带一路"

倡议通过加强中国与沿线国家的双边贸易往来，促进沿线国家产业结构升级。

（二）产能合作渠道

沿线国家中发展中国家众多，工业基础薄弱，短时间内很难通过自身努力推动其产业发展，而通过参与国际产能合作是一条很好的途径，双方根据其各自产业发展需要，在充分发挥双方比较优势的前提下进行产业和投资合作，能够有效促进双方经济发展，实现产业结构升级。从"一带一路"建设的实践中看，中国同沿线国家在要素禀赋和产业结构上具有较强的互补性，为深化双边产能合作提供了有利条件（贾妮莎和雷宏振，2019）。沿线国家大多处于工业化进程中，对国际资本的需求强烈，而我国作为全球制造大国，大部分产能对沿线国家属于优势产能，通过投资建厂开展生产与服务，我国可以帮助沿线国家支持其发展适合的产业，提高沿线国家相关产业的技术和生产力，从而带动沿线国家的产业结构升级（王晖和仲鑫，2020）。因此，"一带一路"倡议有助于加快中国同沿线国家的产能合作，促进中国资本流入沿线国家，增加对沿线国家资本的供给，扩大沿线国家产业发展所需的资本供给规模，从而优化其产业发展的资本配置结构（Kapingura，2018），同时也能为沿线国家带来先进技术和管理经验，有利于溢出效应发挥（Ahmad et al.，2020），促进沿线国家产业结构优化升级。为此本文提出研究假设 H2："一带一路"倡议通过加强中国与沿线国家的产能合作，增加中国在沿线国家的投资，促进沿线国家产业结构升级。

（三）基础设施互联互通渠道

传统产业结构升级理论认为，劳动力、资本等生产要素是产业结构升级不可或缺的关键因素，良好的基础设施水平可以加快劳动力和资本等生产要素的流动，有助于产业结构升级。一个地区拥有较大的市场规模可以吸引企业的进入，同时拥有较高的基础设施水平也会吸引各种生产要素的聚集（吴福象和沈浩平，2013）。一般而言，一个地区拥有较高的基础设施水平，该地区产业的市场规模也就越大，在不断扩大的市场规模和各种生产要素自由流动的共同作用下，促进了该地区的产业发展（张治栋和李发莹，2019）。除此之外，基础设施建设有助于消除地区之间的自然地理障碍，缩短地理空间距离，可以有效降低运输成本和交易成本，提高劳动生产率，实现产业结构优化升级，推动一个地区的经济增长（邓慧慧等，2020）。因此，"一带一路"倡议所强调的基础设施互联互通对沿线各国产业结构优化升级，经济可持续发展具有重要意义，沿线各国不断提高的基础设施水平，有助于加快生产要素流动，降低企业的运输成本和交易成本，产生溢出效应，促进产业结构优化升级（Yang，2020）。为此本文提出研究假设 H3："一带一路"倡议通过基础设施互联互通，提高沿线国家基础设施水平，促进沿线国家产业结构升级。

三、研究设计与变量选择

（一）模型构建

本文主要考察"一带一路"倡议的政策效果，即对沿线国家产业结构升级的影响，将通过分别选取沿线国家（处理组）和非沿线国家（控制组）相应数据并采用双重差分模型（DID）估计，实证检验处理组和控制组在倡议实施前后其在产业结构升级水平上的差异变化，从而评价倡议实施的政策效果。DID 估计使用的前提条件是处理组和控制组须满足共同趋势假设，否则可能会因样本个体差异造成样本选择偏误，从而影响对倡议实施的评价结果（程贵和张小霞，2020），故在采用 DID 估计之前，本文采用倾向得分匹配法（PSM）构建同质性较强的处理组和控制组以解决样本选择偏差问题（Heckman，1997）。因此，本文将采取 PSM 与 DID 相结合的方法，对"一带一路"倡议影响沿线国家产业结构升级的政策效应进行实证检验。本文政策效应评估的基准模型如式（1）所示。

$$Y_{i,t} = \alpha_0 + \beta_1 Treated_{i,t} \times Year_{i,t} + \sum \beta_j Control_{i,t} + v_i + u_t + \varepsilon_{i,t} \qquad (1)$$

其中，Y 为被解释变量，表示产业结构升级水平，本文分别用产业结构高度化

（*UPG*）和产业结构合理化（*RA*）来衡量产业结构优化升级情况；*i* 和 *t* 分别表示沿线国家和时间；*Treated* 为国家虚拟变量，用于区分处理组和控制组，当 *i* 为沿线国家时，*Treated* 的取值为 1，当 *i* 为非沿线国家时，*Treated* 的取值为 0；*Year* 为"一带一路"倡议实施的时间虚拟变量，由于该倡议是在 2013 年底提出，故本文将 2014 年后的年份取值为 1，2014 年前的年份取值为 0；交互项 *Treated* × *Year* 是本文考察"一带一路"倡议政策效果的核心解释变量，当其估计系数显著为正时，表明"一带一路"倡议能显著促进沿线国家产业结构升级，反之未能显著促进沿线国家产业结构升级；*Control* 表示一系列控制变量；*α* 为截距项；*v* 表示国家固定效应；*u* 表示时间固定效应；*ε* 表示随机扰动项。

（二）变量选择与数据来源

本文所涉及的变量类型有四类，具体的变量选择及数据来源如表 1 所示。

表 1 　　　　　　　　　　　**变量说明及数据来源**

变量类型	变量名称	衡量指标	数据来源
被解释变量	产业结构高度化	通过夹角余弦法计算指标	World Bank 数据库
	产业结构合理化	泰尔系数	World Bank 数据库
核心解释变量	交互项乘积	国家虚拟变量与时间虚拟变量的乘积	—
机制变量	贸易往来程度	双边贸易额	UN Comtrade 数据库
	产能合作程度	中国对沿线国家直接投资存量	《中国商务年鉴》
	基础设施互联互通	沿线国家基础设施水平	《全球竞争力报告》
控制变量、协变量	消费需求	人均 GDP	World Bank 数据库
	出口需求	货物和服务总出口	World Bank 数据库
	物质资本供给	资本形成总额	World Bank 数据库
	劳动力供给	劳动力总量	World Bank 数据库
	外商直接投资	FDI 存量	UNCTAD 数据库
	对自然资源的依赖程度	自然资源租金总额占 GDP 的百分比	World Bank 数据库

1. 被解释变量

一国的产业结构优化升级通常包括两方面，一是产业结构由低级向高级转化，二是产业结构逐渐合理。本文借鉴付凌晖（2010）提出的夹角余弦法来衡量沿线国家的产业结构高度化。具体测量方法如下：将沿线国家第一、二、三产业增加值占其 GDP 的比重组合成一组三维空间向量 $X_0 = (x_{1,0}, x_{2,0}, x_{3,0})$，并分别计算向量 X_0 与各产业向量 $X_1 = (1,0,0)$，$X_2 = (0,1,0)$ 和 $X_3 = (0,0,1)$ 从低到高排列的夹角 θ_1，θ_2 和 θ_3。夹角的具体计算公式如式（2）所示。

$$\theta_j = arccos \frac{\sum_{i=1}^{3}(x_{i,j} \times x_{i,0})}{(\sum_{i=1}^{3} x_{i,j}^2)^{1/2} \times (\sum_{i=1}^{3} x_{i,0}^2)^{1/2}}, (i = 1,2,3; j = 1,2,3) \quad (2)$$

沿线国家产业结构高度化指数的计算公式如式（3）所示，UPG 的数值越大，表示沿线国家产业结构高度化指数越大，该国产业结构高级化程度越高。

$$UPG = \sum_{k=1}^{3} \sum_{j=1}^{k} \theta_j \quad (3)$$

另外，本文采用干春晖等（2011）的方法，引入泰尔系数对沿线国家的产业结构合理化程度进行测量，具体计算公式如式（4）所示。

$$RA = \sum_{i=1}^{3} \left(\frac{Y_i}{Y}\right) \ln \left(\frac{Y_i / L_i}{Y / L}\right) \quad (4)$$

在式（4）中，Y 为沿线国家的 GDP，Y_i 表示该国第 i 产业的增加值，L 表示该国的就业人数，L_i 表示该国第 i 产业的就业人数。一般认为，当 $RA = 0$ 时沿线国家的产业结构达到合理状态。

2. 主要解释变量

本文选取国家虚拟变量（*Treated*）与"一带一路"倡议实施的时间虚拟变量（*Year*）的乘积交互项（*Treated* × Year）作为主要解释变量。交互项系数可以反映"一带一路"倡议实施后的政策效应。

3. 机制变量

本文的机制变量包括贸易往来程度（TRADE）、产能合作程度（CFDI）和基础设施互联互通程度（INFR）。本文采用中国同各沿线国家双边贸易总额来衡量贸易往来程度，采用中国对沿线国家的直接投资存量来衡量产能合作程度，采用沿线各国基础设施水平指数来衡量基础设施互联互通程度。

4. 控制变量

本文在前人研究和理论分析的基础上，认为一国产业结构升级主要受到其自身需求和供给两方面因素的影响。其中，需求因素包括消费需求（PG-DP）和出口需求（EX），供给因素包括物质资本供给（CAP）和劳动力供给（LAR）（张翠菊和张宗益，2015；Wen et al.，2018）。消费需求与人均 GDP 有关，随着人均 GDP 的增长，人们对高端产业的消费需求增加，迫使国内产业结构进行调整，从而有效地促进产业结构升级，本文采用人均 GDP 来衡量；出口需求会反过来"倒逼"国内产业结构优化，国外消费者需求会引导国内企业采用先进技术生产高质量产品，同时提高贸易壁垒也会迫使国内企业改变生产方式，从而促进产业结构优化，本文采用沿线国家的货物和服务出口总额来衡量；一个国家的产业结构升级离不开劳动力供给，劳动力规模直接影响国内产业结构的优化升级，本文采用沿线国家的劳动力总量来衡量；物质资本供给的增加是产业结构升级的直接原因，新增资本会推动各个产业发展，加速产业结构优化升级，本文采用沿线国家的资本形成总额来衡量。此外，一国所引进的外商直接投资（FDI）一方面可以增加对沿线国家资本的供给，扩大其产业发展所需的资本规模，从而优化其产业发展的资本配置结构；另一方面可以为沿线国家带来较为先进的技术和管理经验，能够实现对其技术改造升级、产品更新换代，从而提高其生产效率，促进其产业结构优化升级，本文采用沿线国家吸引的 FDI 存量来衡量；一国的自然资源禀赋（RES）是其产业结构形成的先决条件，对其产业结构升级有很强的约束力，自然资源丰富的国家，往往形成资源开发型的产业结构，因此一国对自然资源的依赖性与其产业结构升级呈负向关系，本文采用沿线国家自然资源租金总额占 GDP 的百分比来衡量。本文将以上变量作为控制变量加入到上述模型中。

本文以中国"一带一路"网公布的 64 个沿线国家数据为基础，充分考虑数据的可获得性后，确定处理组样本包括阿尔巴尼亚、阿联酋等 49 个沿线国家，从未参与"一带一路"倡议的国家中选择阿根廷、澳大利亚等65个国家作为控制组样本，本文研究的时间范围为2006～2018年。另外，存在个别国家个别变量个别年份数据缺失的情况，本文采用插值法对缺失数据进行补齐。此外，为了消除各变量由于量纲不同所产生的影响，本文在回归前对除产业结构高级化和合理化之外的变量均进行对数化处理。各变量的描述性统计如表2所示。

表2 主要变量描述性统计

变量	均值	标准差	最小值	最大值	样本量
UPG	7.0707	0.4172	5.4828	7.7269	1482
RA	0.1412	0.1959	0.0000	1.2427	1482
$\ln TRADE$	22.09422	2.0665	16.2942	27.1780	1482
$\ln CFDI$	9.0346	3.3174	0.0000	15.8372	1482
$\ln INFR$	1.3475	0.3218	0.2220	1.8947	1482
$\ln PGDP$	8.8107	1.4532	5.1202	11.6854	1482
$\ln EX$	24.1594	2.0096	18.3397	28.5514	1482
$\ln CAP$	23.7464	1.9611	18.2644	29.0932	1482
$\ln LAR$	15.5769	1.4912	12.0970	20.0051	1482
$\ln FDI$	10.2996	2.1310	2.2393	15.8753	1482
$\ln RES$	0.4157	2.1952	-8.5812	4.0135	1482

注：根据 Stata 15.0 计算整理而得。

四、实证检验与结果分析

（一）倾向得分匹配平衡性检验

倾向得分匹配方法的基本思想是在控制组中匹配某个非沿线国家 j 与处理组中沿线国家 i 的可观测变量（协变量）尽可能相似，依个体特征匹配后的国家与是否参与"一带一路"倡议的概率相等或者接近，即 $xi \cong xj$（何靖，2016）。本文选取人均GDP、出口总额、资本形成总额、劳动力总量、外商直接投资和对自然资源的依赖程度等六个协变量采用 PSM 方法对处理组和控制组进行匹配。具体的匹配方法是基于倾向得分的核匹配，采用 Logit 估计倾向得分，并仅对共同取值范围内的个体进行匹配。"一带一路"倡议实施前后变量匹配效果和平衡性检验结果如表 3 所示。

表 3 匹配前后可观测变量平衡性检验结果

变量	样本	均值		偏差（%）	偏差绝对值减少（%）	t 值	p > |t|
		处理组	控制住				
PGDP	匹配前	11297	19801	−43.9	84.3	−8.00	0.000
	匹配后	11774	10435	6.9		1.49	0.136
EX	匹配前	35.008	16.165	−37	91.3	−6.69	0.000
	匹配后	33.105	30.659	3.2		0.98	0.328
CAP	匹配前	26.582	15.349	−30.6	97.9	−5.50	0.000
	匹配后	23.048	22.504	0.7		0.44	0.661
LAR	匹配前	13.524	11.077	17.8	91.7	3.59	0.000
	匹配后	10.534	10.806	−1.5		−0.64	0.520
FDI	匹配前	82145	11.796	−34.8	98.3	−6.25	0.000
	匹配后	79257	76386	0.6		0.32	0.746
RES	匹配前	6.9549	5.1655	19.4	53.3	3.82	0.000
	匹配后	7.0732	6.2380	9.1		1.54	0.125

注：根据 Stata 15.0 计算整理而得。

从表 3 可知，各协变量在匹配前均不满足处理组和控制组无显著差异检验，但经过核匹配处理后变量 PGDP、EX、CAP、LAR、FDI、RES 的 p 值均大于 0.1，说明在核匹配后处理组和控制组满足了 DID 估计的共同趋势假设，另外经过核匹配，处理组和控制组变量标准偏误绝对值减少均在 50% 以上，相应的标准偏误绝对值也均在 10% 以内，表明核匹配后样本偏差已大幅减小，样本之间的差距也非常小，处理组和控制组通过了平衡性检验。

（二）"一带一路"倡议影响沿线国家产业结构升级的平均效应检验

本文对经过 PSM 匹配后的样本采用式（1）进行 DID 估计以考察"一带

一路"倡议影响沿线国家产业结构升级的平均效应，同时将不加入控制变量的估计进行对照，检验结果如表4所示。

表4　"一带一路"倡议影响沿线国家产业结构升级的平均效应检验结果

变量	产业结构高度化		产业结构合理化	
	（1）	（2）	（3）	（4）
$Treated \times Year$	0.0279 *** (0.0084)	0.0304 *** (0.0082)	-0.0258 *** (0.0050)	-0.0310 *** (0.0048)
$\ln PGDP$		0.0603 *** (0.0230)		0.0383 *** (0.0135)
$\ln EX$		-0.0862 *** (0.0152)		0.0482 *** (0.0089)
$\ln CAP$		0.0320 *** (0.0125)		-0.0162 ** (0.0074)
$\ln LAR$		0.0241 (0.0366)		-0.1248 *** (0.0216)
$\ln FDI$		0.0258 *** (0.0077)		-0.0077 * (0.0045)
$\ln RES$		-0.0248 *** (0.0054)		0.0068 ** (0.0032)
常数项	6.6766 *** (0.0223)	6.8499 *** (0.5362)	0.1640 *** (0.0132)	0.9622 *** (0.3161)
调整 R^2	0.9663	0.9687	0.9480	0.9519
F 统计量 （Prob > F）	333.69 (0.0000)	343.92 (0.0000)	212.50 (0.0000)	220.13 (0.0000)
国家固定效应	控制	控制	控制	控制
时间固定效应	控制	控制	控制	控制
观测值	1452	1452	1452	1452

注：括号内为标准误；*** 、** 和 * 分别代表在1%、5%和10%的显著性水平上显著。

从表4可以看出，无论是否加入控制变量，交互项的回归系数均在1%的显著性水平上显著。当被解释变量为产业结构高度化时，交互项的系数显著为正，被解释变量为产业结构合理化时，交互项的系数显著为负，此外当加入控制变量后，交互项系数的绝对值都有所增加，说明沿线国家产业结构升级与"一带一路"倡议显著相关，"一带一路"倡议在总体上对沿线国家产业结构升级具有显著的正向促进作用，能够促进沿线国家产业结构朝着高级化和合理化的方向发展。主要原因在于中国同沿线国家具有巨大的经济互补性，在"一带一路"倡议的驱使下，双方通过加强双边贸易往来、产能合作以及基础设施建设合作，推动产品、技术、资金等要素跨境自由流动，从而产生溢出效应，对沿线国家产业结构优化升级起到促进作用。此外，从表4中控制变量的回归结果来看，沿线国家物质资本供给增加、劳动力供给增加、外商直接投资增加、对自然资源依赖程度降低都有利于沿线国家的产业结构高度化和产业结构合理化，而消费需求增加有利于沿线国家产业结构高度化，但不利于其产业结构合理化，出口需求增加对其产业结构高度化和合理化未表现出明显的促进作用。

（三）"一带一路"倡议影响沿线国家产业结构升级的动态效应检验

"一带一路"倡议的政策效应，往往需要经过国家间的政策沟通、积极响应、配套项目落地等多个环节才能显现（仇娟东等，2020），故"一带一路"倡议促进沿线国家产业结构升级的政策效应很可能会随着时间推移而逐步显现。因此，本文有必要对"一带一路"倡议的动态政策效果进行检验，分析该倡议随着时间变化的动态影响效果。由此，本文对式（1）进行扩展，加入倡议实施后的各时点虚拟变量与国家虚拟变量的交互项，构建政策动态效应模型如式（5）所示。

$$Y_{i,t} = \alpha_0 + \sum_{n=2014}^{2018} \beta_n Treated_{i,t} \times Year_{i,n} + \sum \beta_j Control_{i,t} + \nu_i + u_t + \varepsilon_{i,t} \quad (5)$$

其中，$Year_{i,n}$是2014~2018年的时间虚拟变量，其他变量的含义与上文中一致，β_n是交互项的回归系数，即"一带一路"倡议影响沿线国家产业结构升级的动态效应，同时将未加入控制变量的估计作为对照，"一带一路"倡议的动态效应估计结果如表5所示。

表 5　"一带一路"倡议影响沿线国家产业结构升级的动态效应检验结果

变量	产业结构高度化		产业结构合理化	
	（1）	（2）	（3）	（4）
$Treated \times Year_{2014}$	−0.0004 (0.0156)	0.0035 (0.0151)	−0.0141 (0.0092)	−0.0187 ** (0.0089)
$Treated \times Year_{2015}$	0.0197 (0.0156)	0.0252 * (0.0150)	−0.0281 *** (0.0092)	−0.0311 *** (0.0089)
$Treated \times Year_{2016}$	0.0366 ** (0.0156)	0.0369 ** (0.0151)	−0.0309 *** (0.0092)	−0.0341 *** (0.0089)
$Treated \times Year_{2017}$	0.0437 *** (0.0156)	0.0449 *** (0.0151)	−0.0283 *** (0.0092)	−0.0337 *** (0.0089)
$Treated \times Year_{2018}$	0.0398 ** (0.0156)	0.0416 ** (0.0150)	−0.0275 *** (0.0092)	−0.0372 *** (0.0089)
$\ln PGDP$		0.0623 *** (0.0230)		0.0376 *** (0.0136)
$\ln EX$		−0.0868 *** (0.0152)		0.0484 *** (0.0090)
$\ln CAP$		0.0301 ** (0.0125)		−0.0155 ** (0.0074)
$\ln LAR$		0.0295 (0.0367)		−0.1269 *** (0.0217)
$\ln FDI$		0.0259 *** (0.0077)		−0.0077 * (0.0045)
$\ln RES$		−0.0245 *** (0.0054)		0.0067 ** (0.0032)
常数项	6.6766 *** (0.0223)	6.8092 *** (0.5361)	0.1640 *** (0.0132)	0.9788 *** (0.3164)
调整 R^2	0.9663	0.9687	0.9479	0.9518
F 统计量 （Prob > F）	323.92 (0.0000)	334.18 (0.0000)	205.67 (0.0000)	213.46 (0.0000)
国家固定效应	控制	控制	控制	控制
时间固定效应	控制	控制	控制	控制
观测值	1452	1452	1452	1452

注：括号内为标准误；***、** 和 * 分别代表在 1%、5% 和 10% 的显著性水平上显著。

从表 5 可以看出，当加入控制变量后，模型整体的可调整拟合优度有所提升，本文以加入控制变量后的模型回归结果进行分析说明。从交互项的回归结果来看，无论解释变量是产业结构高度化还是产业结构合理化，"一带一路"倡议的动态效应都存在一定波动。具体来看，随着时间的推移，"一带一路"倡议对沿线国家产业结构高度化的影响效果越来越显著，在2017年后影响效果显著性达到最大，同时该倡议促进沿线国家产业结构高级化的程度随着时间推移逐渐增大并在2017年达到最大值0.0449，2018年稍微降低至0.0416。另外，2014~2018年"一带一路"倡议促进沿线国家产业结构合理化的效果一直很显著，促进效果显著性在2015年达到最大并一直维持最大显著性效果，同时该倡议促进沿线国家产业结构合理化的程度随着时间推移呈增长趋势并在2018年达到最大值−0.0372。此外，政策的动态效应检验重点关注其显著性和持续性（刘瑞明和赵仁杰，2015），本文的动态效应检验结果表明"一带一路"倡议对沿线国家产业结构升级的促进效应具有"滞后"特征，随着时间推移和"一带一路"建设的深入推进，"一带一路"倡议政策效应的显著性和持续性能不能继续保持将值得期待。

（四）稳健性检验

为确保上述实证结果可信，本文通过采用更换指标、双侧缩尾检验、改变倡议实施时间以及更改 PSM 方法和更换匹配变量等方法进行稳健性检验。

1. 更换指标

为了避免指标选择的随意性导致回归结果的偶然性，本文通过更换产业结构高度化和产业结构合理化的代理变量进行 PSM – DID 估计。本文依据第·克拉克定理的思想内涵，分别将第一、二、三产业增加值占 GDP 比重的权重设置为 1/6、1/3 和 1/2，然后将其分别与其各自权重乘积之和作为产业结构高度化的替代指标，其计算公式如式（6）所示。

$$UPG\_r = \frac{1}{6} \times \frac{Y_1}{Y} + \frac{1}{3} \times \frac{Y_2}{Y} + \frac{1}{2} \times \frac{Y_3}{Y} \tag{6}$$

同时将产业结构偏离度系数作为产业结构合理化的替代指标，其计算公式如式（7）所示。

$$RA\_r = \sum_{i=1}^{3} \left| \frac{Y_i/Y}{L_i/L} - 1 \right| \tag{7}$$

更换指标后的估计结果如表 6 的第（1）列和第（2）列所示，当 UPG_r 和 RA_r 分别作为解释变量时，交互项的回归系数分别为 0.0026 和 -0.8947 且显著，表明回归结果不受指标更换的影响，回归结果具有稳健性。

2. 双侧缩尾检验

考虑到 114 个样本国家的经济社会发展水平存在一定差异，该差异可能导致对"一带一路"倡议实施过度敏感或过度不敏感，进而导致前文检验结果出现偏误。因此，本文分别对产业结构高度化指数和产业结构合理化指数进行 10 分位数和 90 分位数的双侧缩尾处理，并对处理后的样本数据进行 PSM - DID 估计，估计结果如表 6 的第（3）列和第（4）列所示，当 UPG 和 RA 分别作为解释变量时，交互项的回归系数分别为 0.0285 和 -0.0191 且显著，表明"一带一路"倡议能够显著促进沿线国家产业结构向高度化和合理化的方向迈进，有助于沿线国家产业结构优化升级，这也印证了前文相关检验结果的稳健性。

表 6 稳健性检验结果 （一）

变量	更换指标检验		双侧缩尾检验	
	UPG	RA	UPG	RA
	（1）	（2）	（3）	（4）
$Treated \times Year$	0.0026 ***	-0.8947 **	0.0285 ***	-0.0191 ***
	(0.0006)	(0.3601)	(0.0065)	(0.0030)
常数项	0.4192 ***	20.4480	6.5261 ***	1.3467 ***
	(0.0405)	(23.7601)	(0.4249)	(0.1981)
控制变量	是	是	是	是
调整 R^2	0.9697	0.3954	0.9728	0.9585
F 统计量 （Prob > F）	355.02	8.24	396.95	256.81
	(0.0000)	(0.0000)	(0.0000)	(0.0000)
国家固定效应	控制	控制	控制	控制
时间固定效应	控制	控制	控制	控制
观测值	1452	1452	1452	1452

注：括号内为标准误； *** 和 ** 分别代表在 1% 和 5% 的显著性水平上显著。

3. 改变倡议实施时间

本文通过改变倡议的实施时间分别对"一带一路"倡议的平均效应和动态效应进行反事实检验，以证明实证结果的稳健性。本文采用倡议提出之前的年份进行检验，将考察区间改为 2008~2012 年，首先借鉴董艳梅和朱英明（2016）、程贵和张小霞（2020）的做法，通过设置虚拟的"一带一路"倡议实施时间，随机选取 2010 年和 2011 年作为倡议实施时点并进行 PSM - DID 估计，然后设置"一带一路"倡议实施前的连续 5 年的时点虚拟变量与国家虚拟变量的交互项，构造动态效应模型进行 PSM - DID 估计。无论是在平均效应检验中还是在动态效应检验中，若交互项系数仍显著，说明促进沿线国家产业结构升级的因素来自其他政策因素或随机性因素而不是"一带一路"倡议；若不显著，说明促进沿线国家产业结构升级的增量来自"一带一路"倡议的政策推动。检验结果如表 7 所示，其中列（1）和列（2）是将倡议实施时间设置为 2010 年的回归结果，列（3）和列（4）是将倡议实施时间设置为 2011 年的回归结果，列（5）和列（6）是动态效应模型的回归结果。从回归结果来看，交互项系数均不显著，表明促进沿线国家产业结构升级并非由其他随机性因素引起的而是由"一带一路"倡议所引致的，由此可见本文的研究结论具有稳健性。

表 7   稳健性检验结果（二）

变量	平均效应的反事实检验				动态效应的反事实检验	
	UPG	RA	UPG	RA	UPG	RA
	（1）	（2）	（3）	（4）	（5）	（6）
$Treated \times Year$	0.0079 (0.0103)	− 0.0025 (0.0050)	− 0.0091 (0.0102)	− 0.0059 (0.0050)		
$Treated \times Year_{2008}$					− 0.0149 (0.0448)	− 0.0013 (0.0290)
$Treated \times Year_{2009}$					0.0042 (0.0450)	− 0.0191 (0.0291)
$Treated \times Year_{2010}$					0.0168 (0.0446)	− 0.0169 (0.0288)

京师经管文库

开放经济与中国发展

变量	平均效应的反事实检验				动态效应的反事实检验	
	UPG	*RA*	*UPG*	*RA*	*UPG*	*RA*
	(1)	(2)	(3)	(4)	(5)	(6)
$Treated \times Year_{2011}$					−0.0065 (0.0446)	−0.0238 (0.0289)
$Treated \times Year_{2012}$					−0.0127 (0.0443)	−0.0173 (0.0287)
常数项	9.0205*** (1.3217)	0.1994 (0.6400)	9.0590*** (1.3217)	0.2130 (0.6393)	7.2545*** (0.2303)	0.0871 (0.1490)
控制变量	是	是	是	是	是	是
调整 R^2	0.9820	0.9797	0.9820	0.9798	0.7107	0.4187
F 统计量 (Prob > F)	248.67 (0.0000)	220.57 (0.0000)	248.79 (0.0000)	221.16 (0.0000)	92.55 (0.0000)	27.85 (0.0000)
国家固定效应	控制	控制	控制	控制	控制	控制
时间固定效应	控制	控制	控制	控制	控制	控制
观测值	560	560	560	560	560	560

注：括号内为标准误；*** 代表在 1% 的显著性水平上显著。

4. 更改 PSM 方法和更换匹配变量

为了检验回归结果的稳健性，本文更改 PSM 方法，分别基于近邻匹配和马氏匹配，采用 Logit 估计倾向得分，对处理组和控制组进行匹配，匹配后的处理组和控制组变量的标准偏误绝对值减少均在 50% 以上，相应的标准偏误绝对值也均在 10% 以内，符合匹配后的标准。待匹配后进行 DID 估计，估计结果分别如表 8 中的列（1）至列（4）所示，当 *UPG* 和 *RA* 分别作为解释变量时，交互项的回归系数分别显著为正和显著为负，与上述回归结果一致，表明回归结果不受 PSM 方法更改的影响，本文回归结果具有稳健性。然后，本文更换匹配变量，依次将匹配变量替换为只反映影响一国产业结构升级的需求因素（*PGDP* 和 *EX*）和只反映影响一国产业结构升级的供给因素（*CAP* 和 *LAR*），并分别采用基于 Logit 估计倾向得分的核匹配对处理组和控制组进行匹配，匹配后符合标准，然后进行 DID 估计，估计结果分别如表 8 中的列

（5）至列（8）所示，当 *UPG* 和 *RA* 分别作为解释变量时，交互项的回归系数依旧分别显著为正和显著为负，与上述回归结果一致，可见本文的研究结论同样不受匹配变量更换的影响，依旧具有稳健性。

表 8   稳健性检验结果（三）

变量	更改 PSM 方法				更换匹配变量			
	近邻匹配		马氏匹配		按需求因素匹配		按供给因素匹配	
	UPG	*RA*	*UPG*	*RA*	*UPG*	*RA*	*UPG*	*RA*
	（1）	（2）	（3）	（4）	（5）	（6）	（7）	（8）
$Treated \times Year$	0.0304 ***	− 0.0310 ***	0.0318 ***	− 0.0314 ***	0.0291 ***	− 0.0275 ***	0.0335 ***	− 0.0287 ***
	（0.0082）	（0.0048）	（0.0080）	（0.0047）	（0.0080）	（0.0048）	（0.0084）	（0.0050）
常数项	6.8499 ***	0.9622 ***	6.7495 ***	0.9669 ***	7.3206 ***	− 0.7475 ***	5.2942 ***	1.9923 ***
	（0.5362）	（0.3161）	（0.5302）	（0.3134）	（0.2705）	（0.1612）	（0.4796）	（0.2825）
控制变量	是	是	是	是	是	是	是	是
调整 R^2	0.9687	0.9519	0.9691	0.9511	0.9682	0.9488	0.9669	0.9497
F 统计量（Prob > F）	343.92 （0.0000）	220.13 （0.0000）	353.19 （0.0000）	219.19 （0.0000）	353.04 （0.0000）	215.33 （0.0000）	335.95 （0.0000）	217.47 （0.0000）
国家固定效应	控制	控制	控制	控制	控制	控制	控制	控制
时间固定效应	控制	控制	控制	控制	控制	控制	控制	控制
观测值	1452	1452	1482	1482	1482	1482	1433	1433

注：括号内为标准误；*** 代表在 1% 的显著性水平上显著。

（五）进一步分析：不同收入水平和不同地区沿线国家的异质性检验

上文实证检验结果表明"一带一路"倡议有利于沿线国家产业结构往高度化和合理化的方向发展，能够显著促进沿线国家产业结构优化升级，并随着时间的推移，促进的程度逐渐加深，促进效果越来越显著。但由于各沿线国家经济发展水平不一以及各沿线国家所处的地理位置不同，导致"一带一路"倡议的政策效果可能存在差异。因此，本文将进一步分析"一带一路"倡议对不同收入水平沿线国家和不同地理位置沿线国家产业结构升级的影响效果，以探寻"一带一路"倡议政策效果的异质性。本文参考世界银行对各国经济水平的划分标准（2018 – 2019），将 49 个沿线国家按收入水平划分为三类：高收入国家、中高收入国家和中低及低收入国家，另外按沿线国家所处的地理位置，将沿线国家划分为东盟国家、其他亚洲国家、独联体国家和中东欧国家，划分结果如表9所示。

表9　　　　　　　按收入水平和地理位置划分的沿线国家分布情况

类别	划分标准	沿线国家分布
按收入水平划分	中低及低收入国家（GNI ≤ $3895）	孟加拉国、埃及、印度尼西亚、印度、伊朗、吉尔吉斯斯坦、柬埔寨、蒙古、尼泊尔、巴基斯坦、菲律宾、塔吉克斯坦、乌克兰、越南
	中高收入国家（$3895 < GNI ≤ $12055）	阿尔巴尼亚、阿塞拜疆、保加利亚、波黑、格鲁吉亚、约旦、哈萨克斯坦、黎巴嫩、斯里兰卡、摩尔多瓦、黑山、马来西亚、罗马尼亚、俄罗斯、塞尔维亚、泰国、土耳其
	高收入国家（GNI > $12055）	阿联酋、巴林、文莱、塞浦路斯、捷克、爱沙尼亚、希腊、克罗地亚、匈牙利、以色列、立陶宛、拉脱维亚、阿曼、波兰、沙特阿拉伯、新加坡、斯洛伐克、斯洛文尼亚
按地理位置划分	东盟国家	文莱、印度尼西亚、柬埔寨、马来西亚、菲律宾、新加坡、泰国、越南
	其他亚洲国家	阿联酋、巴林、塞浦路斯、希腊、伊朗、以色列、约旦、黎巴嫩、阿曼、沙特阿拉伯、土耳其、蒙古、孟加拉国、印度、斯里兰卡、尼泊尔、巴基斯坦、哈萨克斯坦、吉尔吉斯斯坦、塔吉克斯坦、埃及（非洲）
	独联体国家	阿塞拜疆、格鲁吉亚、摩尔多瓦、俄罗斯、乌克兰
	中东欧国家	阿尔巴尼亚、保加利亚、波黑、捷克、爱沙尼亚、克罗地亚、匈牙利、立陶宛、拉脱维亚、黑山、波兰、罗马尼亚、塞尔维亚、斯洛伐克、斯洛文尼亚

资料来源：根据世界银行对各国经济水平划分标准（2018~2019）以及一带一路网整理而得。

同样地，本文在对各沿线国家划分的基础上在式（1）中采用PSM - DID估计实证检验"一带一路"倡议对不同收入水平以及不同地理位置沿线国家产业结构升级的平均效应，检验结果如表10和表11所示。

表 10 **"一带一路"倡议对不同收入水平沿线国家产业结构**
升级的平均效应检验

变量	中低及低收入沿线国家		中高收入沿线国家		高收入沿线国家	
	UPG	*RA*	*UPG*	*RA*	*UPG*	*RA*
Treated × Year	0.0369 ** (0.0157)	−0.0119 (0.0095)	0.0153 (0.0123)	−0.0318 *** (0.0075)	0.0252 ** (0.0118)	−0.0344 *** (0.0073)
常数项	9.2450 *** (1.1083)	0.8048 (0.6241)	8.6907 *** (0.7814)	−0.3599 (0.4744)	7.6238 *** (0.7033)	1.7361 *** (0.4336)
控制变量	是	是	是	是	是	是
调整 R^2	0.9683	0.9545	0.9670	0.9539	0.9700	0.9545
F 统计量 (Prob > F)	319.95 (0.0000)	220.04 (0.0000)	312.24 (0.0000)	220.94 (0.0000)	341.96 (0.0000)	222.32 (0.0000)
国家固定效应	控制	控制	控制	控制	控制	控制
时间固定效应	控制	控制	控制	控制	控制	控制
观测值	994	994	1053	1053	1066	1066

注：括号内为标准误；*** 和 ** 分别代表在 1% 和 5% 的显著性水平上显著。

从表 10 可以看出，"一带一路"倡议对不同收入水平沿线国家产业结构升级的平均效应存在差异。"一带一路"倡议对中低及低收入沿线国家和高收入沿线国家产业结构高度化的促进作用显著而对中高收入沿线国家产业结构高度化的促进作用不显著；"一带一路"倡议对中高收入沿线国家和高收入沿线国家产业结构合理化的促进作用显著而对中低及低收入沿线国家产业结构合理化的促进作用不显著。

表 11 **"一带一路"倡议对不同地理位置沿线国家产业结构**
升级的平均效应检验

变量	东盟国家		其他亚洲国家		独联体国家		中东欧国家	
	UPG	*RA*	*UPG*	*RA*	*UPG*	*RA*	*UPG*	*RA*
Treated × Year	0.0779 *** (0.0193)	−0.0375 *** (0.0113)	0.0411 *** (0.0119)	−0.0170 *** (0.0069)	−0.0211 (0.0222)	−0.0693 *** (0.0135)	−0.0033 (0.0138)	−0.0179 ** (0.0082)
常数项	9.2046 *** (1.1038)	0.2477 (0.6650)	8.1863 *** (0.7460)	1.1161 *** (0.4313)	8.3876 *** (1.1158)	0.9814 (0.6811)	8.8804 *** (0.8438)	0.1322 (0.4999)
控制变量	是	是	是	是	是	是	是	是
调整 R^2	0.9711	0.9560	0.9669	0.9511	0.9672	0.9549	0.9693	0.9562

变量	东盟国家		其他亚洲国家		独联体国家		中东欧国家	
	UPG	RA	UPG	RA	UPG	RA	UPG	RA
F 统计量 （Prob > F）	343.86 (0.0000)	222.36 (0.0000)	311.55 (0.0000)	207.97 (0.0000)	304.81 (0.0000)	219.68 (0.0000)	335.42 (0.0000)	232.21 (0.0000)
国家固定效应	控制	控制	控制	控制	控制	控制	控制	控制
时间固定效应	控制	控制	控制	控制	控制	控制	控制	控制
观测值	928	928	1097	1097	908	908	1040	1040

注：括号内为标准误；*** 和 ** 分别代表在 1% 和 5% 的显著性水平上显著。

从表 11 可以看出，"一带一路"倡议对不同区域沿线国家产业结构升级的平均效应存在差异。其中，"一带一路"倡议的政策效果对于促进东盟国家和亚洲其他国家的产业结构高度化和合理化比较显著并且促进程度和效果在东盟国家表现得更加明显，而对于独联体国家和中东欧国家的产业结构高度化的促进作用不明显，但对其产业结构合理化具有明显的促进作用。

（六）作用机制的中介效应检验

结合上述理论分析，本文分别从贸易往来、产能合作和基础设施互联互通等三个渠道，借鉴李贲和吴利华（2018）的做法，在式（1）的基础上，进一步构造"一带一路"倡议的时间虚拟变量与国家虚拟变量的交互项对作用机制变量回归的方程，如式（8）所示，以及构造在式（1）中加入作用机制变量的回归方程，如式（9）所示，从而构建中介效应模型实证检验"一带一路"倡议影响沿线国家产业结构升级的作用机制的中介效应以验证本文的研究假设 H1 – H3。

$$Mediating_{i,t} = \gamma_0 + \gamma_1 Treated_{i,t} \times Year_{i,t} + \sum \gamma_j Control_{i,t}$$
$$+ \nu_i + u_t + \varepsilon_{i,t} \tag{8}$$

$$Y_{i,t} = \kappa_0 + \kappa_1 Treated_{i,t} \times Year_{i,t} + \kappa_2 Mediating_{i,t} + \sum \kappa_j Control_{i,t}$$
$$+ \nu_i + u_t + \varepsilon_{i,t} \tag{9}$$

其中，*Mediating* 表示"一带一路"倡议影响产业结构升级的作用机制变量，包括贸易往来程度（*TRADE*）、产能合作程度（*CFDI*）和基础设施互联互通程度（$INFR$）。中介效应检验分为三步，第一步检验式（1）中的系数 β_1，即"一带一路"倡议影响产业结构升级的总效应，第二步检验式（9）中的系数 γ_1，即"一带一路"倡议对作用机制变量的影响，第三步检验式（10）中的系数 k_1 和 k_2。若 β_1，γ_1，k_2 均显著，则中介效应显著。$\gamma_1 \times k_2$ 表示"一带一路"倡议通过作用机制影响沿线国家产业结构转型升级的中介效应，中介效应占总效应的比重为：（$\gamma_1 \times k_2 / \beta_1$）$\times 100\%$。各作用机制的中介效应检验结果如表 12 所示。

表 12　"一带一路"倡议影响沿线国家产业结构升级作用机制的中介效应检验

变量	贸易往来渠道			产能合作渠道			基础设施互联互通渠道		
	(1)	(2)	(3)	(4)	(5)	(6)	(7)	(8)	(9)
	Mediating	*UPG*	*RA*	*Mediating*	*UPG*	*RA*	*Mediating*	*UPG*	*RA*
$Treated \times Year$	0.4619 *** (0.0385)	0.0157 ** (0.0071)	-0.0259 *** (0.0040)	1.7386 *** (0.1236)	0.0081 ** (0.0041)	-0.0253 *** (0.0041)	0.0996 *** (0.0072)	0.0215 *** (0.0073)	-0.0292 *** (0.0041)
Mediating		0.0319 *** (0.0048)	-0.0111 *** (0.0027)		0.0128 *** (0.0015)	-0.0033 *** (0.0008)		0.0892 *** (0.0259)	-0.0176 ** (0.0080)
常数项	19.5758 *** (0.1276)	6.0866 *** (0.0957)	0.3711 *** (0.0546)	5.1028 *** (0.4094)	6.6460 *** (0.0232)	0.1709 *** (0.0134)	1.1284 *** (0.0237)	6.6108 *** (0.0369)	0.1739 *** (0.0209)
调整 R^2	0.9506	0.9634	0.9474	0.8050	0.9642	0.9473	0.9314	0.9625	0.9468
F 统计量 （Prob > F）	247.93 (0.0000)	336.10 (0.0000)	230.25 (0.0000)	54.00 (0.0000)	344.04 (0.0000)	230.00 (0.0000)	175.21 (0.0000)	327.75 (0.0000)	227.52 (0.0000)
中介效应		0.0147	-0.0051		0.0223	-0.0057		0.0089	-0.0018
中介效应占总效应的比重(%)		48.35	16.45		73.35	18.39		29.28	5.81
国家固定效应	控制	控制	控制	控制	控制	控制	控制	控制	控制
时间固定效应	控制	控制	控制	控制	控制	控制	控制	控制	控制
观测值	1452	1452	1452	1452	1452	1452	1452	1452	1452

注：括号内为标准误；** 和 *** 分别表示在 5% 和 1% 的显著性水平上显著。

从表 12 中的第（1）列至第（3）列可以看出，交互项对贸易往来渠道的回归系数为 0.4619 且显著，当被解释变量为 UPG 时，交互项和贸易往来渠道变量的回归系数分别为 0.0157 和 0.0319 且显著，当被解释变量为 RA 时，交互项和贸易往来渠道变量的回归系数分别为 -0.0259 和 -0.0111 且显著，再结合式（1）的回归结果可知，贸易往来渠道的中介效应显著，其中"一带一路"倡议通过贸易往来渠道促进沿线国家产业结构高度化的中介效应为0.0147，占总效应的比重为48.35%，促进沿线国家产业结构合理化的中介效应为 -0.0051，占总效应的比重为16.45%，该回归结果表明"一带一路"倡议的实施能够通过消除双边贸易壁垒，加强双边贸易合作，从而显著增加中国同沿线国家的贸易往来，促进沿线国家产业结构升级，即验证了研究假设H1。同理，从表12中的第（4）列至第（6）列可知，产能合作渠道的中介效应显著，其中"一带一路"倡议通过产能合作渠道促进沿线国家产业结构高度化的中介效应为0.0223，占总效应的比重为73.35%，促进沿线国家产业结构合理化的中介效应为 -0.0057，占总效应的比重为18.39%，该回归结果表明"一带一路"倡议的实施能够通过消除双边投资壁垒，增加中国对沿线国家的投资，从而显著加深双边的产能合作程度，促进沿线国家产业结构升级，即验证了研究假设H2。从表12中的第（7）列至第（9）列可知，基础设施互联互通渠道的中介效应同样显著，其中"一带一路"倡议通过基础设施互联互通渠道促进沿线国家产业结构高度化的中介效应为0.0089，占总效应的比重为29.28%，促进沿线国家产业结构合理化的中介效应为 -0.0018，占总效应的比重为5.81%，该回归结果表明"一带一路"倡议的实施有助于提升沿线国家基础设施水平，能够提高沿线国家基础设施互联互通程度，从而促进沿线国家产业结构升级，即验证了研究假设H3。此外，在各传导机制的中介效应检验中，产能合作渠道的中介效应最大，其次是贸易往来渠道的中介效应，基础设施互联互通渠道的中介效应最小，表明"一带一路"倡议通过双边产能合作渠道促进沿线国家产业结构升级的程度和效果最明显，其次是贸易往来渠道，而通过基础设施互联互通渠道的促进程度和效果最小。

五、研究结论与政策建议

本文在构建"一带一路"倡议影响沿线国家产业结构升级的作用机制分

析框架基础上，采用2006~2018年49个沿线国家和65个非沿线国家的面板数据，运用PSM–DID方法实证检验了"一带一路"倡议对沿线国家产业结构升级的平均效应与动态效应以及实证结果的有效性，并进行异质性分析与传导机制检验。主要研究结论如下：第一，"一带一路"倡议在总体上对沿线国家产业结构升级具有显著的正向促进作用，能够促进沿线国家产业结构朝着高度化和合理化的方向发展。第二，"一带一路"倡议对沿线国家产业结构升级的促进效应具有"滞后"特征。该倡议的动态政策效应显著，对产业结构高度化的促进效果逐渐增大，在2017年达到最大，2018年趋于减弱；对产业结构合理化的促进效果逐步增大，在2018年达到最大。第三，"一带一路"倡议影响不同收入水平以及不同区域沿线国家的产业结构升级的效果存在异质性，其中对中低及低收入沿线国家的产业结构高度化的促进作用显著而对其产业结构合理化的促进作用不显著，对中高收入沿线国家的产业结构高度化的促进作用不显著而对其产业结构合理化的促进作用显著，对高收入沿线国家产业结构高度化和合理化的促进作用均显著；对东盟国家及其他亚洲国家产业结构高度化和合理化的促进作用均显著，对独联体国家和中东欧国家产业结构高度化的促进作用不显著而对其产业结构合理化的促进作用显著。第四，在"一带一路"倡议下，通过扩大中国与沿线国家的贸易往来、加强双边产能合作、积极推进沿线国家基础设施互联互通等途径，促进沿线国家产业结构优化升级。其中，通过加强双边产能合作对沿线国家产业结构升级的促进效果最大，其次是通过贸易往来渠道，通过基础设施互联互通渠道对沿线国家产业结构升级的促进效果相对较小。基于以上研究结论，本文给出以下政策建议。

第一，继续深入推进"一带一路"倡议的实施。通过政策制定和政策引导，深化中国与沿线国家的"五通"合作，不断扩大贸易与投资规模，拓展贸易品种类别和投资行业领域，重视服务业贸易和投资发展的同时，继续推进公路、铁路、机场、码头等基础设施互联互通建设，促进产品、技术、资金等要素在中国与沿线国家之间跨境自由流动，加速推进区域经济一体化发展，从而为沿线国家产业结构优化升级奠定基础。此外，"一带一路"建设过程中，须精准识别其所面临的风险并为其提供全面可靠的安全保障，从而确保"一带一路"倡议的政策效果能有效发挥。

第二，进一步推进中国与沿线国家的贸易投资便利化进程。通过持续推进贸易投资便利化，逐步降低或消除贸易投资壁垒，有利于中国与沿线国家深入开展全方位、多层次、宽领域的经贸合作，从而能更有效发挥贸易投资对沿线国家产业结构升级的促进作用，同时能进一步扩大双边的产能合作，将中国富余产能与沿线国家落后产能结合起来，并将中国的产业优势、资金优势和技术优势转化为与沿线国家的合作优势，从而充分利用国际产能合作带动沿线国家产业结构升级。

第三，坚定不移地支持沿线国家基础设施互联互通建设。中国应继续依靠亚洲基础设施投资银行这一平台支持沿线国家的基础设施建设，推动沿线国家更好地完善其基础设施互联互通，从而有助于降低企业的运输成本和交易成本，加快生产要素流动，更能有效发挥溢出效应，促进沿线国家产业结构优化升级。

第四，重视不同收入水平以及不同区域位置沿线国家产业发展差异性。"一带一路"建设过程中要遵循高质量发展原则，精准识别各沿线国家的产业结构类型、主导产业、优劣势产业，要注重充分发挥双边比较优势，有针对性地进行产业合作选择，对沿线国家产业结构进行优化升级，促进沿线国家产业结构朝着高度化和合理化方向发展，尤其是对于中低及低收入沿线国家应加强多元化的产业合作，促进其产业结构不断达到均衡合理化，对于中高收入沿线国家以及独联体和中东欧等欧洲沿线国家应多在高技术和高附加值等产业方面合作，促进其产业结构进一步高级化。

参考文献

[1] 蔡海亚、徐盈之：《贸易开放是否影响了中国产业结构升级？》，载于《数量经济技术经济研究》，2017 年第 10 期。

[2] 程贵、张小霞：《"一带一路"倡议是否促进了人民币国际化？——基于 PSM-DID 方法的实证检验》，载于《现代财经（天津财经大学学报）》，2020 年第 10 期。

[3] 邓慧慧、杨露鑫、潘雪婷：《高铁开通能否助力产业结构升级：事实与机制》，载于《财经研究》，2020 年第 6 期。

[4] 董艳梅、朱英明：《高铁建设能否重塑中国的经济空间布局——基于就业、工资和经济增长的区域异质性视角》，载于《中国工业经济》，2016 年第 10 期。

[5] 冯宗宪、李刚：《"一带一路"建设与周边区域经济合作推进路径》，载于《西安交通大学学报（社会科学版）》，2015 年第 6 期。

[6] 付凌晖：《我国产业结构高级化与经济增长关系的实证研究》，载于《统计研究》，2010 年第 10 期。

[7] 干春晖、郑若谷、余典范：《中国产业结构变迁对经济增长和波动的影响》，载于《经济研究》，2011 年第 5 期。

[8] 郭朝先、刘芳、皮思明：《"一带一路"倡议与中国国际产能合作》，载于《国际展望》，2016 年第 3 期。

[9] 何靖：《延付高管薪酬对银行风险承担的政策效应——基于银行盈余管理动机视角的 PSM-DID 分析》，载于《中国工业经济》，2016 年第 11 期。

[10] 黄凤志、魏永艳：《"一带一路"倡议与建设对传统地缘政治学的超越》，载于《吉林大学社会科学学报》，2019 年第 2 期。

[11] 黄茂兴、贾学凯：《"21 世纪海上丝绸之路"的空间范围、战略特征与发展愿景》，载于《东南学术》，2015 年第 4 期。

[12] 黄庆波、范厚明：《对外贸易、经济增长与产业结构升级——基于中国、印度和亚洲"四小龙"的实证检验》，载于《国际贸易问题》，2010 年第 2 期。

[13] 贾妮莎、雷宏振：《中国 OFDI 与"一带一路"沿线国家产业升级——影响机制与实证检验》，载于《经济科学》，2019 年第 1 期。

[14] 金玲：《"一带一路"：中国的马歇尔计划？》，载于《国际问题研究》，2015 年第 1 期。

[15] 李贲、吴利华：《开发区设立与企业成长：异质性与机制研究》，载于《中国工业经济》，2018 年第 4 期。

[16] 李建军、李俊成：《"一带一路"倡议、企业信贷融资增进效应与异质性》，载于《世界经济》，2020 年第 2 期。

[17] 李军、甘劲燕、杨学儒：《"一带一路"倡议如何影响中国企业转型升级》，载于《南方经济》，2019 年第 4 期。

[18] 梁树广：《产业结构升级影响因素作用机理研究》，载于《商业研究》，2014 年第 7 期。

[19] 刘瑞明、赵仁杰：《西部大开发：增长驱动还是政策陷阱——基于 PSM-

DID 方法的研究》，载于《中国工业经济》，2015 年第 6 期。

[20] 毛海欧、刘海云：《中国对外直接投资对贸易互补关系的影响："一带一路"倡议扮演了什么角色》，载于《财贸经济》，2019 年第 10 期。

[21] 仇娟东、葛立方、陈军梅：《"一带一路"倡议带动了沿线经济体保险业的发展吗？——基于 PSM－DID 方法的实证分析》，载于《现代财经（天津财经大学学报）》，2020 年第 2 期。

[22] 孙楚仁、张楠、刘雅莹：《"一带一路"倡议与中国对沿线国家的贸易增长》，载于《国际贸易问题》，2017 年第 2 期。

[23] 王桂军、卢潇潇：《"一带一路"倡议与中国企业升级》，载于《中国工业经济》，2019 年第 3 期。

[24] 王晖、仲鑫：《基于空间视角的中国制造业 OFDI 的东道国影响因素实证研究——以"一带一路"沿线国家为例》，载于《经济问题探索》，2020 年第 11 期。

[25] 王巧、佘硕：《"一带一路"倡议实施的产业结构转型升级效应研究——基于中国 285 个城市 PSM＋DID 的检验》，载于《经济问题探索》，2020 年第 2 期。

[26] 吴福象、沈浩平：《新型城镇化、基础设施空间溢出与地区产业结构升级——基于长三角城市群 16 个核心城市的实证分析》，载于《财经科学》，2013 年第 7 期。

[27] 于津平、顾威：《"一带一路"建设的利益、风险与策略》，载于《南开学报（哲学社会科学版）》，2016 年第 1 期。

[28] 张翠菊、张宗益：《中国省域产业结构升级影响因素的空间计量分析》，载于《统计研究》，2015 年第 10 期。

[29] 张汉林、张鹏举：《"一带一路"倡议基础设施建设国际金融合作体系研究》，载于《理论探讨》，2018 年第 2 期。

[30] 张治栋、李发莹：《基础设施、空间溢出与产业结构升级——基于长江经济带地级市的实证分析》，载于《云南财经大学学报》，2019 年第 5 期。

[31] 赵东麒、桑百川：《"一带一路"倡议下的国际产能合作——基于产业国际竞争力的实证分析》，载于《国际贸易问题》，2016 年第 10 期。

[32] 赵天睿、孙成伍、张富国：《"一带一路"战略背景下的区域经济发展机遇与挑战》，载于《经济问题》，2015 年第 12 期。

[33] 周家义、王哲：《"一带一路"下中资企业海外基础设施建设可持续发展策略》，载于《宏观经济管理》，2019 年第 11 期。

[34] Ahmad M, Khattak S I, Khan S, Rahman Z U., "Do Aggregate Domestic Consumption Spending & Technological Innovation Affect Industrialization in South Africa? An Application of Linear & Non－Linear ARDL Models", *Journal of Applied Economics*, Vol. 23, 2020.

[35] Du J L, Zhang Y F., "Does One Belt One Road Initiative Promote Chinese

Overseas Direct Investment?", *China Economic Review*, Vol. 47, 2018.

[36] Heckman J J, Hidehiko I, Todd P E., "Matching as an Econometric Evaluation Estimator: Evidence from Evaluating a Job Training Programme", *Review of Economic Studies*, Vol. 64, 1997.

[37] Huang Y P., "Understanding China's Belt & Road Initiative: Motivation, Framework and Assessment", *China Economic Review*, Vol. 40, 2016.

[38] Kapingura F M., "Relationship between Foreign Capital Flows, Domestic Investment and Savings in the SADC Region", *Development Southern Africa*, Vol. 35, 2018.

[39] Li C Y, Lai A C, Wang Z A, Hsu Y C., "The Preliminary Effectiveness of Bilateral Trade in China's Belt and Road Initiatives: a Structural Break Approach", *Applied Economics*, Vol. 51, 2019.

[40] Summers T., "Negotiating the Boundaries of China's Belt and Road Initiative", *Environment and Planning C: Politics and Space*, Vol. 38, 2020.

[41] Wang S L, Chen F W, Liao B, Zhang C J., "Foreign Trade, FDI and the Upgrading of Regional Industrial Structure in China: Based on Spatial Econometric Model", *Sustainability*, Vol. 12, 2020.

[42] Wen X, Jia D P, Li Y L., "China's Industrial Structure Upgrade in the "New Normal": Empirical Test and Determinants", *The Singapore Economic Review*, Vol. 63, 2018.

[43] Yang G Y, Huang X H, Huang J H, Chen H Y., "Assessment of the Effects of Infrastructure Investment under the Belt and Road Initiative", *China Economic Review*, Vol. 60, 2020.

[44] Yu C J, Zhang R, An L, Yu Z X., "Has China's Belt and Road Initiative Intensified Bilateral Trade Links between China and the Involved Countries?", *Sustainability*, Vol. 12, 2020.

第五篇 综 合 研 究

"一带一路"倡议促进了沿线国家产业结构升级吗？

物理经济学理论与方法研究新进展 [*]

一、早期研究

历史上不少经济学家都对物理与经济现象及其之间的联系有兴趣，或者接受过一定程度的物理学教育。例如，经济学家费雪（Fisher）在耶鲁大学求学时师从著名物理学家吉布斯（Gibbs）；在经济学发展史上，早期的一些经济学家，比如瓦尔拉斯（Walras）、帕累托（Pareto）等都曾尝试将物理学的公式、概念套用在经济学领域。他们通过将经济个体比作物理学中的物质点，将效用比作物质的能量，再使用物理学方法来研究经济活动的过程，最终得到类似物理学中的均衡概念。物理和经济在某些情况下有着惊人的一致，比如 Black – Scholes 期权定价公式就是热力学方程在特殊边界条件下的一个特解。借助随机变量服从 Gauss – Brown 过程的假设，一些经济学家逐步建立起一套完备的经济学理论体系，即新古典经济学（王炬和陈收，2005）。

物理经济学这个概念提出的时间并不长，它最早于 20 世纪 70 年代出现在《物理学家眼中的股票市场和金融》（Osborne，1976）一书中。此后，金融市场数据分析成为统计物理学的研究热点，到 1994 年，华尔街已有 1/3 的金融

---

[*] 本文原载于《经济学动态》2018 年第 1 期。共同作者：蔡宏波、秦培文。

分析师拥有物理学的专业背景。1995年，物理学家史丹利（Stanley）借鉴天体物理学和生物物理学的命名方式，在加尔各答统计物理会议中首次提出物理经济学（Econophysics）一词。1997年，凯尔泰斯（Kertesz）和孔多尔（Kondor）在布达佩斯建立了历史上第一个物理经济学研究所；1998年，他们主办了首届物理经济学专题研讨会，参会者多为物理学家、经济学家和金融学家。值得注意的是，当时主流的经济学家们并没有参与这次会议，那时物理经济学尚未被广泛接受，不过这次专题研讨会标志着物理经济学这一新兴学科的诞生。从那至今，在2000年7月（比利时）、2001年12月（英国）、2003年11月（波兰）和2004年9月（英国）陆续召开了第二届至第五届世界物理经济学专题研讨会。

物理学家与经济学家在物理经济学领域的合作研究集中在两个方面：（1）实证特性分析——从实际市场数据出发，运用统计方法和计量模型，获得市场整体行为特征，如相关性、波动性等；（2）建立微观动力学模型——运用物理学已有的动力学模型与实际市场数据，得出与实证结果基本一致的动力学模型，研究系统遵循的演变规律，掌握其变化发展趋势。

本文着重综述近十余年来物理经济学研究理论与方法的发展动态。具体而言，主要从时间序列的互相关动态性、能源市场动态预测、运用Boltzmann分布的财富分布理论以及网络科学研究四个方面对21世纪物理经济学研究进展进行综述和评价。

二、时间序列上的互相关动态性

阿莱西奥等（Alessio et al.，2002）对二阶移动随机时间序列的平均值与缩放问题进行研究，证实了有干扰的时间序列缩放属性和平均滤波技术之间的关系。同年，康特尔哈特等（Kantelhardt et al.，2002）使用趋势波动分析（DFA）研究了他们设定的非平稳时间序列，这一方法可以精准确定时间序列的多重分形缩放行为。

波多布尼克和史丹利（Podobnik & Stanley, 2008）利用降趋势波动的思想分析两个同时记录的非稳定时间序列互相关性，提出降趋势互相关分析法（DCCA）。科隆等（Conllon et al., 2009）利用滑动时间窗的特征检验了金融多元时间序列的等时互相关动态矩阵。基于标准普尔（S&P）500指数和道琼斯欧元区斯托克50指数的测算结果，他们发现这些时间窗内互相关矩阵的小特征值的动态性与那些较大特征值的动态性相抵消，进而据此提出了一个具有经验数据特征值谱主要动态性特征的基本因子模型。通过划分特征值时间序列，可以证明负指数收益率与最大特征值取极大值时的时间段有关，而正指数收益率与最大特征值取极小值时的时间段有关。相关波动性的研究为商人集体行为中的策略差异性分析提供了一个新的视角。他们还利用降趋势互相关分析法（DCCA）研究了贸易变化量与价格变化之间的关系，其中，不考虑贸易量而是考虑贸易量的增长速率，其可以通过两个连续交易量之间的对数差测得。西凯拉等（Siqueira et al., 2010）利用DCCA方法考察了巴西农产品和股票的相关性以及互相关性。此后，由DCCA方法逐步发展演化出了降趋势移动平均互相关分析方法（detrended moving - average cross - correlation analysis, DMCA）。

与此同时，还有学者将物理学中分形的概念和DMCA方法结合，探寻长时间序列的互相关性。克里斯托夫克（Kristoufek, 2011）为检验时间序列中存在的长程互相关性和交叉多重分形，提出了多重分形高度互相关分析法（multi fractal height cross - correlation analysis, MF - HXA）。克里斯托夫克等（2016）利用MF - HXA及熵的概念，研究了黄金、货币和市场效率之间的关系，发现黄金价格在主要货币市场中是极不活跃的，在次要货币市场中却是极度活跃的。黄金与货币市场形成了具有特定关系的独特配对。作者专注于黄金市场中不同货币购买黄金的有效排名，利用分形维数基础上的效率指数（EI）、近似熵和长期统计，对142种不同货币的黄金价格系列进行广泛组合，再根据他们设计的扩展EI方法构建效率排名，发现了意想不到的结果：主要货币的黄金价格处于效率最低的货币行列，而使用较少的货币却处于极高效率的货币行列。这种结果违反了人们的直观感受，作者认为其中有两个方面的原因：一是在特定时期对黄金的量化计算较为宽松；二是外汇市场中可能存在一些非法操作。利用克里斯托夫克和沃斯夫尔达（Kristoufek & Vosvrda, 2013; 2014）定义的效率指数（EI）可以进一步描述市场效率，即

$$EI = \sqrt{\sum_{i=1}^{n} \left(\frac{\hat{M}_i - M_i^{*}}{R_i} \right)^2}$$

其中，$\hat{M}_i$ 是第 i 个度量的估计，M_i^{*} 是有效市场的第 i 个度量的期望值，R_i 是第 i 个度量的范围。因此，E_i 是与有效市场的距离。他们使用的这三个变量均与以往学者市场效率的度量方法——基于赫斯特指数（Hurst exponent）的测算方法一致。有效市场的预期值为 $0.5(M_H^{*} = 0.5)$，分形维数 D 的预期值为 $1.5(M_D^{*} = 1.5)$，近似熵的期望值为 $1(M_{AE}^{*} = 1)$。此处可以引入长程相关性描述时间序列的全局特性，其可被表述为具有幂律衰减的自相关函数。重要的是，对于有效市场，存在 H = 0.5 以及指数在固定过程下是有限数的事实。在众多赫斯特指数估计中，作者选择局部 Whittle 估计量和 GPH 估计量，因为它们适用于具有弱短期记忆可能性的短时间序列。与长程相关性对应全局相反，分形维数 D 可以解释为系列的局部记忆度量，因为它捕获系列的粗糙度。对于单变量系列，分形维数范围为 $1 < D \leq 2$，对于不相关过程，该范围由 D = 1.5 的值分隔，这代表了有效的市场价值。低分形维数表示较低的粗糙度，相反，高分形维数表示较粗糙的系列，因此局部负相关。对于有效的市场，分形维数被很好地定义，并且其限于单变量序列，这使得它成为效率指数中的完美候选，即利用分形维数的 Hall - Wood 和 Genton 估计量验证了短时序列的理想统计特性。

在引入物理统计学及分形相关理论后，从 DCCA 到 DMCA 再到 MF - HXA，物理学思想和方法逐步深入到经济研究的范畴之中。从最初的统计，到最后引入分形与熵的概念，物理和经济（金融）的关系越发紧密。

521

第五篇　综　合　研　究

物理经济学理论与方法研究新进展

三、能源市场的动态预测

原油在世界经济中扮演着重要角色，石油价格波动是影响未来经济稳定和增长的关键因素之一。由于石油市场包含大量的数据，很多学者开始借助统计物理学和混沌的相关思想研究石油市场。能源期货市场价格波动的时间序列数据经常被一些物理经济学家拿来测算。帕纳斯和宁尼（Panas & Ninni，2000）首先利用混沌和非线性过程测算了鹿特丹和地中海原油市场的关联、熵和 Lyapunov 指数，他们借助 Brock 理论和 Eckman - Ruelle 条件，考察了大量用于检验时间序列的恒定量，以此研究原油价格序列。不久，阿德兰吉等（Adrangi et al.，2001）通过分析原油、取暖油和无铅汽油期货价格的低维混沌结构，发现了石油产品在价格上存在非线性现象的证据。阿尔瓦雷斯 - 拉米雷斯等（Alvarez - Ramirez et al.，2002）使用多重分形研究国际原油市场的日价格，认为原油价格是随机游走这一假设仅在几天到几周的时间尺度内成立，一个合理的原油价格形成机制是由不同的时间尺度共同决定的，需要用重标极差赫斯特指数对原油市场的情况进行长期分析。他们在使用高相关性和基于平均移动筛选的两个特征时间尺度分析时还发现，原油市场具有分形结构。塔巴克和卡茹埃罗（Tabak & Cajueiro，2007）利用时间序列上的分形结构分析了原油市场，并运用移动窗格和重标极差赫斯特指数检验长时间差异。研究发现，原油市场随着时间的推移已越来越高效，同时通过绝对收益代理的原油价格的波动具有很高的持久性。这意味着，GARCH 或者 EGARCH 波动模型不能用来估计和预测原油价格，并且，BLack - SchoLes 期权定价模型不能用于原油价格的预测。阿尔瓦雷斯 - 拉米雷斯等（2008）使用多重分形去趋势波动分析法（multifractal detrended fluctuation analysis，MF - DFA）估计了赫斯特指数动态回报，并在此基础之上考察了国际原油价格的自相关性。他们在降低非平稳市场走势影响以及关注自相关收益的基础之上，观测了市场结构在不同时间跨度上的波动。研究发现，原油市场在短期时间变化中呈现低效的状态，但在长期却更为高效。祖尼诺等（Zunino et al.，2008）提出了一个检验市场发展阶段与复杂程度之间关系的模型，通过检验不同国家之间 32 个股权指数收益的复杂程度发现，股市低效率可能与复杂程度负相关，即更高的复杂性与较不发达的市场（或新兴市场）相关联。新兴市场具有比发达市场更大的相关性，这意味着具有更大的可预测性。因此，新兴经济体似乎比发达经济体效率低。玛蒂娜等（MartIna et al.，2011）、巴尔库拉斯等（BarkouLas et al.，2012）和奥尔蒂斯 – 克鲁兹等（Ortiz – Cruz et al.，2012）等也曾基于熵研究原油市场的效率。

上述研究从不同角度考察国际原油市场的复杂特征，并将其与效率之间建立简单的线性回归，这有助于加深对国际原油市场价格走势复杂性的理解。然而，顾和张（Gu & Zhang，2016）分析了动态市场定价系统的复杂特征和市场效率之间的关系。他们通过引入效率指数和市场的复杂程度，运用滚动窗口的方法，从线性和非线性视角系统地研究了国际原油市场的无效性与多重程度之间的关系。之前并没有学者做过这方面的探索，这是首篇揭示国际原油市场无效性和复杂性之间关系的论文，提供了对原油市场内部机制的一种深刻理解。利用多重分形分析这一有力工具，我们可以研究包含原油市场在内的许多种类的市场动态。顾和张（2016）还使用来自美国能源部能源信息管理局（EIA）西德克萨斯中级原油（WTI）从 1986 年 1 月 2 日至 2012 年 9 月 28 日共 6846 个每日收盘现货价格数据（以每桶美元计算），研究能源市场价格。令 P_t 为第 t 天的原油价格，每日价格回报为相邻两天原油价格对数差，即 $r_t = \log(P_t/P_{t-1})$。为了刻画 WTI 原油市场的无效率和复杂性的动态，作者共计算了 4 年（1008 次观测）时间窗和 1 年（250 次观测）时间窗，并将衰减阶数 q 设置为 $-10 \sim 10$。统计结果显示，4 年时间窗的每日价格回报 r_t 的平均水平大于 1 年时间窗口的平均水平，但 1 年时间窗的每日价格回报 r_t 的标准偏差大于 4 年时间窗口的标准偏差。所有指数序列的偏度大于 0.2，1 年时间窗口的偏度大于 4 年时间窗口的偏度，表明所有系列都是左偏差，1 年时间窗口的偏差更大。每个指数序列的 J – B 统计检验显示所有指数序列不遵循正态分布。为了研究 WTI 原油回报的效率指数和复杂程度的稳定性，在这些时间序列中使用单位根检验（如 ADF 检验和 PP 检验），ADF 检验的滞后长度是基于 SIC 标准，PP 检验的标准是基于 NeWey&West 方法确定的。

学者们将物理学中一些分形、熵的概念和原油市场的时间维度或者其他维度相结合，最终可以初步预测原油期货市场未来数值，这是探索物理经济学领域原油市场动态的第一步。有效地预测期货市场的未来发展，可以有效地避免类似 1986 年和 1991 年石油危机的发生。

四、财富分布理论

在物理学中，能量被认定为一个守恒量，系统内每个粒子带有的能量总和是固定的，而每个粒子所携带的能量大小决定了该粒子的能级状态，因此系统内粒子的状态可以用固定公式来描述。波尔茨曼（Boltzman）和吉布斯借此提出了 Boltzmann 分布（或 Gibbs 分布），这是一种概率分布，这种分布能在确定系统能量和温度分布的情况下计算出粒子处在某特定能级的概率，表达公式为：

$$p_i = \frac{e^{-\varepsilon_i/kT}}{\sum_{j=1}^{M} e^{-\varepsilon_i/kT}}$$

其中，P_i 为粒子处在能级 i 的概率，ε_i 为能级 i 的能量，k 为 Boltzmann 常数，T 是系统温度，M 是系统可达到的能级，上述方程右侧分母部分一般称为规范分布函数，用 Q 表示，即：

$$Q = \sum_{i=1}^{M} e^{-\varepsilon_i/kT}$$

因此

$$p_i = 1/Q e^{-\varepsilon_i/kT}$$

这里可以简单地理解为，在一个固定的容器中，有很多粒子在系统内不停地随机运动，在容器某个固定方向比如竖直方向，每个粒子所受的力是固定的。德拉古莱斯库和亚科文科（Dragulescu & Yakovenko，2000）认为金钱也是一种类似能量的守恒量，并将经济体系与热力学系统相类比。他们将 Boltzmann 分布 $p_i = 1/Qe^{-\varepsilon_i/kT}$ 简化为

$$P(m) = Ce^{-m/T}$$

其中，m 表示货币，T 是每一个经济人的平均有效温度。与 Boltzmann 假设的模型类比，他们认为在封闭的经济系统内含有大量的货币，货币在平衡状态下的概率分布 $P(m)$ 服从 Boltzmann 分布。货币守恒定律的基本原理是，货币特别是纸币与物质财富不同，纸币无法由经济人制造，只能在经济人之间转移。也有学者在时间反演不变性系统中做过类似讨论，在这个系统中 Boltzmann 分布通常不成立。他们巧妙地将财富分为货币与物质财富，二者的本质区别在于物质财富可以被制造、销毁、消耗等，更重要的是，材料产品的货币价值（价格）并非恒定，而货币价值恒定并且遵守货币守恒定律。因此，德拉古莱斯库和亚科文科（2000）仅讨论货币这单一量在经济系统中的分布。他们在货币交换的过程中增加了一些随机假设，在较为传统的经济研究中，自然人之间交换货币遵循固有策略，并不是随机的，如最大化效用。这项研究中的平衡概念类似于物理学中的系统平衡，通过能量最小化或最大化来实现均衡。然而对于较大的集合，统计均衡是一个相对的概念。当众多自然人之间进行交换时，货币交换是有效且随机的。对于实体经济，系统在外界条件不变的情况下会逐渐趋于平衡态，然而由于外界因素在不断改变，实体经济的变动方向也在不断改变。尽管如此，统计中的平衡概念对于研究非平衡现象是一个十分有用的参考。

德拉古莱斯库和亚科文科（2000）运用不同的货币转移规则 Δm 进行了几个模型的模拟。只要货币转移的规则满足时间反演对称性，那么不论初始条件和转移规则的细节如何，静态分布总是服从 $P(m) = Ce^{-m/T}$ 规则，然而传递的乘法规则违反了这种对称性，例如比例规则 $\Delta m = \gamma m_i$（Ispolatov et al.，1998）、节省倾向（Chakraborti & Chakrabarti，2000）、可转让价格（Molico，

2006)。这些模型产生的概率分布为类伽马分布（Chatterjee & Chakrabarti, 2007）。尽管在数学上有一些差异，但所有的模型都证明，由于代理商之间的随机资金转移，货币的高度不等概率分布具有自发发展现象（Chakraborti et al.，2011）。莱特（Wright，2005；2009）设计了更多涉及代理的模拟，并证明在最初的平等代理人中，会出现一个两级社会。

福利（Foley，1994；1996）运用 Boltzmann – Gibbs 方程研究了商品的流动以及工资分布，而德拉古莱斯库和亚科文科（2000）考察发现商品库存及货币平衡的分配趋于指数分布。这些方法之间没有矛盾，因为商品流动和货币流动可能同时具有指数分布的特性。福利（1994，1996）的研究是由一个长期存在的问题激发的，即市场如何以分散的方式确定不同商品之间的价格。德拉古莱斯库和亚科文科（2000）对如何解释在不同的初始禀赋基础上平等的代理人之间不平等自发发展很感兴趣。在传统经济学研究中具有相同初始禀赋的平等代理人应永远保持平等，但这与现实经验矛盾。统计方法认为，平等状态从根本上是不稳定的，因为它具有非常低的熵。由概率定律（Far-joun & Maverver，1983）衍生出的指数分布是高度不等的，不过却是稳定的，因为它使熵最大化。经济学文献将价格和货币余额的分布模拟在一个共同的统计框架之内加以分析（Molico，2006）。

后来，陈和亚科文科（Chen & Yakovenko，2007）将货币随时间的概率分布 $P(m,t)$ 用计算机动画演示，在短暂的时期后，货币分布呈现固定的收敛模式，正如最开始预期的那样，该分布与指数函数吻合得很好。在如上德拉古莱斯库和亚科文科（2000）考虑的最简单模型中，转移量 $\Delta m = \$1$ 是常数。陈和亚科文科（2007）通过计算机动画表明，货币的初始分布首先扩展为对称的高斯曲线，这是典型的反差过程。然后，由于施加条件 $m \geq 0$ 作为边界，分布开始堆积在 $m = 0$ 状态的周围。结果，$P(m)$ 图像变得歪斜（不对称），最终达到固定指数形状。$m = 0$ 的边界类似于物理学中的基态能量，即物理系统的最低可能能量。没有这一边界条件，货币的概率分布不会稳定于一个固定形状。计算机动画也显示了定义为 $S/N = -\sum_k P(m_k)\ln P(m_k)$ 的货币分布的熵如何演化到统计均衡的最大值。

Boltzmann - Gibbs 分布还适用于债务模型，从个人经济主体的视角来看，债务可被视为负数。当代理人从银行贷款时，代理人的现金余额（正数货币）增加，同时获得平等债务负债（负数），其总余额（净值）保持不变。所以，货币借款的行为仍然服从总货币（净值）的广义守恒，其现在定义为正（现金 M）和负（债务 D）贡献的代数和：$M - D = M_b$，其中 M_b 是系统中货币的原始金额——货币基数（Mcconnell & Brue，1996）。当代理人需要以超过其货币余额 m_i 的价格 Δm 购买产品时，允许代理人从银行借入。在交易之后，代理人的新余额变为负数：$m'_i = m_i - \Delta m$，仍然服从局部守恒定律 $m_i - m_j = m'_i + m'_j$，不过现在它涉及 m 的负值。因此，债务的后果不是违反守恒定律，而是呈现了负平衡 $m_i < 0$ 的状态，$m = 0$ 不再是基态。例如，先前陈和亚科文科（2007）通过计算机模拟 $\Delta m = \$1$ 对代理的债务没有任何限制，货币 $P(m,t)$ 的概率分布不会稳定，并且系统从未达到稳定状态。随着时间的推移，$P(m,t)$ 继续以高斯函数扩展到 $m = +!$ 和 $m = -!$。根据广义守恒定律，代数定义货币 m 的第一状态保持恒定 $\langle m \rangle = M_b/N$，它意味着一些代理人有正余额 $m > 0$，变得更富有，后果是其他代理人进一步背负债务，负余额 $m < 0$。当执行债务并且不受任何约束的限制时，分区函数中 m_k 的正值和负值之和发散。

近年来，世界各国的许多经济学家都曾尝试将财富收入类比为一个粒子系统，运用热力统计学的思想寻求普遍结论。其实，热力统计学在金融领域的应用颇为广泛，两个学科的融合在逐步扩大。

五、在网络科学研究中的应用

自蒙塔娜（Mantegna，1999）引入基于邻近度的网络概念以来，通过开发网络科学的新概念和工具，并将其应用于金融和众多经济问题，统计物理学对网络科学研究的多个领域的发展做出了贡献。

这里有必要澄清物理经济学研究领域中关系网络、邻近网络和关联网络的异同。关系网络是当两个节点之间存在给定关系时，系统的节点通过链路连接的网络。例如，银行间交易构建的网络，如果在给定时间段它们之间存在至少一个信用关系，则两个银行被链接，可以认为它们之间存在关系网络。邻近网络是指当在两个节点之间存在某种程度的相似性时，即使两个节点之间可能没有直接关系，也认为两家银行间存在邻近度。例如，两家银行可能与另一家没有直接关系，但他们可能具有相同类型的资产组合。在这种情况下，两个组在邻近的网络中彼此链接。基于邻近度的网络早期示例可以在奥内拉等（Onnela et al.，2003）和图米内洛等（Tumminello et al.，2005）的研究中找到。关联网络则需要通过对所有节点执行交互影响的统计检验加以构建。比利奥等（Billio et al.，2012）和杨等（Yang et al.，2014）通过在所有经济参与者之间执行统计检验获得了关联网络的因果关系或协整一致来构建关联网络。

应当认识到，在基于邻近度的网络和在关联网络中，对相似性或影响的估计需要与统计检验相关联。此外，为了构建网络，需要对所有节点执行统计检验。这意味着需要对基于邻近度的网络和关联网络进行多次检验。由于复杂系统通常用大量的节点表征事实，统计检验的数量依据节点数量呈现二次增长。当必须执行大量检验以获得网络时，势必进行多个假设检验校正以避免潜在的假显著性结果。在某些情况下，比如使用相关性测量基于邻近度的网络，统计上不等于 0 的相关值可能性非常大。当相关性被明确定义时，例如在给定的股票市场中股票交易回报的时间序列，它就可以看作几个基于邻近度的网络。另外，在基于邻近度的网络中，链接的过滤有助于分析的可视化，能够阐明系统中存在的最相关的邻近关系。在过去几年中，学者们提出了邻近度的网络中信息过滤非常有效的方法，例如基于最小生成树的信息过滤程序。

2008 年全球金融危机改变了不少经济学家的思维方式，特别体现在近几年来网络概念的流行和方法的大量应用。经济学研究对网络的关注由来已久，但直到最近才真正使用网络科学的方法考察经济和金融问题。系统性金融风险是少数经济学家的研究领域，他们很少通过经济行为者之间网络关系的视角对此考察。事实上，关系网络或邻近网络在金融领域的第一次实证研究是由包括经济学家与物理学家在内的跨学科团队进行的。如今，没有网络科学的视角和方法，就无法解决任一学科在系统风险研究方面的关键问题。

物理学家、计算机科学家、数学家和经济学家之间的交流在经济和金融领域日趋频繁，这是最有前景的学科交叉问题之一。有理由相信，不同专业背景的学者之间的有效互动可以在未来几年将取得丰硕成果。此外，当这些互动变得频繁和富有成果时，在一个共同的研究框架之下，不同学科之间的障碍已经荡然无存。

六、总结

基于物理学研究基础之上的经济学研究框架已经建立起来，诸多方向的探索有助于为经济学开拓新的研究方向。不论是分形的时间序列研究还是套用物理学模型寻找均衡，都能够有助于预测未来的经济发展趋势，这些都是物理学对经济学的贡献。毋庸置疑，物理学与经济学进一步交融，更多的物理学思想融入经济学领域，将使得经济学研究得以拥有更加丰富的对象、理论和方法。

参考文献

[1] 王烜、陈收：《物理经济学前沿综述》，载于《经济学动态》，2005 年第 4 期。

[2] Adrangi B. et al. , "Chaos in Oil Prices? Evidence from Futures Markets", *Energy Economics*, Vol. 23, 2001.

[3] Alvarez Ramirez J. et al. , "Multifractal Hurst Analysis of Crude Oil Prices", *Physica A: Statistical Mechanics and Its Applications*, Vol. 313, 2002.

[4] Alvarez Ramirez J. et al. , "Short – Term Predictability of Crude Oil Markets: A Detrended Fluctuation Analysis Approach", *Energy Economics*, Vol. 30, 2008.

[5] Aste T. et al. , "Complex Networks on Hyperbolic Surfaces", *Physica A: Statistical Mechanics and Its Applications*, Vol. 346, 2005.

[6] Barabasi A. L. , *Network Science.* Cambridge University Press, 2016.

[7] Barkoulas J. T et al. , "A Metric and Topological Analysis of Determinism in the Crude Oil Spot Market", *Energy Economics*, Vol. 34, 2005.

[8] Barunik J. , L. Kristoufek. , "on Hurst Exponent Estimation under Heavy – Tailed Distributions", *Physica A: Statistical Mechanics and Its Applications*, Vol. 389, 2008.

[9] Benjamini Y. , Y. Hochberg. , "Controlling The False Discovery Rate: A Practical and Powerful Approach to Multiple Testing", *Journal of the Royal Statistical Society. Series B (Methodological)*, Vol. 57, 1995.

[10] Beran J. , *Statistics for Long – Memory Processes*, CRC Press, 1994.

[11] Billio M. et al. , "Econometric Measures of Connectedness and Systemic Risk in The Finance And Insurance Sectors", *Journal of Financial Economics*, Vol. 104, 1995.

[12] Black F. , M. Scholes. , "The Pricing of Options and Corporate Liabilities", *Journal of Political Economy*, Vol. 81, 1973.

[13] Bonanno G. et al. , "High – Frequency Cross – Correlation in a Set of Stocks", *Quantitative Finance*, Vol. 1, 2005.

[14] Bonanno G. et al. , "Topology of Correlation – Based Minimal Spanning Trees in Real and Model Markets", *Physical Review* , Vol. 64, 2010.

[15] Boss M. et al. , "Network Topology of the Interbank Market", *Quantitative Finance*, Vol. 4, 2004.

[16] Cajueiro D. O. , B. M. Tabak. , "Ranking Efficiency for Emerging Markets", *Chaos, Solitons & Fractals*, Vol. 22, 2004.

[17] Cajueiro D. O. , B. M. Tabak, "Ranking Efficiency for Emerging Equity Markets II", *Chaos, Solitons & Fractals*, Vol. 23, 2005.

[18] Chakraborti A. , B. K. Chakrabarti, "Statistical Mechanics of Money: How Saving Propensity Affects Its Distribution", *European Physical Journal*, Vol. B17, 2010.

[19] Chakraborti A. et al. , "Econophysics Review: I. Empirical Facts", *Quantitative Finance*, Vol. 11, 2011a.

[20] Chakraborti A. et al. , "Econophysics Review: II. Agent – Based Models", *Quantitative Financ*, Vol. 11, 2011b.

[21] Chatterjee A. , B. K. Chakrabarti. , "Kinetic Exchange Models for Income and Wealth Distributions", *European Physical Journal*, Vol. B60, 2007.

［22］ Chen J. , V. M. Yakovenko. , Computer Animation Videos of Money – Transfer Models, 2007, http: //Physics. Umd. Edu/Yakovenk/Econophysics/Animation. Html.

［23］ Conlon T. et al. , "Cross – Correlation Dynamics in Financial Time Series", *Physica A: Statistical Mechanics And Its Applications*, Vol. 388, 2009.

［24］ Cottrell A. F. et al. , "Classical Econophysics", *Routledge*, 2009.

［25］ Demasi G. et al. , "Fitness Model for The Italian Interbank Money Market", *Physical Review*, Vol. 74, 2006.

［26］ Degroot M. H. , "Reaching A Consensus", *Journal of The American Statistical Association*, Vol. 69, 1974.

［27］ DI Matteo T. , "Multi – Scaling in Finance", *Quantitative Finance*, Vol. 7, 2007.

［28］ DI Matteo T. et al. , "Scaling Behaviors in Differently Developed Markets", *Physica A: Statistical Mechanics and Its Applications*, Vol. 324, 2003.

［29］ DI Matteo T. et al. , "Long – Term Memories of Developed and Emerging Markets: Using The Scaling Analysis to Characterize Their Stage of Development", *Journal of Banking & Finance*, Vol. 29, 2005.

［30］ Dragulescu A. , V. M. Yakovenko. , "Statistical Mechanics of Money", *European Physical Journal*, Vol. B17, 2005.

［31］ Easley D. , J. Kleinberg. , *Networks, Crowds And Markets: Reasoning about A Highly Connected World*. Cambridge University Press, 2010.

［32］ Farjoun E. , M. Machover. , "Laws of Chaos: A Probabilistic Approach to Political Economy", *Verso*, 1983.

［33］ Foley D. K. , "A Statistical Equilibrium Theory of Markets", *Journal of Economic Theory*, Vol. 62, 1994.

［34］ Foley D. K. , "Statistical Equilibrium in A Simple Labor Market", *Metroeconomica*, Vol. 47, 1996.

［35］ Geweke J. , S. Porter Hudak. , "The Estimation and Application of Long Memory Time Series Models", *Journal of Time Series Analysis*, Vol. 4, 1983.

［36］ Gneiting T. , M. Schlather. , "Stochastic Models that Separate Fractal Dimension and the Hurst Effect", *SIAM Review*, Vol. 46, 2005.

［37］ Gneiting T. et al. , "Estimators of Fractal Dimension: Assessing the Roughness of Time Series and Spatial Data", *Statistical Science*, Vol. 27, 2012.

［38］ Goyal S. , *Connections: An Introduction to the Economics of Networks*, Princeton University Press, 2012.

［39］ Gu R. , B. Zhang. , "Is Efficiency of Crude Oil Market Affected by Multifractality? Evidence from the WTI Crude Oil Market", *Energy Economics*, Vol. 53, 2014.

［40］ Diiasio G. et al. , "Special Issue on 'Interlinkages And Systemic Risk'",

第五篇 综 合 研 究 物理经济学理论与方法研究新进展

Quantitative Finance, Vol. 15, 2015.

[41] Ispolatov S. et al., "Wealth Distributions in Asset Exchange Models", *European Physical Journal*, Vol. B2, 1988.

[42] Jackson M. O., *An Overview of Social Networks and Economic Applications*. In: J. Benhabib et al (Eds), Handbook Of Social Economics, North Holland, Vol. 1, 2010.

[43] Jiang Z. Q. et al., "Testing the Weak – Form Efficiency of the WTI Crude Oil Futures Market", *Physica A: Statistical Mechanics and Its Applications*, Vol. 405, 2014.

[44] Kristoufek L., "Multifractal Height Cross – Correlation Analysis: A New Method for Analyzing Long – Range Crosscorrelations", *Europhysics Letters*, Vol. 95, 2011.

[45] Kristoufek L., M. Vosvrda., "Measuring Capital Market Efficiency: Global and Local Correlations Structure", *Physica A: Statistical Mechanics and Its Applications*, Vol. 392, 2013.

[46] Kristoufek L., M. Vosvrda., "Commodity Futures and Market Efficiency", *Energy Economics*, Vol. 42, 2014a.

[47] Kristoufek L., M. Vosvrda., "Measuring Capital Market Efficiency: Long – Term Memory, Fractal Dimension And Approximate Entropy", *European Physical Journal*, Vol. B87, 2014b.

[48] Kristoufek L., M. Vosvrda., "Gold, Currencies and Market Efficiency", *Physica A: Statistical Mechanics and Its Applications*, Vol. 449, 2016.

[49] Mantegna R. N., "Hierarchical Structure in Financial Markets", *European Physical Journal*, Vol. B11, 1999.

[50] Martina E. et al., "Multiscale Entropy Analysis of Crude Oil Price Dynamics", *Energy Economics*, Vol. 33, 2011.

[51] Miller R. G., "Simultaneous Statistical Inference", *Springer – Verlag*, 1981.

[52] Molico M., "The Distribution of Money and Prices in Search Equilibrium", *International Economic Review*, Vol. 47, 2006.

[53] Newman M., *Networks: An Introduction*, Oxford University Press, 2010.

[54] Onnela J. P. et al., "Dynamics Of Market Correlations: Taxonomy and Portfolio Analysis", *Physical Review*, Vol. E68, 2003.

[55] Ortiz Cruz A. et al., "Efficiency Of Crude Oil Markets: Evidences from Informational Entropy Analysis", *Energy Policy*, Vol. 41, 2012.

[56] Osborne M. F., *the Stock Market and Finance From A Physicist's Viewpoint*, Minneapolis: Crossgar Pr, 1976.

[57] Panas E., V. Ninni., "Are Oil Markets Chaotic? A Non – Linear Dynamic Analysis", *Energy Economics*, Vol. 22, 2000.

京师经管文库

开放经济与中国发展

［58］Pareto V. , *Manual of Political Economy*, Society Editrice Librarian Press, 1906.

［59］Patriarca M. et al. , "Kinetic Theory Models for The Distribution of Wealth: Power Law from Overlap of Exponentials". In: A. Chatterjee (Eds), *Econophysics of Wealth Distributions*, Springer, 2005.

［60］Phillips P. C. et al. , "Local Whittle Estimation in Nonstationary and Unit Root Cases", *Annals of Statistics*, Vol. 32, 2004.

［61］Pincus S. M. , "Approximate Entropy as A Measure of System Complexity", *Proceedings of the National Academy of Sciences*, Vol. 88, 1991.

［62］Pincus S. M. , R. E. Kalman. , "Irregularity, Volatility, Risk, and Financial Market Time Series", *Proceedings of the National Academy of Sciences*, Vol. 101, 2008.

［63］Podobnik B. et al. , "Cross – Correlations between Volume Change and Price Change", *Proceedings of The National Academy of Sciences*, Vol. 106, 2009.

［64］Podobnik B. , H. E. Stanley. , "Detrended Cross – Correlation Analysis: A New Method for Analyzing Two Nonstationary Time Series", *Physical Review Letters*, Vol. 100, 2008.

［65］Rios M. C. et al. , *Economics: Principles, Problems, and Policies*, Mcgraw – HILL Press, 2013.

［66］Robinson P. M. , "Gaussian Semi Parametric Estimation of Long Range Dependence", *Annals of Statistics*, Vol. 23, 1995.

［67］Siqueira E. L. et al. , "Correlations And Cross – Correlations in the Brazilian Agrarian Commodities and Stocks", *Physica A: Statistical Mechanics and Its Applications*, Vol. 389, 2010.

［68］Song W. M. et al. , "Hierarchical Information Clustering by Means of Topologically Embedded Graphs", *Plos One*, Vol. 7, 2012.

［69］Soramki K. et al. , "The Topology of Interbank Payment Flows", *Physica A: Statistical Mechanics and Its Applications*, Vol. 379, 2007.

［70］Tabak B. M. , D. O. Cajueiro. , "Are the Crude Oil Markets Becoming Weakly Efficient over Time? A Test for Time – Varying Long – Range Dependence in Prices and Volatility", *Energy Economics*, Vol. 29, 2007.

［71］Taqqu M. S. et al. , "Estimators for Long – Range Dependence: An Empirical Study", *Fractals*, Vol. 3, 1995.

［72］Taqqu M. S. , V. Teverovsky. , "on Estimating the Intensity of Long – Range Dependence in Finite and Infinite Variance Time Series". In: R. Adler et al. (Eds), *A Practical Guide to Heavy Tails: Statistical Techniques and Applications. Birkh User Basel*, 1996.

［73］Teverovsky V. et al. , "A Critical Look at Los Modified R/S Statistic", *Jour-

第五篇 综 合 研 究 物理经济学理论与方法研究新进展

nal of Statistical Planning and Inference, Vol. 80, 1999.

[74] Tumminello M. et al., "A Tool for Filtering Information in Complex Systems", *Proceedings of The National Academy of Sciences*, Vol. 102, 2005.

[75] Tumminello M. et al., "Correlation, Hierarchies, and Networks in Financial Markets", *Journal of Economic Behavior & Organization*, Vol. 75, 2010.

[76] Vega Redondo F., *Complex Social Networks*, Cambridge: Cambridge University Press, 2007.

[77] Wright I., "The Social Architecture of Capitalism", *Physica A: Statistical Mechanics and Its Applications*, Vol. 346, 2005.

[78] Wright I. P., "Implicit Microfoundations for Macroeconomics. Economics: The Open – Access", *Open – Assessment E – Journal*, Vol. 3, 2009.

[79] Yakovenko V. M., "Novel Method for Photovoltaic Energy Conversion Using Surface Acoustic Waves in Piezoelectric Semiconductors", *Physica B: Condensed Matter*, Vol. 407, 2012.

[80] Yakovenko V. M., "Applications of Statistical Mechanics to Economics: Entropic Origin of the Probability Distributions of Money, Income and Energy Consumption". In: L. Taylor et al (Eds), *Social Fairness and Economics: Economic Essays in the Spirit of Duncan Foley*, Routledge, 2013.

[81] Yang C. et al., "Cointegration Analysis and Influence Rank: A Network Approach to Global Stock Markets", *Physica A: Statistical Mechanics and Its Applications*, Vol. 400, 2014.

[82] Zunino L. et al., "A Multifractal Approach for Stock Market Inefficiency", *Physica A: Statistical Mechanics and Its Applications*, Vol. 387, 2008.

[83] Zunino L. et al., "Complexity – Entropy Causality Plane: A Useful Approach to Quantify The Stock Market Inefficiency", *Physica A: Statistical Mechanics and Its Applications*, Vol. 389, 2005.

[84] Zunino L. et al., "Commodity Predictability Analysis with A Permutation Information Theory Approach", *Physica A: Statistical Mechanics and Its Applications*, Vol. 390, 2005.

图书在版编目（CIP）数据

开放经济与中国发展 / 仲鑫著. —— 北京：经济科
学出版社，2025.2
（京师经管文库）
ISBN 978 - 7 - 5218 - 3954 - 8

Ⅰ. ①开… Ⅱ. ①仲… Ⅲ. ①开放经济 - 经济发展 -
中国 - 文集 Ⅳ. ①F125 - 53

中国版本图书馆 CIP 数据核字（2022）第 157252 号

责任编辑：赵　蕾　王珞琪
责任校对：齐　杰
责任印制：范　艳

开放经济与中国发展

KAIFANG JINGJI YU ZHONGGUO FAZHAN

仲鑫 著

经济科学出版社出版、发行　新华书店经销
社址：北京市海淀区阜成路甲 28 号　邮编：100142
总编部电话：010 - 88191217　发行部电话：010 - 88191522
网址：www. esp. com. cn
电子邮箱：esp@ esp. com. cn
天猫网店：经济科学出版社旗舰店
网址：http://jjkxcbs. tmall. com
北京季蜂印刷有限公司印装
710 × 1000　16 开　34.5 印张　490000 字
2025 年 2 月第 1 版　2025 年 2 月第 1 次印刷
ISBN 978 - 7 - 5218 - 3954 - 8　定价：128.00 元
（图书出现印装问题，本社负责调换。电话：010 - 88191545）
（版权所有　侵权必究　打击盗版　举报热线：010 - 88191661
QQ：2242791300　营销中心电话：010 - 88191537
电子邮箱：dbts@ esp. com. cn）